지은이	NE능률 영어교육연구소
선임 연구원	이보영
연구원	신이례　고은정　최연수
영문 교열	Danielle Josset
디자인	송현아　오솔길　DOTS
맥편집	김선희
영업	한기영　주성탁　박인규　장순용
마케팅	박혜선　김상민
Photo Credits	istock.com

First Published
Copyright ⓒ 2019 by NE Neungyule, Inc.
All rights reserved. No part of this publication may be reproduced, altered in a retrieval system, or transmitted in any form or by any means, electronic, mechanical, photocopying, recording, or otherwise, without the prior permission of the copyright owner.

✖ 본 교재의 독창적인 내용에 대한 일체의 무단 전재·모방은 법률로 금지되어 있습니다.
✚ 파본은 구매처에서 교환 가능합니다.

서문

토익 중급자들의 오래된 고민 중 하나가 바로 '아무리 공부해도 점수가 더 이상 오르지 않는' 점수 정체 현상이 아닐까 싶습니다. 수많은 어휘를 암기하고, 두꺼운 LC와 RC 기본서를 통독하고, 실전 문제를 반복해 풀어도 틀리는 문제는 여전히 틀리는 답답함을 많은 분들이 토로합니다. 사실 이런 현상은 기본 학습 없이 문제 은행식 학습법이 유행하면서 더욱 심해지고 있습니다.

예전처럼 '입문서 → 기본서 → 실전서'의 단계를 차근차근 밟아갈 여력이 안 되는 수험자들의 고충을 백분 이해합니다. 그렇기에 점수 상승이라는 학습 효과도 중요하지만 단기간에 효율적으로 할 수 있는 학습 효율성을 고민했고 그 고민의 결과물로, 토마토 토익 브랜드에서 새롭게 파트별 전략서를 선보입니다. 모든 학습자가 900점 이상은 받을 필요가 없기에 자신이 원하는 구체적인 목표 점수를 받기 위한 최적의 점수대별 학습법을 제공합니다. 그중 800점대 이상의 점수 획득을 목표로 하는 전략서 시리즈는 하루 30분씩, 3주 만에, 800점대 완성을 목표로 하는 중급자들을 위한 파트별 전략서입니다. 특정 파트에서 점수가 오르지 않는 학습자들이 자신만의 취약한 파트를 선별해 필요한 학습만 할 수 있도록 하고, 파트별로 엄선된 핵심 전략과 다수의 실전 문제를 동시 수록한 신개념 학습서입니다.

토마토 토익 PART LC 전략은 800점대를 목표로 하는 LC 학습자에게 필수적인 39개의 듣기 전략, 패러프레이징, 빈출 주제/지문 유형별로 엮은 필수 어휘, 전략을 직접 활용할 수 있는 실전 문제를 충분히 제공합니다. 하루 학습에 부담을 주지 않으면서도 알찬 구성으로 시간을 절약할 수 있는 것은 물론, 단 3주 만에 LC에 대한 실전 감각과 자신감을 기를 수 있습니다.

토익 고득점을 위해 아는 것은 확실히, 모르는 것은 정확히 익혀 내 것으로 만드는 스마트한 학습이 필요하며, 매일 꾸준한 학습이 뒷받침되어야 합니다. 토익 중급 학습자 여러분의 목표 달성을 위해 토마토 토익 파트별 전략서가 길잡이가 되어 드리겠습니다.

CONTENTS

서문	1
CONTENTS	2
책의 구성 및 특징	4
학습 스케줄러	6
토익 정보	7
LC 특징 및 최신 경향	8

PART 1

UNIT 01	인물 사진	12
UNIT 02	사물/풍경 사진	18
UNIT 03	인물+사물 사진	24

PART 2

UNIT 04	의문사 의문문 When/Where/How	32
UNIT 05	의문사 의문문 Who/What·Which/Why	38
UNIT 06	일반 의문문/부정 의문문/부가 의문문	44
UNIT 07	조동사 의문문/선택 의문문/Why don't ~	50
UNIT 08	평서문/간접 의문문	56

PART 3

UNIT 09	화자의 의도 파악 문제/3인 대화	64
UNIT 10	시각 정보 연계 문제	72
UNIT 11	주제·목적/화자 관련 문제	80
UNIT 12	세부정보 문제	88
UNIT 13	다음에 할 일/요청/제안 문제	96

PART 4

UNIT 14	Telephone Message/Recorded Message	106
UNIT 15	Announcement	114
UNIT 16	Advertisement/Broadcast	122
UNIT 17	Talk/Speech/Introduction	130
UNIT 18	Excerpt from a Meeting	138

ACTUAL TEST

UNIT 19	ACTUAL TEST 1	148
UNIT 20	ACTUAL TEST 2	160
UNIT 21	ACTUAL TEST 3	172

정답 및 해설
어휘 노트

책의 구성 및 특징

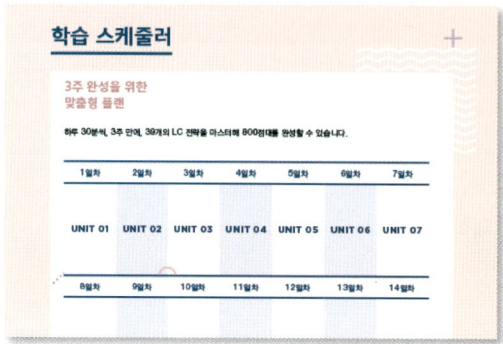

1 3주 만에 완성하는 학습 커리큘럼

토마토 토익 PART LC 전략은 하루 30분씩, 3주 만에, 800점대를 완성할 수 있는 학습 커리큘럼을 제시합니다. 부담 없는 분량과 콤팩트한 내용으로 단기간에 토익 LC를 정복할 수 있습니다.

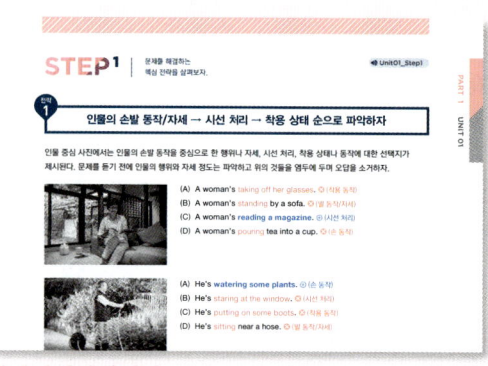

2 LC 듣기 전략 제시

확실한 실력 향상을 보장하는, 엄선된 39개의 LC 듣기 전략이 UNIT별로 고르게 제시됩니다. 요점만 쏙쏙 들어오는 구성으로 효과적인 학습이 가능합니다.

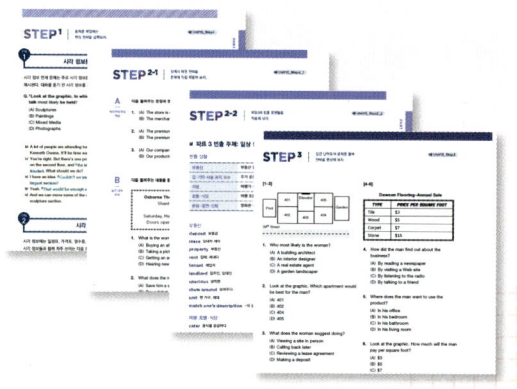

3 차근차근 실력 상승이 가능한 STEP별 구성

전략 학습 → 패러프레이징 연습, 전략 적용 → 필수 어휘 확인 → 실전 문제 풀이로 이어지는 STEP별 구성으로, LC 학습에 꼭 필요한 내용들을 단계별로 종합하였습니다.

4 혼공족을 위한 상세하고 친절한 해석해설

정확한 본문 해석, 고득점에 꼭 필요한 패러프레이징 해설은 물론 오답에 대한 해설까지 수록하여, 혼자 공부하는 학습자도 교재를 완벽히 활용하고 이해할 수 있습니다.

5 어휘집과 MP3 파일 제공

토익 LC 각 PART별 빈출 어휘를 정리해, 언제 어디서나 한 손에 들고 다닐 수 있는 어휘집으로 엮었습니다. 어휘와 교재 MP3 파일은 어휘집 내 QR코드를 이용하거나, 또는 토마토 토익 공식 홈페이지(www.tomatoclass.com)에서 무료로 다운로드 가능합니다.

학습 스케줄러

3주 완성을 위한 맞춤형 플랜

하루 30분씩, 3주 만에, 39개의 LC 전략을 마스터해 800점대를 완성할 수 있습니다.

1일차	2일차	3일차	4일차	5일차	6일차	7일차
UNIT 01	UNIT 02	UNIT 03	UNIT 04	UNIT 05	UNIT 06	UNIT 07
8일차	9일차	10일차	11일차	12일차	13일차	14일차
UNIT 08	UNIT 09	UNIT 10	UNIT 11	UNIT 12	UNIT 13	UNIT 14
15일차	16일차	17일차	18일차	19일차	20일차	21일차
UNIT 15	UNIT 16	UNIT 17	UNIT 18	UNIT 19	UNIT 20	UNIT 21

토익 정보

토익(TOEIC)은 Test of English for International Communication의 약자로, 영어가 모국어가 아닌 사람들을 대상으로 의사소통에 중점을 두고 일상 생활 또는 국제 업무에 필요한 실용 영어 능력을 평가하는 시험입니다.

시험 구성

구성	Part	내용		문항 수	시간	배점
Listening Comprehension	1	사진 묘사		6	45분	495점
	2	질의 응답		25		
	3	짧은 대화		39	100	
	4	짧은 담화		30		
Reading Comprehension	5	단문 공란 메우기 (문법/어휘)		30	75분	495점
	6	장문 공란 메우기		16		
	7	독해	단일 지문	29	100	
			이중 지문	10		
			삼중 지문	15		
Total	7 Parts			200문항	120분	990점

접수 방법

토익 접수는 한국 토익 위원회 사이트(www.toeic.co.kr)에서 온라인으로만 접수가 가능합니다.

시험 준비물

- **신분증** 규정 신분증만 가능
  (주민등록증, 운전면허증, 기간 만료 전의 여권, 공무원증 등)
- **필기구** 연필, 지우개 (컴퓨터용 사인펜이나 볼펜은 사용 금지)

성적 확인

한국 토익 위원회 사이트에 안내된 일자에 인터넷과 ARS(060-800-0515)를 통해 성적이 발표됩니다. 성적표는 우편이나 온라인으로 발급받을 수 있으며, 우편 발급의 경우 성적 발표 후 약 일주일이 소요되고 온라인 발급은 성적 유효기간인 2년 안에 홈페이지에서 1회에 한해 무료로 출력할 수 있습니다.

LC 특징 및 최신 경향

1 LC의 구성

파트별 설명		문항 수	지문 수
PART 1	사진 묘사 듣고 고르기	6문항	-
PART 2	질문에 알맞은 응답 고르기	25문항	-
PART 3	짧은 대화 듣고 문제 풀기	39문항	13개
PART 4	짧은 담화 듣고 문제 풀기	30문항	10개

2 LC 최신 경향

❶ PART 1

사진 속 인물이나 사물을 직접적으로 묘사한 선택지가 주로 정답으로 출제되지만, 주변 배경 묘사나 포괄적인 표현 등의 출제 비율이 점차 높아지는 추세입니다. 선택지를 잘 듣고 사진을 가장 알맞게 묘사한 것을 고르도록 합니다.

❷ PART 2

질문을 듣고 예상 가능한 응답보다는 간접적인 응답이 정답이 되는 문제의 비중이 높아지고 있습니다. 따라서, 질문 전체를 정확히 듣고 가장 적절한 응답을 고르는 연습이 필요합니다.

❸ PART 3 & 4

PART 3, 4는 지문의 흐름을 놓치지 않고 따라가는 것이 중요합니다. 따라서, 지문을 듣기 전 어떤 문제가 나오는지 파악하고, 전체 상황을 이해하되 필요한 정보에 집중해 정답을 골라야 합니다. 토익 PART 3에는 3인 대화 지문이 등장하고, PART 3, 4에는 화자의 의도 파악 문제, 시각 정보 연계 문제가 출제되면서 체감 난이도가 높아졌으므로 이러한 문제 유형에 익숙해져야 합니다.

3 LC 신유형 지문

3인 대화 지문

3인 대화 지문은 남자 2명, 여자 1명 혹은 여자 2명, 남자 1명으로 이루어진 화자 3인이 등장하는 지문입니다. 대화의 주제는 전문적이기보다는 일반적인 내용이며, 성별이 같은 화자는 서로 다른 발음이나 이름으로 구분할 수 있습니다.

4 LC 신유형 문제

❶ 화자의 의도 파악 문제

Why does the woman say, "Those kinds of things"?
(A) To clarify job responsibilities
(B) To get more information
(C) To illustrate customer queries
(D) To ask about expectations

풀이 방법

화자의 의도 파악 문제는 문제에서 주어진 화자의 말을 먼저 읽고, 해당 표현이 등장하는 주변부를 잘 들어 앞뒤 문맥을 파악하는 것이 관건입니다.

❷ 시각 정보 연계 문제

Osborne Theater presents
Shanta Harris

Saturday, May 10, 8:00 P.M.
Doors open at 7:00 P.M.

Look at the graphic. When will the speakers arrive at the theater?
(A) At 6:30 P.M.
(B) At 7:00 P.M.
(C) At 7:30 P.M.
(D) At 8:00 P.M.

풀이 방법

시각 정보 연계 문제는 문제를 미리 읽고 주어진 시각 정보를 정확히 해석하는 것이 관건입니다. 지문을 들으면서, 시각 정보와 귀에 들리는 정보를 조합하여 풀어야 합니다.

하루 30분씩 3주 만에
완성하는
PART LC

PART 1

PART 1

- [ ] **UNIT 01** 인물 사진
- [ ] **UNIT 02** 사물/풍경 사진
- [ ] **UNIT 03** 인물+사물 사진

UNIT 01
인물 사진

전체 mp3 듣기

STEP 1

문제를 해결하는 핵심 전략을 살펴보자.

🔊 Unit01_Step1

전략 1 | 인물의 손발 동작/자세 → 시선 처리 → 착용 상태 순으로 파악하자

인물 중심 사진에서는 인물의 손발 동작을 중심으로 한 행위나 자세, 시선 처리, 착용 상태나 동작에 대한 선택지가 제시된다. 문제를 듣기 전에 인물의 행위와 자세 정도는 파악하고 위의 것들을 염두에 두며 오답을 소거하자.

(A) A woman's taking off her glasses. ❌ (착용 동작)
(B) A woman's standing by a sofa. ❌ (발 동작/자세)
(C) A woman's reading a magazine. ⭕ (시선 처리)
(D) A woman's pouring tea into a cup. ❌ (손 동작)

(A) He's watering some plants. ⭕ (손 동작)
(B) He's staring at the window. ❌ (시선 처리)
(C) He's putting on some boots. ❌ (착용 동작)
(D) He's sitting near a hose. ❌ (발 동작/자세)

전략 2 | 구체적·주관적인 묘사보다 포괄적·객관적인 묘사가 정답이다

사진에 등장하는 구체적인 명사나 동작은 오답으로 제시하고, 오히려 포괄적인 묘사를 정답으로 제시해 허를 찌르는 문제들이 있다. 포괄적 묘사의 다음 패턴들을 알아두자.

사진에 나온 사물/동작	정답 표현
사무용품, 개인물품, 공예품 예 stapler, pen, watch, artifact …	물건 **object, item**
의류, 잡화, 식료품 및 각종 상품 예 shirt, shoes, groceries …	상품, 제품 **product, item, merchandise, goods**
드릴, 드라이버 등 공구 예 drill, screwdriver, hammer …	공구 **(power) tool**
공장 및 실험실에서 쓰이는 장비 예 beaker, microscope, safety glasses …	장비, 설비, 기기류 **gear, equipment, machinery**
다양한 악기류 예 piano, violin, guitar …	악기 **musical instrument**
구매품의 값을 지불하고 있다 예 paying for a purchase	상품을 구매하고 있다 **purchasing some merchandise**

STEP 2-1

앞에서 배운 전략을 문제에 직접 적용해 보자.

🔊 Unit01_Step2_1

A 다음 들려주는 내용을 듣고 받아 적은 후, 사진과 일치하는 묘사를 고르시오.

1.

   (A) One of the men is _____.
   (B) The men are _____.
   (C) The men are looking over _____.
   (D) One of the men is _____.

2.

   (A) He's _____.
   (B) He's filming _____.
   (C) He's _____ some flags.
   (D) He's _____.

B 다음을 듣고, 사진과 일치하는 묘사를 고르시오.

1.

   (A)   (B)   (C)   (D)

2.

   (A)   (B)   (C)   (D)

3.

   (A)   (B)   (C)   (D)

4.

   (A)   (B)   (C)   (D)

STEP 2-2

파트1의 빈출 표현들을 학습해 보자.

 Unit01_Step2_2

■ 인물 사진 빈출 표현

손 동작

be **carrying** a container 용기를 들고 있다
be **changing** a lightbulb 전구를 교체하고 있다
be **cutting** (down) trees 나무를 베고 있다
be **dining** in a café 카페에서 **식사를 하고** 있다
be **handing out** papers 서류를 나누어 주고 있다
be **holding** a laptop 노트북을 들고 있다
be **performing** together 함께 **공연하고** 있다
be **pointing at** the monitor 화면을 가리키고 있다
be **purchasing** some groceries
식료품을 **구매하고** 있다
be **putting away** a broom 빗자루를 **치우고** 있다
be **serving** beverages 음료를 내고 있다
be **unpacking** instruments 악기를 꺼내고 있다
be **wiping off** a desk 책상을 닦고 있다
be **working on** a machine 기계 **작업을 하고** 있다
be **watering** some flowers 꽃에 물을 주고 있다
be **waving** to the audience
관중에게 **손을 흔들고** 있다

발 동작

be **boarding** the plane 비행기에 **탑승하고** 있다
be **crossing** the street 길을 건너고 있다
be **stepping down** from the stage
무대에서 **내려오고** 있다
be **strolling** in a park 공원에서 **거닐고** 있다
be **walking** along a platform 승강장을 따라 **걷고** 있다

자세

be **leaning against** a wall 벽에 **기대어** 있다
be **lying** on the grass 잔디에 **누워** 있다
be **resting** in the shade 그늘에서 **쉬고** 있다
be **sitting** alone 혼자서 **앉아** 있다
be **waiting for** a train 기차를 **기다리고** 있다

시선 처리

be **checking** a file 파일을 확인하고 있다
be **examining** some merchandise
물건을 살펴보고 있다
be **gazing at** the field 들판을 응시하고 있다
be **looking at** the door 문을 보고 있다
be **reading** a sign 표지판을 읽고 있다
be **studying** a map 지도를 살펴보고 있다

착용 상태·동작

be **adjusting** one's goggles 고글을 고쳐 쓰고 있다
be **putting on** some boots 장화를 신고 있다
be **removing** one's hat 모자를 벗고 있다
be **taking off** one's glasses 안경을 벗고 있다
be **trying on** some clothes 옷을 입어 보고 있다
be **wearing** a backpack 배낭을 메고 있다

사람의 직업·신분

audience 관중, 청중   **crowd** 군중
colleague 동료 직원   **conductor** (기차의) 안내원
cyclist 자전거 타는 사람   **participant** 참가자
passenger 승객   **pedestrian** 보행자
salesperson 판매원   **server/waiter** 종업원
worker 작업자
shopkeeper/vendor 가게 주인
musician/performer 음악가, 공연하는 사람

STEP 3

실전 난이도의 문제를 풀며 전략을 완성해 보자.

🔊 Unit01_Step3

1.

(A)   (B)   (C)   (D)

2.

(A)   (B)   (C)   (D)

3.

(A)   (B)   (C)   (D)

4.

(A)　　(B)　　(C)　　(D)

5.

(A)　　(B)　　(C)　　(D)

6.

(A)　　(B)　　(C)　　(D)

UNIT 02
사물/풍경 사진

전체 mp3 듣기

STEP 1

문제를 해결하는 핵심 전략을 살펴보자.

🔊 Unit02_Step1

PART 1 UNIT 02

전략 1 | 사물/풍경 사진의 경우 have been p.p.가 정답으로 자주 출제된다

사람이 없는 사물/풍경 사진은 정적인 상태를 묘사하기 때문에 수동태 현재완료시제 〈have been p.p.〉가 주로 정답으로 출제된다. 따라서 행위의 주체자가 필요한 수동태 현재진행형 〈be being p.p.〉은 대부분 오답이다. 단, 예외적으로 〈be being p.p.〉 형태가 정적인 상태를 나타낼 수 있는 동사도 있으므로 유의해야 한다.

(A) Boxes **are being piled** near a cash register.
　❌ (쌓는 사람 없음)
(B) Clothes **have been arranged** on a table.
　◉ (정리되어 있는 상태)
(C) Some pants **are being sorted** by size.
　❌ (분류하는 사람 없음)
(D) A closet door **has been left** open.
　❌ (사진에 벽장 등장하지 않음)

수동태 현재진행형(be being p.p.)이 상태를 나타낼 수 있는 경우

Merchandise **is being displayed**. 물품이 **진열되어 있다**.
Shadows **are being cast** on the ground. 그림자가 땅에 **드리워져 있다**.
Artwork **is being exhibited** on the wall. 미술품이 벽에 **전시되어 있다**.

전략 2 | 사물/풍경 사진에도 능동태 문장이 쓰일 수 있다

사물/풍경 사진 문제에는 자동사가 능동태 현재형이나 현재진행형으로 출제되어 사물과 풍경을 묘사하기도 한다. 따라서 사진에 사람이 등장하지 않는다고 해서 무조건 능동형 선택지를 오답으로 소거해서는 안 된다.

정답으로 출제 가능한 능동태 표현

☐ A building **overlooks** a path.
☐ A pathway **leads to** an entrance.
☐ Lampposts **line** the pavement.
☐ Lampposts **stand** on both sides of the path.
☐ A streetlight **is casting** a shadow.
☐ Trees **are growing** on the lawn.

* be seated는 사람을 주어로 취하는 빈출 수동 표현이므로 함께 숙지해 두자.
　A woman **is seated** in front of a monitor. 여자가 모니터 앞에 **앉아 있다**.

STEP 2-1

앞에서 배운 전략을 문제에 직접 적용해 보자.

🔊 Unit02_Step2_1

A   다음 들려주는 내용을 듣고 받아 적은 후, 사진과 일치하는 묘사를 고르시오.

1.

   (A) A river runs through _____.
   (B) A ferry is _____.
   (C) A bridge _____ the water.
   (D) Water is _____ a building.

2.

   (A) A fan is _____.
   (B) A wooden floor is _____.
   (C) Baskets _____ by the door.
   (D) A ladder _____.

B   다음을 듣고, 사진과 일치하는 묘사를 고르시오.

1.

   (A)   (B)   (C)   (D)

2.

   (A)   (B)   (C)   (D)

3.

   (A)   (B)   (C)   (D)

4.

   (A)   (B)   (C)   (D)

STEP 2-2

파트1의 빈출 표현들을 학습해 보자.

🔊 Unit02_Step2_2

■ 사물/풍경 사진 빈출 표현

실내

집 · 사무실

All of the workstations **are empty**.
모든 작업 장소가 **비어 있다**.

Some furniture **is being assembled**.
몇몇 가구를 **조립하고 있다**.

The windows **are covered with** curtains.
창문들이 커튼으로 **가려져 있다**.

Books **are being displayed** on the shelves.
책들이 선반에 **진열되어 있다**.

Some decorations **are hanging** from the ceiling.
몇몇 장식품들이 천장에 **매달려 있다**.

The desks **are being moved** through a hallway.
책상들을 통로 사이로 **옮기고 있다**.

A drawer **has been left open**. 서랍이 **열려 있다**.

작업장 · 창고

Panels **are being put up** around the barn.
판자들을 헛간 주변에 **세우고 있다**.

A machine **is being worked on**.
기계 **작업을 하고 있다**.

Some crates **are stacked** on top of each other.
몇몇 나무 상자들이 서로 포개어져 **쌓여 있다**.

주방

The glasses **have been arranged** in a row.
유리잔들이 일렬로 **배열되어 있다**.

There are some utensils **lying** on a kitchen counter. 주방 조리대에 식기류들이 **놓여 있다**.

상점

A grocery store **is crowded with** customers.
식료품점이 손님들로 **붐빈다**.

A market stall **is stocked with** goods.
시장 가판대에 상품이 **갖추어져 있다**.

야외

거리 · 정원

Streetlights **are positioned** on both sides of the path. 가로등들이 길의 양쪽에 **있다**.

A wheelbarrow **has been left unattended**.
외바퀴 손수레가 주인 없이 **내버려져 있다**.

One side of the walkway **has been railed off**.
보도의 한 면에 **난간이 둘러져 있다**.

The plants **are being trimmed**.
식물들이 **손질되고 있다**.

차량 · 교통

Several vans **are parked** in a lot.
몇몇 밴들이 부지에 **주차되어 있다**.

Some traffic **is stopped** at an intersection.
몇몇 차량들이 교차로에 **멈춰 있다**.

A boat **is being towed** by a trailer.
보트가 트레일러에 의해 **견인되고 있다**.

The vehicles **are traveling** in opposite directions. 차량들이 반대 방향으로 **이동하고 있다**.

A road **has been blocked** by an accident.
도로가 사고로 **폐쇄되어 있다**.

A ramp **leads onto** a busy highway.
경사로가 붐비는 고속도로로 **이어져 있다**.

물가

Some yachts **are docked** in the harbor.
몇몇 요트들이 항구에 **대어져 있다**.

Some waves **are crashing** on the dock.
부두에 파도가 **치고 있다**.

A bridge **spans** across the water.
다리가 물을 **가로지르고 있다**.

A hotel **overlooks** the sea.
호텔이 바다를 **내려다보고 있다**.

A cruise ship **is filled with** passengers.
유람선이 승객들로 **가득 차 있다**.

STEP 3

실전 난이도의 문제를 풀며 전략을 완성해 보자.

Unit02_Step3

1.

(A) (B) (C) (D)

2.

(A) (B) (C) (D)

3.

(A) (B) (C) (D)

4.

(A)　　(B)　　(C)　　(D)

5.

(A)　　(B)　　(C)　　(D)

6.

(A)　　(B)　　(C)　　(D)

UNIT 03
인물+사물 사진

전체 mp3 듣기

STEP 1

문제를 해결하는 핵심 전략을 살펴보자.

🔊 Unit03_Step1

PART 1 UNIT 03

전략 1 | 인물＋사물 사진에는 다양한 주어가 등장한다

인물 사진의 주어는 모든 선택지가 거의 동일하기 때문에 주어 외의 동사와 목적어만 잘 들으면 되지만, 인물＋사물 사진에서는 인물, 사물, 배경이 모두 주어로 등장하기 때문에 주어도 잘 들어야 정답을 고를 수 있다.

사람 주어

- 사람을 나타내는 명사
  A man/woman is 남자/여자가
  One of the men is 남자들 중 한 명이
  Both of the women are 여자들 두 명 다
- 직업/신분을 나타내는 명사
  Some workers/chefs/shoppers/… are
  몇몇 작업자/요리사/쇼핑객들/…이
- 집합명사
  A crowd is 군중이
  An audience is 청중이
  A crew is (함께 일하는) 팀이

사물 주어

- 사물/장소를 나타내는 명사
  Vehicles/Bushes/… are 차량들/덤불들/…이
  A sitting area/dining room/… is 앉는 공간/식사 공간/…이
- 한정사/대명사/형용사
  Several＋복수명사 are 몇몇 ~들이
  All of the＋복수명사 are 모든 ~가
  Some of the＋복수명사 are ~ 중 일부가
  None of the＋단/복수명사 is/are
  ~ 중 어느 것도 (~하지 않다)
  Various (kinds of)＋복수명사 are
  다양한 (종류의) ~가
- 단위명사
  A pile/row/pair/piece of＋명사 is
  한 더미/줄/쌍/개의 ~가

There is/are ~가 있다

전략 2 | 인물＋사물의 위치를 나타내는 표현이 있는 선택지의 90%는 정답이다

인물＋사물 사진은 동작 묘사, 상태 묘사, 위치 묘사 선택지가 한 문제 안에 골고루 출제되는데, 이 중 위치를 나타내는 표현이 들리면 해당 선택지가 정답일 확률이 높다. 따라서 빈출 위치 표현을 숙지하고 관련 표현이 들리면 사진과 대조해 정답을 골라야 한다.

(A) Cartons are stacked **on top of each other**.
   ◉ (서로 포개어져 있음)
(B) All of the boxes are **on the same side** of the truck.
   ✗ (같은 쪽 아님)
(C) Workers are loading **bookcases** into the vehicle.
   ✗ (옮기는 대상이 틀림)
(D) Furniture is being carried **down the staircase**.
   ✗ (장소 묘사가 틀림)

해석 및 해설 p.9

25

STEP 2-1

앞에서 배운 전략을 문제에 직접 적용해 보자.

🔊 Unit03_Step2_1

A 다음 들려주는 내용을 듣고 받아 적은 후, 사진과 일치하는 묘사를 고르시오.

1.

(A) The riders have parked _____.
(B) A group of vehicles _____.
(C) Motorcycles are _____.
(D) _____ heading towards an entrance.

2.

(A) He's _____.
(B) He's _____ with water.
(C) A sign has been placed _____.
(D) The walls _____.

B 다음을 듣고, 사진과 일치하는 묘사를 고르시오.

1.

(A) (B) (C) (D)

2.

(A) (B) (C) (D)

3.

(A) (B) (C) (D)

4.

(A) (B) (C) (D)

STEP 2-2

파트1의 빈출 표현들을 학습해 보자.

🔊 Unit03_Step2_2

■ 인물＋사물 사진 빈출 표현

실내
동작 표현

be **browsing** the merchandise 상품을 **구경하고** 있다

Some paintings **are being hung** on the wall.
몇몇 그림들을 벽에 **걸고** 있다.

be **organizing** supplies into bags
물품을 봉투 안에 **정리하고** 있다

be **packing** one's suitcase ~의 가방을 **싸고** 있다

be **pushing** a cart across the aisle
복도를 가로질러 손수레를 **밀고** 있다

be **transporting** the machinery 기계를 **운반하고** 있다

상태 표현

The hallway **is closed** for repairs.
복도가 수리 때문에 **폐쇄되었다**.

The waiting area **is not in use**.
대기 구역이 **사용되고 있지 않다**.

Some papers **have been left** in a drawer.
몇몇 서류들이 서랍 안에 **남아 있다**.

The seats **have been placed** against the wall.
좌석들이 벽에 기대어 **놓여 있다**.

야외
동작 표현

The construction crew **is cutting** some boards.
공사팀이 판자들을 **자르고** 있다.

Some people **are harvesting** the crops.
몇몇 사람들이 농작물을 **수확하고** 있다.

Lines **are being painted** on the road's surface.
도로의 지면에 차선을 **칠하고** 있다.

Some flowers **are being planted**.
몇몇 꽃들을 **심고** 있다.

Some leaves **are being raked** into a pile.
몇몇 나뭇잎들을 더미로 **긁어 모으고** 있다.

Some boards **are being removed** from a truck.
몇몇 판자들을 트럭에서 **치우고** 있다.

상태 표현

Bicycles **are lined up** side by side.
자전거들이 **나란히 서 있다**.

A light **has been set up** at each table.
전등이 각 테이블에 **세워져 있다**.

위치를 나타내는 전치사, 부사 및 관용 표현

above ~보다 위에

onto ~ 위로

over ~ 위에, ~를 가로질러

on top of ~의 위에

beneath ~의 아래에

beside ~의 옆에

in front of ~의 앞에

along ~을 따라

across ~을 가로질러

past ~을 지나서

out of ~ 밖으로

indoors/outdoors 실내에/야외에

in a row, in a line 일렬로

side by side, next to each other 나란히

on top of each other[one another] 서로 포개어져

across from each other[one another]
서로의 맞은편에

in the same direction/in opposite directions
같은 방향으로/반대 방향으로

**on the same side of/on opposite sides of/
on both sides of** ~의 같은 쪽에/반대쪽에/양쪽에

STEP 3

실전 난이도의 문제를 풀며 전략을 완성해 보자.

◀) Unit03_Step3

1.

(A)   (B)   (C)   (D)

2.

(A)   (B)   (C)   (D)

3.

(A)   (B)   (C)   (D)

4.

(A)　　(B)　　(C)　　(D)

5.

(A)　　(B)　　(C)　　(D)

6.

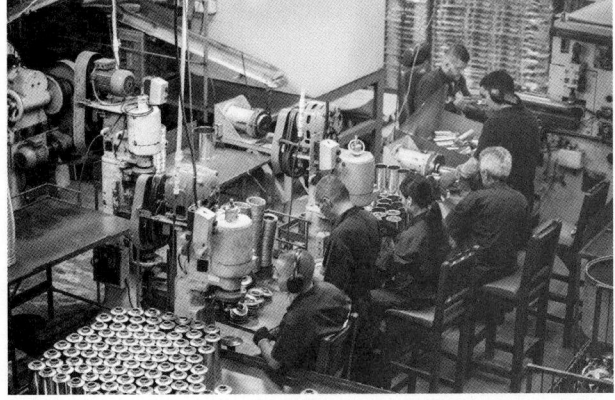

(A)　　(B)　　(C)　　(D)

하루 30분씩 3주 만에
완성하는
PART LC

PART 2

PART 2

- ☐ **UNIT 04** 의문사 의문문
  When / Where / How

- ☐ **UNIT 05** 의문사 의문문
  Who / What · Which / Why

- ☐ **UNIT 06** 일반 의문문 / 부정 의문문 /
  부가 의문문

- ☐ **UNIT 07** 조동사 의문문 / 선택 의문문 /
  Why don't ~

- ☐ **UNIT 08** 평서문 / 간접 의문문

UNIT 04
의문사 의문문 When/Where/How

전체 mp3 듣기

STEP 1

문제를 해결하는 핵심 전략을 살펴보자.

🔊 Unit04_Step1

전략 1 | When과 Where는 발음이 유사하므로 주의 깊게 들어야 한다

When 의문문에는 Where 의문문에 대한 응답이, Where 의문문에는 When 의문문에 대한 응답이 오답으로 자주 출제되는데, When과 Where는 발음이 유사하므로 혼동될 수 있다. 따라서 우선 의문사를 정확히 듣고 단서가 되는 동사까지는 꼭 듣자.

When 의문문

When does the next employee **interview begin**?
(A) Conference Room A. ✗ (Where 의문문의 답변)
(B) **In about thirty minutes.** ◎

Where 의문문

Where should I **put** these empty **boxes**?
(A) **In the hallway, please.** ◎
(B) By noon at the latest. ✗ (When 의문문의 답변)

전략 2 | How 뒤에 나오는 동사, 형용사, 부사로 정답이 결정된다

〈How + do/be동사 ~?〉 형태의 How 의문문에는 구체적인 수단이나 상태 등으로 응답할 수 있다. 〈How + 형용사/부사 ~?〉 형태의 How 의문문에는 How 바로 뒤의 형용사나 부사에 따라 구체적인 기간, 시간, 수량 등으로 응답 가능하다. 다음 How 의문문의 응답 패턴을 잘 알아 두자.

수단	Q **How do I get** another copy of the invoice? A Just send a request by e-mail.
상태	Q **How are** the preparations for the party going? A Everything is ready.
기간	Q **How long** has Martin been a bank teller for? A Two and a half years.
시간	Q **How soon** can we meet? A This afternoon at 3. Q **How late** is the shopping mall open? A I think it closes at 9.
빈도수	Q **How often** is the company newsletter released? A Every other month.
수량, 가격	Q **How many** booths were at the job fair? A Twice as many as last year. Q **How much** are the watches in the display case? A Thirty-five dollars each.
거리	Q **How far** is the post office from here? A It's about a ten-minute walk.

STEP 2-1

앞에서 배운 전략을 문제에 직접 적용해 보자.

◀) Unit04_Step2_1

A 다음 들려주는 내용을 듣고 받아 적은 후, 질문에 알맞은 대답을 고르시오.

1. (A)　　(B)　　(C)

_____ Jenny change her address?
(A) _____.
(B) _____ to the office.
(C) It's 451 Drake _____.

2. (A)　　(B)　　(C)

_____ about the arts festival?
(A) _____ local newspaper.
(B) On _____.
(C) I haven't _____.

3. (A)　　(B)　　(C)

_____ does your family come to visit?
(A) About _____.
(B) Two _____ and a sister.
(C) We really _____.

B 다음을 듣고, 들려주는 질문에 알맞은 대답을 고르시오.

1. (A)　　(B)　　(C)

2. (A)　　(B)　　(C)

3. (A)　　(B)　　(C)

4. (A)　　(B)　　(C)

5. (A)　　(B)　　(C)

STEP 2-2

파트2의 빈출 표현들을 학습해 보자.

🔊 Unit04_Step2_2

■ When 의문문 시간 관련 관용 표현

not until ~가 되어야	**Not until** next month. 다음 달이나 되어서요.
no later than 늦어도 ~까지	**No later than** 6 o'clock. 늦어도 6시까지요.
by the time ~까지	**By the time** I'm finished. 제가 끝날 때까지요.
sometime (미래의) 언젠가	**Sometime** next week. 다음 주 중에요.
as soon as ~하자마자	**As soon as** the meeting is over. 회의가 끝나자마자요.
	As soon as possible. 가능한 한 빨리요.
every other 두 ~마다 한 번씩	**Every other** day. 이틀에 한 번씩이요.
	Every other week. 격주로요.

■ Where 의문문 정보의 출처 또는 처리를 묻는 질문의 답변 패턴

'~에서 찾아봐라' 형태의 답변	**Q Where** can I find the HR director's phone number? 인사부장님의 전화번호를 어디서 찾을 수 있을까요? **A1** You can search in the online directory. 온라인 명부에서 찾으실 수 있어요. **A2** Try the company Web site. 회사 웹사이트를 확인해 보세요.
'~에게 물어봐라' 형태의 답변	**Q Where** should I send the expense report? 비용 보고서를 어디로 보내면 되나요? **A1** Ask the Accounting department. 회계부에 물어보세요. **A2** Check with Robert. 로버트 씨께 여쭤 보세요.

■ How 의문문 How를 사용한 관용 표현

의견을 물을 때	**Q How do you like** your new apartment? 당신의 새 아파트가 마음에 드시나요? **A** The view is great. (긍정적 의견) 경치가 아주 좋아요.
제안을 할 때	**How about + 명사(구)?** **Q How about** a short break? 짧은 휴식 어때요? **A1** That's a great idea. (동의) 좋은 생각이에요. **A2** Sure. Let's go get some snacks. (동의 및 추가 제안) 물론이죠. 가서 간식을 좀 먹읍시다. **How about *doing*?** **Q How about** taking a short break? 짧은 휴식을 취하는 게 어때요? **A** I'm afraid we're running out of time. (완곡한 거절) 죄송하지만 우리는 시간이 없어요.

STEP 3

실전 난이도의 문제를 풀며 전략을 완성해 보자.

🔊 Unit04_Step3

1. Mark your answer. (A) (B) (C)

2. Mark your answer. (A) (B) (C)

3. Mark your answer. (A) (B) (C)

4. Mark your answer. (A) (B) (C)

5. Mark your answer. (A) (B) (C)

6. Mark your answer. (A) (B) (C)

7. Mark your answer. (A) (B) (C)

8. Mark your answer. (A) (B) (C)

9. Mark your answer. (A) (B) (C)

10. Mark your answer. (A) (B) (C)

11.	Mark your answer.	(A)	(B)	(C)
12.	Mark your answer.	(A)	(B)	(C)
13.	Mark your answer.	(A)	(B)	(C)
14.	Mark your answer.	(A)	(B)	(C)
15.	Mark your answer.	(A)	(B)	(C)
16.	Mark your answer.	(A)	(B)	(C)
17.	Mark your answer.	(A)	(B)	(C)
18.	Mark your answer.	(A)	(B)	(C)
19.	Mark your answer.	(A)	(B)	(C)
20.	Mark your answer.	(A)	(B)	(C)

정답 및 해설 p.14

UNIT 05
의문사 의문문
Who/What·Which/Why

전체 mp3 듣기

STEP 1

문제를 해결하는 핵심 전략을 살펴보자.

🔊 Unit05_Step1

전략 1 — Who 의문문에서 부정대명사가 들리면 정답이다

Who 의문문에서는 사람의 이름/직책이 정답으로 자주 출제되는데, 최근에는 정답이 Someone, Everyone, Nobody 등 -one이나 -body 형태의 부정대명사로 나오는 경향이 늘고 있으니 선택지에 부정대명사가 나오면 주의 깊게 듣도록 하자.

Who will **attend** the dinner on Friday night?
(A) Everyone in our department. ⭕
(B) At the restaurant next door. ❌ (dinner-restaurant 연상 어휘 함정)

전략 2 — What 다음의 동사나 명사, Which 다음의 명사로 정답이 결정된다

〈What + 명사 ~?〉나 〈What + be동사 + 명사 ~?〉 형태의 What 의문문은 What 뒤에 나오는 명사를, 〈What + 주어 + 일반동사 ~?〉 형태의 질문은 동사를 정확히 들어야 정답을 고를 수 있다. Which 의문문은 〈Which (of the) + 명사 ~?〉 형태인데 What 의문문과 마찬가지로 Which 다음에 오는 명사가 정답을 결정한다.

What did you **bring** in that bag?
(A) Just my laptop. ⭕
(B) It's in my backpack. ❌
(bag-backpack 연상 어휘 함정)

Which lamp would look best in our living room?
(A) Let's put it in the corner. ❌
(lamp-put 연상 어휘 함정)
(B) The one with the green shade. ⭕

전략 3 — Why 의문문의 정답에는 2가지 패턴이 있다

Why 의문문은 이유/원인이나 목적을 묻는데 이때 Because, (In order) to do, Due to, So (that) 등의 표현이 정답으로 많이 나온다. 하지만 Because가 생략된 정답 역시 자주 출제되는데, 이때는 ① need/want/have (to)를 이용해 필요성을 강조하거나, ② 일정이 뒤처진다거나 아프다는 등의 부정적인 뉘앙스를 띤 핑계가 제시된다.

Why hasn't the flyer **been printed** yet?
(A) We needed to make a few changes. ⭕
(B) On thick paper, if you have it. ❌
(printed-paper 연상 어휘 함정)

Why is the project **taking so long**?
(A) I haven't finished it yet. ❌
(taking so long-finished 연상 어휘 함정)
(B) The design team is behind schedule. ⭕

STEP 2-1

앞에서 배운 전략을 문제에 직접 적용해 보자.

 Unit05_Step2_1

A 다음 들려주는 내용을 듣고 받아 적은 후, 질문에 알맞은 대답을 고르시오.

1. (A)   (B)   (C)

_____ the Employee of the Month Award for July?
(A) Congratulations! You really _____.
(B) _____ from the marketing team.
(C) Let's go _____.

2. (A)   (B)   (C)

_____ of the training session on Friday?
(A) _____ how to use the new software.
(B) It starts at 10 and _____.
(C) Yes, if you have time _____.

3. (A)   (B)   (C)

Why was the _____?
(A) Matt _____.
(B) _____ in the hallway.
(C) _____ or two.

B 다음을 듣고, 들려주는 질문에 알맞은 대답을 고르시오.

1. (A)   (B)   (C)

2. (A)   (B)   (C)

3. (A)   (B)   (C)

4. (A)   (B)   (C)

5. (A)   (B)   (C)

STEP 2-2

파트2의 빈출 표현들을 학습해 보자.

🔊 Unit05_Step2_2

■ Who 의문문 Who 의문문의 예외적 답변 패턴

회사·부서명으로 응답	Q **Who** did you consult with about the A&G contract? A&G 사와의 계약에 대해 누구에게 상의했나요? A1 The same law firm we used last year. 작년에 이용했던 곳과 같은 법률회사요. A2 The administration team. 관리팀이요.
장소·위치로 응답	Q **Who** has the list of participants for the workshop? 워크숍 참가자 명단은 누가 가지고 있나요? A1 It's at the front desk. 안내 데스크에 있어요. A2 It should be in the top drawer. 맨 위 서랍에 있을 거예요.

■ What 의문문 What을 사용한 관용 표현

의견을 물을 때	**What do you think of/about ~?** Q **What do you think of** the new accounting software? 새 회계 소프트웨어에 대해 어떻게 생각하시나요? A1 It's really easy to use. (직접 답변) 정말 사용하기 쉬워요. A2 Wasn't the old one better? (간접 답변-반문) 예전 것이 더 낫지 않았나요?
주제·내용을 물을 때	**What is/was ~ about?** Q **What is** today's seminar **about**? 오늘의 세미나는 무엇에 관한 거죠? A1 Sales strategies. (직접 답변) 판매 전략이요. A2 Let me look that up. (모른다는 간접 답변) 제가 찾아볼게요.

STEP 3 | 실전 난이도의 문제를 풀며 전략을 완성해 보자.

🔊 Unit05_Step3

1. Mark your answer. (A) (B) (C)
2. Mark your answer. (A) (B) (C)
3. Mark your answer. (A) (B) (C)
4. Mark your answer. (A) (B) (C)
5. Mark your answer. (A) (B) (C)
6. Mark your answer. (A) (B) (C)
7. Mark your answer. (A) (B) (C)
8. Mark your answer. (A) (B) (C)
9. Mark your answer. (A) (B) (C)
10. Mark your answer. (A) (B) (C)

11.	Mark your answer.	(A)	(B)	(C)
12.	Mark your answer.	(A)	(B)	(C)
13.	Mark your answer.	(A)	(B)	(C)
14.	Mark your answer.	(A)	(B)	(C)
15.	Mark your answer.	(A)	(B)	(C)
16.	Mark your answer.	(A)	(B)	(C)
17.	Mark your answer.	(A)	(B)	(C)
18.	Mark your answer.	(A)	(B)	(C)
19.	Mark your answer.	(A)	(B)	(C)
20.	Mark your answer.	(A)	(B)	(C)

UNIT 06
일반 의문문/
부정 의문문/
부가 의문문

전체 mp3 듣기

STEP 1 | 문제를 해결하는 핵심 전략을 살펴보자.

 Unit06_Step1

전략 1 | 일반 의문문은 질문과 선택지 간 주어의 불일치에 유념하자

일반 의문문 유형은, 질문의 주어와 다른 주어가 선택지에서 들리면 바로 오답으로 소거해야 한다.

Does Sarah plan to drive to the company retreat?
(A) **Yes, and I think she could give you a ride.** ◉
(B) You can rent a shuttle bus. ✗ (Sarah-You 주어 불일치)

전략 2 | 부정 의문문과 부가 의문문은 일반 의문문과 같은 개념이다

일반 의문문이 단순한 Yes/No의 확인이라면, 부정 의문문과 부가 의문문은 질문자의 추측을 토대로 한 확신이 포함된 Yes/No 질문이다. 세 유형의 의문문을 동일하게 여기고, 긍정이면 Yes, 부정이면 No를 기대하며 듣자.

Doesn't the pharmacy **deliver its medications**?
(A) **No. You have to pick them up.** ◉
(B) I wrote down the delivery address. ✗ (deliver-delivery 파생어 함정)

전략 3 | 부정 의문문과 부가 의문문에서 Yes/No가 생략된 답변의 패턴들을 알아두자

부정 의문문과 부가 의문문의 답변에서 Yes/No가 생략된 경우는 ① Yes/No를 내포 ② 부가 정보나 응답자의 의견 제시 ③ 역질문 형태의 간접 답변 등이 있다.

긍정/부정적인 간접 답변	**Yes/No 내포** Q **Didn't** you sign the contract with Liberty Financial? A We're still in negotiations. (부정 내포)
부가 정보, 응답자의 의견 제시	**부가 정보 제시** Q **You haven't** sent the time sheets to payroll, **have you**? A I'll send them tonight. **응답자의 의견 제시** Q **Isn't** Ms. Hilley's plan to launch the new product now risky? A It's just too early.
역질문	**들은 내용에 대한 부가 정보 요청** Q **You** already **submitted** the employee survey, **didn't you**? A No. When is it due?

STEP 2-1

앞에서 배운 전략을 문제에 직접 적용해 보자.

A 다음 들려주는 내용을 듣고 받아 적은 후, 질문에 알맞은 대답을 고르시오.

1. (A)　　(B)　　(C)

Is Mr. Roman _____ to another location?
(A) _____.
(B) He decided to _____.
(C) _____ to do so.

2. (A)　　(B)　　(C)

_____ through the museum some more?
(A) I think _____.
(B) Two adult _____.
(C) Yes. Please let me _____.

3. (A)　　(B)　　(C)

_____ anything important on it, does it?
(A) Just a few _____.
(B) Yes, _____ do it.
(C) Okay. _____ underneath then.

B 다음을 듣고, 들려주는 질문에 알맞은 대답을 고르시오.

1. (A)　　(B)　　(C)

2. (A)　　(B)　　(C)

3. (A)　　(B)　　(C)

4. (A)　　(B)　　(C)

5. (A)　　(B)　　(C)

| 파트2의 빈출 표현들을 학습해 보자. | Unit06_Step2_2 |

■ 부정 의문문 빈출 질문 패턴

완곡하게 제안하기	**Shouldn't we/I ~?** Q **Shouldn't we** keep a copy of the receipt for our records? 우리 기록을 위해 영수증 사본을 보관해야 하지 않나요? A Oh, you are right. 오, 당신 말이 맞아요.
완곡하게 상기시키기	**Aren't you supposed/planning to ~?** Q **Aren't you supposed to** go to a meeting now? 지금 회의에 가 계셔야 하지 않나요? A It was postponed until tomorrow. 내일로 연기되었어요. **Don't you have to ~?** Q **Don't you have to** send out the survey forms today? 설문조사 양식을 오늘 보내야 하지 않으세요? A Paul promised to do it. 폴 씨가 해 주시기로 약속하셨어요.
이유 묻기	**Why isn't/didn't ~?** Q **Why isn't** the fax machine functioning? 팩스기가 왜 작동하지 않는 건가요? A Someone unplugged it. 누군가가 코드를 뽑았어요. * 〈Why don't you ~?〉는 이유를 묻는 것이 아니라, '~하지 그래요?' 하고 제안하는 표현이다.

■ 부정·부가 의문문 Yes/No가 포함된 답변 패턴

부가 정보 제시	Q **Hasn't** the new director been introduced to the president? 새 이사님이 사장님께 소개되지 않았나요? A No, he'll meet her tomorrow. 아니요, 내일 만나실 거예요.
조건 제시	Q **I can get** a full refund if I cancel my ticket reservation, **can't I**? 제가 티켓 예약을 취소하면 전액 환불을 받을 수 있죠, 그렇죠? A Yes, **but only** until one week before the performance. 네, 하지만 공연 일주일 전까지만요.

STEP 3

실전 난이도의 문제를 풀며 전략을 완성해 보자.

🔊 Unit06_Step3

1. Mark your answer. (A) (B) (C)
2. Mark your answer. (A) (B) (C)
3. Mark your answer. (A) (B) (C)
4. Mark your answer. (A) (B) (C)
5. Mark your answer. (A) (B) (C)
6. Mark your answer. (A) (B) (C)
7. Mark your answer. (A) (B) (C)
8. Mark your answer. (A) (B) (C)
9. Mark your answer. (A) (B) (C)
10. Mark your answer. (A) (B) (C)

11. Mark your answer. (A) (B) (C)

12. Mark your answer. (A) (B) (C)

13. Mark your answer. (A) (B) (C)

14. Mark your answer. (A) (B) (C)

15. Mark your answer. (A) (B) (C)

16. Mark your answer. (A) (B) (C)

17. Mark your answer. (A) (B) (C)

18. Mark your answer. (A) (B) (C)

19. Mark your answer. (A) (B) (C)

20. Mark your answer. (A) (B) (C)

UNIT 07
조동사 의문문/ 선택 의문문/ Why don't ~

전체 mp3 듣기

STEP 1 | 문제를 해결하는 핵심 전략을 살펴보자.

🔊 Unit07_Step1

전략 1

Would you mind ~ 뒤에서는 Yes/No가 모두 수락의 의미이다

Would you mind ~?(~해 주시겠습니까?)는 문자 그대로 해석하면 "~하는 것을 꺼리시겠습니까?"라는 의미이다. 따라서 "Sure"와 같은 답변과 "Not at all/Of course not"과 같은 답변 모두 수락의 의미이다.

수락	Q **Would you mind** meeting with the new client at his office? A **Sure.** I'd be glad to. Q **Would you mind** opening the door for me? A **Not at all/Of course not.**
거절	Q **Would you mind** taking the morning train? A **Sorry. I'd rather not** get up early.
오답 사례	Q **Would you mind** lending me an umbrella? (A) **No problem. I have an extra one.** ⊙ (B) Yes. It stopped raining. ⊗ * Yes로 시작하는 답변은 "네, 꺼려지네요."라는 의미로, 정답으로는 잘 나오지 않는다.

전략 2

선택 의문문에서 Yes/No 답변은 무조건 오답이다

A or B를 묻는 선택 의문문에서 정답이 될 수 있는 것은 A와 B 중 하나, A와 B 모두, A와 B 모두 제외, 제3의 옵션을 포함한 답변이다. 따라서, 선택 의문문에 Yes/No 답변이 나오면 이는 즉시 오답으로 소거할 수 있다.

Yes가 오답인 경우

Do you prefer a window seat **or** an aisle seat?
(A) **I want to enjoy the view.** ⊙
(B) Yes. I'd like to sit down. ⊗

No가 오답인 경우

Should we exchange our currency now **or** after we arrive in Spain?
(A) No. It's my first visit there. ⊗
(B) **Let's take care of that now.** ⊙

전략 3

Why don't you ~ 의문문에 Because로 답하면 무조건 오답이다

Why don't you ~?는 "~하는 게 어때요?"라는 의미의 권유문이므로, 권유에 대한 반응(수용, 거절, 제3의 답변)이 정답이다. Why만 듣고 Because로 시작하는 선택지를 정답으로 고르지 않도록 주의하자.

Why don't you ~ 의문문

Why don't you ride with me to the museum?
(A) **That would be great.** ⊙
(B) Because I was late. ⊗

STEP 2-1

앞에서 배운 전략을 문제에 직접 적용해 보자.

🔊 Unit07_Step2_1

A 다음 들려주는 내용을 듣고 받아 적은 후, 질문에 알맞은 대답을 고르시오.

1. (A)   (B)   (C)

   _____ coming in early on Thursday?
   (A) _____. I'll be here at seven thirty.
   (B) Because I couldn't _____.
   (C) I _____ in the morning.

2. (A)   (B)   (C)

   Is your tea okay or _____ some sugar?
   (A) Yes, _____.
   (B) In the _____.
   (C) It's fine _____.

3. (A)   (B)   (C)

   _____ park in the west lot?
   (A) Because it is _____.
   (B) For a _____.
   (C) _____ already.

B 다음을 듣고, 들려주는 질문에 알맞은 대답을 고르시오.

1. (A)   (B)   (C)

2. (A)   (B)   (C)

3. (A)   (B)   (C)

4. (A)   (B)   (C)

5. (A)   (B)   (C)

52   정답 및 해설 p.32

STEP 2-2

파트2의 빈출 표현들을 학습해 보자.

🔊 Unit07_Step2_2

■ 조동사 의문문 제안과 요청

제안과 수락	Q **Would you** like to carpool to the office? 사무실까지 저와 함께 차를 타고 다니시겠어요? A1 **I'd be glad to** drive you. 기꺼이 태워 드리겠습니다. A2 **Yes.** We can save on gas. 네. 연료를 줄일 수 있겠네요.
요청과 거절	Q **May** I check out this book? 이 도서를 대출해도 되나요? A1 **Sorry, but** you have to pay your fines first. 죄송하지만, 우선 벌금을 내셔야 해요. A2 **Unfortunately,** this book can't leave the library. 안타깝게도, 이 도서는 도서관 안에만 있어야 해요.
요청과 제3의 응답	Q **Could you** tell me what the fastest shipping option is? 가장 빠른 배송 선택지가 무엇인지 말해줄 수 있나요? A1 **How about** express delivery? 빠른 우편은 어떠세요? A2 **It depends on** the package's destination. 소포의 목적지에 따라 다른데요.

■ 선택 의문문 부정대명사를 포함한 정답 표현

둘 중 하나를 선택	**the one** Q Will you text the confirmation number to my work phone **or** personal phone? 확인 번호를 제 업무 전화로 보내주실 건가요, 아니면 개인 휴대 전화로 보내주실 건가요? A **The one** that ends in 5088. 5088번으로 끝나는 쪽으로요.
둘 다 선택 또는 둘 다 부정	**any, either** Q Do you want to meet in the morning **or** the afternoon? 아침에 만나고 싶으세요, 아니면 오후에 만나고 싶으세요? A1 **Anytime** is good. 전 아무 때나 좋아요. A2 **Either** is fine, so you can choose. 전 둘 다 괜찮으니, 당신이 고르셔도 돼요. **both, neither, whichever** Q Do you need my office **or** cell phone number? 제 사무실 번호가 필요하세요, 아니면 휴대 전화 번호가 필요하세요? A1 **Both** would be good. 둘 다 좋아요. A2 **Neither.** I'll just e-mail you. 둘 다 필요 없어요. 그냥 이메일을 보낼게요. A3 **Whichever** you prefer. 어느 것이든 당신이 선호하는 걸로요.

STEP 3

실전 난이도의 문제를 풀며 전략을 완성해 보자.

🔊 Unit07_Step3

1. Mark your answer. (A) (B) (C)
2. Mark your answer. (A) (B) (C)
3. Mark your answer. (A) (B) (C)
4. Mark your answer. (A) (B) (C)
5. Mark your answer. (A) (B) (C)
6. Mark your answer. (A) (B) (C)
7. Mark your answer. (A) (B) (C)
8. Mark your answer. (A) (B) (C)
9. Mark your answer. (A) (B) (C)
10. Mark your answer. (A) (B) (C)

11.	Mark your answer.	(A)	(B)	(C)
12.	Mark your answer.	(A)	(B)	(C)
13.	Mark your answer.	(A)	(B)	(C)
14.	Mark your answer.	(A)	(B)	(C)
15.	Mark your answer.	(A)	(B)	(C)
16.	Mark your answer.	(A)	(B)	(C)
17.	Mark your answer.	(A)	(B)	(C)
18.	Mark your answer.	(A)	(B)	(C)
19.	Mark your answer.	(A)	(B)	(C)
20.	Mark your answer.	(A)	(B)	(C)

UNIT 08
평서문/
간접 의문문

전체 mp3 듣기

STEP 1

문제를 해결하는 핵심 전략을 살펴보자.

🔊 Unit08_Step1

전략 1 — 주어와 동사를 정확히 듣고 전체 의미를 파악하자

질문의 앞부분만 집중해 들으면 되는 의문문과 달리, 평서문은 일부분만 들어서는 정답을 찾기가 어려운 고난도 유형이다. 따라서 전체 내용 파악을 위해서는 주어, 동사, 목적어까지는 들어야 한다. 평서문이라고 해도 도움 요청, 제안, 의견 제시 등 명확한 의도가 있으므로 의도를 파악하는 훈련을 해 보자.

요청 – 제안

I'm looking for a book on growing roses.
(A) **Let me show you** our gardening section. ⭕
(B) You should water them regularly. ❌

질문 – 대답

I couldn't find your contact information in the directory.
(A) Contact me on my mobile phone. ❌
(B) **You must have** last year's version. ⭕

제안 – 거절[반대]

Let's use a larger font for the title on the front page.
(A) It's written above the article. ❌
(B) **There isn't enough room** on the page. ⭕

의견 제시 – 동의

I must say, that was a wonderful performance.
(A) **I've never seen** such a talented pianist. ⭕
(B) It was last night at eight thirty. ❌

전략 2 — 간접 의문문의 구조를 익혀두자

일반 의문문이나 평서문으로 시작하되 뒤에 또 다른 의문문이 들리는 문장이 있다. 이때 의문사 what, when, where, why, how가 들리면 구체적인 정보를 묻는 것이고, if나 whether가 들리면 Yes/No의 여부를 공손하게 묻는 것이다.

의문사절 (의문사 + S + V)	Q Did Lilah say **why she can't come** to the party? A She has to work early the next morning.
	Q I'm not sure **what the fastest way** to get downtown **is**. A How about taking a tram?
if/whether절 (if/whether + S + V)	Q Do you know **whether we will need to extend** the deadline? A We'll see how it goes.

해석 및 해설 p.39　57

STEP 2-1

앞에서 배운 전략을 문제에 직접 적용해 보자.

🔊 Unit08_Step2_1

A 다음 들려주는 내용을 듣고 받아 적은 후, 질문에 알맞은 대답을 고르시오.

1. (A) (B) (C)

> We _____ for the final draft of the newsletter.
> (A) I read it _____.
> (B) _____ company news.
> (C) _____.

2. (A) (B) (C)

> This shirt doesn't _____ on it.
> (A) I think _____ on you.
> (B) A clerk can tell you _____.
> (C) That's _____ than I expected.

3. (A) (B) (C)

> Do you know _____ Ms. Updike after she retires?
> (A) To _____ with her family.
> (B) The board is still looking for _____.
> (C) They _____ by now.

B 다음을 듣고, 들려주는 질문에 알맞은 대답을 고르시오.

1. (A) (B) (C)

2. (A) (B) (C)

3. (A) (B) (C)

4. (A) (B) (C)

5. (A) (B) (C)

STEP 2-2

파트2의 빈출 표현들을 학습해 보자.

 Unit08_Step2_2

■ 평서문의 의도에 따른 응답 패턴

정보 전달	Q	I heard this was a good movie.
		이 영화가 정말 괜찮았다고 들었어요.
	A1	**I'd like to** watch it. (의견 표현)
		저도 그걸 보고 싶네요.
	A2	I heard that **too**. (동의)
		저도 그렇게 들었어요.
	A3	**How about** going to see it this weekend? (제안)
		이번 주말에 가서 보는 게 어때요?
정보 요청	Q	I wish I knew why the flight was canceled.
		비행편이 취소된 이유를 알고 싶어요.
	A1	**I'm not sure.** (응답 회피)
		저도 잘 모르겠어요.
	A2	**It's due to** the weather. (원인 제시)
		날씨 때문이에요.
	A3	**Why don't you** ask at the check-in counter? (해결책 제시)
		탑승 수속 창구에 물어보는 게 어때요?
문제 제시	Q	My computer is running slow.
		제 컴퓨터가 너무 느려요.
	A1	**I can** try to fix that. (도움 자청)
		제가 그걸 고쳐 볼 수 있어요.
	A2	**Let's** try restarting it. (해결책 제시)
		전원을 다시 켜 봐요.
	A3	**Did you** download the latest update? (확인)
		최신 업데이트를 다운로드하셨나요?

■ 평서문의 의도와 관계 없이 자주 나오는 응답 패턴

의문문으로 맞받아치기	Q	The invitations for the fundraiser are ready to be sent.
		모금 행사 초대장들의 발송 준비가 다 되었어요.
	A	Can I see what they look like?
		어떻게 생겼는지 제가 봐도 될까요?
평서문으로 응답하는 경우	Q	The inspector will be arriving shortly.
		감독관이 곧 도착할 거예요.
	A	I forgot he was visiting today.
		그가 오늘 방문한다는 걸 잊고 있었네요.
	* 이 경우는 내용 전체를 이해해야 정답을 찾을 수 있다.	

STEP 3

실전 난이도의 문제를 풀며 전략을 완성해 보자.

◀)) Unit08_Step3

1. Mark your answer. (A) (B) (C)
2. Mark your answer. (A) (B) (C)
3. Mark your answer. (A) (B) (C)
4. Mark your answer. (A) (B) (C)
5. Mark your answer. (A) (B) (C)
6. Mark your answer. (A) (B) (C)
7. Mark your answer. (A) (B) (C)
8. Mark your answer. (A) (B) (C)
9. Mark your answer. (A) (B) (C)
10. Mark your answer. (A) (B) (C)

11.	Mark your answer.	(A)	(B)	(C)
12.	Mark your answer.	(A)	(B)	(C)
13.	Mark your answer.	(A)	(B)	(C)
14.	Mark your answer.	(A)	(B)	(C)
15.	Mark your answer.	(A)	(B)	(C)
16.	Mark your answer.	(A)	(B)	(C)
17.	Mark your answer.	(A)	(B)	(C)
18.	Mark your answer.	(A)	(B)	(C)
19.	Mark your answer.	(A)	(B)	(C)
20.	Mark your answer.	(A)	(B)	(C)

하루 30분씩 3주 만에
완성하는
PART LC

**PART 3
문제유형**

PART 3

- [ ] **UNIT 09** 화자의 의도 파악 문제/3인 대화
  주제: 일반 사무업무

- [ ] **UNIT 10** 시각 정보 연계 문제
  주제: 일상생활·여행

- [ ] **UNIT 11** 주제·목적/화자 관련 문제
  주제: 마케팅·영업·인사

- [ ] **UNIT 12** 세부정보 문제
  주제: 고객 응대·쇼핑·예약

- [ ] **UNIT 13** 다음에 할 일/요청/제안 문제
  주제: 교육·행사·일정

UNIT 09
화자의 의도 파악 문제/3인 대화

전체 mp3 듣기

STEP 1 | 문제를 해결하는 핵심 전략을 살펴보자.

🔊 Unit09_Step1

주어진 표현을 미리 읽고 주변 대화와의 연관성을 생각하자

화자의 의도 파악 문제는 우선 주어진 표현을 먼저 읽고 기억해야 한다. 이때 질문, 제안, 요청에 대한 응답이 주로 제시되므로 반드시 표현 앞 문장을 듣고 추가로 뒤 문장까지 들으면 정답을 찾을 수 있다.

Q. What does the woman mean when she says, **¹"We are still investigating the problem"**?

(A) She is trying to find a solution.
(B) She hasn't upgraded the system yet.

M   Hey Tina, ²has your team figured out why the new software program keeps crashing?
W   Not yet. We are still investigating the problem. In the meantime, employees should avoid using the production database until we can fix the issue.
M   I understand, but all of our inventory information is electronically stored there. I hope you can figure it out soon.

1 문제와 주어진 표현 파악
"우리는 아직 그 문제를 조사 중이에요."

2 흐름을 파악하면서 표현 듣기
소프트웨어 오작동 원인을 밝혀 냈느냐는 질문에 여자가 "우리는 아직 그 문제를 조사 중이에요"라고 했다.
→ 해결책을 찾는 중이므로 정답은 (A).

Possible Answer She doesn't know what is causing the issue.

3인 대화 지문에서는 화자들을 잘 구분하며 듣는다

3인 대화 지문에서는 3인 중 1인 또는 2인에 대한 문제가 출제되므로, 각 화자가 하는 말을 잘 구분하며 들어야 한다.

Q. What is **Ms. Kann prepared to do**?

(A) Decline a promotion
(B) Move to a different company

M1 Hello, Ms. Kann. We've received your request for a salary increase.
W   My performance reviews are always very good. However, my supervisor has not offered me any raise since I've started working.
M2 I know what you mean. Unfortunately, however, the company does not offer thirty percent salary increases.
M1 A ten percent raise is standard, but we're prepared to offer you fifteen. There is little room for negotiation.
W   Well, I've gotten a more lucrative job offer from another company. If you are unable to match it, I will have to accept their offer.

문제 파악
칸 씨가 준비된 것
→ 화자 중 칸 씨의 말 듣기

칸 씨는 급여가 인상되지 않으면 다른 회사의 일자리 제의(job offer)를 받아들일(accept) 것이므로 정답은 (B).

패러프레이징 I will have to accept their offer → Move to a different company

Possible Answer Transfer to another company

STEP 2-1

앞에서 배운 전략을 문제에 직접 적용해 보자.

🔊 Unit09_Step2_1

A 다음 들려주는 문장과 뜻이 같은 것을 고르시오.

패러프레이징 연습

1. (A) We need recommendations about how to spend the funds.
   (B) We can't afford to follow through on your suggestion.

2. (A) I don't mind organizing the documents with you.
   (B) I'd like to have you assist me with the finances.

3. (A) I want to find out the person who is responsible for the task.
   (B) I am wondering whether changing some photos is allowed.

B 다음 들려주는 내용을 듣고 질문에 답하시오.

실전 대비 문제

1. Who most likely is the man?
   (A) A newly hired employee
   (B) A security guard
   (C) A training manager
   (D) A store customer

2. What does the man say the woman can do at her desk?
   (A) Sign some documents
   (B) Set up her computer
   (C) Put away her belongings
   (D) Receive telephone training

3. Why does the woman say, "Those kinds of things"?
   (A) To clarify job responsibilities
   (B) To get more information
   (C) To illustrate customer queries
   (D) To ask about expectations

STEP 2-2

파트3의 빈출 표현들을 학습해 보자.

🔊 Unit09_Step2_2

■ 파트3 빈출 주제: 일반 사무업무

빈출 상황

문서 작성	보고서, 휴가 신청서, 비용 상환 서류 등의 문서 작성 및 제출
업무 요청	타 부서나 동료에게 업무에 필요한 자료나 지원 요청
프레젠테이션	발표 준비, 발표자 변경, 발표 장소 예약, 일정 조절
사무기기 관련	회사 에어컨, 프린터기, 프로젝터 등 전기 제품 고장 및 수리
시설 유지 및 보수	회사 내 시설 공사, 전자·인터넷 시스템 점검 및 교체

문서·업무 요청·프레젠테이션

absence 결근, 결석; 부재
adjustment 조정
assign 배정[배치]하다
assist 돕다
assume (=take on) (책임을) 맡다
attachment 첨부 (파일)
come along (원하는 대로) 되어 가다
confidential 기밀[비밀]의
contact 연락하다
contract 계약(서)
day off 휴일
department 부서
errand 심부름
executive 경영진, 간부
field 분야
launch 출시(하다)
paperwork 서류 (작업)
practice 관행, 지침
procedure 절차, 과정
professional 전문적인
reimbursement 상환, 변제
statement 명세서
submission 제출

supervisor/superintendent 상사/감독관
be out of town 다른 곳에 가 있는, 출장 중인
be scheduled for ~로 예정되어 있다
be supposed to *do* ~하기로 되어 있다
make a great addition to a team 팀에 귀중한 인재가 되다

사무기기·시설 유지 및 보수

accessible 접근[이용] 가능한
broken (=out of order) 고장 난
budget 예산
component 부품
electronically 전자적으로, 컴퓨터로
maintenance 유지, 보수
office supplies 사무용품
projector 프로젝터, 영사기
relocate 이사 가다, 전근가다
renovate 개조[보수]하다
reorganize 재정리하다
routinely 일상적으로
check up on ~을 확인하다
have a slight problem with ~에 약간 문제가 생기다

STEP 3

실전 난이도의 문제를 풀며 전략을 완성해 보자.

🔊 Unit09_Step3

[1-3]

1. What is the purpose of the call?
   (A) To reserve a room
   (B) To reschedule a meeting
   (C) To request a repair
   (D) To promote a product

2. What does the man mean when he says, "That won't be possible"?
   (A) He does not have a large enough budget.
   (B) He cannot complete a task today.
   (C) He is too busy to attend a meeting.
   (D) He did not get permission for a change.

3. What does the woman plan to do?
   (A) File an official report
   (B) Hold a training session
   (C) Hang up a sign
   (D) Move a meeting's location

[4-6]

4. Where most likely do the speakers work?
   (A) At an electronics store
   (B) At a clothing store
   (C) At a furniture store
   (D) At a grocery store

5. What problem does the man mention?
   (A) Some prices were incorrect.
   (B) A shipment arrived early.
   (C) Some items were damaged.
   (D) A staff member is absent.

6. What does the woman mean when she says, "I'm on the case"?
   (A) She will put tags on the items.
   (B) She will contact the manufacturer.
   (C) She will rearrange some shelves.
   (D) She will count the items in a storage room.

[7-9]

7. What are the speakers mainly discussing?
   (A) Hiring a public speaker
   (B) Signing up for a trade event
   (C) Booking a meeting venue
   (D) Printing some brochures

8. What does the woman mean when she says, "We don't have a choice anyway"?
   (A) They must meet a deadline.
   (B) They must hire a certain company.
   (C) They must cut the budget.
   (D) They must recruit more people.

9. What does one of the men plan to do?
   (A) Try a new service
   (B) Adjust a schedule
   (C) Speak to a supervisor
   (D) Open an account

[10-12]

10. Where is the conversation taking place?
    (A) At an airport
    (B) At a travel agency
    (C) At a foreign embassy
    (D) At a financial institution

11. Why does the woman say, "Just a few days"?
    (A) She will use a rush service.
    (B) She will leave for a vacation soon.
    (C) She will make the payment shortly.
    (D) She will change her travel plans.

12. What does the man ask the woman to do?
    (A) Present a passport
    (B) Complete a form
    (C) Call him later
    (D) Provide contact information

[13-15]

13. What is the conversation mostly about?

(A) Hiring a professional photographer
(B) Preparing for a photo shoot
(C) Reserving the conference room
(D) Publishing the corporate directory

14. Why wasn't the man given the same information as the women?

(A) He hasn't received an e-mail yet.
(B) He doesn't need to get a picture.
(C) He will be updated during a meeting.
(D) He didn't read a posted notice.

15. According to the women, what should be avoided?

(A) Bright colors
(B) A necktie
(C) Long necklaces
(D) Jackets

[16-18]

16. What did the man do yesterday?

(A) Returned from a business trip
(B) Led a weekly meeting
(C) Contacted a travel agency
(D) Missed his flight home

17. What does the woman mean when she says, "you don't have to worry about that now"?

(A) She doesn't require any assistance.
(B) Attendance at an event is not mandatory.
(C) She has completed a task for the man.
(D) Some paperwork is not needed.

18. What does the woman suggest doing?

(A) Submitting a request form early
(B) Checking a Web site for information
(C) Getting a handout from a coworker
(D) Asking for a budget adjustment

[19-21]

19. What does the speakers' company plan to do in October?

(A) Move to a new building
(B) Merge with another company
(C) Launch a new product
(D) Train new recruits

20. What does the man mean when he says, "there isn't enough for everyone"?

(A) A team budget should be increased.
(B) The team is currently too small.
(C) There isn't space for all of the workers.
(D) A deadline needs to be pushed back.

21. Why will the speakers meet later?

(A) To look at building sites
(B) To discuss furniture options
(C) To review job applications
(D) To order uniforms from a catalog

[22-24]

22. What did the speakers most likely do in the morning?

(A) Posted a job online
(B) Screened some résumés
(C) Interviewed job candidates
(D) Signed a new contract

23. What does the woman indicate about Ms. Diego?

(A) She has an enthusiastic attitude.
(B) She had difficulty with some questions.
(C) She had strong reference letters.
(D) She shared some creative ideas.

24. What does the man mean when he says, "that's not a factor"?

(A) He doesn't care about education.
(B) He thinks a budget can be ignored.
(C) He thinks experience isn't necessary.
(D) He doesn't know much about the field.

UNIT 10
시각 정보 연계 문제

전체 mp3 듣기

STEP 1 | 문제를 해결하는 핵심 전략을 살펴보자.

🔊 Unit10_Step1

전략 1 시각 정보를 분석하고 문제를 읽어 내용을 예측한다

시각 정보 연계 문제는 주로 시각 정보를 바탕으로 무언가를 결정하거나, 갑작스러운 문제로 인해 변경해야 하는 상황이 제시된다. 대화를 듣기 전 시각 정보를 파악하고 문제를 읽어 두면 무난히 해결할 수 있는 문제 유형이다.

Q. ¹**Look at the graphic. In which section** will the **talk** most likely **be held**?

(A) Sculptures
(B) Paintings
(C) Mixed Media
(D) Photographs

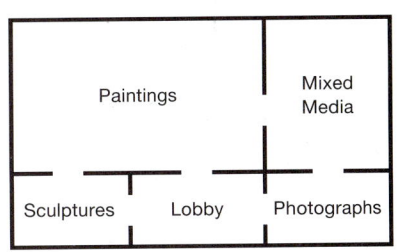

M A lot of people are attending tonight's lecture by Kenneth Owens. It'll be time well spent.
W You're right. But there's one problem. A pipe burst on the second floor, and ²the lecture room is flooded. What should we do?
M I have an idea. ³Couldn't we just set up chairs in the largest section?
W Yeah. ³That would be enough seating.
M And we can move some of the center displays to the sculpture section.

¹ 시각 정보: 평면도(floor plan)
→ 배치에 관해 논의하는 내용임을 예측하기
² 상황: 강의실이 물에 잠김
³ 해결책: 가장 넓은 구역 사용
→ 시각 정보에서 가장 넓은 구역은 Paintings section이므로 정답은 (B).

전략 2 시각 정보와 관련된 표현들을 알아 두자

시각 정보에는 일정표, 가격표, 영수증, 쿠폰, 막대·원형·꺾은선 그래프, 약도와 배치도 등 다양한 종류가 있다. 이러한 시각 정보들과 함께 자주 쓰이는 다음 표현들을 익혀 두면 지문을 더 정확히 들을 수 있다.

swap time slots 시간대를 **바꾸다**
extend Ben's meeting by a half hour 벤 씨의 회의를 30분 **연장하다**
push back Laura's interview one hour 로라 씨의 인터뷰를 한 시간 **연기하다**
reschedule one's first appointment ~의 첫 번째 약속을 **다시 잡다**
squeeze someone in **between** the two time slots
~을 두 시간대 **사이에 끼워 넣다**

the **hottest city** in the area 지역에서 **가장 더운 도시**
the **coldest city** on average 평균적으로 **가장 추운 도시**
None of the cities have **an average temperature below ten**.
평균 기온이 10도 이하인 도시는 없다.
The highest average temperature is **close to thirty**.
평균 최고 기온은 **30도에 가깝다**.

해석 및 해설 p.55

STEP 2-1

앞에서 배운 전략을 문제에 직접 적용해 보자.

🔊 Unit10_Step2_1

A
패러프레이징 연습

다음 들려주는 문장과 뜻이 같은 것을 고르시오.

1. (A) The store is currently closed for restocking, but it will open again shortly.
   (B) The merchandise that you requested is temporarily unavailable.

2. (A) The premium service is faster than the basic service.
   (B) The premium service costs more than the basic service.

3. (A) Our company has experienced an increase in sales.
   (B) Our products have higher prices than in the past.

B
실전 대비 문제

다음 들려주는 내용을 듣고 질문에 답하시오.

> **Osborne Theater presents**
> Shanta Harris
>
> Saturday, May 10, 8:00 P.M.
> Doors open at 7:00 P.M.

1. What is the woman excited about?
   (A) Buying an album
   (B) Taking a picture
   (C) Getting an autograph
   (D) Hearing new songs

2. What does the man ask the woman to do?
   (A) Save him a seat
   (B) Buy a ticket for him
   (C) Give him a ride
   (D) Check some information

3. Look at the graphic. When will the speakers arrive at the theater?
   (A) At 6:30 P.M.
   (B) At 7:00 P.M.
   (C) At 7:30 P.M.
   (D) At 8:00 P.M.

STEP 2-2

파트3의 빈출 표현들을 학습해 보자.

🔊 Unit10_Step2_2

■ 파트 3 빈출 주제: 일상 생활·여행

빈출 상황

부동산	부동산 임대 계약이나 주거 마련과 관련된 임대인(또는 부동산 중개인)-세입자 간의 조정
집·기타 시설 유지 보수	주거 공간 및 기타 시설의 수리, 개조
여행	비행기·차량 예약이나 취소 상황, 여행 일정 수립
호텔·식당	여행 또는 행사를 위한 호텔·식당 예약, 식사 장소 선택, 식당 운영
문화·공연·오락	영화관·극장 관람, 공연 소개 및 기타 취미 생활

부동산

deposit 보증금
lease 임대차 계약
property 부동산
rent 집세; 세내다
tenant 세입자
landlord 집주인, 임대인
spacious 널찍한
show around 보여주다
unit 한 가구, 세대
match a description 설명에 들어맞다

여행·호텔·식당

cater 음식을 공급하다
ingredient 식재료
itinerary 일정표
keep up with ~을 따라잡다
location 위치
package 패키지, 일괄 프로그램
platter 접시, 모둠 요리
reserve a table 테이블을 예약하다
routine 일상의 일
travel agency 여행사
vacancy 빈 방

집·기타 시설 유지 보수

flood 물에 잠기다
flooring 바닥재
get rid of (=eliminate) 제거하다
install 설치하다
insurance 보험
interior 내부 장식, 인테리어
leak (액체·기체가) 새다
measurement 《보통 복수형》 치수
missing part 누락된 부분
oversight 간과, 실수
plumbing 배관, 수도 시설
repair (=fix) 수리하다

문화·공연·오락

autograph (유명인의) 사인; 사인을 해주다
directions 길 안내
drive A to B A를 B까지 태워 주다
entertain 즐겁게 해주다
intermission 중간 휴식 시간
seating 좌석, 자리
subscribe to ~을 구독하다

STEP 3

실전 난이도의 문제를 풀며 전략을 완성해 보자.

◀) Unit10_Step3

[1-3]

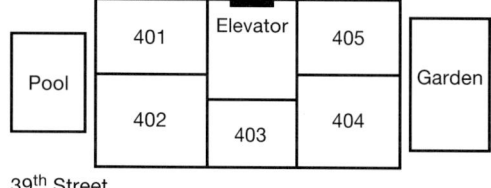

39th Street

1. Who most likely is the woman?
   (A) A building architect
   (B) An interior designer
   (C) A real estate agent
   (D) A garden landscaper

2. Look at the graphic. Which apartment would be best for the man?
   (A) 401
   (B) 402
   (C) 404
   (D) 405

3. What does the woman suggest doing?
   (A) Viewing a site in person
   (B) Calling back later
   (C) Reviewing a lease agreement
   (D) Making a deposit

[4-6]

Dawson Flooring–Annual Sale

TYPE	PRICE PER SQUARE FOOT
Tile	$3
Wood	$5
Carpet	$7
Stone	$15

4. How did the man find out about the business?
   (A) By reading a newspaper
   (B) By visiting a Web site
   (C) By listening to the radio
   (D) By talking to a friend

5. Where does the man want to use the product?
   (A) In his office
   (B) In his bedroom
   (C) In his bathroom
   (D) In his living room

6. Look at the graphic. How much will the man pay per square foot?
   (A) $3
   (B) $5
   (C) $7
   (D) $15

[7-9]

Pasta Entrée Sales

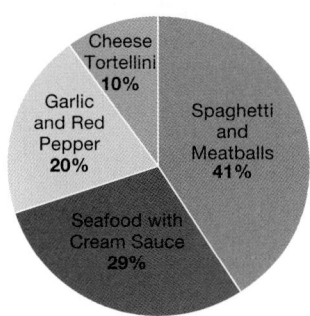

7. What did the man ask the woman to do?
   (A) Arrive at work early
   (B) Delay placing an order
   (C) Inspect the kitchen
   (D) Postpone a weekly meeting

8. According to the man, what is the reason for the change?
   (A) To streamline a process
   (B) To make room for a new dish
   (C) To respond to customer suggestions
   (D) To reduce the restaurant's costs

9. Look at the graphic. Which dish will be removed from the menu?
   (A) Spaghetti and meatballs
   (B) Seafood with cream sauce
   (C) Garlic and red pepper
   (D) Cheese tortellini

[10-12]

Components-Model 541

A-1 (x16)　　　　　A-2 (x12)
Outer Screws　　　Inner Screws

B (x16)　　　　　　C (x2)
Screw Caps　　　　Drawer Pulls

10. What problem does the woman mention?
    (A) One of her items is missing some parts.
    (B) She lost her assembly instructions manual.
    (C) Her merchandise was damaged in transit.
    (D) Her order was shipped to the wrong address.

11. Look at the graphic. Which type of pieces will be sent?
    (A) A-1
    (B) A-2
    (C) B
    (D) C

12. What does the man say he will do?
    (A) Refund a shipping fee
    (B) Include a coupon
    (C) Report a problem
    (D) Check an account

[13-15]

Proposed Project	Associated Cost
Juice Bar	$80,000
Cardio Equipment	$100,000
Pool Renovation	$150,000
Locker Room Renovation	$180,000

[16-18]

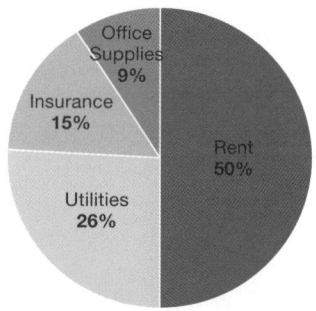

13. According to the woman, what has helped the business?

    (A) A membership fee reduction
    (B) A lack of competition
    (C) An advertising campaign
    (D) A population increase

14. Look at the graphic. How much will the business spend on a project?

    (A) $80,000
    (B) $100,000
    (C) $150,000
    (D) $180,000

15. What does the woman offer to do?

    (A) Arrange an investment payment
    (B) Find an alternative site
    (C) Teach a fitness class
    (D) Post information online

16. What is the conversation mainly about?

    (A) Finding a new building to rent
    (B) Hiring a different insurance agency
    (C) Getting a small business loan
    (D) Reducing operating expenses

17. According to the woman, by when must a report be completed?

    (A) Tonight
    (B) This week
    (C) Next week
    (D) Next month

18. Look at the graphic. What will most likely be discussed with Ms. Chang?

    (A) Rent
    (B) Utilities
    (C) Insurance
    (D) Office Supplies

[19-21]

Bridgeville Foods
Raw Vegetable Platters

Size	Serves
Small	Up to 5
Medium	6-15
Large	16-25
Extra Large	26-30

19. What is the purpose of the call?
 (A) To add an item to an order
 (B) To make a complaint
 (C) To change an address
 (D) To request an estimate

20. Look at the graphic. Which platter size will the woman buy?
 (A) Small
 (B) Medium
 (C) Large
 (D) Extra Large

21. What does the man tell the woman?
 (A) A company policy has changed.
 (B) A delivery fee will be waived.
 (C) A discount coupon is still valid.
 (D) A menu item is no longer available.

[22-24]

Building Directory

Floor	Business
1	Lobby/Reception
2	Fletcher and Associates
3	Zappia Consulting
4	Knowlton Co./Success Lab
5	WB Enterprises/Mild Dental Clinic

22. Who most likely is the man?
 (A) A salesperson
 (B) A receptionist
 (C) An interior designer
 (D) A courier

23. What does the woman tell the man to do?
 (A) Wear an ID badge
 (B) Sign a document
 (C) Wait in the lobby
 (D) Come back later

24. Look at the graphic. Where will the man most likely go next?
 (A) To the second floor
 (B) To the third floor
 (C) To the fourth floor
 (D) To the fifth floor

UNIT 11
주제·목적/ 화자 관련 문제

전체 mp3 듣기

STEP 1 | 문제를 해결하는 핵심 전략을 살펴보자.

🔊 Unit11_Step1

대화의 초반부를 놓치면 안 된다

대화의 주제나 목적은 90%가 초반부에 등장하므로, 해당 문제가 나오면 무조건 앞부분에 집중해서 들어야 한다. 또한, 대화의 주제 및 목적을 알아야 다른 문제도 제대로 풀 수 있으므로 앞부분만은 놓치지 않도록 하자.

Q. What is the woman calling about?
(A) Moving her personal belongings
(B) Touring an apartment

W Hi. I'm calling because I'm getting transferred to Hendersville next month and I'd like to know how much it will cost to move there.
M Our prices depend on the items being transported. A representative can come take a look at what you have and give you an estimate.
W That would be great. Anytime after 1 P.M. is fine with me.

문제 파악
전화를 건 용건
→ 앞부분을 들어야 하는 문제임에 유의

전근(getting transferred)을 하게 되어 이사하는(move there) 비용을 문의하는 것이므로 정답은 (A).

Possible Answer A quote for a move

화자의 직업·업종·대화 장소 문제는 종합하여 유추해야 한다

화자의 직업·업종·대화 장소 문제의 경우, 화자들이 이를 직접적으로 언급하는 경우는 거의 없기 때문에 대화를 들으며 관련 어휘나 상황을 종합하여 정답을 유추해야 한다.

Q. What most likely is the woman's occupation?
(A) Art teacher
(B) Graphic designer

M Lisa, congratulations on your graphic design firm's award from the National Arts and Business Council! It must help to attract new clients.
W Thank you! Yes, we are swamped now! In fact, I want to hire someone to help with the workload.
M Really? My cousin studied design and is looking for a job. He doesn't have much experience, though.
W Well, experience isn't essential. Tell him to send me his résumé.

문제 파악
여자의 직업
→ 여자와 관련된 정보에 유의하며 듣기

여자의 회사는 디자인 상 수상(your graphic design firm's award), 고용 필요(want to hire someone), 남자가 디자인을 전공한 사촌 추천
→ 여자는 그래픽 디자이너임을 알 수 있으므로 정답은 (B).

Possible Answer Design artist

직업·업종을 나타내는 표현	I'm A from B. B에서 일하는 A라고 합니다 I'm working on ~을 작업 중에 있습니다	I'm doing ~ 일을 하고 있습니다 I have experiences in ~의 경험이 있습니다

STEP 2-1

앞에서 배운 전략을 문제에 직접 적용해 보자.

🔊 Unit11_Step2_1

A
패러프레이징 연습

다음 들려주는 문장과 뜻이 같은 것을 고르시오.

1. (A) You should tell me when to meet with the employees.
   (B) You should know that the meeting's time has changed.

2. (A) Please tell me about the housing options.
   (B) Please give me a tour of the facility.

3. (A) I accidentally clicked on the wrong item during my purchase.
   (B) The payment section of the Web site is malfunctioning.

B
실전 대비 문제

다음 들려주는 내용을 듣고 질문에 답하시오.

1. Where do the speakers work?
   (A) At an advertising company
   (B) At an electronics company
   (C) At a financial institution
   (D) At an art school

2. What problem does the woman mention?
   (A) A client complaint
   (B) A company's relocation
   (C) A lack of workers
   (D) A drop in sales figures

3. Which department does the woman think needs the most help?
   (A) Personnel
   (B) IT
   (C) Sales
   (D) Design

STEP 2-2

파트3의 빈출 표현들을 학습해 보자.

🔊 Unit11_Step2_2

■ 파트3 빈출 주제: 마케팅·영업·인사

빈출 상황

마케팅 전략	새로운 제품 또는 회사 홍보를 위한 마케팅 전략 수립
영업 실적	영업 부서의 매출·실적 보고, 영업 전략 재고
채용·면접	채용 조건 문의 및 안내, 면접 일정 조정, 합격 통보 등
직원 교육·발령	신입 직원 교육 및 인사 발령 관련 내용

마케팅·영업

approve 승인[허가]하다
associate (사업) 동료; 연결지어 생각하다
check out (살펴)보다; 확인[조사]하다
commercial 광고; 상업적인
compare 비교하다
competitive 경쟁력 있는
consumption 소비
demand 수요; 요구
efficient 효율적인
modify 수정[변경]하다
sales figures 매출액
customer satisfaction 고객 만족도
strategy 전략, 계획
target 목표
track record 실적
share *one's* **ideas** ~의 아이디어를 공유하다

인사

application form 지원서
assign (일 등을) 맡기다, 배정하다
candidate 지원[응시]자; 후보자
creative 창의적인
degree 학위
draw up 만들다, 작성하다
evaluation 평가
expertise 전문 지식[기술]
finalize 마무리[완결]하다
graduate 졸업하다
impact 영향을 미치다; 영향
improvement 개선, 향상
permanent position (↔ **temporary position**)
정규직 (↔비정규직)
potential 잠재적인, 가능성이 있는
promotion 승진; 홍보
qualification 자격(증)
reference 추천서; 추천인
requirement 필요 조건
screening 심사
shift 교대 근무 (시간)
shortlist 최종 후보자 명단; 최종 후보자 명단에 올리다
be capable of ~을 할 수 있다
have an interview with ~와 면접을 보다

STEP 3

실전 난이도의 문제를 풀며 전략을 완성해 보자.

🔊 Unit11_Step3

[1-3]

1. Who most likely are the speakers?
   (A) Web designers
   (B) Marketing executives
   (C) Product developers
   (D) Medical technicians

2. What is the man waiting for?
   (A) An approval of the budget
   (B) A response from an expert
   (C) A delivery of supplies
   (D) A decision from investors

3. What does the woman ask the man to do?
   (A) Provide an update
   (B) Adjust a schedule
   (C) Sign some paperwork
   (D) Review a report

[4-6]

4. Why is the woman calling the man?
   (A) To promote some new software
   (B) To confirm an address for a delivery
   (C) To get information about a product
   (D) To report a problem with a purchase

5. What benefit does the man mention?
   (A) Attracting customers
   (B) Saving time
   (C) Reducing costs
   (D) Getting a guarantee

6. What does the woman request?
   (A) A cost estimate
   (B) An updated catalog
   (C) A free trial
   (D) A product refund

[7-9]

7. Where most likely do the speakers work?
   (A) At a food supply distributor
   (B) At a beverage company
   (C) At an electronics manufacturer
   (D) At an advertising agency

8. What problem does the woman mention?
   (A) The price of materials has risen sharply.
   (B) Too many companies have entered the market.
   (C) Employees are not working hard enough.
   (D) Customers prefer a competitor's product.

9. What does the man say he will do?
   (A) Improve a design
   (B) Write a new contract
   (C) Undergo some training
   (D) Prepare a survey

[10-12]

10. Where do the speakers work?
    (A) At a retail store
    (B) At a manufacturing plant
    (C) At a government office
    (D) At an educational center

11. What has the man recently done?
    (A) Transferred to another branch
    (B) Attended a recruitment event
    (C) Trained new employees
    (D) Received a job promotion

12. Why does the man want to meet tomorrow?
    (A) To introduce some staff members
    (B) To tour a company facility
    (C) To review some business contracts
    (D) To select a group of employees

[13-15]

13. What is the purpose of the call?
 (A) To report a graduation date
 (B) To accept a job offer from a company
 (C) To schedule a job interview
 (D) To inquire about an application process

14. What problem does the man mention?
 (A) He doesn't have relevant experience.
 (B) He cannot get a document in time.
 (C) He lost his letter of recommendation.
 (D) He has to give notice at his current job.

15. What does the woman recommend doing?
 (A) Visiting the company in person
 (B) Providing a digital copy
 (C) Requesting a deadline extension
 (D) Downloading a company newsletter

[16-18]

16. Where most likely do the speakers work?
 (A) At an insurance provider
 (B) At a clothing shop
 (C) At a health food store
 (D) At a pharmacy

17. How does the man suggest attracting more customers?
 (A) By lowering the price of products
 (B) By increasing the amount of advertising
 (C) By extending the business hours
 (D) By giving free gifts to customers

18. What do the speakers decide to do?
 (A) Offer incentives to employees
 (B) Consult an expert
 (C) Hire more staff members
 (D) Hold a competition

[19-21]

19. Who most likely are the speakers?
(A) Marketing executives
(B) Graphic designers
(C) Product developers
(D) Financial consultants

20. What kind of products does the speakers' company sell?
(A) Cosmetics
(B) Office supplies
(C) Jewelry
(D) Footwear

21. What will staff members be asked to do?
(A) Suggest product names
(B) Report potential problems
(C) Share their workspaces
(D) Select some images

[22-24]

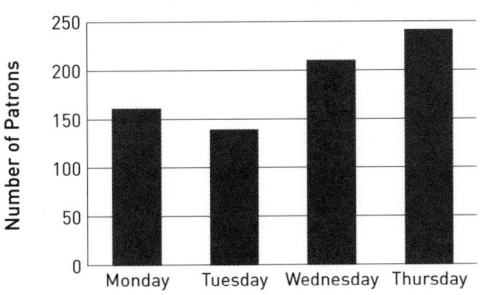

22. Where do the speakers most likely work?
(A) At a fitness facility
(B) At a comedy club
(C) At an opera house
(D) At a movie theater

23. Look at the graphic. On which day will a new promotion be added?
(A) Monday
(B) Tuesday
(C) Wednesday
(D) Thursday

24. What does the man say he will do today?
(A) Hang up some posters
(B) Contact a printing company
(C) Design an advertisement
(D) Explain a change to the staff

UNIT 12
세부정보 문제

STEP 1 문제를 해결하는 핵심 전략을 살펴보자.

 Unit12_Step1

 전략 1 문제를 먼저 읽고 키워드를 파악한다

특정 화자가 한 행동이나 언급한 내용, 방법, 장소, 시간을 묻는 세부정보 문제는 대화 중간이나 마지막 부분에 단서가 등장한다. 남녀 중 특정 화자와 관련된 경우가 많으므로 문제를 읽고 어느 화자에 집중할지 전략을 미리 세우고 듣자.

Q. What does the woman say she can do?
 (A) Get approval for an exchange
 (B) Save an item for the man

키워드 파악
여자가 할 수 있다고 한 것
→ I can *do*, I'm willing to *do*, I'd be happy to *do* 등의 표현을 예측하며 여자의 말에 집중하기

M Hello. This handbag is on sale, isn't it?
W I'm sorry. The sale doesn't start until Saturday. However, **I'd be happy to** hold the item for you, so you can come back this weekend to buy it.
M Well, I can't come this weekend. If I pick it up on Monday, can I still get the discount?
W Yes. The sale lasts ten days.

물건을 맡아줄 것(hold the item)이라고 말했으므로 정답은 (B).

패러프레이징 hold the item for you → Save an item for the man
Possible Answer Set a bag aside for the man

 전략 2 패러프레이징을 빨리 알아채는 것이 실력이다

Where, When, What 등으로 시작하는 세부정보 문제를 보면 일단 정답은 패러프레이징된다고 생각하고 풀어야 한다. 다음의 장소, 시간, 방법, 동작 관련 빈출 패러프레이징 표현들을 알아두자.

장소	place → venue 장소 company → workplace 회사 hospital → medical center 병원 branch → business → establishment 가게 pharmacy → drugstore 약국	meeting room → conference room 회의실 headquarters → main[head] office 본사 outlet → mall → shop → store 가게 warehouse → stock room 창고
시간	hourly → per hour 시간당 daily → every day 매일 weekly → once a week 매주 annually → every year 매년	3 months → a quarter 1분기 a few days ago → the other day 며칠 전에 Monday through Friday → on weekdays 평일 for a decade → for 10 years 10년 동안
방법	by bus[taxi] → by public transportation 대중교통으로	within walking distance → nearby 가까운
동작	put up → set up 설치하다 ship → deliver 배달하다 conduct → perform 수행하다 remodel → renovate 개조하다	find → locate 찾다 will[can] attend → be available 참석할 시간이 되다 fall behind schedule → be late 뒤처지다

STEP 2-1

앞에서 배운 전략을 문제에 직접 적용해 보자.

🔊 Unit12_Step2_1

A 다음 들려주는 문장과 뜻이 같은 것을 고르시오.

패러프레이징 연습

1. (A) I want to purchase some furniture.
   (B) I would like to buy some cosmetics.

2. (A) You cannot use the venue on the specified date.
   (B) The room reservation has been changed to another date.

3. (A) The party guests will have a meal at eight o'clock.
   (B) The party is expected to last one hour.

B 다음 들려주는 내용을 듣고 질문에 답하시오.

실전 대비 문제

1. What problem does the man mention?
   (A) He lost a book that he checked out.
   (B) He must pay a late fee on a book.
   (C) He could not find the item he wants.
   (D) He reserved the wrong novel accidentally.

2. When did the man receive the telephone message?
   (A) Yesterday
   (B) Two days ago
   (C) Last week
   (D) Two weeks ago

3. What is the woman asked to do?
   (A) Reserve an item again
   (B) Recommend an author
   (C) Explain a policy to the man
   (D) Check the shelf for an item

STEP 2-2

파트3의 빈출 표현들을 학습해 보자.

🔊 Unit12_Step2_2

■ 파트3 빈출 주제: 고객 응대·쇼핑·예약

빈출 상황

주문·배송	주문 내용 확인 및 변경, 품절 안내, 배송 지연에 관한 사과와 안내
교환·환불	제품 불량·파손, 고객의 변심으로 인한 교환 및 환불 안내
장소 예약	호텔, 식당, 기타 약속을 위한 장소 물색과 예약

고객 응대

commitment 헌신
complimentary 무료의
convince 설득하다, 납득시키다
refund 환불; 환불하다
replacement 교체(품)
take on (일 등을) 맡다
as an apology for ~에 대한 사과의 의미로
be under warranty 품질 보증을 받다

예약

capacity 수용력, 정원
switch 맞바꾸다
venue (행사) 장소
be available for ~하는 데 이용 가능하다

구매·주문·배송

affordable (가격이) 알맞은, 저렴한
assemble 조립하다
damaged 손상된
discount 할인
exchange 교환(품); 교환하다
exclusively 오직; 독점적으로
expedited 긴급의
expiration date 만료일

valid (↔ invalid) 유효한 (↔무효한)
inventory 재고(품)
opportunity 기회
purchase 구매; 구매를 하다
reasonable price 합리적인[적정한] 가격
reservation request 예약 요청
reserve (=book) 예약하다
set aside 따로 챙겨 두다
shipment 배송품
specialize in ~을 전문으로 하다
storage 보관, 저장
supply (보통 복수형) 공급품
voucher (=coupon) 쿠폰
a wide range of 광범위한, 다양한
add to one's order ~의 주문에 추가하다
be on display 진열[전시] 중이다
be on sale 할인[판매] 중이다
make a payment 비용을 지불하다
out of stock (↔ in stock) 재고가 없는 (↔재고가 있는)
place an order 주문하다
proof of purchase 구매 증거
put up a display 진열[전시]을 하다
take a look at ~을 보다

STEP 3

실전 난이도의 문제를 풀며 전략을 완성해 보자.

◆) Unit12_Step3

[1-3]

1. Who most likely is the man?
   (A) A computer repair person
   (B) A customer service agent
   (C) A store manager
   (D) A delivery worker

2. Why is the woman calling?
   (A) To check a shipment
   (B) To place an order
   (C) To report a problem
   (D) To open an account

3. What does the man tell the woman?
   (A) An online system contained an error.
   (B) A coupon has already expired.
   (C) A special promotion has ended.
   (D) A voucher is not valid on sale items.

[4-6]

4. Why is the woman planning to travel?
   (A) To perform an inspection
   (B) To meet some investors
   (C) To participate in a conference
   (D) To attend a job interview

5. When does the woman have an appointment on January 10?
   (A) At 8:30 A.M.
   (B) At 9:30 A.M.
   (C) At 10:30 A.M.
   (D) At 11:30 A.M.

6. What does the man suggest doing?
   (A) Using a different airline
   (B) Meeting at a different time
   (C) Flying on a different day
   (D) Reserving a seat in a different class

[7-9]

7. Where most likely does the woman work?
   (A) At a furniture store
   (B) At a fabric outlet
   (C) At a clothing shop
   (D) At a laundromat

8. Why did the man visit the business?
   (A) To try on some merchandise
   (B) To return a defective item
   (C) To purchase a gift
   (D) To put up a display of new products

9. What does the woman say she will give the man?
   (A) A coupon
   (B) A refund
   (C) A receipt
   (D) A catalog

[10-12]

10. What is the purpose of the call?
    (A) To schedule an equipment installation
    (B) To ask about a component for a device
    (C) To explain the reason for a shipping delay
    (D) To convince the man to buy a television

11. What problem does the man mention?
    (A) A price has increased.
    (B) An inventory list is missing.
    (C) An item is not available.
    (D) A customer is upset.

12. How does the man offer to help the woman?
    (A) By giving her detailed instructions
    (B) By calling another branch
    (C) By working extra hours
    (D) By placing a rush order

[13-15]

13. What is the purpose of the call?
    (A) To request a payment
    (B) To promote a meeting venue
    (C) To ask for a guest list
    (D) To confirm a reservation

14. Why does the woman want to make a change?
    (A) She had to reschedule an event.
    (B) More guests are coming than expected.
    (C) Her budget for the event has been cut.
    (D) The equipment she needs is not available.

15. What does the man tell the woman about?
    (A) A parking fee
    (B) A registration deadline
    (C) A price difference
    (D) A stage size

[16-18]

16. What did Sandoval Enterprises do last week?
    (A) Sent brochures to customers
    (B) Ordered some promotional materials
    (C) Hired some new employees
    (D) Operated a booth at a trade fair

17. When does the man say his company can take on new work?
    (A) In two days
    (B) In three days
    (C) In one week
    (D) In two weeks

18. What does the man suggest doing?
    (A) Getting a larger size
    (B) Paying for rush service
    (C) Viewing a sample online
    (D) Contacting another business

[19-21]

19. What happened this morning?
 (A) Some meetings were canceled.
 (B) A workshop was conducted.
 (C) Some supplies were delivered.
 (D) A new assistant was hired.

20. Why does the woman say, "I never saw it"?
 (A) She didn't receive a request.
 (B) She is unfamiliar with a policy.
 (C) She cannot find the item.
 (D) She lost a document.

21. What does the woman suggest doing?
 (A) Using an express service for an order
 (B) Checking an inventory list carefully
 (C) Borrowing something from another department
 (D) Asking a coworker to go pick up some items

[22-24]

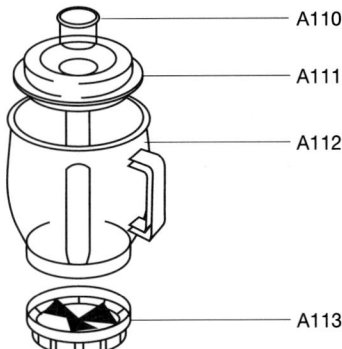

22. What does the man mention about the man's purchase?
 (A) It was missing an item.
 (B) It was delivered yesterday.
 (C) It was made online.
 (D) It was eligible for a discount.

23. Look at the graphic. Which component did the man have an issue with?
 (A) A110
 (B) A111
 (C) A112
 (D) A113

24. What will the woman send to the man?
 (A) A refund
 (B) A replacement part
 (C) A request form
 (D) A new blender

UNIT 13
다음에 할 일/ 요청/제안 문제

전체 mp3 듣기

STEP 1 | 문제를 해결하는 핵심 전략을 살펴보자.

🔊 Unit13_Step1

전략 1 | 다음에 할 일을 묻는 문제는 대화 후반부를 들으면 된다

다음에 할 일을 묻는 문제는 대화의 마지막 부분에 등장하기 때문에 해당 부분을 잘 들으면 정답을 찾을 수 있다.

Q. **What** will the **woman** probably **do next**?
(A) Check on a flight status
(B) Attend a training session

M Ms. Russell, will Sandy be back from her trip in time for the safety training?
W Unfortunately, no. Her flight back was delayed because of a storm.
M Then let's have the session tomorrow. I want to train everyone at the same time.
W All right. **I'll check Sandy's flight schedule now.**

문제 파악
여자가 할 일
→ I can[will]/Let me 등의 표현 예측하며 듣기

샌디 씨의 비행 일정을 확인(check Sandy's flight schedule)한다고 했으므로 정답은 (A).

[패러프레이징] check Sandy's flight schedule → Check on a flight status

[Possible Answer] Look up an itinerary

전략 2 | 제안/요청 문제는 관련 표현을 놓치지 말자

제안/요청 문제는 남녀 중 누구에 관한 것인지 파악하고, 해당 화자의 말에 집중해서 풀되, 관련 표현에 유의하자.

Q. **What** does the **woman suggest**?
(A) Playing a new training video
(B) Consulting a colleague

W Hi, Frank. I'm making a new training video about customer service. I was wondering if you'd be willing to be in the video.
M I'd really like to help out, but I've never acted before.
W Oh, don't worry. We're not expecting a professional performance. And you'd be partnered with Jake, who did a similar project last year. **Why don't you talk to him to find out what he thought of the experience?**

문제 파악
여자가 제안한 것
→ Why don't ~? 등의 표현 예측하며 듣기

제이크 씨에게 의견을 물어보라고(talk to him) 하고 있으므로 정답은 (B).

[패러프레이징] talk to him to find out what he thought of the experience → Consulting a colleague

[Possible Answer] Asking a coworker about a project

제안 관련 표현	Why don't we[you] ~? ~하는 게 어때요? How[What] about ~? ~는 어떠세요? Perhaps we could do ~할 수 있을지도 몰라요	You should do ~하셔야 해요 I recommend/suggest doing ~하시길 추천/제안해요
요청 관련 표현	Could[Can] you do ~? ~하실 수 있으세요? Would you mind ~? ~해도 괜찮으세요? Would you be able to do ~? ~해 주실 수 있으세요?	Please do ~해 주세요 I'd like to do ~하고 싶어요 I'd appreciate it if you ~ ~해 주시면 감사하겠습니다

STEP 2-1

앞에서 배운 전략을 문제에 직접 적용해 보자.

🔊 Unit13_Step2_1

A 다음 들려주는 문장과 뜻이 같은 것을 고르시오.

1. (A) Due to an issue with the schedule, the meeting will be shorter.
   (B) Because of a scheduling conflict, the committee will meet after lunch.

2. (A) I want you to approve the files I've added to the database.
   (B) I would like authorization to access the database.

3. (A) I can cover your tasks during your absence.
   (B) I can fill out the forms before you get back.

B 다음 들려주는 내용을 듣고 질문에 답하시오.

1. What is the man getting ready to do?
   (A) Start a new job
   (B) Recruit some employees
   (C) Lead a training exercise
   (D) Revise the safety guidelines

2. What will Bob probably do?
   (A) Take over the man's duties
   (B) Send the man some manuals
   (C) Manage the session
   (D) Interview job applicants

3. What is the woman asked to do?
   (A) Provide feedback
   (B) Copy some documents
   (C) Prepare materials
   (D) Hold a workshop

STEP 2-2

파트3의 빈출 표현들을 학습해 보자.

🔊 Unit13_Step2_2

■ 파트3 빈출 주제: 교육·행사·일정

빈출 상황

교육·연수	워크숍, 안전 교육과 같은 사내 교육·연수 관련 내용
행사	시상식, 퇴직 기념 파티, 자선 행사 등의 조직 및 참가에 관한 내용
일정	일정 충돌로 인한 변경, 조정, 협의에 관한 내용

대내외 행사

acknowledge 인정하다, 알아주다
annual 연례의
appreciate 고마워하다
assistant 조수
authorization 허가, 승인
ceremony 의식
concentrate on ~에 집중하다
conference 학회
convention 학회, 박람회
decoration 장식(품)
demonstration 시연
ecofriendly 환경 친화적인
facility 시설, 기관
individual 개인의, 각각의
instruction 설명, 지시
invitation 초대, 초청
material (주로 복수형) 자료
overseas 해외의
participant 참석자
prospective 예비[장래]의
recommend 추천하다
refreshment (항상 복수형) 다과

register (=sign up) 등록하다
relevant 관련 있는
research 연구, 조사
response 응답
responsibility 책임, 맡은 일
significant 중요한; 상당한
training session 연수회
workshop 워크숍, 교육
make progress with ~에 진척이 있다, ~을 진행하다

일정

anticipate 예상하다
allot 할당[배당]하다
arrange 준비하다, 계획을 짜다
flexibility 유연성; 융통성
get behind on ~이 밀리다, 늦어지다
interfere with ~를 방해하다
miss the deadline 마감을 놓치다
overdue 기한이 지난
possibility 가능성
postpone (=put back) 연기하다, 미루다
promptly 지체 없이, 즉시
put forward 앞당기다
settle 해결하다; 결정하다
squeeze in (일정에) ~을 끼워 넣다
be stuck in traffic 교통 체증에 갇히다

STEP 3

실전 난이도의 문제를 풀며 전략을 완성해 보자.

🔊 Unit13_Step3

[1-3]

1. Who is the man?
   (A) The woman's supervisor
   (B) A prospective investor
   (C) The woman's assistant
   (D) A job applicant

2. What does the man ask about?
   (A) How to set up a research project
   (B) What to include on a handout
   (C) Where to find presentation materials
   (D) How to arrange a meeting room

3. What does the woman offer to do?
   (A) Ask a colleague for assistance
   (B) Send the man some instructions
   (C) Take over a task when she arrives
   (D) Call the man with more information

[4-6]

4. What is the purpose of the training sessions?
   (A) To improve customer service
   (B) To prevent workplace injuries
   (C) To increase teamwork
   (D) To introduce some equipment

5. What is the woman concerned about?
   (A) Interrupting work tasks
   (B) Lacking qualified trainers
   (C) Having crowded classes
   (D) Exceeding the budget

6. What does the man say he will do?
   (A) Restrict the event to supervisors only
   (B) Give a registration sheet to participants
   (C) Lead some of the training sessions himself
   (D) Require employees to get prior approval

[7-9]

7. What is the purpose of the February 17 event?
   (A) To celebrate a retirement
   (B) To welcome a new staff member
   (C) To give awards to employees
   (D) To mark an anniversary

8. What does the man say he still needs to do?
   (A) Buy some decorations
   (B) Book a venue
   (C) Order some snacks
   (D) Send the invitations

9. What does the woman offer to do?
   (A) Assist with setting up a room
   (B) Send the man some contact details
   (C) E-mail a business owner for the man
   (D) Get addresses for the invited guests

[10-12]

10. Who most likely are the speakers?
    (A) Event planners
    (B) Journalists
    (C) IT experts
    (D) Business owners

11. What is indicated about the woman?
    (A) She attended the event last year.
    (B) She wants an assignment to be changed.
    (C) She is going out of town next month.
    (D) She has hired a replacement worker.

12. What does the woman say she will do?
    (A) Give the man some pamphlets
    (B) Recommend an airline to use
    (C) Post an update on a Web site
    (D) Schedule a meeting with the man

[13-15]

13. What kind of company does the woman most likely work for?
    (A) A clothing designer
    (B) A financial institution
    (C) A restaurant chain
    (D) An electronics manufacturer

14. What is the problem with the booth reservation?
    (A) The woman does not like the assigned location.
    (B) Its deposit has not been paid yet.
    (C) The wrong size was reserved.
    (D) It was booked for the wrong duration.

15. What does the man offer to do?
    (A) Waive a registration fee
    (B) Book a booth for Saturday
    (C) Provide a free upgrade
    (D) Send the woman a refund

[16-18]

16. What did the man do recently?
    (A) Signed a contract with a major client
    (B) Returned from an overseas trip
    (C) Discovered some faulty equipment
    (D) Spoke with a supplier

17. According to the man, what is causing a problem?
    (A) Some raw materials are unavailable.
    (B) A team doesn't have enough workers.
    (C) Some equipment is not working.
    (D) A product's price has increased.

18. What is the woman planning to do?
    (A) Meet with the man to make a decision
    (B) Try to get items from another source
    (C) Have employees work an extra shift
    (D) Ask a client to change a deadline

UNIT 14
Telephone Message/ Recorded Message

전체 mp3 듣기

PART 4

- **UNIT 14** Telephone Message/Recorded Message
- **UNIT 15** Announcement
- **UNIT 16** Advertisement/Broadcast
- **UNIT 17** Talk/Speech/Introduction
- **UNIT 18** Excerpt from a Meeting

하루 30분씩 3주 만에
완성하는
PART LC

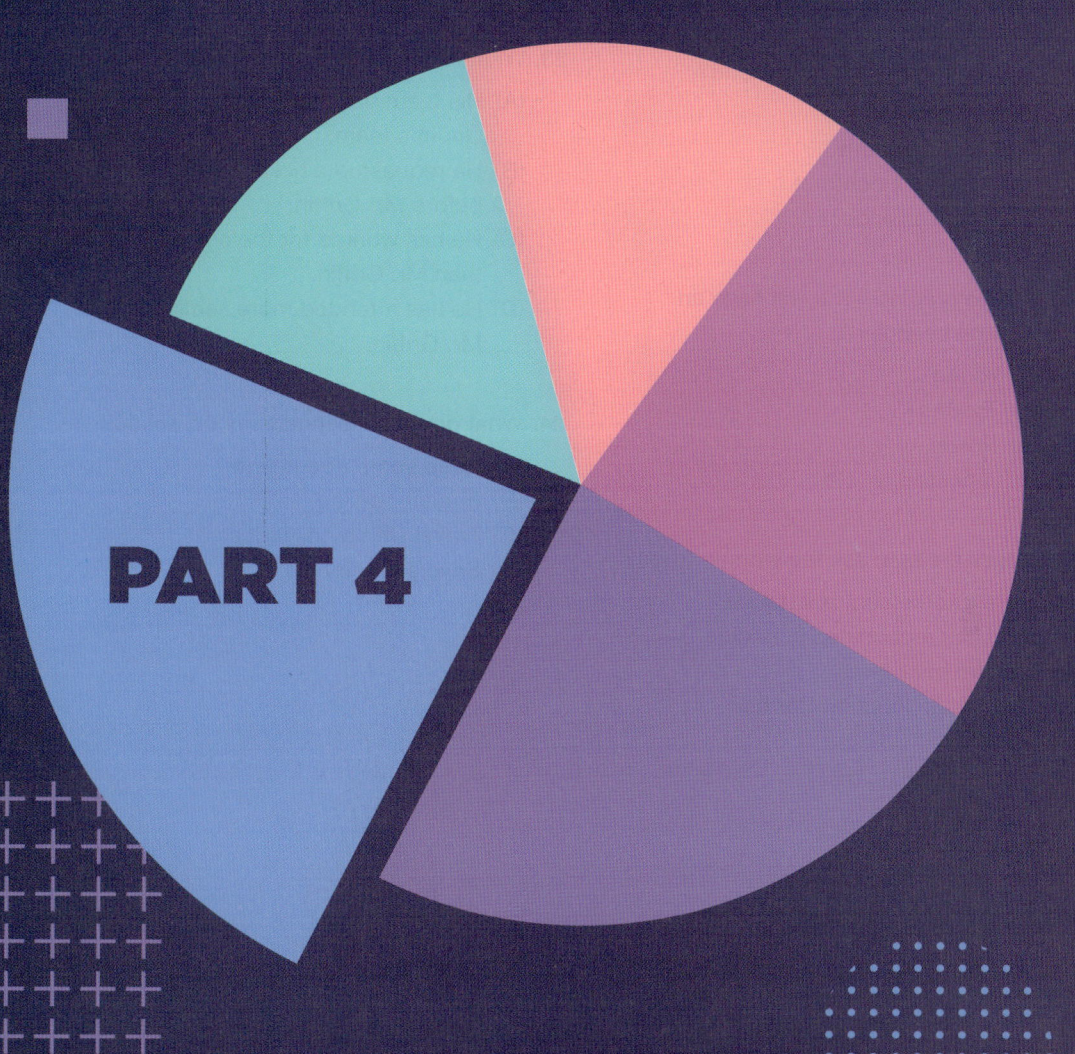

PART 4

[19-21]

Interview Schedule	
August 1, 9 A.M.	Ronnie Young
August 2, 10 A.M.	Cathy Trevino
August 3, 9 A.M.	Melissa Rowe
August 3, 3 P.M.	Herman Langston

19. Why will the man visit Mr. Osmond?
    (A) To offer reassurance
    (B) To set up a system
    (C) To negotiate a contract
    (D) To sample a product

20. Look at the graphic. Who will have an interview rescheduled?
    (A) Mr. Young
    (B) Ms. Trevino
    (C) Ms. Rowe
    (D) Mr. Langston

21. What does the man ask the woman to do?
    (A) Review some contract details
    (B) Send him an updated schedule
    (C) Call him back later
    (D) Conduct an interview for him

[22-24]

22. What does the woman imply when she says, "I'm afraid not"?
    (A) A deadline for registration has passed.
    (B) An event has reached full capacity.
    (C) The company cannot afford two tickets.
    (D) The seminar is for managers only.

23. What is indicated about Mr. Bennett?
    (A) His team has more people than Mr. Griffin's team.
    (B) He requested a ticket to the seminar before Mr. Griffin.
    (C) He has worked for the company longer than Mr. Griffin.
    (D) He has attended more seminars than Mr. Griffin.

24. What does Mr. Bennett say he will do?
    (A) Keep some documents
    (B) Register online
    (C) Travel with a colleague
    (D) Save a receipt

STEP 1 | 문제를 해결하는 핵심 전략을 살펴보자.

🔊 Unit14_Step1

첫 두 문장만 들으면 목적과 문제를 파악할 수 있다

전화 메시지에서는 화자의 이름과 신분/소속을 밝힌 후 바로 용건이 제시된다. 따라서 첫 두 문장을 들어야 전화를 건 목적과 상황을 알 수 있다.

W Hi, Mr. Kensington. This is Megan Clearwater from The Grant City Times calling to arrange an interview. I'm working on an article about the Weiss Gallery, and I was wondering if you would be available sometime this week to speak with me. As the gallery's director, you're the best person to give me information about how the gallery was funded.

화자의 신분: A reporter
전화 목적: To arrange an interview
청자의 신분: The gallery's director

자동 응답 메시지에서는 연결 번호 관련 문제가 나온다

자동 응답 메시지는 기관이나 상점에 전화했을 때 나오는 안내 메시지로, 연결 번호와 관련된 문제가 꼭 출제된다. 따라서 문제를 먼저 읽고 해당 번호와 그 번호로 연결되는 사람/얻을 수 있는 정보가 무엇인지를 잘 들어야 한다.

Q. **How** can the **listener find out what time the office opens**?
(A) By entering an extension number
(B) By pressing the number 1

문제 파악
문 여는 시간 알아보는 법

M Hello, and thank you for calling the West Pratt City Hall. Our offices are currently closed. If you would like to leave a voicemail message, please enter the extension of the person you are trying to reach. Otherwise, please choose one of the following selections so that you can find the answer to your question. To hear our hours of operation, please press 1.

→ 운영 시간(hours of operation)을 알려면 1번을 눌러야(press 1) 하므로 정답은 (B).

패러프레이징 hear our hours of operation → find out what time the office opens

STEP 2-1

앞에서 배운 전략을 문제에 직접 적용해 보자.

🔊 Unit14_Step2_1

A
패러프레이징 연습

다음 들려주는 문장과 뜻이 같은 것을 고르시오.

1. (A) I want to confirm my hotel reservation.
   (B) I would like to reserve a hotel room.

2. (A) I'm looking for a job in the field of finance.
   (B) I'm interested in changing my career path.

3. (A) The sales are expected to increase in the near future.
   (B) The deadline for the project has been extended.

B
실전 대비 문제

다음 들려주는 내용을 듣고 질문에 답하시오.

1. What is Mr. Adams calling about?
   (A) A delayed order
   (B) A missing item
   (C) An equipment problem
   (D) A building inspection

2. What is the listener asked to do?
   (A) Provide further details
   (B) Stop by the speaker's office
   (C) Schedule an appointment
   (D) Fill out a request form

3. What does the speaker suggest as a temporary measure?
   (A) Working in a different room
   (B) Restarting a device
   (C) Postponing a deadline
   (D) Checking a manual

STEP 2-2 | 파트4의 빈출 표현들을 학습해 보자.

🔊 Unit14_Step2_2

■ Telephone Message/Recorded Message

빈출 상황

구매·주문 메시지	고객의 구매·주문에 대한 변경 사항을 통보하거나, 그 처리에 필요한 정보를 요청하는 메시지
서비스·상품 문의에 대한 회신 메시지	예비 고객의 서비스나 상품 관련 질문에 대한 회신 메시지
자동 응답 메시지	관공서·극장·박물관 등 문화 시설의 자동 응답 메시지로, 공휴일이나 기념일에 들을 수 있음.

전화 메시지

assign 할당하다
consultation 상담
contact ~에게 연락하다
discuss ~을 논의하다
fix (=repair) 고치다
inquire 문의하다
inspect ~을 조사하다
look through ~을 훑어보다
notice ~을 알아차리다
prepare 준비하다
previously 이전에
proposal 제안
reschedule 일정을 다시 잡다
seek 구하다
arrange an interview 인터뷰 일정을 잡다
call me back 다시 전화해 주세요
confirm an appointment 약속을 확인하다
don't forget to *do* ~하는 것을 잊지 마세요
feel free to *do* 자유로이 ~해 주십시오
I'm calling to *do* ~하려고 전화했습니다
I'm calling regarding ~에 대해 전화했습니다

I got your message about ~에 관한 메시지를 받았습니다
look forward to *doing* ~하기를 열망하다
make a phone call 전화하다
make a reservation 예약하다
make sure that 꼭 ~해 주세요
place an order 주문하다
return a call 전화에 회신하다

자동 응답 메시지

automated answering service 자동 응답 서비스
be currently closed 현재는 문을 닫다
extension number 내선 번호
choose one of ~ 중에서 하나를 고르다
hours of operation 운영 시간
it is required to *do* ~하는 것이 필요하다
in observance of ~을 기념[준수]하여
reach (전화 등으로) 연락하다
repeat the message 메시지를 반복해서 듣다

STEP 3

실전 난이도의 문제를 풀며 전략을 완성해 보자.

🔊 Unit14_Step3

[1-3]

1. What is the purpose of the call?
   (A) To inquire about a payment
   (B) To change an order
   (C) To verify an address
   (D) To introduce a product

2. What is indicated about Westland Supplies?
   (A) It has recently moved to a new building.
   (B) Its online delivery system is not working.
   (C) It specializes in custom-built furniture.
   (D) It has worked with Prime Accounting for a long time.

3. What does the speaker say he will do?
   (A) Hold some merchandise
   (B) Call again later
   (C) Contact the warehouse
   (D) Reduce a bill

[4-6]

4. Why is the museum closed?
   (A) To host a private event
   (B) To undergo repairs
   (C) To recognize a holiday
   (D) To set up an exhibit

5. How can listeners access the staff directory?
   (A) By pressing 0
   (B) By pressing 1
   (C) By pressing 2
   (D) By pressing the star key

6. According to the message, what will happen on July 8?
   (A) Some artists will give public lectures.
   (B) An exhibit will come to an end.
   (C) Some photographs will go on display.
   (D) A painting class will begin.

[7-9]

7. What is the speaker planning?
   (A) A business luncheon
   (B) A recruitment drive
   (C) A staff training event
   (D) A book club meeting

8. Why does the speaker say, "that would be great"?
   (A) He is glad that participants will be contacted.
   (B) He wants the listener to bring refreshments.
   (C) He thinks that the estimated attendance is enough.
   (D) He needs the listener to save a table for the group.

9. What does the speaker say he will do?
   (A) Write discussion questions
   (B) Pass out ID badges
   (C) Create a sign-up sheet
   (D) Post a schedule online

[10-12]

10. According to the speaker, what is the purpose of the new program?
    (A) To connect employees with community work
    (B) To raise money for a local charity
    (C) To make it easier to track working hours
    (D) To improve productivity at the company

11. When does the speaker want to meet the listener?
    (A) Wednesday morning
    (B) Wednesday afternoon
    (C) Thursday morning
    (D) Thursday afternoon

12. What will be discussed at the meeting?
    (A) A guest list
    (B) A Web site design
    (C) An event venue
    (D) A company policy

[13-15]

13. What did the listener most likely do recently?
    (A) Set up a computer system
    (B) Attended a conference
    (C) Accepted a job offer
    (D) Led a training session

14. What should the listener do by Friday?
    (A) Renew a passport
    (B) Send a document
    (C) Sign a contract
    (D) Confirm a preference

15. What does the speaker remind the listener about?
    (A) A medical appointment
    (B) A dress code
    (C) A delivery schedule
    (D) A business meeting

[16-18]

16. What is the purpose of the message?
    (A) To advertise some services
    (B) To remind a client of a bill
    (C) To follow up on an inquiry
    (D) To request a quote

17. What industry does the speaker most likely work in?
    (A) Hotels and hospitality
    (B) Business consulting
    (C) Furniture manufacturing
    (D) Interior design

18. What information is requested from the listener?
    (A) A convenient meeting time
    (B) A schedule of events
    (C) A consultation fee
    (D) A project proposal

[19-21]

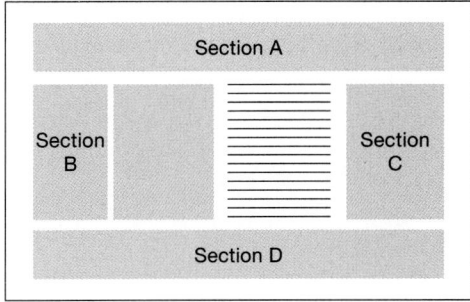

19. Where does the speaker most likely work?
    (A) At an electronics store
    (B) At a Web design company
    (C) At a financial institution
    (D) At a software company

20. Look at the graphic. Where does the speaker want to place an advertisement?
    (A) Section A
    (B) Section B
    (C) Section C
    (D) Section D

21. What does the speaker want more information about?
    (A) Web site visitors
    (B) Image sizes
    (C) Advertising rates
    (D) Submission deadlines

[22-24]

Phone Plan Packages

Package Type	Minutes/Monthly Fee
Super Saver Package	250/$12.99
Basic Package	2,000/$29.99
Premium Package	4,000/$39.99
Elite Package	Unlimited/$49.99

22. Why was the speaker surprised?
    (A) Her monthly bill contained an error.
    (B) She was charged for changing her phone number.
    (C) A bill was sent to the wrong mailing address.
    (D) Some fees were higher than expected.

23. Look at the graphic. Which package does the speaker want to use?
    (A) Super Saver Package
    (B) Basic Package
    (C) Premium Package
    (D) Elite Package

24. What did the speaker have trouble doing?
    (A) Paying a bill by telephone
    (B) Accessing an online account
    (C) Listening to her voice messages
    (D) Connecting to the Internet with her phone

UNIT 15
Announcement

전체 mp3 듣기

STEP 1

문제를 해결하는 핵심 전략을 살펴보자.

🔊 Unit15_Step1

안내는 목적 → 배경, 관련 정보 → 유의사항 순으로 전개된다

안내(announcement)는 공항, 역, 관광 명소, 회사 등 다양한 장소와 상황에서 발생하는 변경 사항을 알리는 것이 목적이다. 주로 안내의 목적 → 배경, 관련 정보 → 유의사항 순으로 전개된다.

1. **Why** has the **flight been delayed**?
2. **When** is the **plane** scheduled to **depart**?

W Attention, all passengers on Flight 1320 to Barcelona. This flight has been delayed by approximately one hour. ¹Air traffic controllers have informed us that poor weather in Brussels prevented the plane from leaving the airport on time there. As soon as it arrives, we will do our best to expedite boarding procedures so we can leave as early as possible. ²The flight **is** now **scheduled to depart at** 6:40 P.M. We'll keep you updated on the situation. There might be other changes, so please remain here by the gate so you don't miss any important information.

문제 파악

1. 항공편 지연 이유
2. 항공기 출발 예정 시간
→ be scheduled to depart at ~ 표현 예상하기

¹ 항공편 지연 이유:
악천후(poor weather)로 인해 비행기가 제시간에(on time) 공항을 떠나지 못함.

² 비행기 출발 예정 시간: 6:40 P.M.

정답 1. A plane leaving another airport was delayed.
2. At 6:40 P.M.

Possible Answer 1. The plane left its departure city late.

유의사항이나 추가 정보에서 문제가 꼭 출제된다

안내 대상에게 일러주는 유의사항이나 추가 정보 부분에서 문제가 출제된다. 이러한 내용들은 주로 안내 후반부에 등장하므로, 문제를 먼저 읽고 해당 내용이 거론되는 부분을 주의 깊게 들어야 한다.

Q. What are **listeners asked to do**?
(A) Turn off their cell phones
(B) Refrain from using a flash

M Good evening, ladies and gentleman. I'm pleased to announce that our lead actor, Harold Hill, will be available after the show if you'd like to take a picture with him. A table will be set up in the lobby area for this purpose. **Please note that** flash photography **is not allowed during the show.** You are welcome to take pictures, but please turn off the flash to avoid any disturbances to the actors and audience members.

문제 파악

청자가 요청받는 것
→ Please, I[we] recommend/suggest/ask 표현 예상하기

사진 촬영 시 플래시를 터뜨려서는 안 되므로(flash photography is not allowed) 정답은 (B).

패러프레이징 flash photography is not allowed → Refrain from using a flash

STEP 2-1 | 앞에서 배운 전략을 문제에 직접 적용해 보자.

🔊 Unit15_Step2_1

A 패러프레이징 연습

다음 들려주는 문장과 뜻이 같은 것을 고르시오.

1. (A) We should not visit the museum for too long.
   (B) We will not have the opportunity to view some artwork.

2. (A) A talk was moved due to an unexpected electrical problem.
   (B) An activity was changed as a result of a booking issue at the venue.

3. (A) It is necessary to get an accurate list of the contents.
   (B) It is important to be careful while handling the containers.

B 실전 대비 문제

다음 들려주는 내용을 듣고 질문에 답하시오.

1. Where most likely would the announcement be heard?
   (A) At a travel agency
   (B) At a train station
   (C) At an airport
   (D) At a bus depot

2. What made the change necessary?
   (A) Bad weather
   (B) Baggage problems
   (C) Software glitches
   (D) A technical issue

3. What are the listeners asked to do?
   (A) Contact their travel agents
   (B) Update their passports
   (C) Go to a different gate
   (D) Put tags on their luggage

STEP 2-2

파트4의 빈출 표현들을 학습해 보자.

🔊 Unit15_Step2_2

■ Announcement

빈출 상황

교통 수단	항공기·열차·버스 등의 교통 수단 지연 및 일정 변경 안내
여행[관광]·공연·행사	영화관·콘서트홀·박물관 등의 관람, 해당 장소의 사정에 따른 변경 안내
사내 공지	사내 정책 및 지침 변경에 관해 전 사원에게 공지

안내 전반

announce 알리다, 공지하다
as a reminder 상기시키기 위한 것으로
experience 겪다, 경험하다; 경험
have trouble with ~에 문제가 있다
in the meantime 그동안에
inconvenience 불편
may I have your attention 주목해 주십시오
please note that ~을 유념해 주십시오
unexpected 예기치 못한
unfortunately 유감스럽게도

교통

change the course 경로를 바꾸다
detour 우회로
estimated 추측의, 예상되는
proceed to ~로 나아가다[향하다]
road condition 도로 상황
time of arrival/departure 도착/출발 시간

일정 변경

be closed for ~ 때문에 문을 닫다
closure 폐쇄
compensate 보상하다
extend a special offer 특별 할인을 제공하다
later than usual 평소보다 늦게
swap 맞바꾸다
switch 전환; 엇바꾸다, 전환하다

행사·견학

audience 관객, 관중
available 이용 가능한
benefit from ~로부터 혜택을 얻다
demonstration 시연
direct ~로 향하다; 길을 안내하다
guest instructor 초청 강사
invite A to do A가 ~하도록 초대하다
line up 줄을 서다
reception 리셉션, 축하 연회
personal items 개인 소지품
turn off the flash 플래시를 끄다
on-site 현장의

시설 문제

equipment 장비, 설비
go out (=be out) (전기 등이) 나가다
mechanical 기계(상)의
malfunction 오작동, 기능 불량; 오작동하다
measure 조치
renovation 개조, 수리
resolve the issue 문제를 해결하다
safety issue 안전상의 문제
temporarily 일시적으로
use caution 조심하다

STEP 3

실전 난이도의 문제를 풀며 전략을 완성해 보자.

[1-3]

1. Where most likely is the announcement taking place?
   (A) At a factory
   (B) At a retail store
   (C) At an office
   (D) At a warehouse

2. According to the speaker, what is the problem?
   (A) A machine is missing some components.
   (B) Some employees got injured.
   (C) A delivery has not arrived.
   (D) There was a partial loss of power.

3. What are the listeners told to do?
   (A) Report problems to the speaker
   (B) End their work shifts immediately
   (C) Take a one-hour break
   (D) Change to a different work task

[4-6]

4. According to the announcement, what will the company start using?
   (A) Diesel fuel
   (B) Hybrid engines
   (C) Electric motors
   (D) Solar power

5. When will the change be completed?
   (A) By June 3
   (B) By June 7
   (C) By July 3
   (D) By July 7

6. What is an additional benefit of the change?
   (A) Improved client satisfaction
   (B) Greater worker productivity
   (C) Lower prices
   (D) Less noise pollution

[7-9]

7. Who most likely are the listeners?
   (A) City officials
   (B) Event volunteers
   (C) News reporters
   (D) Race participants

8. According to the speaker, why was a change made?
   (A) To accommodate a request
   (B) To avoid an unsafe area
   (C) To save time
   (D) To reduce expenses

9. What does the speaker remind the listeners to do?
   (A) Pose for a group photo
   (B) Pay a registration fee
   (C) Pick up a free meal
   (D) Check an updated map

[10-12]

10. Why does the speaker apologize?
    (A) The cruise had been overbooked.
    (B) The tour ended early because of bad weather.
    (C) The ship departed later than scheduled.
    (D) The passengers have to change ships.

11. What will the listeners be given?
    (A) A souvenir
    (B) An extended tour
    (C) A full refund
    (D) A discount coupon

12. What will the listeners most likely do next?
    (A) Gather their belongings
    (B) Read a brochure
    (C) Find their seats
    (D) Present their tickets

[13-15]

13. Where are the listeners?
    (A) At a bookstore
    (B) At a furniture store
    (C) At a supermarket
    (D) At an electronics store

14. What has the business recently done?
    (A) Extended its hours
    (B) Introduced new products
    (C) Remodeled its interior
    (D) Hired more employees

15. What will be given to survey participants?
    (A) A ticket for a prize drawing
    (B) A voucher for store merchandise
    (C) A complimentary product sample
    (D) A free membership card

[16-18]

16. What is the announcement mainly about?
    (A) An upcoming facility tour
    (B) A partial building closure
    (C) The hospital's check-in procedure
    (D) The end of the visiting hours

17. According to the speaker, what is the reason for the change?
    (A) The hospital is busier than usual.
    (B) Some patients have urgent needs.
    (C) A building sustained some damage.
    (D) Some equipment is being installed.

18. What does the woman mean when she says, "They're all over the place"?
    (A) There are many rooms for consultations.
    (B) Signs can be found easily.
    (C) A mess needs to be cleaned up.
    (D) Staff members are conveniently positioned.

[19-21]

Class Schedule

Class Date	Lesson
March 2	Everyday Bread
March 9	Classic Cheesecake
March 16	Lemon Tart
March 23	Cake Decorating

19. Why does the speaker say he is pleased?

   (A) An extra lesson will be added.
   (B) The class received good reviews.
   (C) The students are learning quickly.
   (D) Enrollment is higher than usual.

20. Look at the graphic. When will the listeners learn to make a lemon tart?

   (A) On March 2
   (B) On March 9
   (C) On March 16
   (D) On March 23

21. What does the speaker remind some listeners to do?

   (A) Make a payment
   (B) Provide contact details
   (C) Register for a session
   (D) Bring their ingredients

[22-24]

22. Where most likely is the announcement taking place?

   (A) At a bus station
   (B) At a shopping mall
   (C) At a grocery store
   (D) At an outdoor theater

23. According to the speaker, what is the reason for the change?

   (A) A special event is being celebrated.
   (B) The weather is unusually hot.
   (C) Some extra supplies were delivered.
   (D) Customers complained about the high prices.

24. Look at the graphic. Which item's price is now incorrect?

   (A) Iced tea
   (B) Soda
   (C) Juice
   (D) Hot coffee

UNIT 16
Advertisement/ Broadcast

전체 mp3 듣기

STEP 1 | 문제를 해결하는 핵심 전략을 살펴보자.

🔊 Unit16_Step1

광고에는 세일 목적이나 혜택 관련 내용이 꼭 출제된다

광고 지문에서는 광고되고 있는 제품·서비스 및 특징, 또는 세일 목적이나 혜택 관련 내용이 반드시 출제되므로 관련 정보들을 놓치지 않도록 주의한다.

1. What **product** is being **advertised**?
2. According to the speaker, **what** is the **purpose** of the store's **sale**?

문제 파악
1. 광고되는 제품
2. 세일의 목적

W Are you thinking about ¹replacing some of your living room furniture? Then Meadow ¹Furnishings has great news for you. Due to a shipping error, ²we've got a surplus of sofas and armchairs. In order to sell these items as soon as possible, we've cut our prices dramatically. Only customers who come into the store can find out about these great bargains. The sale runs from Thursday to Saturday, so don't miss your opportunity to get the deals of a lifetime.

¹ 광고되는 제품: furniture
² 세일의 목적: 가구 물량 여분(a surplus of sofas and armchairs)을 빨리 파는 것

정답 1. Furniture
2. To get rid of excessive stock
Possible Answer 2. To decrease its inventory quickly

방송/보도는 주제 → 관련 세부정보 → 추가 정보 순으로 전개된다

방송은 대개 분량이 많고 발화 속도도 빠른 편이나, 그 흐름은 대개 주제 → 관련 세부정보 → 추가 정보 또는 시청자에게 당부하는 내용으로 이루어져 있으므로 문제를 읽고 내용을 예상해야 한다.

1. What is the **main topic** of the **report**?
2. Who is **Sheila Anderson**?
3. What does the **speaker recommend**?

문제 파악
1. 보도의 주제
2. 실라 앤더슨 씨의 신분
3. 화자가 권장하는 것

M Up next, it's the local news report on 102.3 FM. Sports enthusiasts will be happy to hear that ¹construction on Harvest Lake Stadium is ahead of schedule. The lead contractor broke ground last year, and mild weather in the area has allowed crews to work at a faster pace. ²Mayor Sheila Anderson reports that the stadium will bring more tourists to Harvest Lake when it opens next fall. Drivers are reminded that the streets around the stadium are closed off periodically for the movement of heavy machinery. ³So if you are driving in the northern part of the city, I would suggest avoiding Bell Avenue and 21st Street.

¹ 주제: 경기장(stadium) 건설
² 실라 앤더슨 씨의 신분: Mayor
³ 권장 사항: 벨 가와 21번가 피하기(avoiding)

정답 1. A building project
2. A public official
3. Avoiding certain driving routes
Possible Answer 1. A future sporting venue
2. A local politician
3. Using alternative roads

STEP 2-1

앞에서 배운 전략을 문제에 직접 적용해 보자.

🔊 Unit16_Step2_1

A   다음 들려주는 문장과 뜻이 같은 것을 고르시오.

1. (A) I advise you to use a certain kind of exercise equipment.
   (B) I suggest working out at a particular fitness facility.

2. (A) Some clothing items are being sold for thirty dollars.
   (B) Some outdoor apparel is offered at a discount.

3. (A) Drivers should take a different route because of traffic congestion.
   (B) Drivers should slow down to avoid accidents near a road block.

B 다음 들려주는 내용을 듣고 질문에 답하시오.

1. What does the speaker say about the storm?
   (A) It was the most severe storm of the year.
   (B) It resulted in the cancellation of several events.
   (C) It will last for a few more days.
   (D) It caused extensive damage.

2. Where will tonight's meeting be held?
   (A) At a hotel
   (B) At the community center
   (C) At city hall
   (D) At a school

3. According to the broadcast, what happened last month?
   (A) New city officials were elected.
   (B) The city's annual budget was finalized.
   (C) Construction on a building was completed.
   (D) A post office had its grand opening.

STEP 2-2

파트4의 빈출 표현들을 학습해 보자.

🔊 Unit16_Step2_2

■ Advertisement/Broadcast

빈출 상황

제품·서비스 광고	신제품 및 신규 서비스에 대한 광고로, 세일이나 한정 판매 등의 혜택과 함께 언급됨.
행사·대회 광고	스포츠·문화 행사, 대회 개최를 알리고 참가를 독려하는 내용
교통 방송	사고나 공사로 인한 도로 폐쇄, 우회로를 안내하는 내용
일기 예보	특정 지역 날씨 또는 기상 악화로 인한 피해 소식을 알리는 내용
행사·회사 뉴스	행사 개최, 기업의 행보 등을 소개하는 뉴스

광고 – 제품·서비스
- **~ percent off** ~% 할인된
- **award-winning** 상을 탄
- **bargain** 싸게 사는 물건
- **convincing** 설득력 있는
- **promotion** 홍보
- **reopening** 재개장
- **serve** (손님을) 모시다
- **surplus** 잉여, 과잉
- **upgrade** 업그레이드하다
- **be sold out** 매진되다
- **get discounted** 할인을 받다
- **get the deals** 거래를 하다
- **expand facilities** 시설을 확장하다
- **cut prices dramatically** 과감하게 가격을 깎다
- **enter into a drawing** (경품) 추첨에 참여하다

광고 – 행사·대회
- **admission** 입장
- **feature** ~을 주연으로 하다
- **periodically** 정기적으로
- **priority** 우선권
- **search for** ~을 찾아보다
- **critically acclaimed** 호평을 받은
- **show creativity** 창의력을 선보이다

방송 – 교통
- **alternative** 대안; 대체 가능한
- **detour** 우회로
- **heavy traffic** 교통 체증
- **collision** 충돌
- **congestion** 체증
- **destination** 목적지

방송 – 일기 예보
- **collapse** 붕괴하다, 무너지다
- **rise (=go up)** (기온 등이) 높아지다
- **fall below zero** 영하로 내려가다
- **be blocked with** ~로 막혀 있다
- **weather report** 일기 예보

방송 – 행사·회사 뉴스
- **assess** 평가하다
- **celebrate** 축하하다
- **commemorate** 기념하다
- **donate** 기부[기증]하다
- **enthusiast** 애호가, 열광적인 팬
- **recall** 회수하다
- **release** 공개[발표]하다
- **press conference** 기자 회견
- **respond to inquiries** 문의에 응답하다

STEP 3

실전 난이도의 문제를 풀며 전략을 완성해 보자.

🔊 Unit16_Step3

[1-3]

1. According to the speaker, what is the purpose of the sale?

    (A) To mark the business's anniversary
    (B) To promote a new line of merchandise
    (C) To celebrate the store's reopening
    (D) To make room for additional stock

2. What special offer can customers get on clothing?

    (A) 10% off
    (B) 20% off
    (C) 40% off
    (D) 50% off

3. What can customers do near the west entrance?

    (A) Complete a membership form
    (B) Test out some equipment
    (C) Sign up for an exercise class
    (D) Try on some clothing

[4-6]

4. What is the broadcast mainly about?

    (A) A product recall
    (B) A company merger
    (C) A software upgrade
    (D) A technology award

5. What are some customers advised to do?

    (A) Complete an online form
    (B) Report problems by e-mail
    (C) Call a manufacturer directly
    (D) Visit a store in person

6. What is indicated about McCormick Electronics?

    (A) It will issue coupons to dissatisfied customers.
    (B) It will recycle some faulty products.
    (C) It will reduce the price of a monitor.
    (D) It will make changes to its product features.

[7-9]

7. According to the advertisement, who is the product designed for?
   (A) Graphic designers
   (B) Computer programmers
   (C) Amateur photographers
   (D) Frequent travelers

8. What is mentioned about the product?
   (A) Its premium service has a fee.
   (B) It is available for a limited time.
   (C) It comes with a free gift.
   (D) It outsold its competitors.

9. How can customers be entered into a prize drawing?
   (A) By signing up for a mailing list
   (B) By purchasing more than one product
   (C) By sharing their opinions online
   (D) By downloading an application

[10-12]

10. What is the advertisement mainly about?
    (A) A musical performance
    (B) A newly released movie
    (C) A comedy show
    (D) A dance competition

11. What does the speaker mean when she says, "you've got a second chance"?
    (A) Another show has been added.
    (B) An event will return to the city soon.
    (C) The prices on tickets have dropped.
    (D) Some people canceled their reservations.

12. What does the speaker suggest doing?
    (A) Calling the venue for information
    (B) Taking action quickly
    (C) Looking for a parking spot early
    (D) Checking a ticket receipt

[13-15]

13. What has Dr. Arnold recently done?

(A) Completed a study
(B) Published a book
(C) Developed a new medicine
(D) Started a business

14. What will Dr. Arnold most likely discuss?

(A) Sleeping patterns
(B) Gardening tips
(C) Vitamin supplements
(D) Seasonal allergies

15. What are the listeners encouraged to do?

(A) E-mail the speaker
(B) Post comments online
(C) Call the station
(D) Text their questions

[16-18]

16. What has Reviza recently done?

(A) Introduced a new product
(B) Opened an office overseas
(C) Made a leadership change
(D) Carried out a merger

17. What is mentioned about Amanda Bennett?

(A) She has worked at Reviza for a long time.
(B) She has extensive management experience.
(C) She has shared innovative ideas.
(D) She has an outgoing personality.

18. What type of business is Reviza?

(A) An electricity company
(B) A computer software designer
(C) A construction firm
(D) A car manufacturer

[19-21]

Nature Photography Contest Prizes

First Place: $500
Second Place: RTC Camera
Third Place: Framed Photo
Fourth Place: Tote Bag

---

19. Where will the winning photos be displayed?

    (A) In an art gallery
    (B) On a Web site
    (C) In a public building
    (D) In a magazine

20. What does the speaker say about the contest?

    (A) It is part of a citywide festival.
    (B) It is held once a year.
    (C) It is sponsored by a magazine.
    (D) It is open to all ages.

21. Look at the graphic. Which prize did the radio station donate?

    (A) Cash
    (B) A camera
    (C) A framed photo
    (D) A bag

[22-24]

Finwood Air and Space Museum

Standard Admission
Adults: $16
Senior Citizens: $14
Students: $12
Children: $10

---

22. What has recently opened at the museum?

    (A) A new exhibit
    (B) A gift shop
    (C) A dining area
    (D) A lecture hall

23. What is implied about Daniel Wiggins?

    (A) He works as a science professor.
    (B) He often goes to the museum.
    (C) He used to be an astronaut.
    (D) He is celebrating his retirement.

24. Look at the graphic. How much will senior citizens pay for admission this week?

    (A) $16
    (B) $14
    (C) $12
    (D) $10

UNIT 17
Talk/Speech/Introduction

전체 mp3 듣기

STEP 1 | 문제를 해결하는 핵심 전략을 살펴보자.

🔊 Unit17_Step1

전략 1 담화/연설은 주제 → 관련 세부정보 → 다음에 할 일 순으로 전개된다

담화(talk)와 연설(speech)은 오리엔테이션, 설명회, 강연 등에서 청중에게 정보를 전달하거나 새로운 소식을 알리는 지문이다. 상황은 다양하지만 흐름에 따라 주로 주제나 화자 관련 문제 → 세부정보 문제 → 다음에 할 일 문제 순서로 출제되므로, 이 같은 흐름을 꼭 기억해 두자.

1. Who most likely is **Mary Vance**?
2. What will be the **topic** of the **presentation**?
3. What will the **speaker do next**?

W Thank you for participating in today's financial planning workshop. My name is Mary Vance, and ¹I have over twenty years of experience as a tax advisor. You're probably aware that proper tax preparation is an essential part of a stable investment portfolio. The decisions you make in this area can greatly affect your future. So ²today, I'll talk about the best strategies to make yourself financially stable after you retire. Now, before I begin, ³let me give you an overview of the three sections we'll be covering.

문제 파악
1. 메리 밴스 씨의 신분
2. 발표의 주제
3. 다음에 할 일
→ I[you] will ~, Let me ~ 표현 예상하기

¹ 화자의 신분: a tax advisor
² 발표의 주제: 은퇴 후 재정적으로 안정을 누리는 (financially stable) 전략들
³ 다음에 할 일: 다루게 될 내용의 개요(overview) 소개

정답 1. A financial expert
2. Planning for retirement
3. Summarize the agenda

Possible Answer 2. Ensuring financial security
3. Introduce an outline

전략 2 소개는 특정 인물을 소개하는 경우가 90% 이상이다

소개(Introduction)의 경우 시상식의 수상자나 강연의 초청 연사를 소개하는 경우가 가장 많고, 영화나 제품 등의 대상을 소개하기도 한다. 소개 지문은 주로 인물의 지위·직업 소개 → 약력·경력 → 이후 있을 일 순서로 전개되고 문제도 같은 순서로 출제되므로, 흐름을 잘 파악해 두자.

M I am pleased to announce that the ¹winner of this year's Outstanding New Recruit award is Javier Alonso. Javier ²joined the company this year from Columbia University. He excelled in the orientation program, impressing executives with his attention to detail. ²He was then assigned to the R&D division, where he has continued his outstanding progress. He ²played a major part in designing several of our products already. ³We will now present Javier with his award, and he will give a short speech about his impressions of the company so far.

¹ 수상자 소개: Javier Alonso
² 수상자 약력: 회사 입사(joined the company) 후 연구 개발 부서 배정(assigned), 제품 설계에 주요 역할을 함
³ 이후 있을 일: 상을 수여하고(present Javier with his award), 수상자가 감상(impressions)을 이야기할 것

STEP 2-1

앞에서 배운 전략을 문제에 직접 적용해 보자.

🔊 Unit17_Step2_1

A 다음 들려주는 문장과 뜻이 같은 것을 고르시오.

패러프레이징 연습

1. (A) She has set sales records at the business for two decades.
   (B) She has been the head of her department for a long time.

2. (A) To enroll, you must check the details in your online account.
   (B) To sign up, you have to complete an online document.

3. (A) I highly recommend that you attend the training session.
   (B) I thoroughly enjoyed participating in the training event.

B 다음 들려주는 내용을 듣고 질문에 답하시오.

실전 대비 문제

1. Who most likely is the speaker?
   (A) A pharmaceutical executive
   (B) A medical professional
   (C) A head of patient services
   (D) A hospital pharmacist

2. According to the speaker, what is unique about the new product?
   (A) It easily treats headaches.
   (B) It takes effect quickly.
   (C) It can be manufactured cheaply.
   (D) Its side effects are minimal.

3. What will the speaker do next?
   (A) Distribute handouts
   (B) Go over some statistics
   (C) Play a video clip
   (D) Answer audience questions

STEP 2-2

파트4의 빈출 표현들을 학습해 보자.

🔊 Unit17_Step2_2

■ Talk/Speech/Introduction

빈출 상황

강연·세미나	문화/학술 행사나 회사 워크숍 등에서 이루어지는 담화
인물 소개	행사에 앞서 수상자, 강연의 초청 연사, 그 밖의 중요한 인물을 소개하는 내용
오리엔테이션·설명(회)	신입 직원이나 회원을 대상으로 한 오리엔테이션, 관광지나 행사 등에서 특정인을 대상으로 이루어지는 설명

강연·세미나

cover 다루다
enroll 등록하다
entrance 입구
expect 기대[예상]하다
explore 탐험하다
feedback 의견
get underway ~을 진행시키다
outline ~을 약술하다, ~의 요점을 말하다
register for ~에 등록하다
upcoming 곧 있을

오리엔테이션·설명(회)

encourage A to do A가 ~하도록 격려하다
excursion 여행
go over 검토하다
indicate 표시하다
in detail 상세히
instruction 지시
memorize 암기하다
pass out 나누어 주다
present 수여하다
policy 정책
volunteer 자원자
violate regulations 규정을 위반하다

인물 소개

applause 박수
banquet 연회
celebration 기념[축하] 행사
cooperative 협조적인
excel 뛰어나다, 탁월하다
extraordinary 탁월한
highlight 강조하다
impressive 인상적인
in honor of ~을 기념[축하]하여
mark 기념[축하]하다
recipient 수상자
recognize 인정하다
remarkable (=outstanding) 놀랄 만한, 비범한
undergo 겪다
be dedicated to doing ~에 헌신적이다
express appreciation 감사를 표하다
join a company 회사에 입사하다
on behalf of ~을 대표[대신]하여
present an award 상을 수여하다

STEP 3

실전 난이도의 문제를 풀며 전략을 완성해 보자.

🔊 Unit17_Step3

[1-3]

1. Who most likely are the listeners?
   (A) Newspaper journalists
   (B) City officials
   (C) Construction workers
   (D) Bank employees

2. What does the speaker's firm plan to build?
   (A) A downtown hotel
   (B) A beach resort
   (C) A cruise ship
   (D) A bank near the sea

3. What will be given to the listeners next?
   (A) Architectural drawings
   (B) A travel itinerary
   (C) Promotional brochures
   (D) Financial records

[4-6]

4. What kind of event is being prepared?
   (A) An environmental debate
   (B) An awards dinner
   (C) A product launch
   (D) A cooking competition

5. What has the speaker given to the listeners?
   (A) A uniform
   (B) A list of dishes
   (C) An ID badge
   (D) A schedule of events

6. What are the listeners reminded to do?
   (A) Keep some doors unlocked at all times
   (B) Greet the guests as they arrive
   (C) Write down their phone numbers
   (D) Leave their belongings in a secure area

[7-9]

7. What kind of business most likely is Leverton Co.?

   (A) A marketing firm
   (B) A technology manufacturer
   (C) A pharmaceutical company
   (D) A graphic designer

8. What does the speaker say about Mr. Dixon?

   (A) He plans to travel internationally.
   (B) He will start his own business.
   (C) He is transferring to another branch.
   (D) He will create a new product.

9. What will the speaker do next?

   (A) Introduce Mr. Dixon for his speech
   (B) Show a video to the listeners
   (C) Present a gift to Mr. Dixon
   (D) Respond to questions from the listeners

[10-12]

10. What problem does the speaker mention?

    (A) Some private information was shared.
    (B) The security team is not well trained.
    (C) Some company goods were stolen.
    (D) The file system is malfunctioning.

11. According to the speaker, what will the task force members do?

    (A) Create a new employee handbook
    (B) Prepare for a government inspection
    (C) Check employees' computers
    (D) Provide training to staff members

12. What does the speaker recommend doing?

    (A) Upgrading some equipment
    (B) Reviewing a policy
    (C) Working extra hours
    (D) Organizing some information

[13-15]

13. Why is the speaker pleased?
    (A) The weather is pleasant.
    (B) The tickets have sold out.
    (C) The tour got excellent reviews.
    (D) The group is smaller than usual.

14. What does the speaker ask volunteers to do?
    (A) Leave their packs behind
    (B) Share their opinions
    (C) Lead the group
    (D) Carry extra light sources

15. What does the speaker mean when she says, "This is not negotiable"?
    (A) The ticket policy does not allow refunds.
    (B) The price of the tour cannot be changed.
    (C) The listeners must wear safety gear.
    (D) There is a strict time limit within the cave.

[16-18]

16. Why does the speaker thank the listeners?
    (A) They worked overtime to complete a task.
    (B) They achieved the company's sales goal.
    (C) They installed some security equipment.
    (D) They attended a meeting on short notice.

17. According to the speaker, what is the reason for the change?
    (A) To comply with government regulations
    (B) To reduce operating expenses
    (C) To avoid ongoing issues
    (D) To improve employee efficiency

18. What are the listeners asked to do?
    (A) Share information with their coworkers
    (B) Visit a site to download some software
    (C) Tell the speaker about their concerns
    (D) Introduce their new team members

[19-21]

Meeting Agenda

Topic	Discussion Leader
Decorations	Yukihito Umaba
Venue	Liz Frierson
Food	Scott Alvey
Transportation	Hariti Palla

19. Why does the speaker apologize?

    (A) A presenter is absent.
    (B) There are not enough seats.
    (C) A meeting started late.
    (D) Some equipment is not working.

20. Look at the graphic. Which topic will be covered first?

    (A) Decorations
    (B) Venue
    (C) Food
    (D) Transportation

21. What are the listeners encouraged to do?

    (A) Read a handout
    (B) Take detailed notes
    (C) Give their opinions
    (D) Form small groups

[22-24]

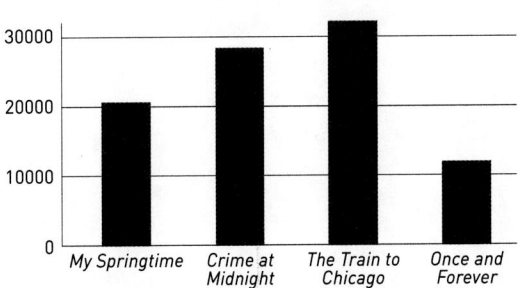

22. What is the purpose of the speech?

    (A) To introduce an award winner
    (B) To ask for a nomination
    (C) To thank the listeners
    (D) To promote a new novel

23. Where did the speaker first meet Ms. Wells?

    (A) At a publishing company
    (B) At a book-signing event
    (C) At a university
    (D) At an industry conference

24. Look at the graphic. Which book did Ms. Wells write?

    (A) *My Springtime*
    (B) *Crime at Midnight*
    (C) *The Train to Chicago*
    (D) *Once and Forever*

UNIT 18
Excerpt from a Meeting

전체 mp3 듣기

STEP 1

문제를 해결하는 핵심 전략을 살펴보자.

🔊 Unit18_Step1

주제, 업종 문제 → 세부정보 → 추후 계획 관련 순서로 출제된다

회의 발췌록(Excerpt from a meeting)은 지문의 흐름에 따라 주제, 회사(또는 청자)의 직업 → 관련 세부정보 → 추후 계획을 묻는 문제 순서로 자주 출제되므로 문제를 미리 읽고 해당 정보를 놓치지 않도록 하자.

1. Who most likely is **being addressed**?
2. What will **happen in October**?
3. What will **listeners do** next?

W ¹You've all done a great job of selling our premium sports gear this summer. In today's meeting, I'd like to inform you that we'll be expanding our inventory. ²Starting in October, we'll launch a line of indoor workout equipment. As many of our customers are athletes, we think these products will be well received. It's important that you be able to answer questions about the devices, so right now we'll head to the warehouse, where we have these machines set up. That way, ³you'll have the opportunity to test them for yourself and examine the features.

문제 파악
1. 발언의 대상
2. 10월에 일어날 일
3. 청자들이 할 일

¹ 대상: selling our premium sports gear
→ 판매 직원임을 알 수 있음
² 10월에 있을 일: 실내 운동기구(indoor workout equipment) 제품군 출시
³ 청자들이 할 일: 제품을 시험(test)하고 특징 살펴보기 (examine the features)

정답 1. Sales representatives
2. A line of exercise machines will be available.
3. Check out some products

Possible Answer 2. A new collection of sporting goods will enter the market.
3. Try out physical training devices

매출, 실적과 관련된 내용은 고난도 어휘와 함께 출제된다

회의 발췌록에서는 기업의 매출 신장·하락, 영업 실적과 관련된 내용도 등장하며, 그 경우 현상 제시 → 매출 분석 → 대안 제시 순서로 전개된다. 이러한 주제들은 대개 난이도가 높으니 관련 어휘들을 반드시 함께 알아두자.

M As you've seen from the sales report, our first quarter was weak. Our new organic coffee was not as popular as our competitor's despite our lower price. Our research analyses show that the target customers here are more concerned with quality than they are with prices. Thus, we have decided to take action by joining forces with Gertrude's Breads, the famous bakery. Gertrude's is known for its high-quality pastries and all-natural chocolates. By becoming their exclusive supplier, we will increase our profits while building our reputation for high-end coffee.

sales report 매출[판매] 보고서
quarter 분기
competitor 경쟁사, 경쟁자
analysis 분석
target customer 대상 고객(층)
quality 품질
take action 조치를 취하다
exclusive supplier 독점 공급사
increase profits 이윤을 증진시키다

STEP 2-1

앞에서 배운 전략을 문제에 직접 적용해 보자.

🔊 Unit18_Step2_1

A 다음 들려주는 문장과 뜻이 같은 것을 고르시오.

패러프레이징 연습

1. (A) Employees can no longer park in the on-site lot for free.
   (B) Employees are not allowed to leave their cars in the parking area.

2. (A) Some staff members will transfer to another branch.
   (B) All employees will relocate to another site.

3. (A) Regrettably, the product launch was not reviewed positively on the Web site.
   (B) Unfortunately, changing the Web site did not increase the number of visitors.

B 다음 들려주는 내용을 듣고 질문에 답하시오.

실전 대비 문제

1. What is the purpose of Mr. York's visit?
   (A) To oversee the production process
   (B) To inspect the quality of the equipment
   (C) To gather financial information
   (D) To explain how to use a device

2. What advantage of the new equipment is mentioned?
   (A) It increases productivity.
   (B) It is safer to use.
   (C) It is cheaper to operate.
   (D) It breaks down less often.

3. What are listeners asked to do?
   (A) Clean their workstations
   (B) Read a product manual
   (C) Send some documents to the speaker
   (D) Take fewer breaks

STEP 2-2

파트4의 빈출 표현들을 학습해 보자.

🔊 Unit18_Step2_2

■ Excerpt from a Meeting

빈출 상황

회의 일정 조절	장소 문제, 일정 충돌 등으로 인한 회의 일정이나 안건 순서 변경
회사 내부 방침	사내 정책 변경, 회사 및 공장 내부의 안전·보안 점검, 직원 관리
회사 실적·매출	특정 프로젝트의 실적 또는 매출을 분석하고 대안을 마련하는 내용

회의 일반

agenda 의제, 안건
comment 논평, 언급; 논평하다
description 서술, 설명
give an update 최신 소식을 알려주다
management 경영진, 운영진
prior to ~에 앞서, 먼저
request 요청; 요청하다
summarize 요약하다
staff meeting 직원 회의

회사 실적·매출

budget 예산; 예산을 세우다
compared to ~와 비교하여
commercial 상업의; 광고
disappointing 실망스러운
evaluate 평가하다
figure out 생각해 내다, 계산하다
invest 투자하다
nearly (=almost) 거의
promote 홍보하다; 촉진하다
quarterly 분기별의
representative 직원; 대표
attract customers 고객을 끌다
conduct a survey 설문조사를 하다
increase output 생산량을 늘리다
launch a new line of products 신제품 라인을 출시하다

회사 내부 방침

distribute 나누어 주다
examine 조사[검토]하다
extra days 남은[추가된] 날짜
familiarize 익숙하게 하다
pay a fine 벌금을 내다
flexible 유연한
implement 시행하다
inspect 점검[검사]하다
motivate 동기를 부여하다
operate 운영[가동]하다
permission 허가
productivity 생산성
qualified 자격이 있는
recruitment 채용, 신규 모집
reduction 축소, 삭감
retain 유지[보유]하다
safety rating 안전 등급
speed up 가속화하다
submission 제출
supervise 감독[지휘]하다
unusual 드문, 흔치 않은
workforce 직원, 노동력

STEP 3

실전 난이도의 문제를 풀며 전략을 완성해 보자.

Unit18_Step3

[1-3]

1. In which department does the speaker work?
   (A) Research and development
   (B) Finance
   (C) Human resources
   (D) Security

2. According to the speaker, what was the purpose of the change?
   (A) To cut costs
   (B) To boost productivity
   (C) To attract customers
   (D) To train employees

3. Why does the speaker say, "It's not working"?
   (A) Some software is impractical.
   (B) A policy has failed.
   (C) A schedule was rejected.
   (D) A device is broken.

[4-6]

4. Who is Mr. Norris?
   (A) A department manager
   (B) A financial expert
   (C) A company investor
   (D) A job applicant

5. According to the speaker, what can employees do next week?
   (A) Open an account
   (B) Attend a workshop
   (C) Receive a bonus payment
   (D) Visit another branch

6. What is mentioned about Kirk?
   (A) He will handle listeners' questions.
   (B) He will record attendance figures.
   (C) He will shoot a video of an event.
   (D) He will resolve an intranet issue.

[7-9]

7. What kind of products does the speaker's company sell?
   (A) Hiking guidebooks
   (B) Natural cosmetics
   (C) Camping equipment
   (D) Office supplies

8. What will the speaker discuss at next week's meeting?
   (A) Technology upgrades
   (B) Design requirements
   (C) Accounting practices
   (D) Product safety

9. What are the listeners asked to do?
   (A) Prepare an outline
   (B) Recommend a company
   (C) Analyze some figures
   (D) Review a presentation

[10-12]

10. According to the speaker, what is the purpose of the new policy?
    (A) To avoid wasting office items
    (B) To improve work efficiency
    (C) To gain new clients
    (D) To support an environmental charity

11. What are the department supervisors asked to do?
    (A) Develop the level of teamwork
    (B) Explain a policy to team members
    (C) Record the number of working hours
    (D) Keep track of supply usage

12. What will the speaker explain next?
    (A) The details of a contest
    (B) The deadlines of a project
    (C) The benefits of a program
    (D) The cost of a service

[13-15]

13. What did the speaker do last week?
    (A) Attended a job fair
    (B) Gave a presentation
    (C) Reserved a booth
    (D) Tested a new product

14. Why does the speaker say, "Probably three or four"?
    (A) To emphasize a problem
    (B) To schedule a meeting
    (C) To place an order
    (D) To explain a process

15. What does the speaker plan to do today?
    (A) Draw up an employment contract
    (B) Contact successful job candidates
    (C) Visit an event site in person
    (D) Post some information online

[16-18]

16. What kind of company does the speaker most likely work for?
    (A) An advertising firm
    (B) An electronics manufacturer
    (C) A mobile service provider
    (D) An Internet research company

17. According to the speaker, why are customers dissatisfied?
    (A) The products are not very reliable.
    (B) The prices have recently increased.
    (C) There aren't enough service options.
    (D) Employees lack product knowledge.

18. What does the speaker recommend doing?
    (A) Assessing their knowledge
    (B) Attending a technology demonstration
    (C) Designing a new product
    (D) Working overtime hours

[19-21]

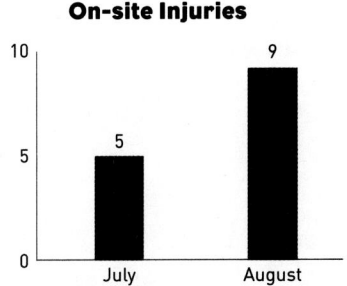

19. According to the speaker, what will happen on September 5?
    (A) A new factory will open.
    (B) A questionnaire will be distributed.
    (C) An inspection will be held.
    (D) A new product will be launched.

20. Look at the graphic. Which site's figures are being shown?
    (A) Findley
    (B) Grand Forks
    (C) Joplinville
    (D) Albany

21. What does the speaker suggest doing?
    (A) Holding a training session
    (B) Changing the work shifts
    (C) Purchasing new equipment
    (D) Meeting with executives

[22-24]

Initial Announcement	August 6
Submission Deadline	August 15
Winner Announcement	August 20

22. What kind of competition is the speaker discussing?
    (A) Sports
    (B) Writing
    (C) Music
    (D) Photo

23. What problem does the speaker mention?
    (A) A schedule contains an error.
    (B) There are not enough prizes.
    (C) Participation is low.
    (D) A judge has canceled the event.

24. Look at the graphic. When does the speaker want to have the deadline?
    (A) August 15
    (B) August 18
    (C) August 20
    (D) August 23

하루 30분씩 3주 만에
완성하는
PART LC

ACTUAL TEST
실전 모의고사

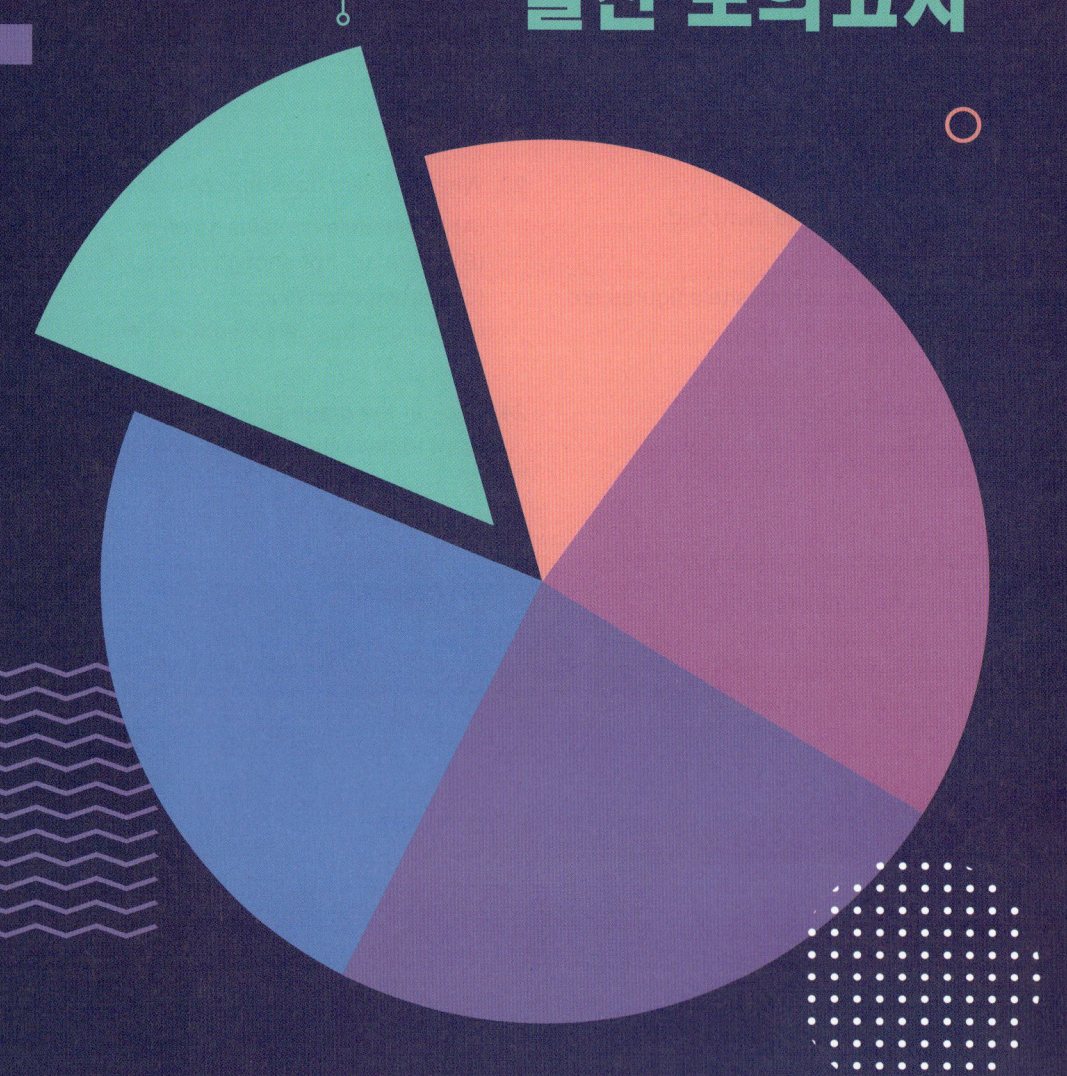

ACTUAL TEST

- [ ] **UNIT 19** ACTUAL TEST 1
- [ ] **UNIT 20** ACTUAL TEST 2
- [ ] **UNIT 21** ACTUAL TEST 3

UNIT 19

ACTUAL TEST 1

제한시간 45분
Unit19_AT01

LISTENING TEST

In the Listening test, you will be asked to demonstrate how well you understand spoken English. The entire Listening test will last approximately 45 minutes. There are four parts, and directions are given for each part. You must mark your answers on the separate answer sheet. Do not write your answers in your test book.

PART 1

Directions: For each question in this part, you will hear four statements about a picture in your test book. When you hear the statements, you must select the one statement that best describes what you see in the picture. Then find the number of the question on your answer sheet and mark your answer. The statements will not be printed in your test book and will be spoken only one time.

Statement (B), "He is standing next to a vehicle." is the best description of the picture, so you should select answer (B) and mark it on your answer sheet.

1.

2.

3.

4.

5.

6.

PART 2

Directions: You will hear a question or statement and three responses spoken in English. They will not be printed in your test book and will be spoken only one time. Select the best response to the question or statement and mark the letter (A), (B), or (C) on your answer sheet.

7.	Mark your answer on your answer sheet.	20.	Mark your answer on your answer sheet.
8.	Mark your answer on your answer sheet.	21.	Mark your answer on your answer sheet.
9.	Mark your answer on your answer sheet.	22.	Mark your answer on your answer sheet.
10.	Mark your answer on your answer sheet.	23.	Mark your answer on your answer sheet.
11.	Mark your answer on your answer sheet.	24.	Mark your answer on your answer sheet.
12.	Mark your answer on your answer sheet.	25.	Mark your answer on your answer sheet.
13.	Mark your answer on your answer sheet.	26.	Mark your answer on your answer sheet.
14.	Mark your answer on your answer sheet.	27.	Mark your answer on your answer sheet.
15.	Mark your answer on your answer sheet.	28.	Mark your answer on your answer sheet.
16.	Mark your answer on your answer sheet.	29.	Mark your answer on your answer sheet.
17.	Mark your answer on your answer sheet.	30.	Mark your answer on your answer sheet.
18.	Mark your answer on your answer sheet.	31.	Mark your answer on your answer sheet.
19.	Mark your answer on your answer sheet.		

PART 3

Directions: You will hear some conversations between two or more people. You will be asked to answer three questions about what the speakers say in each conversation. Select the best response to each question and mark the letter (A), (B), (C), or (D) on your answer sheet. The conversations will not be printed in your test book and will be spoken only one time.

32. Where most likely are the speakers?

    (A) At a travel agency
    (B) At a bakery
    (C) At a convention
    (D) At a fast-food restaurant

33. What does the woman recommend to the man?

    (A) A store specialty
    (B) A new type of dessert
    (C) A similar product
    (D) A special oven

34. What will the man do next?

    (A) Choose a different item
    (B) Wait at the store
    (C) Return to the meeting
    (D) Follow the woman's suggestion

35. What are the speakers mainly discussing?

    (A) Going on a business trip
    (B) Tracking a lost package
    (C) Replacing an order
    (D) Making a purchase

36. What does the woman tell the man to do?

    (A) Provide contact information
    (B) Put the product in a different box
    (C) Find out which pages are missing
    (D) Mail the item back to the company

37. What does the man ask for?

    (A) International delivery
    (B) A faster shipping speed
    (C) A discounted shipping rate
    (D) A shipping label

38. Who most likely is the man?

    (A) A medical researcher
    (B) A hospital pharmacist
    (C) An assistant
    (D) A patient

39. What is mentioned about the medicine?

    (A) It should be taken before a meal.
    (B) It can help focus on physical tasks.
    (C) It is similar to aspirin.
    (D) It has strong effects.

40. What does the woman tell the man to do?

    (A) Switch medications
    (B) Write a prescription
    (C) Bring a document
    (D) Talk to a patient

41. What has the man done recently?

    (A) Launched a new product
    (B) Started his own company
    (C) Completed a business deal
    (D) Met an important deadline

42. What problem does the man mention?

    (A) They will not be able to ship until July.
    (B) The companies spent too much time planning.
    (C) The supplier does not have enough materials.
    (D) The customer wanted the product too quickly.

43. What does the woman mean when she says, "Good thinking"?

    (A) Being so careful is not necessary.
    (B) Explaining problems is always important.
    (C) Setting a late deadline is smart.
    (D) Shipping early is a good idea.

GO ON TO THE NEXT PAGE ➡ 153

44. What are the speakers talking about?

    (A) An office moving schedule
    (B) An upcoming meeting
    (C) A review of an ad campaign
    (D) A change in the list of presenters

45. What does the woman ask the man to do?

    (A) Bring more chairs to the presentation
    (B) Prepare a product sample
    (C) Invite the marketing department
    (D) Reserve a larger room

46. What will the man probably do next?

    (A) E-mail the presentation files
    (B) Send a message to guests
    (C) Check how many people will come
    (D) Set up a projector

47. What are the speakers mainly discussing?

    (A) A good place to have dinner
    (B) Healthy eating habits
    (C) A newly opened restaurant
    (D) A recently redesigned menu

48. What is implied about Del Rio's?

    (A) It does not have many items on its menu.
    (B) The speakers have gone there many times.
    (C) The sandwiches there are not that good.
    (D) It opened a very long time ago.

49. What does the woman mean when she says, "Count me in"?

    (A) She will go to lunch with her coworkers.
    (B) She will help plan a renovation of Del Rio's.
    (C) She will check the number of people.
    (D) She will apply to work at the Back Porch.

50. What is the conversation mainly about?

    (A) Giving presentations
    (B) Making copies
    (C) Designing flyers
    (D) Sending files

51. What does the man suggest the woman do?

    (A) Try a printing shop
    (B) Send her file to his team
    (C) Explain the problem to the staff
    (D) Notify the IT department

52. Why does the woman say, "you wouldn't mind"?

    (A) She's not sure whether the man is available.
    (B) She appreciates the man's offer.
    (C) She won't accept man's advice.
    (D) She wants the man to fix the copier.

53. What are the speakers mainly discussing?

    (A) A party at the office
    (B) A health issue
    (C) A farewell gathering
    (D) A new restaurant

54. What does the woman mean when she says, "There's an idea"?

    (A) She knows that Mark likes steak.
    (B) She thinks a small dinner would be nice.
    (C) She has a better suggestion.
    (D) She wants the man to give details.

55. What does the man offer to do?

    (A) Bring food and beverages
    (B) Contact coworkers about the idea
    (C) Give Mark a ride to Moorestown
    (D) Reserve a table at a restaurant

56. Who most likely are the speakers?
    (A) Talent recruiters
    (B) Engineering technicians
    (C) Human resources workers
    (D) Quality control supervisors

57. What is mentioned as a possible solution to the problem?
    (A) Training workers in quality control
    (B) Outsourcing recruiting tasks
    (C) Advertising the position
    (D) Hiring people internally

58. What is indicated about the engineering department?
    (A) They can do quality control from now on.
    (B) They have more than enough people.
    (C) They need more skilled workers.
    (D) They have no employees to do testing.

---

59. Who most likely is the woman?
    (A) A computer engineer
    (B) A printing shop employee
    (C) A graphic designer
    (D) A trade fair organizer

60. What problem does the man mention?
    (A) A product was made incorrectly.
    (B) An expected item has not arrived yet.
    (C) A design did not look the way he had imagined.
    (D) A file with important information was lost.

61. What does the woman say she will do?
    (A) Send the posters directly to the fair
    (B) Contact the man after preparing the posters
    (C) Compensate the man for the inconvenience
    (D) Order an express delivery

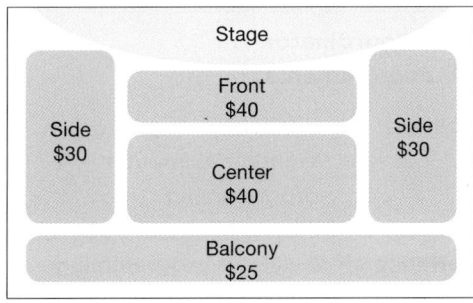

62. Who most likely is the woman?
    (A) A professional musician
    (B) A stage director
    (C) A ticket vendor
    (D) A security guard

63. Look at the graphic. Where will the man sit?
    (A) At the front
    (B) On the side
    (C) In the center
    (D) On the balcony

64. What does the woman say about the seating?
    (A) It is first come, first served.
    (B) Prices are always the same.
    (C) Seats close to the stage are sold out.
    (D) Viewers can change zones if they want to.

GO ON TO THE NEXT PAGE   155

**Project Coordinator
– Job Requirements**

Education	Bachelor's degree or higher in computer programming
Skills	Strong ability in SQL
Experience	2+ yrs. in programming
Graduation Date	Recent (last five years)

65. What is the purpose of the call?

   (A) To schedule an interview
   (B) To ask about an opportunity
   (C) To discuss a résumé that was sent
   (D) To check the status of a job application

66. What is mentioned about the company?

   (A) It usually needs more people.
   (B) It requires overseas work.
   (C) It recently filled a position.
   (D) It has a branch in Japan.

67. Look at the graphic. Which requirement does the woman not satisfy?

   (A) Education level
   (B) Job skills
   (C) Work experience
   (D) Graduation date

Trans Rail Rail Pass/One Way   June 15

Train/Seat	Origin	Destination
42C/27	Johns town	Westboro
	Departs	**Arrives**
	7:47 A.M.	9:32 A.M.
Cars A-C	Reserved Seating	
Car D	No Reserved Seats	

68. Who most likely is the woman?

   (A) A train conductor
   (B) A commuter
   (C) A ticket agent
   (D) A tourist

69. Look at the graphic. Which car are the speakers in?

   (A) Car A
   (B) Car B
   (C) Car C
   (D) Car D

70. What does the man ask the woman to do?

   (A) Switch seats with him
   (B) Check if he is on the right train
   (C) Tell him which direction to go in
   (D) Explain the train's reservation system

PART 4

Directions: You will hear some talks given by a single speaker. You will be asked to answer three questions about what the speaker says in each talk. Select the best response to each question and mark the letter (A), (B), (C), or (D) on your answer sheet. The talks will not be printed in your test book and will be spoken only one time.

71. What is the main purpose of the call?
    (A) To notify Ms. Tran that her baggage was found
    (B) To apologize to Ms. Tran for losing her bag
    (C) To give Ms. Tran information about her flight
    (D) To ask Ms. Tran for her hotel address

72. What does the speaker mention about the item?
    (A) It cannot be delivered today.
    (B) It was taken by someone by accident.
    (C) It will be returned to the airline soon.
    (D) It was loaded onto the wrong flight.

73. What information does the speaker ask for?
    (A) Which hotel she is staying in
    (B) What her final destination is
    (C) How she would like to pay for delivery
    (D) When she is available to get her item

74. What is being announced?
    (A) A trade expo
    (B) A food festival
    (C) A restaurant opening
    (D) A cooking competition

75. What is mentioned about the event?
    (A) It takes place in front of City Hall.
    (B) It celebrates local food.
    (C) It lasts one week.
    (D) It is held annually.

76. What should listeners do if they want to attend?
    (A) Register in advance
    (B) Buy an entry pass online
    (C) Get tickets at the entrance
    (D) Bring food that they made

77. Where is this announcement taking place?
    (A) At a library
    (B) At a bookstore
    (C) At a coffee shop
    (D) At a publication office

78. What does the speaker mean when she says, "don't miss out"?
    (A) The author will not come again in the future.
    (B) It will be easy to find the location of the signing.
    (C) People who arrive late will not get a book.
    (D) Fans will regret it if they do not attend.

79. What is mentioned about Jane Callister?
    (A) She became famous recently.
    (B) She just released her new novel.
    (C) She does not write short stories.
    (D) She has been in the town before.

80. What is being advertised?
    (A) A tent store
    (B) A campground
    (C) A fishing magazine
    (D) A nature tour service

81. What is mentioned about the Deer Run Trail?
    (A) It is located far away.
    (B) It requires an additional fee.
    (C) It starts at Silver Lake.
    (D) It is introduced in the media.

82. What can customers receive this weekend?
    (A) Complimentary firewood
    (B) A special discount
    (C) A free mountain bike
    (D) Extra hiking gear

GO ON TO THE NEXT PAGE

83. What is the announcement mainly about?
 (A) A flight that has been delayed
 (B) A passenger who might miss the plane
 (C) A problem with a passenger's luggage
 (D) A change in boarding procedures

84. What will happen in five minutes?
 (A) Boarding will proceed.
 (B) The plane will depart.
 (C) Passengers will get off the plane.
 (D) Mr. Herrera will be paged again.

85. What is Mr. Herrera asked to do?
 (A) Call the airline staff as soon as possible
 (B) Pick up his luggage from the previous plane
 (C) Prepare to show his ticket and identification
 (D) Wait at the gate for the next available flight

---

86. What is the purpose of the call?
 (A) To discuss a volunteer position
 (B) To reschedule an interview
 (C) To inquire about job openings
 (D) To express gratitude for a donation

87. Why does Mr. Preston say, "I'm sorry to tell you this"?
 (A) He missed Ms. Park's phone call.
 (B) He prefers someone else.
 (C) His school doesn't need more help.
 (D) His senior daycare is full.

88. What is the listener asked to do?
 (A) Read the brochure for details
 (B) Apply for another center
 (C) Cancel a meeting with center staff
 (D) Call to arrange a time to talk

89. What type of business does the speaker work at?
 (A) A cosmetics firm
 (B) A shipping company
 (C) A department store
 (D) A drug manufacturer

90. What is implied about younger consumers?
 (A) They might pay more for certain items.
 (B) They often go shopping in exclusive shops.
 (C) They are likely to prefer reasonable prices.
 (D) They responded well to the fragrances.

91. What does the speaker mean when she says, "So we say, why not"?
 (A) Products can be sold at higher prices.
 (B) Older people do not buy makeup.
 (C) Young shoppers prefer high-quality items.
 (D) Research hasn't been done yet.

---

92. What is the purpose of the speech?
 (A) To describe the functions of other departments
 (B) To motivate the staff to continue their education
 (C) To explain what new employees will be learning
 (D) To inform workers about the company's mission

93. What is mentioned about the organization's mission?
 (A) It should be understood by all employees.
 (B) It will be presented by the hiring manager.
 (C) It is the last part of the morning session.
 (D) It was recently developed.

94. What will listeners do in the afternoon?
 (A) Listen to a talk by Ms. Lee
 (B) Learn about the company structure
 (C) Split up into groups based on department
 (D) Select courses to earn better qualifications

Retirement Plans

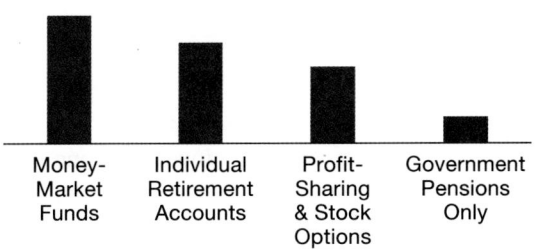

Invoice / Office Supply, Inc.	
Item	Qty
#340 Sticky notes – Pack	200
#080 Pen – Black, 10-pack	20
#799 Staples – Box	50
#085 Pencils – No.2, 10-pack	20

95. What is the speaker mainly discussing?

(A) Retirement age
(B) Staff satisfaction surveys
(C) New employee benefits
(D) Worker approval of management

96. Look at the graphic. Which plan will most likely be chosen?

(A) Money-market funds
(B) Individual retirement accounts
(C) Profit-sharing with stock options
(D) Government pensions only

97. How does the proposed system benefit workers?

(A) It gives them some choices.
(B) It offers investment opportunities.
(C) It is the choice they prefer.
(D) It never requires tax payments.

98. What is the purpose of the call?

(A) To place an order
(B) To change a purchase
(C) To apologize for a mistake
(D) To inquire about a product

99. Look at the graphic. Which item number requires attention?

(A) #340
(B) #080
(C) #799
(D) #085

100. What is the listener asked to do?

(A) Call back in the evening
(B) Explain why an error occurred
(C) Confirm when an item has shipped
(D) Send a copy of a new invoice

This is the end of the Listening test.

UNIT 20

ACTUAL TEST 2

제한시간 45분

Unit20_AT02

LISTENING TEST

In the Listening test, you will be asked to demonstrate how well you understand spoken English. The entire Listening test will last approximately 45 minutes. There are four parts, and directions are given for each part. You must mark your answers on the separate answer sheet. Do not write your answers in your test book.

PART 1

Directions: For each question in this part, you will hear four statements about a picture in your test book. When you hear the statements, you must select the one statement that best describes what you see in the picture. Then find the number of the question on your answer sheet and mark your answer. The statements will not be printed in your test book and will be spoken only one time.

Statement (B), "He is standing next to a vehicle." is the best description of the picture, so you should select answer (B) and mark it on your answer sheet.

1.

2.

3.

4.

5.

6.

PART 2

Directions: You will hear a question or statement and three responses spoken in English. They will not be printed in your test book and will be spoken only one time. Select the best response to the question or statement and mark the letter (A), (B), or (C) on your answer sheet.

7. Mark your answer on your answer sheet.
8. Mark your answer on your answer sheet.
9. Mark your answer on your answer sheet.
10. Mark your answer on your answer sheet.
11. Mark your answer on your answer sheet.
12. Mark your answer on your answer sheet.
13. Mark your answer on your answer sheet.
14. Mark your answer on your answer sheet.
15. Mark your answer on your answer sheet.
16. Mark your answer on your answer sheet.
17. Mark your answer on your answer sheet.
18. Mark your answer on your answer sheet.
19. Mark your answer on your answer sheet.
20. Mark your answer on your answer sheet.
21. Mark your answer on your answer sheet.
22. Mark your answer on your answer sheet.
23. Mark your answer on your answer sheet.
24. Mark your answer on your answer sheet.
25. Mark your answer on your answer sheet.
26. Mark your answer on your answer sheet.
27. Mark your answer on your answer sheet.
28. Mark your answer on your answer sheet.
29. Mark your answer on your answer sheet.
30. Mark your answer on your answer sheet.
31. Mark your answer on your answer sheet.

PART 3

Directions: You will hear some conversations between two or more people. You will be asked to answer three questions about what the speakers say in each conversation. Select the best response to each question and mark the letter (A), (B), (C), or (D) on your answer sheet. The conversations will not be printed in your test book and will be spoken only one time.

32. Who most likely is the woman?
   (A) A bookstore owner
   (B) A sales representative
   (C) A librarian
   (D) A supermarket worker

33. What does the woman ask for?
   (A) A membership number
   (B) A product name
   (C) Banking information
   (D) Personal details

34. What will the man probably do next?
   (A) Send an e-mail
   (B) Visit a Web site
   (C) Complete a form
   (D) File a complaint

35. Where most likely are the speakers?
   (A) In a vehicle showroom
   (B) In a parking lot
   (C) At an auto shop
   (D) At a car convention

36. When did the woman get an oil change?
   (A) Two months ago
   (B) Yesterday
   (C) Last week
   (D) Last month

37. What will the man probably do next?
   (A) Examine a vehicle
   (B) Refund a payment
   (C) Schedule a repair service
   (D) Speak to a colleague

38. Which team does the man most likely work in?
   (A) Technical Support
   (B) Human Resources
   (C) Public Relations
   (D) Research and Development

39. What does the woman ask about?
   (A) Sales strategies
   (B) Product specifications
   (C) Employee benefits
   (D) Job vacancies

40. What does the man suggest the woman do?
   (A) Attend a seminar
   (B) Call a company
   (C) Extend a contract
   (D) Update her information

41. Why does the woman want to exchange the sweater?
   (A) She needs a different size.
   (B) She dislikes its appearance.
   (C) She found a hole in it.
   (D) She already owns the same item.

42. Why does the man say, "I'll let it slide this time"?
   (A) A discount cannot be applied.
   (B) He will ignore a store policy.
   (C) An item is no longer in stock.
   (D) He is worried about a slippery floor.

43. What does the man recommend?
   (A) Visiting another store
   (B) Using the fitting room
   (C) Browsing some merchandise
   (D) Ordering from a Web site

GO ON TO THE NEXT PAGE

44. Where do the speakers most likely work?
   (A) An electronics company
   (B) A department store
   (C) A restaurant
   (D) An advertising agency

45. What does the woman suggest?
   (A) Postponing the launch date
   (B) Creating a television ad
   (C) Redesigning the product
   (D) Conducting market research

46. When will the first draft be finished?
   (A) By the end of the quarter
   (B) Before the next meeting
   (C) By the end of the week
   (D) In one month

47. What is the conversation mainly about?
   (A) A project schedule
   (B) An animal hospital
   (C) A new pet
   (D) A class curriculum

48. What does the man say about his cousin?
   (A) She applied for a job.
   (B) She attended a class.
   (C) She moved to a new city.
   (D) She gave a lecture.

49. What will the woman probably do next?
   (A) Make a phone call
   (B) Visit a Web site
   (C) Go to a store
   (D) Cancel an appointment

50. What is the talk mainly about?
   (A) A retirement dinner
   (B) A store's grand opening event
   (C) A company's foundation day
   (D) A training session

51. What will the speakers' company do?
   (A) Donate money
   (B) Launch a new product
   (C) Expand operations
   (D) Hire more staff

52. What does the woman recommend?
   (A) Attending a meeting
   (B) Entering a contest
   (C) Signing a form
   (D) Registering for a class

53. Where is the discussion most likely taking place?
   (A) In a realtor's office
   (B) In an accounting office
   (C) In an apartment
   (D) In a home improvement store

54. What is mentioned about the property?
   (A) It is newly built.
   (B) It is conveniently located.
   (C) It requires repairs.
   (D) It has reasonably low bills.

55. What does the woman recommend?
   (A) Getting a reference
   (B) Contacting a landlord
   (C) Visiting her workplace
   (D) Paying a deposit

56. What does the woman mean when she says, "What are we missing"?

(A) She is asking for the location of a store.
(B) She has misplaced an important document.
(C) She wants to know what items to order.
(D) She is wondering about the reason for a delay.

57. Why is the man concerned?

(A) A device is broken.
(B) There is no paper left.
(C) The budget is not large enough.
(D) A form was not submitted on time.

58. What will the man probably do next?

(A) Place an order
(B) Attend a meeting
(C) Check the inventory
(D) Go to a store

59. What is the discussion mainly about?

(A) A recent business trip
(B) A new company policy
(C) A marketing strategy
(D) A product review

60. What does the man mention about Jack Smeaton?

(A) He has been spending too much.
(B) He has joined a different department.
(C) He is currently on a business trip.
(D) He is in charge of the company's payroll.

61. What does the man recommend doing?

(A) Changing travel dates
(B) Speaking to a supervisor
(C) Keeping receipts
(D) Reimbursing the staff

Class Schedule

Saturday Exercise Classes	
8:30 A.M.	Spinning
10:00 A.M.	Weight training
1:30 P.M.	Pilates
3:30 P.M.	Hot yoga

62. What is the conversation mainly about?

(A) Gym amenities
(B) Exercise programs
(C) Fitness test results
(D) Sports teams

63. What does the man advise the woman to do?

(A) Change her diet
(B) Upgrade a membership
(C) Attend an orientation
(D) Purchase equipment

64. Look at the graphic. Which class will the woman probably sign up for?

(A) Spinning
(B) Weight training
(C) Pilates
(D) Hot yoga

The Burlington Times

Local Business Article	[1]
[2]	Local Sports Article
[3]	[4]
Advertisement 1	Advertisement 2

65. Who most likely is the man?

    (A) A photographer
    (B) A graphic designer
    (C) A proofreader
    (D) A journalist

66. What is the woman concerned about?

    (A) The quality of a picture
    (B) The cost of an advertisement
    (C) The deadline for an assignment
    (D) The length of an article

67. Look at the graphic. In which position will the woman's work be shown?

    (A) [1]
    (B) [2]
    (C) [3]
    (D) [4]

Composition
100% Cotton

Washing Guidelines
Do Not Tumble Dry
Do Not Bleach
Wash at Low Temperature
Wash Separately

68. Where does the conversation most likely take place?

    (A) In a clothing store
    (B) At a manufacturing plant
    (C) In an appliance shop
    (D) At a dry cleaner

69. Look at the graphic. What did the woman probably do?

    (A) Put the item in a tumble dryer
    (B) Applied bleach to the item
    (C) Washed the item at high temperature
    (D) Washed the item with other items

70. What does the woman offer the man?

    (A) A replacement item
    (B) A gift voucher
    (C) A full refund
    (D) A repair service

PART 4

Directions: You will hear some talks given by a single speaker. You will be asked to answer three questions about what the speaker says in each talk. Select the best response to each question and mark the letter (A), (B), (C), or (D) on your answer sheet. The talks will not be printed in your test book and will be spoken only one time.

71. Where does the speaker most likely work?

(A) At a food factory
(B) At a grocery store
(C) At a hardware shop
(D) At a clothing retailer

72. What does the speaker mention about Everclear toothpaste?

(A) It is sold out.
(B) It is currently on sale.
(C) It has been discontinued.
(D) It is getting more popular.

73. What does the speaker recommend?

(A) Looking around the building
(B) Starting a membership
(C) Checking a publication
(D) Visiting another location

74. What is being advertised?

(A) A marketing magazine
(B) A computer program
(C) A construction tool
(D) An electronic device

75. What is mentioned about the product?

(A) It is reasonably priced.
(B) It can be purchased online.
(C) It has won awards.
(D) It is user-friendly.

76. What does the speaker tell the listeners to do?

(A) Order a catalog
(B) Download a demo
(C) Make a phone call
(D) Contact a salesperson

77. Why should the listener visit the Web site?

(A) To check business hours
(B) To find a new location
(C) To send a message
(D) To make a special request

78. Why does the man say, "It's that simple"?

(A) A problem has been solved.
(B) A clinic can be found easily.
(C) A process is uncomplicated.
(D) A schedule is very flexible.

79. What change does the speaker mention?

(A) A medication is no longer available.
(B) A pharmacy has closed down.
(C) A price has been increased.
(D) A Web site has been taken down.

80. What is the purpose of the talk?

(A) To review a new book
(B) To introduce a guest
(C) To discuss a research paper
(D) To thank a financial donor

81. What does the speaker mention about Dr. Harris?

(A) He founded a charity.
(B) He will retire this month.
(C) He is a successful author.
(D) He has received awards for his work.

82. What are the listeners encouraged to do?

(A) Purchase a book
(B) Get a free gift
(C) Ask questions
(D) Sign up for a class

GO ON TO THE NEXT PAGE ➡ 169

83. What is the meeting mainly about?
    (A) A new CEO
    (B) A corporate merger
    (C) A business evaluation
    (D) An employee review

84. What change will be occurring at the business this month?
    (A) Some employees will be laid off.
    (B) The company will be relocated.
    (C) New staff members will be hired.
    (D) Several branches will close.

85. What are the listeners asked to provide?
    (A) Updated résumés
    (B) Job descriptions
    (C) Project proposals
    (D) Product feedback

86. According to the speaker, what was the weather like last week?
    (A) Windy
    (B) Cloudy
    (C) Sunny
    (D) Stormy

87. Why does the man say, "Can you believe it"?
    (A) A weather prediction was incorrect.
    (B) A temperature will rise dramatically.
    (C) A storm will last longer than expected.
    (D) An event will be canceled due to rain.

88. What does the man suggest?
    (A) Finishing tasks early in the day
    (B) Working in the evening
    (C) Staying at home
    (D) Wearing warm clothing

89. Where does the speaker most likely work?
    (A) At a banking institution
    (B) At a tourism company
    (C) At a local airport
    (D) At an airline firm

90. What will happen if a payment is not made by tomorrow?
    (A) A ticket price will increase.
    (B) A booking will be canceled.
    (C) An account will be closed.
    (D) A special deal be unavailable.

91. What will the speaker probably do next?
    (A) Change an itinerary
    (B) Send some information
    (C) Call the listener
    (D) E-mail a ticket

92. What is the talk mainly about?
    (A) Product development
    (B) Customer service advice
    (C) Presentation instructions
    (D) Employee performance

93. What is unique about the Mixwave Blender?
    (A) It is energy-efficient.
    (B) It works silently.
    (C) It is inexpensive.
    (D) It is compact.

94. What does the speaker imply when she says, "The difference will be obvious to everyone"?
    (A) The product has a unique design.
    (B) The product is available in different colors.
    (C) The product benefit is clear.
    (D) The product is simple to maintain.

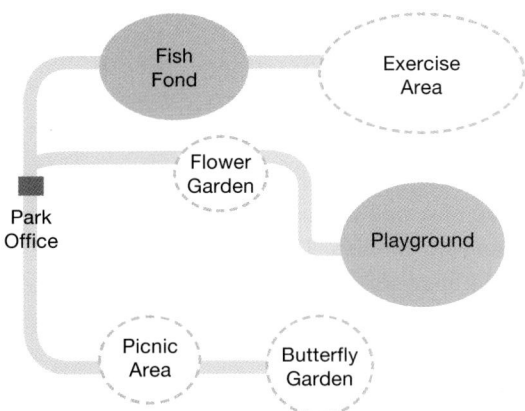

Training Schedule

Bingley Corporation – Training Workshop (REX Conference Center)			
Session/Day	Friday	Saturday	Sunday
Morning	Customer Service	Teamwork	Time Management
Afternoon	Sales Strategies	Market Trends	Advertising

95. What is the main purpose of the talk?
   (A) To welcome new park employees
   (B) To discuss safety guidelines
   (C) To describe the features of a park
   (D) To assign duties to staff

96. Look at the graphic. Which area are the listeners unable to visit today?
   (A) The fish pond
   (B) The flower garden
   (C) The playground
   (D) The butterfly garden

97. What does the speaker suggest the listeners do?
   (A) Look at a pamphlet
   (B) Enjoy some refreshments
   (C) Spend time relaxing
   (D) Take photographs

98. Who most likely are the listeners?
   (A) Orientation attendees
   (B) Conference center staff
   (C) Checkout operators
   (D) Department managers

99. What does the speaker mention about the training workshop?
   (A) Dates may be changed.
   (B) Space is limited.
   (C) Transportation is available.
   (D) Food will be provided.

100. Look at the graphic. Which workshop session will be led by the speaker?
   (A) Customer Service
   (B) Teamwork
   (C) Market Trends
   (D) Advertising

This is the end of the Listening test.

UNIT 21

ACTUAL TEST 3

제한시간 45분

Unit21_AT03

LISTENING TEST

In the Listening test, you will be asked to demonstrate how well you understand spoken English. The entire Listening test will last approximately 45 minutes. There are four parts, and directions are given for each part. You must mark your answers on the separate answer sheet. Do not write your answers in your test book.

PART 1

Directions: For each question in this part, you will hear four statements about a picture in your test book. When you hear the statements, you must select the one statement that best describes what you see in the picture. Then find the number of the question on your answer sheet and mark your answer. The statements will not be printed in your test book and will be spoken only one time.

Statement (B), "He is standing next to a vehicle." is the best description of the picture, so you should select answer (B) and mark it on your answer sheet.

1.

2.

3.

4.

5.

6.

GO ON TO THE NEXT PAGE

PART 2

Directions: You will hear a question or statement and three responses spoken in English. They will not be printed in your test book and will be spoken only one time. Select the best response to the question or statement and mark the letter (A), (B), or (C) on your answer sheet.

7. Mark your answer on your answer sheet.
8. Mark your answer on your answer sheet.
9. Mark your answer on your answer sheet.
10. Mark your answer on your answer sheet.
11. Mark your answer on your answer sheet.
12. Mark your answer on your answer sheet.
13. Mark your answer on your answer sheet.
14. Mark your answer on your answer sheet.
15. Mark your answer on your answer sheet.
16. Mark your answer on your answer sheet.
17. Mark your answer on your answer sheet.
18. Mark your answer on your answer sheet.
19. Mark your answer on your answer sheet.
20. Mark your answer on your answer sheet.
21. Mark your answer on your answer sheet.
22. Mark your answer on your answer sheet.
23. Mark your answer on your answer sheet.
24. Mark your answer on your answer sheet.
25. Mark your answer on your answer sheet.
26. Mark your answer on your answer sheet.
27. Mark your answer on your answer sheet.
28. Mark your answer on your answer sheet.
29. Mark your answer on your answer sheet.
30. Mark your answer on your answer sheet.
31. Mark your answer on your answer sheet.

PART 3

Directions: You will hear some conversations between two or more people. You will be asked to answer three questions about what the speakers say in each conversation. Select the best response to each question and mark the letter (A), (B), (C), or (D) on your answer sheet. The conversations will not be printed in your test book and will be spoken only one time.

32. Where does the man work?

    (A) At a hotel
    (B) At an airport
    (C) At a travel agency
    (D) At a park

33. What problem does the woman mention?

    (A) She did not receive a confirmation.
    (B) She is scheduled to land late.
    (C) She can't find anyone to pick her up.
    (D) She is missing her luggage.

34. What mode of transportation will the woman use later?

    (A) Bus
    (B) Van
    (C) Tram
    (D) Taxi

35. Where is the conversation most likely taking place?

    (A) At a gym
    (B) At an office
    (C) At a deli
    (D) At a supermarket

36. What does the woman mention about the new restaurant?

    (A) It specializes in healthy food.
    (B) It serves a delicious side dish.
    (C) It has a fast delivery service.
    (D) It is located near the office.

37. What does the man ask the woman to do?

    (A) Make a call to a restaurant
    (B) Design a health routine
    (C) Prepare some food
    (D) Reserve a meeting room

38. What is the purpose of the woman's call?

    (A) To advertise a new product
    (B) To request an overdue payment
    (C) To complain about a property
    (D) To ask about a contract renewal

39. Why does the man want to move?

    (A) He is looking for a larger space.
    (B) He wants to change neighborhoods.
    (C) He can no longer afford the rent.
    (D) He disagrees with the terms of the contract.

40. What will the man do tomorrow afternoon?

    (A) Sign a new lease
    (B) Move out of his place
    (C) Visit a house
    (D) Submit a deposit

41. What are the speakers mainly discussing?

    (A) The venue for a banquet
    (B) The needs of a client
    (C) The terms of an agreement
    (D) The organization for a gathering

42. What are the speakers waiting to receive?

    (A) A projector
    (B) Some files
    (C) A catering menu
    (D) A confirmation e-mail

43. What will most likely happen next?

    (A) A contract will be signed.
    (B) A reservation will be canceled.
    (C) A meal will be served.
    (D) A budget will be revised.

GO ON TO THE NEXT PAGE

44. What problem does the woman mention?

    (A) Her washing machine is not turning on.
    (B) Her warranty has expired.
    (C) Her dryer is malfunctioning.
    (D) Her order was not delivered.

45. Why does the man say, "No problem"?

    (A) The device has been repaired.
    (B) The receipt is not required.
    (C) The transaction has been canceled.
    (D) The shipment has been processed.

46. What does the woman want the man to do?

    (A) Send a repairperson to her house
    (B) Take back the broken item
    (C) Exchange the product for a newer one
    (D) Refund her payment for the purchase

47. Where is the conversation most likely taking place?

    (A) At an immigration counter
    (B) At a travel agency
    (C) At a conference stand
    (D) At an airline check-in desk

48. What was the purpose of the woman's trip?

    (A) To visit family
    (B) To launch a startup
    (C) To attend an event
    (D) To host a fair

49. How many days did the woman stay in Mumbai in total?

    (A) Two days
    (B) Three days
    (C) Four days
    (D) Five days

50. What is the conversation mainly about?

    (A) A new manager
    (B) A faulty lightbulb
    (C) A building lease
    (D) A blocked staircase

51. What information does the woman ask for?

    (A) The frequency of a problem
    (B) A worker's contact information
    (C) Directions to an office
    (D) The reason for a request

52. Why does the man say, "it's a little strange"?

    (A) He is unfamiliar with the area.
    (B) He finds the issue unpredictable.
    (C) He doesn't understand the woman's question.
    (D) He knows other coworkers with the same problem.

53. What are the speakers mainly discussing?

    (A) A hiring decision
    (B) An interview process
    (C) Customer complaints
    (D) A colleague's promotion

54. What is mentioned about Ms. Bates?

    (A) She has interviewed many people.
    (B) She enjoys working with the public.
    (C) She lacks experience in the field.
    (D) She has a reserved personality.

55. What will the man likely do next?

    (A) Create a job posting
    (B) Offer Ms. Bates a job
    (C) Speak to a superior
    (D) Respond to a client

56. Who most likely is the man?

(A) A department manager
(B) A programming intern
(C) A new employee
(D) A customer service representative

57. What does the woman mention about Ms. Ogawa?

(A) She is planning to retire soon.
(B) She is the company's newest employee.
(C) She has worked as a programmer before.
(D) She has strong technological skills.

58. What does the woman ask the man to do?

(A) Transfer to a new department
(B) Send her a list of candidates
(C) Provide her with a document
(D) Get in touch with an employee

59. What industry do the speakers most likely work in?

(A) Advertising
(B) Insurance
(C) Tourism
(D) Automotive

60. What does the man imply about their industry?

(A) It is the most profitable at the moment.
(B) It has suffered because of the economy.
(C) It offers the highest paying job opportunities.
(D) It has evolved greatly over the last few years.

61. What do the speakers agree to do?

(A) Make some investments
(B) Contact some customers
(C) Monitor a competitor
(D) Design a marketing campaign

Price List	
Cut	$25
Color	$50
Perm	$75
Styling	$10

62. What is the conversation mainly about?

(A) A special deal
(B) A new hair product
(C) A hairstyle change
(D) A fashion trend

63. What does the woman ask the man for?

(A) Payment for a service
(B) Feedback on a product
(C) Help with a project
(D) Advice on a choice

64. Look at the graphic. How much will the woman receive as a discount?

(A) $25
(B) $50
(C) $75
(D) $10

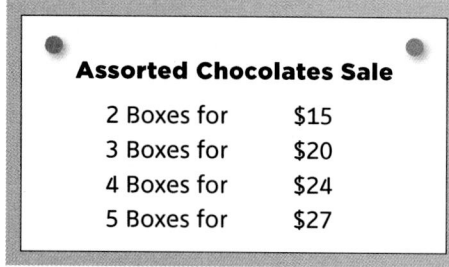

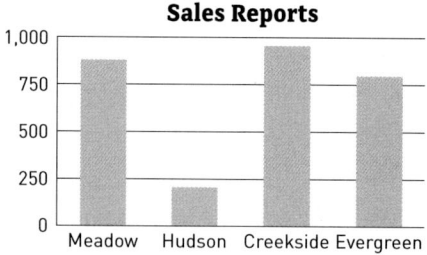

65. What will the speakers do with the items?

(A) Use them for a birthday gift
(B) Serve them to office visitors
(C) Give them away as prizes
(D) Send them to potential clients

66. What does the woman ask the man to do?

(A) Return an item
(B) Increase a budget
(C) Make a suggestion
(D) Sign a document

67. Look at the graphic. How much will the speakers most likely pay for their items?

(A) $15
(B) $20
(C) $24
(D) $27

68. What are the speakers mainly talking about?

(A) Sales events
(B) Product marketing
(C) Rewards programs
(D) Branch performances

69. What does the woman mention about Hudson?

(A) They have the highest expenses.
(B) They hold too many sales events.
(C) They are in a disadvantageous location.
(D) They have the best customer service.

70. Look at the graphic. Which branch will receive a reward?

(A) Meadow
(B) Hudson
(C) Creekside
(D) Evergreen

PART 4

Directions: You will hear some talks given by a single speaker. You will be asked to answer three questions about what the speaker says in each talk. Select the best response to each question and mark the letter (A), (B), (C), or (D) on your answer sheet. The talks will not be printed in your test book and will be spoken only one time.

71. Where most likely does the man work?

(A) At a bank
(B) At a post office
(C) At a clothing shop
(D) At a grocery store

72. What does the speaker mention about refunds?

(A) They are not offered by his company.
(B) They are processed within a day.
(C) They are not confirmed right away.
(D) They are paid in installments.

73. What is the listener advised to do tomorrow?

(A) Examine her bank statement
(B) Submit payment for a purchase
(C) Mail an item to the store
(D) Open a new savings account

74. Who most likely is the speaker?

(A) A tour guide
(B) An gallery owner
(C) A history professor
(D) An art photographer

75. What is mentioned about Gary Binks?

(A) He works in a museum.
(B) He is originally from the area.
(C) He will give a lecture.
(D) He founded Goshen City.

76. What will the listeners likely do next?

(A) Take a group picture
(B) Meet an artist
(C) Listen to information
(D) Observe a painting

77. Who most likely is the talk intended for?

(A) Department managers
(B) Personnel staff
(C) Full-time employees
(D) New interns

78. What does the new program offer?

(A) Higher allowances for overtime
(B) Discounts for family members
(C) A monthly short workday
(D) An annual bonus pay

79. What are the listeners asked to do to benefit from the program?

(A) Attend a conference
(B) Speak to their managers
(C) Have the best performance
(D) Work additional hours

80. What is the speaker mainly discussing?

(A) A new employee
(B) A job vacancy
(C) A branch relocation
(D) A performance report

81. Why does the speaker say, "As you can imagine"?

(A) To clarify a schedule
(B) To ask for ideas for a project
(C) To emphasize a qualification
(D) To express approval of a request

82. What are the listeners told to do?

(A) Reduce their expenses
(B) Attend a lunch gathering
(C) Apply for a position
(D) Submit a report

GO ON TO THE NEXT PAGE ➡ 181

83. What type of business is Willy Chic?
    (A) A real estate agency
    (B) A electronics store
    (C) A moving company
    (D) An interior design firm

84. What does the speaker imply about his company when he says, "no questions asked"?
    (A) It provides refunds without conditions.
    (B) It doesn't require advanced reservations.
    (C) It has never received negative reviews.
    (D) It offers the lowest prices on the market.

85. What can customers get at no charge?
    (A) A specialist's advice
    (B) A month's rent
    (C) A price estimate
    (D) A service upgrade

---

86. What is the purpose of the message?
    (A) To inquire about a product
    (B) To request a quote
    (C) To place an order
    (D) To offer a discount

87. How did the speaker hear about the listener's company?
    (A) Through a partner's recommendation
    (B) Through a distributed brochure
    (C) Through an advertiser's phone call
    (D) Through a newspaper advertisement

88. What will happen before December?
    (A) A new product will be launched.
    (B) A vehicle model will be redesigned.
    (C) A startup will be open for business.
    (D) A pamphlet will be published.

89. Who most likely are the listeners?
    (A) Customer service representatives
    (B) Marketing campaign specialists
    (C) Communication equipment installers
    (D) Cell phone repair technicians

90. What does the speaker mean when she says, "Nothing you can do about that"?
    (A) Responding to every message is useless.
    (B) Reducing demand is unnecessary.
    (C) Making personal phone calls is prohibited.
    (D) Avoiding customer complaints is impossible.

91. What should an employee do when dealing with an upset customer?
    (A) Redirect the call to a manager
    (B) Immediately offer a solution
    (C) Repeat the issue described
    (D) Ask for contact information

---

92. What is the purpose of the report?
    (A) To announce an upcoming storm
    (B) To warn of a temporary road closure
    (C) To explain how to register for an event
    (D) To present a performance schedule

93. What is scheduled in the afternoon?
    (A) A running event
    (B) A community festival
    (C) A car race
    (D) A street parade

94. What are the listeners asked to do?
    (A) Participate in an activity
    (B) Use public transportation
    (C) Donate for a cause
    (D) Dress appropriately

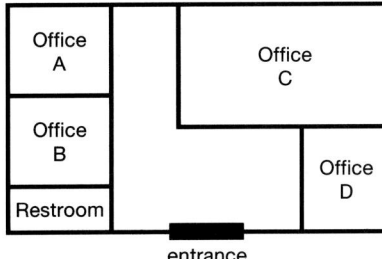

Agenda	
9:30 A.M.-10:15 A.M.	Opening
10:15 A.M.-11:00 A.M.	Accounting
11:00 A.M.-11:15 A.M.	Break
11:15 A.M.-12:00 P.M.	Human resources
12:00 P.M.-12:30 P.M.	Closing remarks

95. What is the purpose of the announcement?

(A) To explain a new arrangement
(B) To give directions to a location
(C) To notify of upcoming renovations
(D) To request a change in a layout

96. Look at the graphic. Which office will the product development team be in?

(A) Office A
(B) Office B
(C) Office C
(D) Office D

97. What does the speaker ask the listeners to do?

(A) Look at a document
(B) Design a new layout
(C) Move their belongings
(D) Meet a deadline

98. What kind of plan is being discussed?

(A) A hiring process
(B) A security procedure
(C) A meeting schedule
(D) A financial proposal

99. What problem does the speaker mention?

(A) An employee is running late.
(B) A device malfunctioned.
(C) A budget was surpassed.
(D) An error was published.

100. Look at the graphic. At what time will the new cards be distributed?

(A) 11:00 A.M.
(B) 11:15 A.M.
(C) 12:00 P.M.
(D) 12:30 P.M.

This is the end of the Listening test.

지은이

NE능률 영어교육연구소

NE능률 영어교육연구소는 혁신적이며 효율적인 영어교재를 개발하고
영어 학습의 질을 한 단계 높이고자 노력하는 NE능률의 연구 조직입니다.

토마토 토익 PART LC 전략

펴 낸 이	주민홍
펴 낸 곳	서울특별시 마포구 월드컵북로 396(상암동) 누리꿈스퀘어 비즈니스타워 10층 (주)NE능률 (우편번호 03925)
펴 낸 날	2019년 12월 2일 초판 제1쇄
전 화	02 2014 7114
팩 스	02 3142 0356
홈페이지	www.tomatoclass.com
등록번호	제 1-68호
정 가	17,000원
ISBN	979-11-253-3120-9

고객센터

교재 내용 문의 www.tomatoclass.com → 토마토교재 → 교재 Q&A
제품 구매, 교환, 불량, 반품 문의 (02-2014-7114)
☎ 전화 문의는 본사 업무 시간 중에만 가능합니다.

NE능률의 모든 교재가 한 곳에 - 엔이 북스

NE_Books

www.nebooks.co.kr ▼

NE능률의 유초등 교재부터 중고생 참고서,
토익·토플 수험서와 일반 영어까지!
PC는 물론 태블릿 PC, 스마트폰으로 언제 어디서나
NE능률의 교재와 다양한 학습 자료를 만나보세요.

- ✓ 필요한 부가 학습 자료 바로 찾기
- ✓ 주요 인기 교재들을 한눈에 확인
- ✓ 나에게 딱 맞는 교재를 찾아주는 스마트 검색
- ✓ 함께 보면 좋은 교재와 다음 단계 교재 추천
- ✓ 회원 가입, 교재 후기 작성 등 사이트 활동 시 NE Point 적립

영어교과서 리딩튜터 능률보카 빠른독해 바른독해 수능만만 월등한 개념 수학 유형 더블 토마토 토익 NE 클래스
NE_Build & Grow   NE_Times   NE_Kids(굿잡,상상수프)   NE_능률 주니어랩   아이챌린지

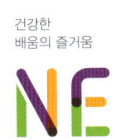

www.tomatoclass.com

'토익 고득점, 기초 실력 완성이 진짜 단기비법'

토마토 토익
기초 실력 완성 핵심 비법!

요즘 토익은 원리를 묻는 문제들이 다수 출제되어 기초 실력이 없는
상태에서의 스킬과 적중률은 아무런 의미가 없어졌습니다.
스킬만으로는 절대 풀 수 없기에 기초 실력이 더욱 중요해진 이 시점!
토마토 토익이 여러분의 기초 실력 제대로 책임지겠습니다.

개인별 눈높이에 맞는 강의
토마토 토익 수강생 15만 명의 데이터 분석!
다양한 학생들의 시작점을 파악하여 개인별
맞춤 눈높이 강의 제공

실력 향상에 집중한 적은 학습량
초보자의 학습 지구력에 맞추어 핵심만 도출
타사 대비 3배 압축된 교재와 강의

기초 실력을 다지는 반복 학습법
본 강의 – 핵강의 – 실전 트레이닝 순서로 구성된 학습법을
통해 별도의 복습 없이 강의만 들어도 핵심 내용이
반복 학습되어 자연스럽게 완성되는 기초 실력

토마토 토익만이 얘기하는 기초 실력의 중요성
모두가 알고 있지만 조급한 마음에 넘어갔던 정석의 공부법,
지금 바로 검색창에 [토마토 토익] 검색하고 확인해보세요.

검색창에서 토마토 토익 ▼ 을 검색하세요.

NE능률

• 토익 점수 마구 올려주는 토익 •

토마토 토익

TOMATO TOEIC ★ SINCE 2002

PART 전략 LC

정답 및 해설

PART 1
UNIT 01 인물 사진

STEP 1   p.13

(A) A woman's taking off her glasses.
(B) A woman's standing by a sofa.
(C) A woman's reading a magazine.
(D) A woman's pouring tea into a cup.

(A) 여자가 안경을 벗고 있다.
(B) 여자가 소파 옆에 서 있다.
(C) 여자가 잡지를 읽고 있다.
(D) 여자가 컵에 차를 따르고 있다.

(A) He's watering some plants.
(B) He's staring at the window.
(C) He's putting on some boots.
(D) He's sitting near a hose.

(A) 남자가 식물에 물을 주고 있다.
(B) 남자가 창문을 응시하고 있다.
(C) 남자가 장화를 신고 있다.
(D) 남자가 호스 근처에 앉아 있다.

STEP 2-1   p.14

A 1 (D), pointing at the ceiling, cutting a wire, some papers, holding a laptop computer
　　2 (A), wearing a backpack, a group of people, walking towards, lying on the grass

B 1 (D)　　2 (C)　　3 (C)　　4 (A)

A

1

(A) One of the men is pointing at the ceiling.
(B) The men are cutting a wire.
(C) The men are looking over some papers.
(D) One of the men is holding a laptop computer.

(A) 남자들 중 한 명이 천장을 가리키고 있다.
(B) 남자들이 전선을 자르고 있다.
(C) 남자들이 서류를 살펴보고 있다.
(D) 남자들 중 한 명이 노트북 컴퓨터를 들고 있다.

어휘　ceiling 천장　look over 살펴보다　hold 들다, 잡다
오답 해설　(A)와 (C)는 동작의 대상이 사진과 다르므로 오답. (B)는 잘못된 동작 묘사이므로 오답.

2

(A) He's wearing a backpack.
(B) He's filming a group of people.
(C) He's walking towards some flags.
(D) He's lying on the grass.

(A) 남자가 배낭을 메고 있다.
(B) 남자가 한 무리의 사람들을 촬영하고 있다.
(C) 남자가 깃발들을 향해 걸어가고 있다.
(D) 남자가 잔디 위에 누워 있다.

어휘　film 촬영하다　towards (어떤 방향을) 향하여　lie 눕다
오답 해설　(B)는 사진에 없는 대상이 언급되었으므로 오답. (C)와 (D)는 잘못된 동작 묘사이므로 오답.

B

1 미
(A) A man's waiting for a train.
(B) A man's reading a sign.
(C) A man's picking up a book.
(D) A man's sitting outside.

(A) 남자가 열차를 기다리고 있다.
(B) 남자가 표지판을 읽고 있다.
(C) 남자가 책을 집어 올리고 있다.
(D) 남자가 야외에 앉아 있다.

어휘 sign 표지판, 간판 pick up ~을 집어 올리다
오답 해설 (A), (B)는 사진에 없는 사물이 언급되었으므로 오답. (C)는 잘못된 동작 묘사이므로 오답.

---

2 영
(A) She's dining in a café.
(B) She's cleaning a glass.
(C) She's wiping off a table.
(D) She's serving some food.

(A) 여자가 카페에서 식사를 하고 있다.
(B) 여자가 유리잔을 닦고 있다.
(C) 여자가 테이블을 닦고 있다.
(D) 여자가 음식을 내고 있다.

어휘 dine 식사를 하다 wipe off 닦아 내다 serve (음식을 상에) 내다, 차려 주다
오답 해설 (A)와 (D)는 잘못된 동작 묘사이므로 오답. (B)는 동작의 대상이 사진과 다르므로 오답.

---

3 미
(A) They're hiking through a forest.
(B) They're searching for a campsite.
(C) They're setting up a tent.
(D) They're gathered on a patio.

(A) 사람들이 숲 사이로 하이킹을 하고 있다.
(B) 사람들이 야영지를 찾고 있다.
(C) 사람들이 텐트를 설치하고 있다.
(D) 사람들이 테라스에 모여 있다.

어휘 through ~ 사이로, ~을 통과하여 campsite 야영지, 캠프장 set up 설치하다 gather 모이다, 모으다
오답 해설 (A), (B)는 잘못된 동작 묘사이므로 오답. (D)는 사진에 없는 사물이 언급되었으므로 오답.

---

4 호
(A) A woman is giving a presentation.
(B) Some people are looking for their seats.
(C) A woman is handing out papers.
(D) Some participants are raising their hands.

(A) 여자가 프레젠테이션을 하고 있다.
(B) 몇몇 사람들이 자리를 찾고 있다.
(C) 여자가 서류를 나누어 주고 있다.
(D) 몇몇 참가자들이 손을 들고 있다.

어휘 hand out (물건을) 나누어 주다 participant 참가자 raise one's hand ~의 손을 들다[올리다]
오답 해설 (B), (C), (D)는 모두 잘못된 동작 묘사이므로 오답.

STEP 3

p.16

| 1 (B) | 2 (D) | 3 (A) | 4 (C) | 5 (C) | 6 (A) |

1 영
(A) The man's putting away a shopping basket.
(B) The man's examining some merchandise.
(C) The man's purchasing some electronics.
(D) The man's leaning on a shelf.

(A) 남자가 장바구니를 치우고 있다.
(B) 남자가 상품을 살펴보고 있다.
(C) 남자가 전자 기기를 구매하고 있다.
(D) 남자가 선반에 기대어 있다.

어휘 put away (물건을) 치우다 examine 살펴보다 merchandise (집합적) 상품, 물품 electronics 전자 기기 lean on ~에 기대다
오답 해설 (A), (C), (D)는 모두 잘못된 동작 묘사이므로 오답.

2 민
(A) Some passengers are boarding the plane.
(B) Some workers are fixing the train tracks.
(C) Some passengers are showing their tickets.
(D) Some people are walking along a platform.

(A) 몇몇 승객들이 비행기에 탑승하고 있다.
(B) 몇몇 작업자들이 기차 선로를 수리하고 있다.
(C) 몇몇 승객들이 티켓을 보여 주고 있다.
(D) 몇몇 사람들이 승강장을 따라 걷고 있다.

어휘 **passenger** 승객 **board** 탑승하다 **along** ~을 따라
오답 해설 (A)는 사진에 없는 사물이 언급되었으므로 오답. (B), (C)는 잘못된 동작 묘사이므로 오답.

3 민
(A) The server is carrying a tray.
(B) A man is washing some dishes.
(C) The server is putting on an apron.
(D) Some people are cooking a meal.

(A) 종업원이 쟁반을 들고 있다.
(B) 남자가 설거지를 하고 있다.
(C) 종업원이 앞치마를 입는 중이다.
(D) 몇몇 사람들이 요리를 하고 있다.

어휘 **carry** 들고 있다, 나르다 **tray** 쟁반 **put on** ~을 입다 **apron** 앞치마
오답 해설 (B)와 (C)는 잘못된 동작 묘사이므로 오답. (D)는 사진의 배경인 레스토랑에서 연상 가능한 어휘 cooking을 이용한 오답.

4 호
(A) He's changing a lightbulb.
(B) He's adjusting his goggles.
(C) He's working on a machine.
(D) He's checking a document.

(A) 남자가 전구를 교체하고 있다.
(B) 남자가 고글을 고쳐 쓰고 있다.
(C) 남자가 기계 작업을 하고 있다.
(D) 남자가 서류를 확인하고 있다

어휘 **lightbulb** 백열 전구 **adjust** (매무새 등을) 정돈하다 **document** 서류, 문서
오답 해설 (A), (B)는 잘못된 동작 묘사이므로 오답. (D)는 동작의 대상이 사진과 다르므로 오답.

5 민
(A) Some people are unpacking their instruments.
(B) Some people are stepping down from the stage.
(C) Some musicians are performing together.
(D) Some musicians are waving to the audience.

(A) 몇몇 사람들이 악기를 꺼내고 있다.
(B) 몇몇 사람들이 무대에서 내려오고 있다.
(C) 몇몇 음악가들이 함께 공연하고 있다.
(D) 몇몇 음악가들이 관중에게 손을 흔들고 있다.

어휘 **unpack** (물건을 용기에서) 꺼내다 **step down** 단을 내려가다 **wave** (손을) 흔들다 **audience** 관중, 청중
오답 해설 (A), (B), (D)는 모두 잘못된 동작 묘사이므로 오답.

6 민
(A) A work crew is repairing the road.
(B) Some workers are resting in the shade.
(C) Some men are cutting down trees.
(D) A work crew is crossing the street.

(A) 작업반이 도로를 수리하고 있다.
(B) 몇몇 작업자들이 그늘에서 쉬고 있다.
(C) 몇몇 남자들이 나무를 베어 쓰러뜨리고 있다.
(D) 작업반이 길을 건너고 있다.

어휘 **crew** 《집합적》 (함께 일하는) 반, 조, 팀 **shade** 그늘 **cross** (가로질러) 건너다
오답 해설 (B), (C), (D)는 모두 잘못된 동작 묘사이므로 오답.

UNIT 02 사물/풍경 사진

STEP 1

p.19

(A) Boxes are being piled near a cash register.
(B) Clothes have been arranged on a table.
(C) Some pants are being sorted by size.
(D) A closet door has been left open.

(A) 상자들을 계산대 근처에 쌓고 있다.
(B) 옷들이 탁자 위에 정리되어 있다.
(C) 몇몇 바지들이 치수별로 분류되고 있다.
(D) 벽장 문이 열려 있다.

A building **overlooks** a path.
A pathway **leads to** an entrance.
Lampposts **line** the pavement.
Lampposts **stand** on both sides of the path.
A streetlight **is casting** a shadow.
Trees **are growing** on the lawn.

건물이 길을 **내려다보고 있다**.
좁은 길이 입구로 **이어진다**.
가로등 기둥들이 인도를 따라 **늘어서 있다**.
가로등 기둥들이 길의 양쪽에 **서 있다**.
가로등이 그림자를 **드리우고 있다**.
나무들이 잔디밭에서 **자라고 있다**.

STEP 2-1

p.20

A 1 (C), a rural area, floating at the dock, spans across, splashing onto
   2 (C), being turned on, being installed, have been placed, has been folded

B 1 (B)   2 (D)   3 (A)   4 (C)

A

1 영

(A) A river runs through a rural area.
(B) A ferry is floating at the dock.
(C) A bridge spans across the water.
(D) Water is splashing onto a building.

(A) 강이 시골 지역을 통과하여 흐르고 있다.
(B) 여객선이 부두에 떠 있다.
(C) 다리가 물을 가로지르고 있다.
(D) 물이 건물 위로 튀기고 있다.

어휘 run (강물 등이) 흐르다 rural 시골의 ferry 여객선; 나룻배 float (물 위에) 뜨다 dock 부두; (배를) 부두에 대다 span 가로지르다 splash (물을) 튀기다
오답 해설 (A), (B)는 사진에 없는 장소가 언급되었으므로 오답. (D)는 잘못된 상태 묘사이므로 오답.

2 미

(A) A fan is being turned on.
(B) A wooden floor is being installed.
(C) Baskets have been placed by the door.
(D) A ladder has been folded.

(A) 선풍기를 켜고 있다.
(B) 목재 바닥을 설치하고 있다.
(C) 바구니들이 문 옆에 놓여 있다.
(D) 사다리가 접혀 있다.

어휘 install 설치하다 place 놓다, 두다 fold 접다
오답 해설 (A), (B)는 동작의 주체가 없으므로 오답. (D)는 잘못된 상태 묘사이므로 오답.

B

1 호
(A) Some furniture is being assembled.
(B) All of the workstations are empty.
(C) The windows are covered with blinds.
(D) The desks are being moved through a hallway.

(A) 몇몇 가구를 조립하고 있다.
(B) 모든 작업 장소가 비어 있다.
(C) 창문들이 블라인드로 가려져 있다.
(D) 책상들을 통로 사이로 옮기고 있다.

어휘 assemble 조립하다 workstation (사무실에서 한 사람에게 주어지는) 작업 장소 hallway 통로, 복도
오답 해설 (A)와 (D)는 동작의 주체가 없으므로 오답. (C)는 잘못된 상태 묘사이므로 오답.

---

2 미
(A) The trees' branches are being trimmed.
(B) Some parking spots are marked along a sidewalk.
(C) Leaves have fallen onto a pavement.
(D) A trash can has been put next to each bench.

(A) 나뭇가지들이 손질되고 있다.
(B) 몇몇 주차 공간들이 보도를 따라 표시되어 있다.
(C) 낙엽들이 인도 위에 떨어져 있다.
(D) 쓰레기통이 각 벤치 옆에 놓여 있다.

어휘 trim 손질하다, 다듬다 mark (위치를) 표시하다, 나타내다 sidewalk 보도, 인도 pavement 인도, 보도
오답 해설 (A)는 동작의 주체가 없으므로 오답. (B)는 사진에 없는 대상이 언급되었으므로 오답. (C)는 잘못된 상태 묘사이므로 오답.

---

3 미
(A) One side of the walkway has been railed off.
(B) A metal stake is being painted outdoors.
(C) Streetlights are positioned on both sides of the path.
(D) A foot bridge crosses over the waterway.

(A) 보도의 한 면에 난간이 둘러져 있다.
(B) 금속 말뚝이 야외에서 페인트칠 되고 있다.
(C) 가로등들이 길의 양쪽에 있다.
(D) 육교가 수로 위를 교차한다.

어휘 walkway 보도, 통로 rail off 난간[울타리]을 두르다 stake 말뚝 streetlight 가로등 position (특정한 위치에) 두다 foot bridge 육교, 인도교 cross 교차하다 waterway 수로
오답 해설 (B)는 동작의 주체가 없으므로 오답. (C)는 잘못된 상태 묘사이므로 오답. (D)는 사진에 없는 사물이 언급되었으므로 오답.

---

4 영
(A) Some traffic is stopped at an intersection.
(B) A road has been blocked by an accident.
(C) The vehicles are traveling in opposite directions.
(D) A ramp leads onto a busy highway.

(A) 몇몇 차량들이 교차로에 멈춰 있다.
(B) 도로가 사고로 폐쇄되어 있다.
(C) 차량들이 반대 방향으로 이동하고 있다.
(D) 경사로가 붐비는 고속도로로 이어져 있다.

어휘 traffic (집합적) 차량들 intersection 교차로 block 폐쇄하다, 막다 accident 사고 travel 이동하다 in opposite directions 반대 방향으로 ramp 경사로 lead onto ~로 이어지다
오답 해설 (A)는 사진에 없는 장소가 언급되었으므로 오답. (B)는 잘못된 상태 묘사이므로 오답. (D)는 사진에 없는 사물이 언급되었으므로 오답.

STEP 3   p.22

1 (B)   2 (A)   3 (B)   4 (C)   5 (C)   6 (C)

1 미
(A) A body of water is filled with swimmers.
(B) Boats are lined up in a harbor.
(C) A railing is being removed from the pier.
(D) Mountains are visible from an outdoor pool.

(A) 수역이 수영하는 사람들로 가득 차 있다.
(B) 배들이 항구에 줄지어 정박해 있다.
(C) 부두에서 난간을 제거하고 있다.
(D) 야외 수영장에서 산들이 보인다.

어휘 be filled with ~로 가득 차다   line up 일렬로 세우다, 배열하다   harbor 항구   railing 난간   remove 제거하다   pier 부두   visible 보이는

오답 해설 (A), (D)는 사진에 없는 대상이 언급되었으므로 오답. (C)는 동작의 주체가 없으므로 오답.

---

2 호
(A) A car is being towed by a truck.
(B) There's a forklift waiting at a traffic light.
(C) Several vehicles are parked in a lot.
(D) A machine is clearing snow from a street.

(A) 자동차가 트럭에 의해 견인되고 있다.
(B) 신호등에서 대기하고 있는 지게차가 있다.
(C) 몇몇 차량들이 부지에 주차되어 있다.
(D) 기계가 거리에서 눈을 치우고 있다.

어휘 tow 견인하다, 끌다   forklift 지게차   traffic light 신호등   lot 부지, 구역   clear A from B B에서 A를 치우다

오답 해설 (B)는 사진에 없는 사물이 언급되었으므로 오답. (C)는 사진에 없는 장소가 언급되었으므로 오답. (D)는 잘못된 동작 묘사이므로 오답.

---

3 영
(A) A farmers market is crowded with shoppers.
(B) A market stall is stocked with goods.
(C) There's some fruit lying on a kitchen counter.
(D) Some crates are being unloaded from a car.

(A) 농산물 직판장이 쇼핑객들로 붐빈다.
(B) 시장 가판대에 상품이 갖추어져 있다.
(C) 주방 조리대에 과일이 몇 개 놓여 있다.
(D) 몇몇 나무 상자들을 차에서 내리고 있다.

어휘 stall 가판대, 좌판   stock with ~을 갖추다   goods 상품   lie (놓여) 있다   counter (주방의) 조리대   crate 나무 상자   unload (짐을) 내리다

오답 해설 (A), (C)는 사진에 없는 대상이 언급되었으므로 오답. (D)는 동작의 주체가 없으므로 오답.

---

4 미
(A) A rooftop is under construction.
(B) Some waves are crashing on the dock.
(C) A structure has been built on the beach.
(D) Some ships are docked near the shore.

(A) 옥상이 공사 중이다.
(B) 부두에 파도가 치고 있다.
(C) 건축물이 해변에 지어져 있다.
(D) 몇몇 배들이 해안 근처에 대어져 있다.

어휘 be under construction 공사 중이다   wave 파도   crash 부딪히다   dock 부두; (배를) 부두에 대다   structure 건축물

오답 해설 (A)는 잘못된 상태 묘사이므로 오답. (B)는 사진에 없는 장소가 묘사되었으므로 오답. (D)는 사진에 없는 사물이 언급되었으므로 오답.

---

5 호
(A) The products are being organized by size.
(B) The boxes have been stored in a closet.
(C) Some containers are stacked on top of each other.
(D) A fence is being put up around the inventory.

(A) 상품들이 크기별로 정리되고 있다.
(B) 상자들이 벽장 안에 보관되어 있다.
(C) 몇몇 용기들이 서로 포개어져 쌓여 있다.
(D) 울타리를 재고품 주변에 세우고 있다.

어휘 organize 정리하다   store 보관하다   stack 쌓다   on top of each other 서로 포개어져   put up 세우다   inventory 재고(품)

오답 해설 (A)와 (D)는 동작의 주체가 없으므로 오답. (B)는 잘못된 상태 묘사이므로 오답.

6 ③

(A) The chairs have been arranged along the wall.
(B) Potted plants are being displayed on the shelves.
(C) **Some light fixtures are hanging from the ceiling.**
(D) A dining area has been set up on a balcony.

(A) 의자들이 벽을 따라 배열되어 있다.
(B) 화분에 심은 식물들이 선반에 진열되어 있다.
(C) 몇몇 조명 기구들이 천장에 매달려 있다.
(D) 식사 공간이 발코니에 마련되어 있다.

어휘 arrange 배열하다   potted plant 화분에 심은 식물   display 진열하다   light fixture 조명 기구   hang 매달리다, 걸리다   ceiling 천장   set up 마련하다, 설치하다

오답 해설 (A)는 잘못된 상태 묘사이므로 오답. (B)는 사진에 없는 사물이 언급되었으므로 오답. (D)는 잘못된 장소 묘사이므로 오답.

UNIT 03 인물+사물 사진

STEP 1

p.25

(A) Cartons are stacked on top of each other.
(B) All of the boxes are on the same side of the truck.
(C) Workers are loading bookcases into the vehicle.
(D) Furniture is being carried down the staircase.

(A) 상자들이 서로 포개어져 쌓여 있다.
(B) 모든 상자들이 트럭의 같은 쪽에 있다.
(C) 작업자들이 차량에 책장을 싣고 있다.
(D) 가구를 계단 아래로 옮기고 있다.

STEP 2-1

p.26

A 1 (C), along some lampposts, has blocked the street, lined up side by side, Some pedestrians are
   2 (C), walking down a hallway, filling a bucket, next to a wall, are being washed

B 1 (D)   2 (B)   3 (A)   4 (A)

A

1 호

(A) The riders have parked along some lampposts.
(B) A group of vehicles has blocked the street.
(C) Motorcycles are lined up side by side.
(D) Some pedestrians are heading towards an entrance.

(A) 오토바이 탑승자들이 가로등 기둥을 따라 주차를 했다.
(B) 한 무리의 차량들이 거리를 막고 있다.
(C) 오토바이들이 나란히 서 있다.
(D) 몇몇 보행자들이 입구를 향해 가고 있다.

어휘 lamppost 가로등 기둥 block 막다, 폐쇄하다 motorcycle 오토바이 line up 일렬로 세우다 side by side 나란히 pedestrian 보행자 head (특정 방향으로) 가다 towards ~을 향해

오답 해설 (A)는 사진에 없는 사물이 언급되었으므로 오답. (B)는 잘못된 상태 묘사이므로 오답. (D)는 사진에 없는 대상 묘사이므로 오답.

2 미

(A) He's walking down a hallway.
(B) He's filling a bucket with water.
(C) A sign has been placed next to a wall.
(D) The walls are being washed.

(A) 남자가 복도를 따라 걷고 있다.
(B) 남자가 양동이에 물을 채우고 있다.
(C) 표지판이 벽 옆에 놓여 있다.
(D) 벽을 닦고 있다.

어휘 hallway 복도, 통로 fill A with B A를 B로 채우다 bucket 양동이 sign 표지판, 간판 place 놓다, 두다

오답 해설 (A)는 사진에서 연상 가능한 working과 발음이 유사한 walking을 이용한 오답. (B)는 잘못된 동작 묘사이므로 오답. (D)는 잘못된 상태 묘사이므로 오답.

B

1 영

(A) The man's organizing supplies into piles.
(B) Some folders have been left in a tray.
(C) The man's pushing a cart through the office.
(D) Papers are stacked on top of the file cabinet.

(A) 남자가 물품을 더미로 정리하고 있다.
(B) 몇몇 서류철들이 정리함 안에 남아 있다.
(C) 남자가 사무실 사이로 손수레를 밀고 있다.
(D) 서류들이 파일 보관함 위에 쌓여 있다.

어휘 organize 정리하다 supplies 물품 into a pile 더미[무더기]로 tray (서류용) 정리함; 쟁반 stack 쌓다

오답 해설 (A)와 (C)는 잘못된 동작 묘사이므로 오답. (B)는 사진에 없는 사물이 언급되었으므로 오답.

2 미
(A) The people are packing their luggage.
(B) **The sitting area is not in use.**
(C) The people are working at an airport.
(D) The airline passengers are waiting in line.

(A) 사람들이 짐을 싸고 있다.
(B) **앉는 구역이 사용되고 있지 않다.**
(C) 사람들이 공항에서 일하고 있다.
(D) 항공사 승객들이 줄을 서서 기다리고 있다.

어휘 luggage (여행용) 짐, 수하물 be in use 사용되고 있다 passenger 승객
오답 해설 (A), (C), (D)는 잘못된 동작 묘사이므로 오답.

3 호
(A) **The man is standing by a menu board.**
(B) The chef is preparing some food.
(C) The restaurant's tables are being set.
(D) The dining area is crowded with customers.

(A) **남자가 메뉴판 옆에 서 있다.**
(B) 요리사가 음식을 준비하고 있다.
(C) 레스토랑의 식탁을 차리고 있다.
(D) 식사 구역이 손님들로 붐빈다.

어휘 be crowded with ~로 붐비다
오답 해설 (B)는 사진의 배경인 레스토랑에서 연상 가능한 표현 preparing some food를 이용한 오답. (C)는 잘못된 상태 묘사이므로 오답. (D)는 사진에 없는 대상이 언급되었으므로 오답.

4 미
(A) **They are browsing the merchandise.**
(B) The man is playing a musical instrument.
(C) The store is stocked with household goods.
(D) The woman is reaching for a violin.

(A) **사람들이 상품을 구경하고 있다.**
(B) 남자가 악기를 연주하고 있다.
(C) 매장에 가정용품이 갖추어져 있다.
(D) 여자가 바이올린을 향해 손을 뻗고 있다.

어휘 browse 구경하다, 둘러보다 merchandise (집합적) 상품, 물품 stock with ~을 갖추다 household goods 가정용품 reach for ~을 향해 손을 뻗다
오답 해설 (B)는 잘못된 동작 묘사이므로 오답. (C)는 사진에 없는 사물이 언급되었으므로 오답. (D)는 동작의 주체가 잘못되었으므로 오답.

STEP 3
p.28

| 1 | (B) | 2 | (C) | 3 | (B) | 4 | (C) | 5 | (A) | 6 | (D) |

1 호
(A) An art exhibit is being arranged.
(B) **The women are admiring some artwork.**
(C) Some paintings are being hung on the wall.
(D) The women are exiting the art gallery.

(A) 미술 전시회를 준비하고 있다.
(B) **여자들이 미술품을 감상하고 있다.**
(C) 몇몇 그림들을 벽에 걸고 있다.
(D) 여자들이 미술관에서 나가고 있다.

어휘 arrange 준비하다 admire 감상하다 hang 걸다, 매달다 exit 나가다
오답 해설 (A), (C)는 잘못된 상태 묘사, (D)는 모두 잘못된 동작 묘사이므로 오답.

2 영
(A) The construction crew is cutting some boards.
(B) Some boards are being removed from a truck.
(C) **The men are wearing safety equipment.**
(D) The workers are repairing a machine.

(A) 공사팀이 판자들을 자르고 있다.
(B) 몇몇 판자들을 트럭에서 치우고 있다.
(C) **남자들이 안전 장비를 착용하고 있다.**
(D) 작업자들이 기계를 수리하고 있다.

어휘 crew (집합적) (함께 일하는) 팀, 반, 조 remove A from B A를 B에서 치우다 safety equipment 안전 장비
오답 해설 (A), (D)는 잘못된 동작 묘사이므로 오답. (B)는 사진에 없는 사물이 언급되었으므로 오답.

10

3 미
(A) Some leaves are being raked into a pile.
(B) Some people are harvesting the crops.
(C) Some farmers are picking up trash.
(D) Some flowers are being planted.

(A) 몇몇 나뭇잎들을 더미로 긁어 모으고 있다.
(B) 몇몇 사람들이 농작물을 수확하고 있다.
(C) 몇몇 농부들이 쓰레기를 줍고 있다.
(D) 몇몇 꽃들을 심고 있다.

어휘 rake 갈퀴로 긁어 모으다   harvest 수확하다   crop (농)작물   pick up 줍다   plant (식물을) 심다
오답 해설 (A), (D)는 잘못된 상태 묘사이므로 오답. (C)는 잘못된 동작 묘사이므로 오답.

4 미
(A) The seats have been placed in a straight line.
(B) An umbrella has been set up at each table.
(C) People are sitting at outdoor tables.
(D) Diners are enjoying a meal by the fountain.

(A) 좌석들이 일렬로 놓여 있다.
(B) 우산이 각 테이블에 세워져 있다.
(C) 사람들이 야외 테이블에 앉아 있다.
(D) 식사하는 사람들이 분수 옆에서 식사를 즐기고 있다.

어휘 place 놓다, 두다   straight 일직선의   set up 세우다, 놓다   fountain 분수
오답 해설 (A)와 (B)는 잘못된 상태 묘사이므로 오답. (D)는 사진에 없는 사물이 언급되었으므로 오답.

5 영
(A) Cyclists are riding next to the buses.
(B) Some vehicles are being towed along the street.
(C) Traffic is turning to the right.
(D) Lines are being painted on the road's surface.

(A) 자전거 타는 사람들이 버스 옆에서 자전거를 타고 있다.
(B) 몇몇 차량들이 거리를 따라 견인되고 있다.
(C) 차량들이 우회전을 하고 있다.
(D) 도로의 지면에 차선을 칠하고 있다.

어휘 cyclist 자전거 타는 사람   tow 견인하다, 끌다   traffic (집합적) 차량들   surface 지면, 표면
오답 해설 (B), (D)는 잘못된 상태 묘사, (C)는 잘못된 동작 묘사이므로 오답.

6 호
(A) Some components are being delivered.
(B) The factory is closed for repairs.
(C) Some workers are transporting the machinery.
(D) A production floor is in operation.

(A) 몇몇 부품들이 배달되고 있다.
(B) 공장이 수리를 위해 문을 닫았다.
(C) 몇몇 작업자들이 기계를 운반하고 있다.
(D) 작업장이 가동 중이다.

어휘 component 부품   transport 운반하다   machinery (집합적) 기계(류)   production floor (생산) 작업장   in operation 가동 중인
오답 해설 (A)와 (B)는 잘못된 상태 묘사이므로 오답. (C)는 잘못된 동작 묘사이므로 오답.

PART 2

UNIT 04 의문사 의문문 When/Where/How

STEP 1
p.33

 미 미

When does the next employee interview begin?
(A) Conference Room A.
(B) In about thirty minutes.

다음 직원 면접은 언제 시작하나요?
(A) A 회의실이요.
(B) 약 30분 후에요.

Where should I put these empty boxes?
(A) In the hallway, please.
(B) By noon at the latest.

이 빈 상자들을 어디에 두어야 하나요?
(A) 복도에 놓아 주세요.
(B) 늦어도 정오까지요.

 영 미

W	How do I get another copy of the invoice?	여	송장 한 부를 더 받으려면 어떻게 해야 하나요?
M	Just send a request by e-mail.	남	이메일로 요청서를 보내세요.
W	How are the preparations for the party going?	여	파티 준비는 어떻게 되어 가나요?
M	Everything is ready.	남	전부 준비됐어요.
W	How long has Martin been a bank teller for?	여	마틴 씨는 은행 직원이 된 지 얼마나 되었나요?
M	Two and a half years.	남	2년 반이요.
W	How soon can we meet?	여	우리가 얼마나 빨리 만날 수 있을까요?
M	This afternoon at 3.	남	오늘 오후 3시에요.
W	How late is the shopping mall open?	여	그 쇼핑몰은 얼마나 늦게까지 문을 여나요?
M	I think it closes at 9.	남	9시에 닫는 것 같아요.
W	How often is the company newsletter released?	여	회사 사보는 얼마나 자주 발행되나요?
M	Every other month.	남	두 달에 한 번이요.
W	How many booths were at the job fair?	여	취업박람회에 부스가 몇 개 있었나요?
M	Twice as many as last year.	남	작년의 두 배만큼이요.
W	How much are the watches in the display case?	여	진열장에 있는 손목시계들은 얼마죠?
M	Thirty-five dollars each.	남	개당 35달러예요.
W	How far is the post office from here?	여	우체국은 여기서부터 얼마나 먼가요?
M	It's about a ten-minute walk.	남	걸어서 10분 거리예요.

STEP 2-1

p.34

A
1. (A), When did, Last month, Closer, Avenue
2. (A), Where did you read, In the, Monday morning, read that novel
3. (A), How often, once a month, brothers, enjoyed ourselves

B
1. (B) 2. (C) 3. (C) 4. (A) 5. (B)

A

1 영미 **When did** Jenny change her address?
(A) **Last month.**
(B) **Closer** to the office.
(C) It's 451 Drake **Avenue**.

제니가 언제 주소를 변경했나요?
(A) 지난달이요.
(B) 사무실에서 더 가까워요.
(C) 드레이크 가 451번지예요.

오답 해설 (B)는 address에서 연상 가능한 Closer를 이용한 오답. (C)는 Where 의문문에 적절한 응답이므로 오답.

2 호영 **Where did you read** about the arts festival?
(A) **In the** local newspaper.
(B) On **Monday morning**.
(C) I haven't **read that novel**.

예술제에 대해 어디서 읽으셨나요?
(A) 지역 신문에서요.
(B) 월요일 오전에요.
(C) 전 그 소설을 읽어본 적이 없어요.

어휘 novel (장편) 소설
오답 해설 (B)는 When 의문문에 적절한 응답이므로 오답. (C)는 동일 어휘 read를 반복 사용한 오답.

3 미미 **How often** does your family come to visit?
(A) About **once a month**.
(B) Two **brothers** and a sister.
(C) We really **enjoyed ourselves**.

당신 가족은 얼마나 자주 방문하러 오나요?
(A) 한 달에 한 번 정도요.
(B) 남동생 두 명이랑 여동생 한 명이요.
(C) 우리는 정말 즐거운 시간을 보냈어요.

오답 해설 (B)는 family에서 연상 가능한 brothers와 sister를 이용한 오답.

B

1 민영 When does the leadership workshop begin?
(A) Yes, it does.
(B) At three o'clock.
(C) In the auditorium.

리더십 워크숍은 언제 시작하나요?
(A) 네, 그래요.
(B) 3시에요.
(C) 강당에서요.

어휘 auditorium 강당
오답 해설 (C)는 Where 의문문에 적절한 응답이므로 오답.

2 호영 How can I sign up for a gym membership?
(A) To get healthier.
(B) Twice a week.
(C) By filling out this form.

헬스장 회원권에 어떻게 등록하면 되나요?
(A) 더 건강해지기 위해서요.
(B) 일주일에 두 번이요.
(C) 이 양식을 작성하시면 돼요.

어휘 sign up 등록하다 fill out 작성하다 form 양식
오답 해설 (A)는 gym에서 연상 가능한 healthier를 이용한 오답. (B)는 How often ~?에 적절한 응답이므로 오답.

3 미미 Where is the check-in counter for Gull Airlines?

(A) I've already checked it.
(B) About ten minutes.
(C) In Terminal 3.

걸 항공사의 탑승 수속대가 어디죠?

(A) 전 이미 그걸 부쳤어요.
(B) 10분 정도요.
(C) 3번 터미널이에요.

> 어휘 check-in counter (공항의) 탑승 수속대 check (수하물을) 부치다
> 오답 해설 (A)는 동일 어휘 checked(check)를 반복 사용한 오답.

---

4 미호 When will Sam leave for his doctor's appointment?

(A) He left a few minutes ago.
(B) I hope you feel better.
(C) At the Montgomery Clinic.

샘 씨는 언제 진료 예약을 받으러 출발하나요?

(A) 몇 분 전에 출발했어요.
(B) 쾌차하시길 바랍니다.
(C) 몽고메리 병원에서요.

> 어휘 doctor's appointment 진료 예약
> 오답 해설 (B)는 doctor's appointment에서 연상 가능한 feel better를 이용한 오답. (C)는 Where 의문문에 적절한 응답이므로 오답.

---

5 미영 How are you getting to the awards ceremony?

(A) You deserve to win.
(B) I'll take the bus.
(C) It's held once a year.

시상식에 어떻게 가시나요?

(A) 당신은 상을 받을 자격이 있어요.
(B) 버스를 탈 거예요.
(C) 그건 1년에 한 번 열려요.

> 어휘 awards ceremony 시상식 deserve ~을 받을[누릴] 자격이 있다
> 오답 해설 (A)는 awards에서 연상 가능한 deserve와 win을 이용한 오답. (C)는 ceremony에서 연상 가능한 held를 이용한 오답.

STEP 3   p.36

1 (A)	2 (A)	3 (C)	4 (B)	5 (A)	6 (C)	7 (C)	8 (C)	9 (B)
10 (C)	11 (A)	12 (A)	13 (B)	14 (C)	15 (A)	16 (B)	17 (A)	18 (B)
19 (C)	20 (A)							

---

1 호영 Where did you put the package that was delivered this morning?

(A) It is at the front desk.
(B) Office supplies, I think.
(C) Yes, sometime before lunch.

오늘 오전에 배송된 소포를 어디에 두셨나요?

(A) 그건 안내 데스크에 있어요.
(B) 사무용품인 것 같아요.
(C) 네, 점심 전에 아무 때나요.

> 어휘 package 소포 office supplies 사무용품
> 오답 해설 (B)는 package에서 연상 가능한 Office supplies를 이용한 오답. (C)는 this morning에서 연상 가능한 before lunch를 이용한 오답.

---

2 미미 How many customer complaints did we have this month?

(A) A few more than last month.
(B) I'm sorry you were disappointed.
(C) Our customer survey results.

이번 달에 우리가 고객 항의를 몇 건이나 받았나요?

(A) 지난달보다 조금 더 많아요.
(B) 실망하셨다니 유감이네요.
(C) 우리의 고객 설문조사 결과요.

> 어휘 complaint 항의, 불평 survey 설문조사 result 결과
> 오답 해설 (B)는 complaints에서 연상 가능한 disappointed를 이용한 오답. (C)는 동일 어휘 customer를 반복 사용한 오답.

3 미영 When will the maintenance team inspect the air conditioner?

(A) On one condition.
(B) Yes, I'm a little warm.
(C) I can find out for you.

유지보수팀이 언제 에어컨을 점검할 건가요?
(A) 한 가지 조건이 있어요.
(B) 네, 조금 따뜻해요.
(C) 제가 알아봐 드릴 수 있어요.

어휘 maintenance 유지보수 inspect 점검[검사]하다
오답 해설 (A)는 conditioner와 파생 관계에 있는 condition을 이용한 오답. (B)는 air conditioner에서 연상 가능한 warm을 이용한 오답.

---

4 호미 Where is the list of work assignments for July?

(A) I'm in charge of the budget.
(B) Ms. Wheeler posted them online.
(C) Could you change the deadline?

7월 업무 배치 명단은 어디에 있나요?
(A) 전 예산 담당이에요.
(B) 윌러 씨가 온라인에 게시했어요.
(C) 마감일을 변경해 주시겠어요?

어휘 assignment 배치, 배정 be in charge of ~을 담당하다, 맡다 budget 예산 post 게시하다
오답 해설 (A)는 work assignments에서 연상 가능한 in charge of을 이용한 오답. (C)는 July에서 연상 가능한 deadline을 이용한 오답.

---

5 영호 When will the merger with Hirsh Enterprises be finalized?

(A) At the end of this month.
(B) That's my final offer.
(C) The headquarters in Berlin.

허쉬 사와의 합병은 언제 마무리되나요?
(A) 이달 말이에요.
(B) 그게 제 최종 제안이에요.
(C) 베를린에 있는 본사요.

어휘 merger 합병 finalize 마무리 짓다 headquarters 본사
오답 해설 (B)는 finalized와 파생 관계에 있는 final을 이용한 오답. (C)는 Enterprises에서 연상 가능한 headquarters를 이용한 오답.

---

6 영미 How long has this exhibit been on display at the art museum?

(A) Sorry about the delay.
(B) Both paintings and sculptures.
(C) Since last week.

이 전시품이 미술관에 얼마 동안 전시되어 있었나요?
(A) 지연된 점 죄송합니다.
(B) 그림과 조각품 둘 다요.
(C) 지난주부터요.

어휘 be on display 전시[진열]되다 sculpture 조각품
오답 해설 (A)는 display와 발음이 유사한 delay를 이용한 오답. (B)는 exhibit과 art museum에서 연상 가능한 paintings와 sculptures를 이용한 오답.

---

7 미호 When will Mr. Evens return from his lunch break?

(A) Turn right when you get off the elevator.
(B) Thanks, but I'm not very hungry yet.
(C) Is there something I can help you with?

이븐스 씨는 점심 휴식에서 언제 돌아오시나요?
(A) 엘리베이터에서 내리셔서 오른쪽으로 도세요.
(B) 고맙지만 전 아직 배가 그렇게 고프지 않아요.
(C) 제가 도와드릴 일이라도 있나요?

어휘 get off (탈것에서) 내리다
오답 해설 (A)는 return과 발음이 유사한 Turn을 이용한 오답. (B)는 lunch에서 연상 가능한 hungry를 이용한 오답.

8 호 미   How did the sales pitch with our new client go?

(A) By contacting him directly.
(B) I can stay a while.
(C) Even better than expected.

신규 고객에게 판매 설득을 하는 건 어떻게 되었나요?

(A) 그에게 바로 연락해서요.
(B) 전 잠깐 동안 있을 수 있어요.
(C) 예상보다 더 괜찮았어요.

어휘   sales pitch 판매를 위한 설득[권유]
오답 해설   (A)는 How가 방법을 묻는 경우에 적절한 응답이므로 오답.

9 영 미   Where did you buy that magazine with our CEO's interview in it?

(A) He was offered the position.
(B) From the newsstand outside.
(C) The subscription was canceled.

우리 CEO의 인터뷰 내용이 담겨 있는 그 잡지를 어디서 사셨나요?

(A) 그는 그 자리를 제안받았어요.
(B) 바깥에 있는 신문 가판대에서요.
(C) 그 구독은 취소되었어요.

어휘   offer 제안[제의]하다   position (일)자리   subscription 구독(료)
오답 해설   (A)는 interview에서 연상 가능한 the position을 이용한 오답. (C)는 magazine에서 연상 가능한 subscription을 이용한 오답.

10 영 호   When will the new tenant move into the apartment downstairs?

(A) No. The marketing department.
(B) A two-bedroom unit.
(C) On Saturday afternoon.

아래층 아파트에 신규 세입자가 언제 이사 들어오나요?

(A) 아니요. 마케팅 부서요.
(B) 방 2개짜리 세대요.
(C) 토요일 오후예요.

어휘   tenant 세입자   unit (공동 주택 내의) 한 세대
오답 해설   (A)는 apartment와 발음이 유사한 department를 이용한 오답. (B)는 apartment에서 연상 가능한 two-bedroom unit을 이용한 오답.

11 미 미   Where can I add more credit to my transportation card?

(A) At the convenience store across the street.
(B) I lost it along with my wallet.
(C) Anytime before you travel.

어디서 제 교통카드에 잔액을 충전할 수 있나요?

(A) 길 건너 편의점에서요.
(B) 제 지갑이랑 같이 잃어버렸어요.
(C) 당신이 이동하시기 전 아무 때나요.

어휘   credit 잔액, 잔고   along with ~와 같이
오답 해설   (B)는 card에서 연상 가능한 wallet을 이용한 오답. (C)는 When 의문문에 적절한 응답이므로 오답.

12 호 영   How long will the parking lot construction project last?

(A) They said it would take two weeks.
(B) Actually, I was the first one to arrive.
(C) You can leave it overnight.

주차장 공사 작업이 얼마나 걸릴까요?

(A) 2주가 걸릴 거라고 했어요.
(B) 사실, 제가 처음으로 도착했어요.
(C) 하룻밤 동안 놔두셔도 돼요.

어휘   take (시간이) 걸리다   overnight 하룻밤 동안, 밤사이에
오답 해설   (C)는 How long과 last에서 연상 가능한 overnight을 이용한 오답.

13 미미 When will we receive our annual bonus checks?

(A) Probably from Finance.
(B) I'm not sure.
(C) Two hundred dollars.

어휘 annual 매년[연례]의　check 수표
오답 해설 (A)는 bonus checks에서 연상 가능한 Finance를 이용한 오답. (C)는 checks에서 연상 가능한 Two hundred dollars를 이용한 오답.

우리는 언제 올해의 보너스 수표를 받게 되나요?

(A) 아마 재무 부서로부터요.
(B) 잘 모르겠어요.
(C) 200달러요.

---

14 영미 How often does the shuttle to the airport depart?

(A) I've taken it a few times.
(B) For an overseas business trip.
(C) Three times every hour.

어휘 depart 출발하다, 떠나다　overseas 해외의
오답 해설 (A)는 shuttle에서 연상 가능한 taken을 이용한 오답. (B)는 airport에서 연상 가능한 overseas를 이용한 오답.

공항으로 가는 셔틀버스는 얼마나 자주 출발하나요?

(A) 전 그걸 몇 번 타 본 적이 있어요.
(B) 해외 출장을 위해서예요.
(C) 시간당 3번이요.

---

15 미호 Where did this prescription get filled?

(A) It's written on the label.
(B) Some pills for back pain.
(C) I think he's a pharmacist.

어휘 fill a prescription 약을 조제하다　pharmacist 약사
오답 해설 (B)는 filled와 발음이 유사한 pills를 이용한 오답. (C)는 prescription에서 연상 가능한 pharmacist를 이용한 오답.

이 약을 어디서 조제받으셨나요?

(A) 라벨에 적혀 있어요.
(B) 요통을 위한 알약이요.
(C) 제 생각에 그는 약사 같아요.

---

16 영미 When will the staff members be reimbursed for their expenses?

(A) As long as they're business-related.
(B) You'll have to ask Marie.
(C) Yes, that's quite expensive.

어휘 reimburse 상환[변제]하다　expenses 비용, 경비
오답 해설 (A)는 expenses에서 연상 가능한 business-related를 이용한 오답. (C)는 expenses와 발음이 유사한 expensive를 이용한 오답.

직원들이 언제 비용을 상환받게 되나요?

(A) 업무와 관련이 있기만 하다면요.
(B) 마리 씨에게 물어보셔야 할 거예요.
(C) 네, 그건 꽤 비싸요.

---

17 호미 How do I get the copy machine to enlarge a document?

(A) Press the orange button on the right.
(B) I ordered an extra-large.
(C) The new employment contract.

어휘 get ~ to do ~가 …하게 하다　enlarge 확대하다　employment contract 고용 계약서
오답 해설 (B)는 enlarge와 발음이 유사한 extra-large를 이용한 오답. (C)는 document에서 연상 가능한 contract를 이용한 오답.

복사기로 문서를 확대하려면 어떻게 해야 하나요?

(A) 우측에 있는 주황색 버튼을 누르세요.
(B) 전 특대 사이즈를 주문했어요.
(C) 신규 고용 계약서요.

18 미영 Where is the best place for lunch around here?
(A) Sorry, I've already eaten.
(B) I often go to Sam's Café.
(C) From noon to 1 P.M.

이 근처에서 점심 먹기에 가장 좋은 데는 어디인가요?
(A) 죄송해요, 전 이미 먹었어요.
(B) 전 샘즈 카페에 자주 가요.
(C) 정오부터 오후 1시까지요.

어휘 noon 정오
오답 해설 (A)는 lunch에서 연상 가능한 eaten을 이용한 오답. (C)는 When 의문문에 적절한 응답이므로 오답.

---

19 영미 When should I submit the application for the editing role?
(A) By e-mail or through the Web site.
(B) For a new national magazine.
(C) The deadline was two days ago.

편집 직무 지원서는 언제 제출하면 되나요?
(A) 이메일로 하시거나 웹사이트를 통해서요.
(B) 신간 전국 잡지를 위해서요.
(C) 마감일은 이틀 전이었어요.

어휘 submit 제출하다   application 지원(서)   role 역할, 임무   deadline 마감일, 기한
오답 해설 (A)는 submit에서 연상 가능한 e-mail과 Web site를 이용한 오답. (B)는 editing에서 연상 가능한 magazine을 이용한 오답.

---

20 미미 How much does it cost to park in this lot?
(A) We charge by the hour.
(B) As long as you need.
(C) No. It's a public park.

이 부지에 주차를 하는 데 얼마가 드나요?
(A) 저희는 시간당 요금을 청구해요.
(B) 당신이 필요로 하시는 한은요.
(C) 아니요. 공공 공원이에요.

어휘 lot 부지, 지역   charge (요금을) 청구하다
오답 해설 (C)는 동일 어휘 park를 반복 사용한 오답.

UNIT 05 의문사 의문문 Who/What·Which/Why

STEP 1 p.39

 호미

Who will attend the dinner on Friday night?
(A) Everyone in our department.
(B) At the restaurant next door.

금요일 밤에 누가 만찬에 참석할 예정인가요?
(A) 우리 부서 전원이요.
(B) 바로 옆에 있는 레스토랑에서요.

 영미

What did you bring in that bag?
(A) Just my laptop.
(B) It's in my backpack.

그 가방에 뭘 가져오셨나요?
(A) 그냥 제 노트북 컴퓨터요.
(B) 그건 제 배낭에 있어요.

Which lamp would look best in our living room?
(A) Let's put it in the corner.
(B) The one with the green shade.

우리 거실에 어떤 램프가 가장 잘 어울릴까요?
(A) 그걸 모퉁이에 놓읍시다.
(B) 녹색 갓이 있는 거요.

 미호

Why hasn't the flyer been printed yet?
(A) We needed to make a few changes.
(B) On thick paper, if you have it.

전단이 왜 아직도 인쇄되지 않은 건가요?
(A) 몇 가지를 수정해야 해서요.
(B) 있으시다면, 두꺼운 종이에요.

Why is the project taking so long?
(A) I haven't finished it yet.
(B) The design team is behind schedule.

프로젝트가 왜 이렇게 오래 걸리는 건가요?
(A) 전 아직 그걸 다 끝내지 못했어요.
(B) 디자인팀 일정이 늦어져서요.

STEP 2-1 p.40

A 1 (B), Who's receiving, deserve it, Someone, in August instead
    2 (A), What's the purpose, To learn, finishes at noon, in your schedule
    3 (A), program changed, called in sick, Posted, Every week

B 1 (B)　　2 (A)　　3 (A)　　4 (C)　　5 (C)

A

1 미영　　Who's receiving the Employee of the Month Award for July?
　　　　　　(A) Congratulations! You really deserve it.
　　　　　　(B) Someone from the marketing team.
　　　　　　(C) Let's go in August instead.

누가 7월의 직원상을 받나요?
(A) 축하해요! 당신은 정말 그걸 받을 만해요.
(B) 마케팅 팀의 누군가요.
(C) 대신 8월에 갑시다.

　　　　　　어휘　deserve ~을 받을 만하다, 누릴 자격이 있다
　　　　　　오답 해설　(A)는 Award에서 연상 가능한 Congratulations와 deserve를 이용한 오답. (C)는 Month와 July에서 연상 가능한 August를 이용한 오답.

2 영호   What's the purpose of the training session on Friday?   금요일에 있을 연수회의 목적은 무엇인가요?

(A) **To learn** how to use the new software.   **(A)** 새 소프트웨어를 쓰는 방법을 배우는 것이요.
(B) It starts at 10 and finishes at noon.   (B) 10시에 시작해서 정오에 끝나요.
(C) Yes, if you have time in your schedule.   (C) 네, 당신 일정에 시간이 있으시면요.

어휘   purpose 목적   training session 연수회
오답 해설   (B)는 training session에서 연상 가능한 시작 시간과 마치는 시간을 이용한 오답. (C)는 on Friday에서 연상 가능한 schedule을 이용한 오답.

3 미미   Why was the program changed?   프로그램이 왜 변경되었나요?

(A) **Matt called in sick.**   **(A)** 맷 씨가 아파서 결근을 했거든요.
(B) Posted in the hallway.   (B) 복도에 게시되어 있어요.
(C) Every week or so.   (C) 매주 혹은 그 정도요.

어휘   call in sick 아파서 결근한다고 전화하다   post 게시[공고]하다
오답 해설   (B)는 program에서 연상 가능한 Posted를 이용한 오답.

B

1 영미   Who will perform the car repairs?   누가 차량 수리를 할 건가요?

(A) Noise from the engine.   (A) 엔진에서 나는 소음이요.
(B) **The head mechanic.**   **(B)** 수석 정비공이요.
(C) They got good reviews.   (C) 그들은 평이 좋아요.

어휘   perform 수행[실시]하다   mechanic 정비공
오답 해설   (A)는 car에서 연상 가능한 engine을 이용한 오답.

2 영호   Which film do you want to see tonight?   오늘밤에 어떤 영화를 보고 싶으세요?

(A) **The one starring Greg Wilson.**   **(A)** 그렉 윌슨이 주연으로 나오는 거요.
(B) At the theater across the street.   (B) 길 건너에 있는 극장에서요.
(C) Yes, it was entertaining.   (C) 네, 재미있었어요.

어휘   star (영화 등에서) 주연을 맡다   entertaining 재미있는
오답 해설   (B)는 film에서 연상 가능한 theater를 이용한 오답. (C)는 film에서 연상 가능한 entertaining을 이용한 오답.

3 미미   Why is the office so empty?   사무실이 왜 이렇게 비어 있나요?

(A) **Because everyone's at lunch.**   **(A)** 왜냐하면 다들 점심을 먹으러 갔거든요.
(B) I work on the third floor.   (B) 전 3층에서 근무해요.
(C) Just fill it up again.   (C) 그냥 다시 채우세요.

어휘   fill up ~을 가득 채우다
오답 해설   (B)는 office에서 연상 가능한 work를 이용한 오답. (C)는 empty에서 연상 가능한 fill up을 이용한 오답.

4 호미   Which hotel did you book for your trip to Paris?   파리 여행을 위해 어떤 호텔을 예약하셨나요?

(A) Yes, I used a guidebook.   (A) 네, 전 여행 안내서를 이용했어요.
(B) For two whole weeks.   (B) 2주 동안 내내요.
(C) **It's called Sunset Hotel.**   **(C)** 선셋 호텔이라는 곳이에요.

어휘   book 예약하다
오답 해설   (A)는 trip에서 연상 가능한 guidebook을 이용한 오답. (B)는 trip에서 연상 가능한 기간 표현을 이용한 오답.

5 영미 Why was the baseball championship game postponed?

(A) Until Saturday, I think.
(B) Let's join the team together.
(C) Because of the bad weather.

야구 선수권 대회 경기가 왜 연기되었나요?
(A) 제 생각에는 토요일까지인 것 같아요.
(B) 같이 팀에 합류합시다.
(C) 날씨가 안 좋아서요.

> 어휘 postpone 연기하다, 미루다
> 오답 해설 (A)는 postponed에서 연상 가능한 Until Saturday를 이용한 오답. (B)는 baseball과 game에서 연상 가능한 team을 이용한 오답.

STEP 3
p.42

1	(C)	2	(C)	3	(A)	4	(B)	5	(B)	6	(A)	7	(A)	8	(C)	9	(C)
10	(C)	11	(B)	12	(B)	13	(C)	14	(A)	15	(B)	16	(A)	17	(A)	18	(C)
19	(B)	20	(A)														

1 미호 Who should I contact about maintenance work?

(A) Before five o'clock on weekdays.
(B) Yes, if it's urgent.
(C) For minor repairs, it's Steven.

유지보수 작업에 관해서 누구에게 연락해야 하나요?
(A) 평일에는 5시 전에요.
(B) 네, 만약 급한 거라면요.
(C) 가벼운 수리라면, 스티븐 씨에게요.

> 어휘 maintenance 유지보수   urgent 긴급한   minor 가벼운, 중대하지 않은

2 영미 What airline are you using for your trip to Beijing?

(A) No, he's never been there before.
(B) I'll stay there for about two weeks.
(C) My travel agent recommended Amber Air.

베이징 여행 때 어떤 항공사를 이용하실 건가요?
(A) 아뇨, 그는 거기에 가 본 적이 없어요.
(B) 전 거기에 2주 정도 있을 거예요.
(C) 제 여행사 직원이 앰버 항공을 추천했어요.

> 어휘 recommend 추천하다
> 오답 해설 (A)는 Beijing에서 연상 가능한 never been there를 이용한 오답. (B)는 trip에서 연상 가능한 stay를 이용한 오답.

3 미미 Why did Ms. Davis leave the office early?

(A) She has a client meeting.
(B) Around four in the afternoon.
(C) I enjoy waking up early.

데이비스 씨는 왜 일찍 퇴근했나요?
(A) 그녀는 고객 미팅이 있거든요.
(B) 오후 4시쯤에요.
(C) 전 일찍 일어나는 걸 좋아해요.

> 어휘 client meeting 고객 미팅
> 오답 해설 (B)는 early에서 연상 가능한 시간 표현을 이용한 오답. (C)는 동일 어휘 early를 반복 사용한 오답.

4 영미 Who will take photos at the upcoming political debate?

(A) Sorry, but I have to disagree with you.
(B) Probably someone on the PR team.
(C) Before the election for city mayor.

곧 있을 정치 토론에서 누가 사진을 찍을 건가요?
(A) 죄송하지만 전 당신에게 동의하지 않아요.
(B) 아마 홍보팀의 누군가요.
(C) 시장 선거 전에요.

> 어휘 upcoming 곧 있을   debate 토론, 논의   election 선거   mayor 시장
> 오답 해설 (A)는 debate에서 연상 가능한 disagree를 이용한 오답. (C)는 political에서 연상 가능한 election과 city mayor를 이용한 오답.

5 호 미   What should we serve at Mr. Gilbert's retirement dinner?

(A) I've tried it a few times.
(B) Let's find out his favorite food.
(C) He worked here for almost thirty years.

길버트 씨의 은퇴 기념식에서 무엇을 내야 할까요?

(A) 제가 몇 번 시도해 봤어요.
(B) 그가 가장 좋아하는 음식을 알아냅시다.
(C) 그는 여기서 거의 30년 동안 근무했어요.

> 어휘   serve (음식을) 내다, 제공하다   retirement 은퇴, 퇴직
> 오답 해설   (C)는 retirement에서 연상 가능한 worked를 이용한 오답.

---

6 영 호   What do you think about the candidate you interviewed?

(A) He has a lot of experience.
(B) I hope you get the job.
(C) Two copies of his résumé.

당신이 면접을 본 그 지원자에 대해 어떻게 생각하시나요?

(A) 그는 경험이 많더군요.
(B) 그 일자리를 얻으시길 바라요.
(C) 그의 이력서 두 부요.

> 어휘   candidate 지원자; 후보   experience 경험, 경력   résumé 이력서
> 오답 해설   (B), (C)는 각각 candidate에서 연상 가능한 get the job과 résumé를 이용한 오답.

---

7 미 영   Who dropped off this package at the front desk?

(A) I forgot her name.
(B) The supplies we ordered.
(C) Can you carry it?

누가 안내 데스크에 이 소포를 놓고 갔나요?

(A) 그녀의 이름을 잊어버렸어요.
(B) 우리가 주문한 물품이요.
(C) 옮길 수 있겠어요?

> 어휘   drop off (배달품을) 놓고 가다   package 소포   supplies 물품
> 오답 해설   (B), (C)는 각각 package에서 연상 가능한 supplies와 carry를 이용한 오답.

---

8 호 영   What is the best washing machine to buy for a small apartment?

(A) I'd be happy to watch it with you.
(B) No, we've lived here for a long time.
(C) Why don't you read some customer reviews?

소규모 아파트용으로 사기에 가장 좋은 세탁기는 무엇인가요?

(A) 당신과 함께 보게 되어 기뻐요.
(B) 아니요, 저희는 여기에 오랫동안 살았어요.
(C) 고객평을 좀 읽어 보는 게 어때요?

> 어휘   customer review 고객평
> 오답 해설   (A)는 washing과 발음이 유사한 watch it을 이용한 오답. (B)는 apartment에서 연상 가능한 lived를 이용한 오답.

---

9 미 미   Why is the sales manager visiting Croydon Enterprises?

(A) I'm not sure how he did it.
(B) At their New York headquarters.
(C) To negotiate an agreement.

영업 관리자는 왜 크로이든 사를 방문하나요?

(A) 그가 어떻게 했는지 저도 잘 모르겠어요.
(B) 그들의 뉴욕 본사에서요.
(C) 계약을 성사시키기 위해서요.

> 어휘   headquarters 본사   negotiate 성사시키다, 타결하다   agreement 계약, 협정
> 오답 해설   (B)는 Enterprises에서 연상 가능한 headquarters를 이용한 오답.

---

10 호 미   Whose red car is that parked in front of the building?

(A) There's a rear entrance as well.
(B) Jenny can rent one for you.
(C) I thought it was yours.

건물 앞에 주차되어 있는 빨간색 차는 누구의 것인가요?

(A) 뒷문도 있어요.
(B) 제니 씨가 당신에게 하나 빌려 드릴 수 있어요.
(C) 전 그게 당신 거라고 생각했는데요.

어휘 rear entrance 뒷문

오답 해설 (A)는 in front of와 building에서 각각 연상 가능한 rear와 entrance를 이용한 오답. (B)는 Whose에서 연상 가능한 사람 이름(Jenny)과 car에서 연상 가능한 rent를 이용한 오답.

---

11 영호 Which florist has the lowest prices in town?

(A) That's probably within the budget.
(B) Laura could answer that for you.
(C) The rose centerpieces look best.

시내에서 최저가를 제공하는 꽃집은 어디인가요?

(A) 그건 아마 예산 범위 내일 거예요.
(B) 로라 씨가 그걸 대답해 드릴 수 있을 거예요.
(C) 장미 중앙 장식이 제일 나아 보여요.

어휘 within the budget 예산 범위 내에서   centerpiece (테이블 등의) 중앙 장식

오답 해설 (A)는 lowest prices에서 연상 가능한 within the budget을 이용한 오답. (C)는 florist에서 연상 가능한 rose centerpieces를 이용한 오답.

---

12 미영 Why is Angela cleaning off the bookcase in the waiting room?

(A) Please wait a little bit longer.
(B) It needs to be repainted.
(C) I read as often as I can.

앤젤라 씨는 왜 대기실에 있는 책장을 닦아내고 있나요?

(A) 조금만 더 기다려 주세요.
(B) 페인트칠을 다시 해야 해서요.
(C) 전 최대한 자주 책을 읽어요.

어휘 repaint ~을 다시 칠하다

오답 해설 (A)는 동일어휘 wait(waiting)을 반복 사용한 오답. (C)는 bookcase에서 연상 가능한 read를 이용한 오답.

---

13 영미 Who do you think should give the welcome speech at the convention?

(A) Mainly for small business owners.
(B) The talk was very interesting.
(C) Ms. Baek would be perfect.

누가 학회에서 환영사를 해야 한다고 생각하시나요?

(A) 주로 소기업 업주들을 위해서요.
(B) 연설은 매우 흥미로웠어요.
(C) 백 씨가 적임일 것 같네요.

어휘 welcome speech 환영사

오답 해설 (B)는 speech에서 연상 가능한 talk와 interesting을 이용한 오답.

---

14 미호 What do I need to do to open a new account?

(A) Speak to a bank representative.
(B) I'll use my savings account.
(C) Yes, you're eligible to open one.

계좌를 새로 개설하려면 무엇을 해야 하나요?

(A) 은행 직원에게 상담하세요.
(B) 제 보통 예금 계좌를 쓸게요.
(C) 네, 귀하는 하나 개설할 자격이 되십니다.

어휘 savings account 보통 예금 계좌   eligible 자격이 있는

오답 해설 (B)는 동일 어휘 account를 반복 사용한 오답. (C)는 동일 어휘 open을 반복 사용한 오답.

---

15 호미 What happens if we get a low score on the inspection?

(A) Forty points out of fifty.
(B) I wasn't told about that.
(C) It met our expectations.

우리가 점검에서 낮은 점수를 받으면 어떻게 되나요?

(A) 50점 만점에 40점이요.
(B) 거기에 대해서는 들은 바가 없어요.
(C) 그것은 우리의 기대에 부응했어요.

어휘 inspection 점검, 검사   meet someone's expectation ~의 기대에 부응하다

오답 해설 (A)는 score에서 연상 가능한 points를 이용한 오답. (C)는 inspection과 발음이 유사한 expectations를 이용한 오답.

16 영호 Why didn't the laboratory send the results to us?

   (A) They're a few days behind schedule.
   (B) To the client directly would be better.
   (C) No. I work in the marketing department.

연구실에서 왜 우리에게 결과를 보내주지 않았을까요?
(A) 예정보다 며칠 더 늦어져서요.
(B) 고객에게 바로 하는 게 나을 거예요.
(C) 아니요. 저는 마케팅부에서 근무해요.

어휘 laboratory 연구실 result 결과 be behind schedule 예정보다 늦어지다
오답 해설 (B)는 send에서 연상 가능한 To the client를 이용한 오답.

---

17 미미 What is the price of attending your yoga classes?

   (A) Which level would you need?
   (B) Tuesday and Thursday evening.
   (C) The grand prize is five hundred dollars.

당신의 요가 수업에 참석하는 비용은 얼마인가요?
(A) 어떤 단계를 듣고 싶으신데요?
(B) 화요일과 목요일 저녁이요.
(C) 최우수상품은 500달러예요.

어휘 attend 참석[참가]하다
오답 해설 (B)는 classes에서 연상 가능한 시간 표현을 이용한 오답. (C)는 price와 발음이 유사한 prize를 이용한 오답.

---

18 미호 Why was the summer music festival canceled?

   (A) Because the supply room is full.
   (B) Jazz music is my favorite.
   (C) I have no idea.

하계 음악제가 왜 취소되었나요?
(A) 왜냐하면 비품실이 꽉 찼거든요.
(B) 재즈 음악이 제가 제일 좋아하는 거예요.
(C) 저도 모르겠어요.

어휘 supply room 비품실
오답 해설 (A)는 이유를 나타내는 Because가 나왔지만 질문과 관련이 없는 내용이므로 오답. (B)는 동일 어휘 music을 반복 사용한 오답.

---

19 영미 Which color would look best for our uniforms, navy blue or dark green?

   (A) Just while employees are on duty.
   (B) Actually, I was thinking gray.
   (C) He drives a green car.

우리 유니폼에 짙은 남색이나 짙은 녹색 중 어떤 색이 가장 잘 어울릴까요?
(A) 직원들이 근무 중인 동안에만요.
(B) 사실, 전 회색을 생각하고 있었어요.
(C) 그는 녹색 차를 몰아요.

어휘 on duty 근무 시간 중인
오답 해설 (A)는 uniforms에서 연상 가능한 employees를 이용한 오답. (C)는 동일 어휘 green을 반복 사용한 오답.

---

20 미미 Who will meet the representatives from Bryson International at the airport?

   (A) One of the managers will pick them up.
   (B) To form a business partnership.
   (C) Thanks, that would be helpful.

누가 공항으로 브라이슨 인터내셔널 사의 직원들을 마중 나갈 건가요?
(A) 관리자들 중 한 명이 그들을 태우러 갈 거예요.
(B) 사업 파트너십을 구축하기 위해서요.
(C) 고마워요, 도움이 될 거예요.

어휘 pick up ~을 (차에) 태우러 가다 form a partnership 파트너십을 구축하다
오답 해설 (B)는 회사명(Bryson International)에서 연상 가능한 business를 이용한 오답.

UNIT 06 일반 의문문/부정 의문문/부가 의문문

STEP 1

 미영

Does Sarah plan to drive to the company retreat?
(A) **Yes, and I think she could give you a ride.**
(B) You can rent a shuttle bus.

새라는 회사 수련회에 운전을 해서 갈 계획인가요?
(A) 네, 그리고 그녀가 당신을 태워 줄 수 있을 것 같아요.
(B) 셔틀 버스를 빌리실 수 있어요.

 미미

Doesn't the pharmacy deliver its medications?
(A) **No. You have to pick them up.**
(B) I wrote down the delivery address.

그 약국은 약을 배달해 주지 않나요?
(A) 아니요. 가서 찾아오셔야 돼요.
(B) 제가 배송지 주소를 적었어요.

호영

M Didn't you sign the contract with Liberty Financial?
W We're still in negotiations.

남 당신이 리버티 금융사와 계약을 맺지 않으셨나요?
여 저희는 아직 협상 중이에요.

M You haven't sent the time sheets to payroll, have you?
W I'll send them tonight.

남 급여 지급부에 아직 근무 시간 기록표를 보내지 않았죠, 그렇죠?
여 오늘밤에 보낼 거예요.

M Isn't Ms. Hilley's plan to launch the new product now risky?
W It's just too early.

남 지금 신상품을 출시하자는 힐리 씨의 계획은 위험하지 않을까요?
여 지금은 너무 이르죠.

M You already submitted the employee survey, didn't you?
W No. When is it due?

남 당신은 이미 직원 설문조사를 제출했죠, 그렇죠?
여 아니요. 언제까지죠?

STEP 2-1

A   1 (B), transferring, Throughout the city, stay here, I'll try
    2 (A), Don't you want to browse, I've seen enough, tickets, borrow it
    3 (A), That laptop doesn't have, old documents, we'd better, I'll put it

B   1 (B)   2 (A)   3 (C)   4 (C)   5 (A)

A

1 미호 Is Mr. Roman transferring to another location?
(A) Throughout the city.
(B) He decided to stay here.
(C) I'll try to do so.

로먼 씨가 다른 지점으로 전근 가나요?
(A) 도시 곳곳에요.
(B) 그는 여기에 남기로 결정했어요.
(C) 그렇게 하도록 해 볼게요.

어휘 throughout 곳곳[도처]에
오답 해설 (A)는 location에서 연상 가능한 장소 관련 오답. (C)는 질문과 주어가 다르므로 오답.

2 영미 Don't you want to browse through the museum some more?
(A) I think I've seen enough.
(B) Two adult tickets.
(C) Yes. Please let me borrow it.

박물관을 좀 더 둘러보고 싶지 않으세요?
(A) 충분히 본 것 같아요.
(B) 성인 표 두 장이요.
(C) 네. 제게 빌려주세요.

어휘 browse 둘러보다
오답 해설 (B)는 museum에서 연상 가능한 tickets을 이용한 오답. (C)는 browse와 발음이 유사한 borrow를 이용한 오답.

3 호미 That laptop doesn't have anything important on it, does it?
(A) Just a few old documents.
(B) Yes, we'd better do it.
(C) Okay. I'll put it underneath then.

그 노트북 컴퓨터에는 중요한 게 없죠, 그렇죠?
(A) 그냥 오래된 문서 몇 개요.
(B) 네, 그렇게 하는 게 좋겠어요.
(C) 알겠어요. 그럼 밑에 놓을게요.

어휘 underneath ~의 밑[아래]에
오답 해설 (B)는 질문과 주어가 다르므로 오답. (C)는 on에서 연상 가능한 underneath를 이용한 오답.

B

1 미영 Do you need a ride to the conference?
(A) To attend a lecture.
(B) No. I'm taking the subway.
(C) The manager told me.

학회에 가는 데 차편이 필요하신가요?
(A) 강의에 참석하기 위해서요.
(B) 아니요. 전 지하철을 탈 거예요.
(C) 관리자가 말해 줬어요.

어휘 ride (차 등을) 태워 주기, 얻어 타기 attend 참석[참가]하다
오답 해설 (A)는 conference에서 연상 가능한 attend a lecture를 이용한 오답.

2 영미 The Internet bill is paid on the last day of the month, isn't it?
(A) No. It's due on the 20th.
(B) He's visiting in May.
(C) I use high-speed Internet.

인터넷 고지서는 매월 말일에 납부되죠, 그렇죠?
(A) 아니요. 20일까지예요.
(B) 그는 5월에 방문할 거예요.
(C) 전 고속 인터넷을 써요.

어휘 bill 고지서, 청구서 be due on ~까지 기한이다
오답 해설 (B)는 month에서 연상 가능한 May를 이용한 오답. (C)는 동일 어휘 Internet을 반복 사용한 오답.

3 미미 Don't we need a paper copy of this research proposal?
(A) The team researched it thoroughly.
(B) You can order some from the supply store.
(C) Yes, but the printer isn't working now.

우리는 이 연구 제안서의 인쇄본이 필요하지 않나요?
(A) 그 팀은 그걸 철저히 조사했어요.
(B) 사무용품점에서 좀 주문하시면 돼요.
(C) 네, 그런데 지금 프린터가 작동을 안 해요.

어휘 **research** 연구, 조사; 연구[조사]하다 **proposal** 제안(서) **thoroughly** 철저히
오답 해설 (A)는 동일 어휘 research를 반복 사용한 오답. (B)는 need와 paper에서 각각 연상 가능한 order와 supply store를 이용한 오답.

---

4 미미 Has Ms. Estrada arrived for her job interview yet?
(A) I hope it went well.
(B) According to her résumé, she's qualified.
(C) Yes. She's waiting in the reception area.

에스트라다 씨가 채용 면접을 위해 도착했나요?
(A) 잘되었기를 바랍니다.
(B) 그녀의 이력서에 따르면 그녀는 자격이 돼요.
(C) 네. 로비에서 기다리고 계세요.

어휘 **résumé** 이력서 **qualified** (일 등을 수행하는) 자격[자질]이 있는
오답 해설 (A), (B)는 각각 job interview에서 연상 가능한 행운을 비는 인사말과 résumé를 이용한 오답.

---

5 영미 Employees can use the company car for free, right?
(A) That's not always the case.
(B) It's a mid-sized company.
(C) I parked my car on the street.

직원들을 회사 차를 무료로 쓸 수 있죠, 그렇죠?
(A) 항상 그런 것만은 아니에요.
(B) 거긴 중소 기업이에요.
(C) 전 제 차를 거리에 주차했어요.

어휘 **be the case** 사실이 그러하다
오답 해설 (B)는 동일 어휘 company를 반복 사용한 오답. (C)는 동일 어휘 car를 반복 사용한 오답.

STEP 3 p.48

1 (C)	2 (A)	3 (B)	4 (C)	5 (B)	6 (B)	7 (C)	8 (A)	9 (C)
10 (A)	11 (B)	12 (B)	13 (A)	14 (A)	15 (C)	16 (B)	17 (A)	18 (B)
19 (C)	20 (C)							

---

1 영호 Has Mr. Diaz confirmed the dates of his business trip?
(A) The firm specializes in insurance consulting.
(B) No. He wants to visit the client in person.
(C) Yes. The flight is booked for June 17.

디아즈 씨가 그의 출장 날짜를 확정했나요?
(A) 그 회사는 보험 상담을 전문으로 해요.
(B) 아니요. 그는 고객을 직접 방문하고 싶어 해요.
(C) 네. 6월 17일로 항공편을 예약했어요.

어휘 **confirm** 확정하다 **specialize in** ~을 전문으로 하다 **in person** 직접
오답 해설 (A)는 confirmed와 발음이 일부 유사한 firm을 이용한 오답. (B)는 business trip에서 연상 가능한 visit the client를 이용한 오답.

---

2 미미 Shouldn't we purchase some refreshments for the meeting?
(A) Natalie is taking care of that.
(B) I drank a few cups of coffee.
(C) Conference Room A is reserved.

회의를 위해 다과를 좀 구매해야 하지 않을까요?
(A) 그건 나탈리 씨가 처리할 거예요.
(B) 전 커피를 몇 잔 마셨어요.
(C) A 회의실은 예약되었어요.

어휘 **refreshment** 《항상 복수형》 다과 **take care of** ~을 처리하다, ~에 대한 책임이 있다 **reserve** 예약하다
오답 해설 (B)는 refreshments에서 연상 가능한 coffee를 이용한 오답. (C)는 meeting에서 연상 가능한 Conference Room을 이용한 오답.

3 영미   Didn't you finish updating the online employee directory?

(A) By clicking the link on the homepage.
(B) It's taking longer than planned.
(C) Today's date is September 3.

온라인 직원 명부 업데이트를 끝내지 않으셨어요?

(A) 홈페이지에 있는 링크를 클릭해서요.
(B) 계획한 것보다 오래 걸리고 있어요.
(C) 오늘 날짜는 9월 3일이에요.

어휘 directory 명부, 주소록   take (시간이) 걸리다
오답 해설 (A)는 online에서 연상 가능한 homepage를 이용한 오답. (C)는 updating과 발음이 일부 유사한 date를 이용한 오답.

---

4 미호   Weren't the clients satisfied with the brochure we designed for them?

(A) Yes, I'm a graphic designer.
(B) To promote their new services.
(C) No. They had some complaints.

고객들이 우리가 디자인해 준 안내 책자에 만족하지 않았나요?

(A) 네, 전 그래픽 디자이너예요.
(B) 그들의 신규 서비스를 홍보하기 위해서요.
(C) 아니요. 불만 사항이 좀 있었어요.

어휘 brochure 안내 책자   promote 홍보하다   complaint 불만, 항의
오답 해설 (A)는 designed와 파생 관계에 있는 designer를 이용한 오답. (B)는 clients에서 연상 가능한 services를 이용한 오답.

---

5 호영   The supplier can send more of this microwave brand, right?

(A) Try using one with more features.
(B) No. It's out of stock at the moment.
(C) I'm as surprised as you are.

공급업자가 이 브랜드의 전자레인지를 더 보내줄 수 있죠, 그렇죠?

(A) 기능이 더 많은 걸 써 보세요.
(B) 아니요. 지금은 재고가 없어요.
(C) 저도 당신만큼이나 놀랐어요.

어휘 microwave 전자레인지   feature 기능   out of stock 재고가 없는, 품절된   at the moment 지금(으로서는)
오답 해설 (A)는 microwave brand에서 연상 가능한 features를 이용한 오답. (C)는 supplier와 발음이 유사한 surprised를 이용한 오답.

---

6 미영   Could I make a reservation for a party of six at eight o'clock?

(A) We reserved a deluxe suite.
(B) I'm afraid we're fully booked.
(C) Yes, that's when we close.

8시 정각에 6명 단체 예약을 할 수 있을까요?

(A) 우리는 디럭스 스위트룸을 예약했어요.
(B) 죄송하지만 예약이 꽉 찼어요.
(C) 네, 그때가 저희가 문을 닫는 때예요.

어휘 party 단체, 일행   be fully booked 예약이 꽉 차다
오답 해설 (A)는 reservation과 파생 관계에 있는 reserved를 이용한 오답. (C)는 eight o'clock에서 연상 가능한 close를 이용한 오답.

---

7 호미   Confidential files are kept in a secure location, aren't they?

(A) Please keep them organized.
(B) We might relocate soon.
(C) Yes, in a locked cabinet.

기밀 파일들은 안전한 곳에 보관되죠, 그렇죠?

(A) 그것들을 계속 정리된 상태로 두세요.
(B) 우리는 곧 이전할지도 몰라요.
(C) 네, 잠가 둔 보관함 안에요.

어휘 confidential 기밀[비밀]의   secure 안전한   organized 정리된   relocate 이전[이주]하다
오답 해설 (A)는 동일 어휘 keep(kept)을 반복 사용한 오답. (B)는 location과 발음이 유사한 relocate를 이용한 오답.

8 미호   Isn't this parking lot for employees and customers?

(A) Everyone's free to use it.
(B) I'm a new customer.
(C) That's a reasonable fee.

이 주차장은 직원들과 고객들을 위한 것 아닌가요?

(A) 누구나 자유롭게 사용할 수 있어요.
(B) 전 신규 고객이에요.
(C) 적정한 요금이네요.

> 어휘 reasonable (가격이) 적정한, 너무 비싸지 않은   fee 요금
> 오답 해설 (B)는 동일 어휘 customer(s)를 반복 사용한 오답. (C)는 parking lot에서 연상 가능한 fee를 이용한 오답.

---

9 미영   Do salespeople at this company get paid a commission?

(A) Those conditions seem fair.
(B) We have a few openings.
(C) No, just a monthly salary.

이 회사의 영업사원들은 성과급을 받나요?

(A) 그 조건들은 괜찮아 보이네요.
(B) 공석이 몇 개 있어요.
(C) 아니요, 그냥 월별 급여만요.

> 어휘 fair 괜찮은, 적절한   opening (일자리) 공석
> 오답 해설 (A)는 commission과 발음이 유사한 conditions를 이용한 오답. (B)는 salespeople과 company에서 연상 가능한 openings를 이용한 오답.

---

10 호영   You have time to help me decorate for the year-end banquet, right?

(A) Sure. I'm free anytime after 3.
(B) Let's contact the venue.
(C) I thought the flowers looked great.

연말 연회를 위해 장식하는 데 저를 도와주실 시간이 있으시죠, 그렇죠?

(A) 그럼요. 3시 이후에는 언제든 시간이 돼요.
(B) 행사장에 연락해 봅시다.
(C) 전 그 꽃들이 괜찮아 보인다고 생각했는데요.

> 어휘 decorate 장식하다   banquet 연회, 만찬   venue (행사) 장소
> 오답 해설 (B)는 banquet에서 연상 가능한 venue를 이용한 오답. (C)는 decorate에서 연상 가능한 flowers를 이용한 오답.

---

11 미미   Will there be time for sightseeing in London after the trade show?

(A) Mainly technology companies.
(B) When is your return flight?
(C) Thanks for showing me around.

무역 박람회가 끝나고 런던에서 관광을 할 시간이 있을까요?

(A) 주로 기술 회사들이요.
(B) 돌아가시는 항공편이 언제인데요?
(C) 구경시켜 주셔서 감사합니다.

> 어휘 trade show 무역[산업] 박람회   show someone around ~을 구경시켜 주다, ~이 둘러보도록 안내하다
> 오답 해설 (A)는 trade show에서 연상 가능한 technology companies를 이용한 오답. (C)는 show와 파생 관계에 있는 showing을 이용한 오답.

---

12 영호   Does the subscription automatically renew after the one-year period?

(A) It's called *Auto Monthly* magazine.
(B) We don't do that unless it's requested.
(C) You can buy a new or used one.

1년 기간이 지나면 구독이 자동으로 연장되나요?

(A) 이름은 〈월간 오토〉지예요.
(B) 저희는 요청받지 않는 한 그렇게 하지 않아요.
(C) 새것이나 중고를 사실 수 있어요.

> 어휘 subscription 구독   automatically 자동적으로   renew (기한을) 연장하다   period 기간   unless ~하지 않는 한
> 오답 해설 (A)는 subscription에서 연상 가능한 magazine을 이용한 오답. (C)는 renew와 발음이 유사한 new를 이용한 오답.

13 미미 Are there enough servers for tomorrow's luncheon?

(A) We need to find out how many guests are coming.
(B) Let's serve the salad and soup together.
(C) The lunch break is starting shortly.

내일 오찬 때 웨이터들이 충분히 있나요?
(A) 손님이 몇 분이나 오시는지 알아내야 해요.
(B) 샐러드와 수프를 같이 냅시다.
(C) 점심 시간이 곧 시작될 거예요.

어휘 luncheon 오찬   shortly 곧, 바로
오답 해설 (B)는 servers와 파생 관계에 있는 serve와, luncheon에서 연상 가능한 salad와 soup를 이용한 오답. (C)는 luncheon과 발음이 유사한 lunch를 이용한 오답.

---

14 미영 Am I expected to attend the leadership training workshop?

(A) Not unless you want to.
(B) Just let me know.
(C) She's an excellent leader.

제가 리더십 교육 워크숍에 참석해야 하나요?
(A) 원하지 않으시면 하지 마세요.
(B) 제게 알려주시기만 하세요.
(C) 그녀는 훌륭한 리더예요.

어휘 be expected to do ~할 것으로 기대[예상]되다
오답 해설 (C)는 leadership과 파생 관계에 있는 leader를 이용한 오답.

---

15 호미 This television will fit in my car's trunk, won't it?

(A) Sure, I can fix it for you.
(B) That's my favorite TV program.
(C) I'm certain there's enough room.

이 텔레비전은 제 차의 트렁크에 들어가겠죠, 그렇죠?
(A) 물론이죠, 제가 고쳐 드릴 수 있어요.
(B) 그게 제가 가장 좋아하는 TV 프로그램이에요.
(C) 공간이 충분히 있을 거라 확신해요.

어휘 fit (어떤 장소에 들어가기에) 맞다   certain 확신하는   room 공간, 자리
오답 해설 (A)는 television에서 연상 가능한 fix를 이용한 오답. (B)는 동일 어휘 TV(television)를 반복 사용한 오답.

---

16 미영 Don't we need to go to the supermarket before baking the cake?

(A) It needs to be in the oven for thirty minutes.
(B) The ingredients we need are all here.
(C) In order to celebrate Sheila's birthday.

케이크를 굽기 전에 슈퍼마켓에 가야 하지 않을까요?
(A) 그건 오븐에 30분 동안 두어야 해요.
(B) 필요한 재료는 여기에 모두 있어요.
(C) 쉴라 씨의 생일을 축하하기 위해서요.

어휘 ingredient (특히 요리의) 재료
오답 해설 (A)는 baking에서 연상 가능한 oven을 이용한 오답. (C)는 cake에서 연상 가능한 birthday를 이용한 오답.

---

17 미호 Did you run the advertisement in a magazine or in the newspaper?

(A) We used a billboard, actually.
(B) That's wonderful news.
(C) For our new running shoes.

광고를 잡지에 실으셨나요, 아니면 신문에 실으셨나요?
(A) 실은, 옥외 광고판을 사용했어요.
(B) 그거 아주 좋은 소식이네요.
(C) 우리의 새로운 운동화를 위해서요.

어휘 run (신문 등에 글을) 싣다, 게재하다   billboard 옥외 광고판
오답 해설 (B)는 magazine과 newspaper에서 연상 가능한 news를 이용한 오답. (C)는 advertisement에서 연상 가능한 new running shoes를 이용한 오답.

18 영미 Ms. Erwin is leading this week's finance meeting, isn't she?

(A) We need to discuss the budget.
(B) That's what I heard.
(C) I wouldn't know what to do.

어원 씨가 이번 주 재무 회의를 주관하죠, 그렇죠?

(A) 우리는 예산에 대해 논의해야 돼요.
(B) 그렇다고 들었어요.
(C) 저라면 어떻게 해야 할지 몰랐을 거예요.

[어휘] finance 재무, 재정   discuss 논의[의논]하다   budget 예산(안)
[오답 해설] (A)는 finance에서 연상 가능한 budget을 이용한 오답.

---

19 미영 Doesn't this flyer for the weekend festival look a bit boring to you?

(A) Yes, I'm going on both days.
(B) It'll be held at Westland Park.
(C) Let's add a few more graphics.

당신한테는 이 주말 축제 전단이 조금 지루해 보이지 않나요?

(A) 네, 전 양일 다 가요.
(B) 그건 웨스트랜드 공원에서 열릴 거예요.
(C) 그림을 몇 개 더 넣읍시다.

[어휘] flyer 전단
[오답 해설] (A)는 weekend festival에서 연상 가능한 both days를 이용한 오답. (B)는 festival에서 연상 가능한 be held를 이용한 오답.

---

20 미미 Are there any spare markers for the whiteboard?

(A) The board held a vote yesterday.
(B) Please leave them in a pile.
(C) You can usually find some in the cabinet.

여분의 화이트보드용 마커펜이 있나요?

(A) 이사회는 어제 투표를 진행했어요.
(B) 그것들을 쌓아 두세요.
(C) 보통은 보관함에서 몇 개 찾으실 수 있어요.

[어휘] spare 여분[예비용]의   board 이사회   vote 투표   pile 쌓아 놓은 것, 더미
[오답 해설] (A)는 whiteboard와 발음이 일부 유사한 board를 반복 사용한 오답.

UNIT 07 조동사 의문문/선택 의문문/Why don't ~

STEP 1 p.51

미영

M Would you mind meeting with the new client at his office?
W Sure. I'd be glad to.

남 신규 고객의 사무실에서 그와 회의를 하셔도 괜찮을까요?
여 그럼요. 기꺼이 그러죠.

M Would you mind opening the door for me?
W Not at all/Of course not.

남 문을 좀 열어 주실 수 있을까요?
여 그럼요/물론이죠.

M Would you mind taking the morning train?
W Sorry. I'd rather not get up early.

남 아침 기차를 타시는 게 어떠세요?
여 미안해요. 일찍 일어나고 싶지 않아요.

M Would you mind lending me an umbrella?
W **(A) No problem. I have an extra one.**
　(B) Yes. It stopped raining.

남 제게 우산을 하나 빌려주실 수 있으세요?
여 **(A) 문제없어요. 여분의 것이 하나 있어요.**
　(B) 네. 비가 그쳤어요.

미미

Do you prefer a window seat or an aisle seat?
(A) I want to enjoy the view.
(B) Yes. I'd like to sit down.

창가 자리와 복도 자리 중 어느 쪽을 선호하세요?
(A) 저는 경치를 즐기고 싶어요.
(B) 네. 저는 앉고 싶어요.

Should we exchange our currency now or after we arrive in Spain?
(A) No. It's my first visit there.
(B) Let's take care of that now.

통화를 지금 환전해야 할까요, 아니면 스페인에 도착한 뒤에 해야 할까요?
(A) 아니요. 저는 이번이 첫 방문이에요.
(B) 지금 처리하도록 합시다.

호미

Why don't you ride with me to the museum?
(A) That would be great.
(B) Because I was late.

박물관에 저와 함께 차를 타고 가는 게 어때요?
(A) 그거 좋겠네요.
(B) 제가 늦었었기 때문이에요.

STEP 2-1 p.52

A　1 (A), Would you mind, Sure, stay late, usually work
　　2 (C), do you need, a few copies, cupboard, the way it is
　　3 (C), Why don't you, in the east, picnic, It looks full

B　1 (A)　　2 (A)　　3 (C)　　4 (B)　　5 (C)

A

1 미영

Would you mind coming in early on Thursday?

(A) Sure. I'll be here at seven thirty.
(B) Because I couldn't stay late.
(C) I usually work in the morning.

목요일에 일찍 와 주실 수 있을까요?

(A) 그럼요. 7시 30분에 여기 올게요.
(B) 늦게까지 있을 수 없었기 때문이에요.
(C) 저는 주로 아침에 일해요.

오답 해설 (B)는 early에서 연상 가능한 late를 이용한 오답. (C)는 early에서 연상 가능한 in the morning을 이용한 오답.

2 영미

Is your tea okay or do you need some sugar?

(A) Yes, a few copies.
(B) In the cupboard.
(C) It's fine the way it is.

차 맛이 괜찮나요, 아니면 설탕이 좀 필요하세요?

(A) 네, 몇 부요.
(B) 찬장 안에요.
(C) 이대로 괜찮아요.

어휘 cupboard 찬장
오답 해설 (A)는 tea나 sugar에서 연상 가능한 coffee와 발음이 유사한 copies를 이용한 오답. (B)는 tea와 sugar에서 연상 가능한 cupboard를 이용한 오답.

3 미미

Why don't you park in the west lot?

(A) Because it is in the east.
(B) For a picnic.
(C) It looks full already.

서쪽 부지에 주차하는 게 어때요?

(A) 그게 동쪽에 있기 때문이에요.
(B) 피크닉 하러요.
(C) 거긴 이미 꽉 차 보이네요.

오답 해설 (A)는 west에서 연상 가능한 east를 이용한 오답. (B)는 park에서 연상 가능한 picnic을 이용한 오답.

B

1 미호

May I borrow your laptop for a while?

(A) Unfortunately, I'm still using it.
(B) It's the latest model.
(C) She'll be back soon.

당신의 노트북 컴퓨터를 잠깐 빌려도 될까요?

(A) 아쉽지만, 제가 아직 쓰고 있어요.
(B) 최신 모델이에요.
(C) 그녀는 곧 돌아올 거예요.

어휘 latest 최신의
오답 해설 (B)는 laptop에서 연상 가능한 model을 이용한 오답. (C)는 for a while에서 연상 가능한 soon을 이용한 오답.

2 호영

Do you prefer to rent a moving van or a truck?

(A) I need the one with more space.
(B) No. I usually drive to work.
(C) I moved them to the closet.

이삿짐 트럭을 빌리는 게 좋으세요, 아니면 일반 트럭이 좋으세요?

(A) 공간이 더 넓은 것이 필요해요.
(B) 아니요. 저는 회사에 주로 운전해서 가요.
(C) 그것들을 벽장으로 옮겼어요.

어휘 prefer 선호하다
오답 해설 (B)는 van과 truck에서 연상 가능한 drive를 이용한 오답. (C)는 moving과 파생 관계에 있는 moved를 이용한 오답.

3 미미 Why don't we keep these folders in the meeting room as a reference?
(A) I don't know your preference.
(B) Because I had a dental appointment.
(C) Do we have space for them?

참고용으로 이 폴더들을 회의실에 두는 게 어때요?
(A) 당신이 선호하는 것을 모르겠어요.
(B) 치과 예약이 있었기 때문이에요.
(C) 그것들을 둘 공간이 있나요?

어휘 reference 참고, 참조 preference 선호(하는 것)
오답 해설 (A)는 reference와 발음이 유사한 preference를 이용한 오답. (B)는 이유를 묻는 Why 의문에 적절한 응답이므로 오답.

---

4 미영 Would you mind covering my shift on Sunday afternoon?
(A) I have a few ideas in mind.
(B) Sorry, I'll be out of town.
(C) The handbook covers everything.

일요일 오후에 제 근무를 대신해 주실 수 있을까요?
(A) 저한테 몇 가지 생각이 있어요.
(B) 미안하지만, 저는 자리를 비울 거예요.
(C) 그 안내서에 모두 나와 있어요.

어휘 cover someone's shift ~의 근무를 대신해 주다
오답 해설 (A)는 동일 어휘 mind를 이용한 오답. (C)는 동일 어휘 covers(covering)를 반복 사용한 오답.

---

5 영미 Is the intermission for fifteen minutes or twenty?
(A) We don't have permission.
(B) In the middle of the play.
(C) I'm not really sure.

중간 휴식 시간이 15분인가요, 아니면 20분인가요?
(A) 우리는 승인받지 않았어요.
(B) 연극 중간에요.
(C) 저도 잘 모르겠어요.

어휘 intermission 중간 휴식 시간 permission 승인, 허가
오답 해설 (A)는 intermission과 발음이 일부 유사한 permission을 이용한 오답. (B)는 intermission에서 연상 가능한 play를 이용한 오답.

STEP 3
p.54

1 (A)	2 (B)	3 (B)	4 (A)	5 (B)	6 (C)	7 (B)	8 (C)	9 (A)
10 (A)	11 (C)	12 (B)	13 (C)	14 (B)	15 (B)	16 (C)	17 (B)	18 (C)
19 (A)	20 (A)							

1 미미 Should I buy the camping equipment at the mall or shop online?
(A) Why don't you rent it instead?
(B) The campsite was so peaceful.
(C) The machinery stopped working.

캠핑 장비를 쇼핑몰에서 사야 할까요, 아니면 온라인으로 구매해야 할까요?
(A) 대신 대여하는 게 어때요?
(B) 야영지는 정말 평화로웠어요.
(C) 기계가 작동을 멈췄어요.

어휘 equipment (집합적) 장비 campsite 야영지, 캠프장
오답 해설 (B)는 camping과 발음이 유사한 campsite를 이용한 오답. (C)는 equipment와 의미상 유사한 machinery를 이용한 오답.

2 영미 Could I leave my luggage at your front desk?

(A) The one with the wheels.
(B) We'll keep an eye on it.
(C) I booked the room online.

> 어휘 keep an eye on ~을 잘 지켜보다
> 오답 해설 (A)는 luggage에서 연상 가능한 wheels를 이용한 오답. (C)는 front desk에서 연상 가능한 booked the room을 이용한 오답.

당신들의 안내 데스크에 제 짐을 맡겨도 될까요?

(A) 바퀴가 달린 거요.
(B) 저희가 잘 지켜볼게요.
(C) 저는 온라인으로 객실을 예약했어요.

---

3 미호 Why don't we try to find some live entertainment for the year-end party?

(A) We just ate dinner and left.
(B) That's a good idea.
(C) I found the missing documents.

> 어휘 document 서류
> 오답 해설 (A)는 party에서 연상 가능한 dinner를 이용한 오답. (C)는 동일 어휘 found(find)를 반복 사용한 오답.

연말 파티를 위한 라이브 공연을 좀 찾아보는 게 어때요?

(A) 우리는 막 저녁을 먹고 나왔어요.
(B) 그거 좋은 생각이네요.
(C) 없어진 서류들을 찾았어요.

---

4 호영 Should we set up microphones on both sides of the stage?

(A) How about just one in the middle?
(B) So the audience can hear you.
(C) He probably left his phone on silent.

> 어휘 set up 설치하다   microphone 마이크   audience 관객, 관중
> 오답 해설 (B)는 stage에서 연상 가능한 audience를 이용한 오답. (C)는 microphones와 발음이 일부 유사한 phone을 이용한 오답.

무대의 양쪽에 모두 마이크를 설치해야 할까요?

(A) 그냥 중간에 하나만 두는 건 어때요?
(B) 관객들이 당신의 소리를 들을 수 있도록요.
(C) 그는 아마 휴대 전화를 무음으로 해 놨을 거예요.

---

5 미영 Why don't you come on a hike with us again this weekend?

(A) That's a popular tourist spot.
(B) I'm still sore from the last one.
(C) Because of the perfect weather.

> 어휘 tourist spot 관광지, 명소   sore 쑤시는, 아픈
> 오답 해설 (A)는 hike에서 연상 가능한 tourist spot을 이용한 오답. (C)는 이유를 묻는 Why 의문문에 적절한 응답이므로 오답.

이번 주말에 저희와 또 등산을 가시는 건 어때요?

(A) 그곳은 유명한 관광지예요.
(B) 전에 다녀온 것 때문에 아직도 쑤셔요.
(C) 완벽한 날씨 덕분에요.

---

6 미미 Do you want to hire another salesperson or a marketing employee?

(A) Yes, I bought it on sale.
(B) It was higher than I expected.
(C) We can't afford either one.

> 어휘 afford ~할 형편이 되다
> 오답 해설 (A)는 salesperson과 발음이 일부 유사한 sale을 이용한 오답. (B)는 hire와 발음이 유사한 higher를 이용한 오답.

또 다른 영업 직원을 고용하고 싶나요, 아니면 마케팅 직원을 고용하고 싶나요?

(A) 네, 할인받아서 샀어요.
(B) 제가 예상했던 것보다 높았어요.
(C) 우리는 어느 쪽이든 감당할 형편이 안 돼요.

7 영호   Can I post this article on our Web site?

(A) An online search would be faster.
(B) Make sure you proofread it first.
(C) Yes, it's postponed for a few days.

이 기사를 저희 웹사이트에 게재해도 될까요?

(A) 온라인 검색이 더 빠를 거예요.
(B) 우선 반드시 교정을 보도록 하세요.
(C) 네, 며칠 연기되었어요.

어휘   post 게재[공고]하다   proofread 교정을 보다   postpone 연기하다, 미루다
오답 해설   (A)는 Web site에서 연상 가능한 online을 이용한 오답. (C)는 post와 발음이 일부 유사한 postponed를 이용한 오답.

---

8 미호   Will you have another cup of coffee before you leave?

(A) I've printed out a few more.
(B) I left them nearby.
(C) Thanks. That would be nice.

가시기 전에 커피 한 잔 더 드시겠어요?

(A) 몇 부 더 인쇄했어요.
(B) 그것들을 근처에 두었어요.
(C) 고마워요. 그거 좋겠네요.

어휘   nearby 근처에
오답 해설   (A)는 coffee와 발음이 유사한 copy에서 연상 가능한 printed를 이용한 오답. (B)는 동일 어휘 left(leave)를 반복 사용한 오답.

---

9 영미   Why don't we wait until next week to send the invitations?

(A) That might not give people enough time to respond.
(B) For the company's twenty-fifth anniversary.
(C) I like the design that you used.

초대장을 보내기 전에 다음 주까지 기다려 보는 게 어때요?

(A) 그러면 사람들이 답장할 시간이 충분하지 않을 거예요.
(B) 회사의 25주년 기념일을 위해서요.
(C) 당신이 사용한 디자인이 맘에 들어요.

어휘   invitation 초대장   respond 답장을 보내다, 응답하다   anniversary 기념일
오답 해설   (B)는 invitations에서 연상 가능한 anniversary를 이용한 오답.

---

10 호미   Could you check my outline to make sure nothing is missing?

(A) I have some time now.
(B) Paychecks are issued monthly.
(C) I'll be more careful next time.

놓친 것이 없는지 제 개요를 확인해 주실 수 있을까요?

(A) 지금 시간이 약간 있어요.
(B) 급료는 매달 지급돼요.
(C) 다음번에는 더 조심할게요.

어휘   outline 개요   paycheck 급료   issue 지급[발부]하다
오답 해설   (B)는 check와 발음이 일부 유사한 Paychecks를 이용한 오답. (C)는 check와 missing에서 연상 가능한 careful을 이용한 오답.

---

11 미영   Would you like me to take your jacket for you?

(A) That's what the weather forecast said.
(B) Usually, I wear a size ten.
(C) I'm still feeling rather chilly.

외투를 받아 드릴까요?

(A) 그게 일기 예보에 나와 있는 대로예요.
(B) 저는 보통 10 사이즈를 입어요.
(C) 저는 아직 약간 추워서요.

어휘   chilly (날씨가) 추운
오답 해설   (B)는 jacket에서 연상 가능한 wear와 size를 이용한 오답.

12 미 미

Should I move these containers to the conference room or the break room?

(A) I met a lot of people at the conference.
(B) You can put them in any room you like.
(C) We could all use a break.

이 용기들을 회의실로 옮길까요, 아니면 휴게실로 옮길까요?

(A) 학회에서 많은 사람들을 만났어요.
(B) 마음에 드시는 곳 어디에든지 두셔도 돼요.
(C) 다 함께 쉴 수 있으면 좋을 거예요.

어휘 container 용기 could use ~을 얻을 수 있으면 좋겠다, ~가 필요하다
오답 해설 (A)는 동일 어휘 conference를 반복 사용한 오답. (C)는 동일 어휘 break를 반복 사용한 오답.

13 호 영

Why don't you see if the library has the books you need?

(A) Some information on traditional practices.
(B) Because of a complex project at work.
(C) That would certainly be cheaper than buying them.

당신이 필요로 하는 책이 있는지 도서관에 확인해 보는 게 어때요?

(A) 전통 관례에 대한 일부 정보요.
(B) 직장에서의 복잡한 프로젝트 때문에요.
(C) 그것들을 사는 것보다 확실히 저렴하겠네요.

어휘 traditional 전통적인 complex 복잡한 certainly 확실히, 틀림없이
오답 해설 (A)는 library에서 연상 가능한 information을 이용한 오답. (B)는 이유를 묻는 Why 의문문에 적절한 응답이므로 오답.

14 미 호

Has Ms. Tyler been given a loan, or did she cancel the expansion project?

(A) It'll be twice the original size.
(B) Neither, since she found an investor.
(C) Yes. I've been working all by myself.

타일러 씨가 대출을 받았었나요, 아니면 확장 계획을 취소했나요?

(A) 이건 원래 크기의 두 배일 거예요.
(B) 그녀는 투자자를 찾았기 때문에, 둘 다 아니에요.
(C) 네. 저 혼자 일하고 있어요.

어휘 loan 대출 expansion 확장 investor 투자자 by oneself 혼자
오답 해설 (A)는 expansion에서 연상 가능한 size를 이용한 오답. (C)는 project에서 연상 가능한 working을 이용한 오답.

15 영 미

Would you like to make a donation to my charity?

(A) That was a generous offer.
(B) What kind of work do you do?
(C) Because it's a worthwhile cause.

저희 자선 단체에 기부하시겠습니까?

(A) 그건 후한 제안이었어요.
(B) 무슨 일을 하시는데요?
(C) 가치 있는 명분이니까요.

어휘 donation 기부 charity 자선 단체 generous 후한 worthwhile 가치 있는 cause 명분, 대의
오답 해설 (A)는 donation에서 연상 가능한 generous를 이용한 오답. (C)는 charity에서 연상 가능한 worthwhile cause를 이용한 오답.

16 미 영

Why don't you sign up for a membership at my gym?

(A) That's what the sign says.
(B) Exercise equipment and group classes.
(C) I prefer to work out at home.

저희 체육관에 회원 등록을 하시는 게 어때요?

(A) 그게 표지판에 써 있는 거예요.
(B) 운동 기구와 단체 수업이요.
(C) 저는 집에서 운동하는 것을 선호해요.

어휘 sign up for ~에 등록하다 work out 운동하다
오답 해설 (A)는 동일 어휘 sign을 반복 사용한 오답. (B)는 gym에서 연상 가능한 Exercise를 이용한 오답.

17 미미 Did your passport expire, or can you still travel with it?
(A) For my overseas trip to Singapore.
(B) It's valid for two more years.
(C) Yes, according to the travel agent.

당신의 여권이 만료되었나요, 아니면 아직도 그걸로 여행하실 수 있나요?
(A) 싱가포르로의 해외여행을 위해서요.
(B) 2년간은 더 유효해요.
(C) 네, 여행사 직원에 의하면요.

어휘 expire 만료되다 valid 유효한
오답 해설 (A)는 travel과 의미상 유사한 trip을 이용한 오답. (C)는 동일 어휘 travel을 반복 사용한 오답.

18 호영 Should we explain the pension policy during the orientation?
(A) It was a clear explanation.
(B) I'm glad you got the job.
(C) That might take too long.

오리엔테이션 중에 연금 정책에 대해 설명해야 할까요?
(A) 명료한 설명이었어요.
(B) 직장을 구했다니 기쁘네요.
(C) 그러면 너무 오래 걸릴 거예요.

어휘 pension 연금 policy 정책
오답 해설 (A)는 explain에서 파생된 explanation을 이용한 오답. (B)는 orientation에서 연상 가능한 job을 이용한 오답.

19 미호 Will the tour include lunch, or should I bring my own?
(A) Which one did you sign up for?
(B) We'll tour several historic sites.
(C) Yes. It begins first thing in the morning.

관광에 점심 식사가 포함되나요, 아니면 제가 직접 가져와야 하나요?
(A) 어느 것을 신청하셨죠?
(B) 저희는 유적지 몇 군데를 관광할 거예요.
(C) 네. 아침에 가장 먼저 시작합니다.

어휘 include 포함하다 historic site 유적지
오답 해설 (B)는 동일 어휘 tour를 반복 사용한 오답.

20 미미 Will your team be able to meet the deadline for the product launch?
(A) Yes. We're even ahead of schedule.
(B) It's at the end of next month.
(C) I wish we could have met in person.

당신의 팀은 제품 출시에 맞춰 마감을 지킬 수 있나요?
(A) 네. 오히려 일정보다 앞서 있습니다.
(B) 다음 달 말이에요.
(C) 직접 볼 수 있었더라면 좋았을 텐데요.

어휘 meet the deadline 마감을 맞추다 launch 출시; 출시하다 ahead of schedule 일정보다 앞선 in person 직접
오답 해설 (B)는 deadline에서 연상 가능한 시간 표현을 이용한 오답. (C)는 동일 어휘 met(meet)를 반복 사용한 오답.

UNIT 08 평서문/간접 의문문

STEP 1 p.57

 영미

I'm looking for a book on growing roses.
(A) **Let me show you our gardening section.**
(B) You should water them regularly.

I couldn't find your contact information in the directory.
(A) Contact me on my mobile phone.
(B) **You must have last year's version.**

Let's use a larger font for the title on the front page.
(A) It's written above the article.
(B) **There isn't enough room on the page.**

I must say, that was a wonderful performance.
(A) **I've never seen such a talented pianist.**
(B) It was last night at eight thirty.

장미 재배에 대한 책을 찾고 있어요.
(A) 저희의 원예 부문을 보여드리죠.
(B) 그것들에 정기적으로 물을 줘야 해요.

명부에서 당신의 연락처를 찾을 수 없었어요.
(A) 휴대 전화로 제게 연락 주세요.
(B) 작년 번호를 갖고 계시는군요.

첫 페이지의 제목에 더 큰 서체를 씁시다.
(A) 기사 위에 적혀 있어요.
(B) 페이지에 그만큼 충분한 공간이 없어요.

정말 훌륭한 공연이었다고 말할 수밖에 없네요.
(A) 그렇게 재능 있는 피아니스트는 본 적이 없어요.
(B) 어젯밤 8시 30분이었어요.

 호미

M Did Lilah say why she can't come to the party?
W She has to work early the next morning.

M I'm not sure what the fastest way to get downtown is.
W How about taking a tram?

M Do you know whether we will need to extend the deadline?
W We'll see how it goes.

남 라일라 씨가 왜 파티에 못 오는지를 말해 주었나요?
여 그녀는 다음날 아침 일찍 일해야 하거든요.

남 시내로 가는 가장 빠른 방법이 뭔지 모르겠어요.
여 전차를 타는 건 어때요?

남 우리가 마감을 연장해야 하는 건지 알고 계세요?
여 어떻게 될지 한번 보죠.

STEP 2-1 p.58

A 1 (C), postponed the deadline, every month, Mostly, That's a relief
   2 (B), have a price tag, it looks really good, how much it is, more expensive
   3 (B), who will be replacing, spend more time, a qualified candidate, should have been replaced

B 1 (B)   2 (B)   3 (C)   4 (A)   5 (C)

A

1 미 미

We postponed the deadline for the final draft of the newsletter.
(A) I read it every month.
(B) Mostly company news.
(C) That's a relief.

우리는 소식지 최종본의 마감을 미뤘어요.
(A) 저는 이걸 매달 읽어요.
(B) 대체로 회사 소식들이요.
(C) 그것 다행이네요.

어휘 postpone 미루다, 연기하다   deadline 마감, 기한   final draft 최종안   relief 안도, 안심
오답 해설 (A)는 newsletter에서 연상 가능한 read를 이용한 오답. (B)는 newsletter와 발음이 일부 유사한 news를 이용한 오답.

2 영 미

This shirt doesn't have a price tag on it.
(A) I think it looks really good on you.
(B) A clerk can tell you how much it is.
(C) That's more expensive than I expected.

이 셔츠에는 가격표가 없네요.
(A) 저는 이게 당신에게 정말 잘 어울린다고 생각해요.
(B) 직원이 당신에게 가격을 말해줄 수 있을 거예요.
(C) 제가 예상했던 것보다 더 비싸네요.

어휘 price tag 가격표   clerk (가게의) 직원
오답 해설 (A)는 shirt에서 연상 가능한 looks good on을 이용한 오답. (C)는 price에서 연상 가능한 expensive를 이용한 오답.

3 호 미

Do you know who will be replacing Ms. Updike after she retires?
(A) To spend more time with her family.
(B) The board is still looking for a qualified candidate.
(C) They should have been replaced by now.

업다이크 씨가 은퇴하고 나면 누가 그녀를 대신할지 아세요?
(A) 그녀의 가족과 더 많은 시간을 보내기 위해서요.
(B) 이사진이 아직도 적격인 지원자를 찾고 있어요.
(C) 그것들은 지금쯤 대체되었어야 해요.

어휘 replace 대신[대체]하다   qualified 적격의   candidate 지원자
오답 해설 (A)는 retires에서 연상 가능한 내용을 이용한 오답. (C)는 동일 어휘 replaced(replacing)를 반복 사용한 오답.

B

1 영 호

The recruitment drive was a complete success.
(A) Because it was suitable for the purpose.
(B) That's what I had expected.
(C) We'll try harder next time.

신입회원 모집은 완전히 성공적이었어요.
(A) 그것이 목적에 부합했기 때문이에요.
(B) 그게 제가 기대했던 거예요.
(C) 다음번에는 우리 더 열심히 노력해 봐요.

어휘 recruitment drive 신입사원 모집   suitable 적합한

2 미 영

Do you know where Kevin put my plastic folder?
(A) Yes, the weather is getting cold.
(B) It is at the reception desk.
(C) I've met him a few times.

케빈 씨가 제 플라스틱 폴더를 어디에 두었는지 아세요?
(A) 네, 날씨가 점점 추워지고 있어요.
(B) 접수처에 있어요.
(C) 저는 그를 몇 번 만난 적이 있어요.

어휘 reception desk 접수처
오답 해설 (A)는 where와 발음이 유사한 weather를 이용한 오답.

3 미 미 I don't have time to process all of these vacation requests.
(A) We stayed at a hotel on the beach.
(B) Sure. It only takes a few minutes.
(C) Maybe your assistant could do it.

저는 이 모든 휴가 신청서를 처리할 시간이 없어요.
(A) 우리는 해변에 있는 호텔에 묵었어요.
(B) 그럼요. 이것은 고작 몇 분밖에 걸리지 않는걸요.
(C) 아마 보조사원이 그걸 해 줄 수 있을 거예요.

어휘 process 처리하다　vacation request 휴가 신청서
오답 해설 (A)는 vacation에서 연상 가능한 hotel을 이용한 오답. (B)는 time에서 연상 가능한 a few minutes를 이용한 오답.

---

4 호 영 Please make a reservation for a lunch meeting at Hank's Steakhouse.
(A) The Seaside Restaurant might be quieter.
(B) You can browse their full menu online.
(C) I reserved single rooms for each of you.

행크스 스테이크하우스에서의 점심 회의를 위해 예약을 해 주세요.
(A) 시사이드 레스토랑이 아마 더 조용할 것 같은데요.
(B) 온라인으로 그곳의 메뉴를 전부 훑어볼 수 있어요.
(C) 여러분 각자를 위해 1인용 객실을 예약했어요.

어휘 browse 훑어보다, 둘러보다
오답 해설 (B)는 lunch에서 연상 가능한 menu를 이용한 오답. (C)는 reservation과 파생 관계인 reserved를 이용한 오답.

---

5 호 미 Let's take Route 18 to get to the post office.
(A) Probably about fifteen to twenty minutes.
(B) To send a package overseas.
(C) It'll be busy at this time of day.

우체국에 가려면 18번 도로를 탑시다.
(A) 아마 15분에서 20분 정도요.
(B) 해외로 소포를 보내기 위해서요.
(C) 이 시간에는 붐빌 거예요.

어휘 overseas 해외로
오답 해설 (A)는 take Route에서 연상 가능한 시간 표현을 이용한 오답. (B)는 post office에서 연상 가능한 package를 이용한 오답.

STEP 3
p.60

1	(C)	2	(C)	3	(B)	4	(B)	5	(A)	6	(C)	7	(A)	8	(B)	9	(A)
10	(A)	11	(B)	12	(A)	13	(C)	14	(A)	15	(A)	16	(C)	17	(A)	18	(B)
19	(C)	20	(A)														

---

1 미 미 Do you know when the renovations to the employee lounge will be finished?
(A) I've already finished reading it.
(B) Three or four tables.
(C) Sometime next month.

직원 휴게실의 개조 공사가 언제 끝날지 아세요?
(A) 저는 그것을 이미 다 읽었어요.
(B) 테이블 서너 개요.
(C) 다음 달 중으로요.

어휘 renovation 개조 공사
오답 해설 (A)는 동일 어휘 finished를 반복 사용한 오답. (B)는 lounge에서 연상 가능한 tables를 이용한 오답.

2 영미　We ran out of cosmetics samples to give to customers.

(A) She runs her own business.
(B) Yes. I like the scent of this lotion.
(C) There are more in the stock room.

어휘　run out of ~이 떨어지다　run 운영[경영]하다
오답 해설　(A)는 동일 어휘 runs(ran)을 반복 사용한 오답. (B)는 cosmetics에서 연상 가능한 lotion을 이용한 오답.

고객들에게 증정할 화장품 견본들이 다 떨어졌어요.
(A) 그녀는 업체를 직접 운영해요.
(B) 네. 저는 이 로션의 향기가 좋아요.
(C) 창고에 더 있어요.

---

3 미호　I'm having trouble getting this file to open.

(A) They're open from 9 A.M. to 8 P.M.
(B) Try restarting your computer.
(C) I'll leave the door unlocked.

어휘　have trouble *doing* ~하는 데 어려움을 겪다　unlocked (자물쇠로) 잠겨 있지 않은
오답 해설　(A)는 동일 어휘 open을 반복 사용한 오답. (C)는 open에서 연상 가능한 door와 unlocked를 이용한 오답.

저는 이 파일을 여는 데 어려움을 겪고 있어요.
(A) 그곳은 오전 9시부터 저녁 8시까지 열어요.
(B) 컴퓨터를 다시 시작해 보세요.
(C) 문을 열어 놓을게요.

---

4 영호　The railing on the balcony needs to be repainted soon.

(A) Overlooking the lake below.
(B) Yes, it's starting to look worn.
(C) It was added for safety reasons.

어휘　railing 난간　overlook ~을 내려다보다　worn 낡은
오답 해설　(A)는 balcony에서 연상 가능한 내용을 이용한 오답. (C)는 railing에서 연상 가능한 safety를 이용한 오답.

발코니의 난간에 곧 다시 페인트칠을 해야겠네요.
(A) 아래 호수를 바라보고 있어요.
(B) 네, 그게 낡아 보이기 시작했어요.
(C) 안전상의 이유로 추가되었어요.

---

5 미미　Did you hear who was promoted to vice president?

(A) Someone from the Salem branch.
(B) Congratulations! That's great news!
(C) We've held it here in the past.

어휘　promote 승진시키다　branch 지점
오답 해설　(B)는 promoted에서 연상 가능한 내용을 이용한 오답. (C)는 hear와 발음이 유사한 here를 이용한 오답.

누가 부사장으로 승진했는지 들었어요?
(A) 살렘 지점의 어떤 분이요.
(B) 축하해요! 좋은 소식이네요!
(C) 예전에 여기서 개최했었어요.

---

6 미영　Please explain the tax regulations to the new staff members.

(A) Yes, they've been paid in full.
(B) Three new accountants.
(C) I hardly understand them myself.

어휘　regulation 규정　accountant 회계사
오답 해설　(A)는 tax에서 연상 가능한 paid를 이용한 오답. (B)는 tax에서 연상 가능한 accountants를 이용한 오답.

새로운 직원들에게 세금 규정에 대해 설명해 주세요.
(A) 네, 그건 전액 결제되었어요.
(B) 새로운 회계사 3명이요.
(C) 저 스스로도 그걸 잘 이해하지 못하는걸요.

---

7 호영　Can you tell me which of these desks belongs to Mr. Ames?

(A) It is in the corner over there.
(B) Yes. He's been waiting for me.
(C) I told him over the phone.

어휘　belong to ~의 것[소유]이다

이 책상들 중 어느 것이 에임즈 씨의 것인지 말씀해 주실 수 있나요?
(A) 저기 구석에 있는 거예요.
(B) 네. 그는 저를 기다리고 있어요.
(C) 제가 그에게 전화로 이야기했어요.

8 영미 This investment seems to be too risky for our company.

(A) Fill out this information form.
(B) Right. We could lose a lot.
(C) I've worked here for several years.

이 투자는 우리 회사에 너무 위험해 보이는데요.
(A) 이 정보 양식을 작성해 주세요.
(B) 맞아요. 많이 잃게 될 수도 있어요.
(C) 저는 여기서 몇 년 동안 일했어요.

어휘 investment 투자 risky 위험한 fill out 작성하다
오답 해설 (C)는 company에서 연상 가능한 worked를 이용한 오답.

---

9 미미 Let me give you a tour of our entire manufacturing facility.

(A) Sorry, but I'm afraid I don't have time.
(B) To produce a variety of furniture items.
(C) Yes, tourism season is coming soon.

저희 제조 시설 전체를 구경시켜 드리겠습니다.
(A) 죄송하지만 저는 시간이 없어요.
(B) 다양한 가구 제품을 생산하기 위해서요.
(C) 네, 곧 관광철이 다가와요.

어휘 manufacturing facility 제조 시설 a variety of 다양한
오답 해설 (B)는 manufacturing에서 연상 가능한 produce를 이용한 오답. (C)는 tour와 파생 관계에 있는 tourism을 이용한 오답.

---

10 미영 I'd like the landscaper to mow all the grass around the building.

(A) He can trim the bushes as well.
(B) We're located on the third floor.
(C) Yes, it looks much better now.

정원사가 건물 주변의 잔디를 전부 깎아 줬으면 좋겠어요.
(A) 그가 관목들도 다듬어 줄 수 있어요.
(B) 저희는 3층에 위치해 있습니다.
(C) 네, 이제 훨씬 좋아 보이네요.

어휘 landscaper 정원사 trim 다듬다 bush 관목 be located on ~에 위치해 있다
오답 해설 (B)는 building에서 연상 가능한 floor를 이용한 오답.

---

11 미미 We won't be able to renew our lease when the rental period ends.

(A) I'll try to find out for you.
(B) But that's not for a few months, right?
(C) If it's new, you can just return it.

임대 기간이 끝나면 우리는 계약을 연장할 수 없을 거예요.
(A) 당신을 위해 알아볼게요.
(B) 하지만 앞으로 몇 달간은 아니잖아요, 그렇죠?
(C) 만약 새것이면, 그냥 반품하실 수 있어요.

어휘 renew 연장[갱신]하다 rental period 임대 기간 return 반납하다
오답 해설 (C)는 renew와 발음이 유사한 new를 이용한 오답.

---

12 미호 I don't understand why the Internet isn't working.

(A) There must be a problem with the router.
(B) I use it for a lot of tasks.
(C) Feel free to take a seat.

인터넷이 왜 안 되는지 이해가 안 가네요.
(A) 라우터에 문제가 있는 것이 분명해요.
(B) 저는 많은 업무에 이것을 사용해요.
(C) 편하게 앉아 주세요.

어휘 router 라우터, 중계 장치 task 업무, 과제
오답 해설 (C)는 understand와 발음이 유사한 stand에서 연상 가능한 take a seat를 이용한 오답.

13 영미 I heard that the building where Ms. Vance works is difficult to find.

(A) Use the main entrance, please.
(B) She's not easy to deal with.
(C) I can draw you a map.

반스 씨가 일하는 건물은 찾기 어렵다고 들었어요.

(A) 정문을 이용해 주세요.
(B) 그녀는 대하기 힘들어요.
(C) 제가 약도를 그려 드릴 수 있어요.

어휘 entrance 입구   deal with ~을 상대하다, 다루다
오답 해설 (A)는 building에서 연상 가능한 main entrance를 이용한 오답. (B)는 difficult와 의미상 유사한 not easy를 이용한 오답.

---

14 미영 I wonder why the aquarium is closing early today.

(A) One of the employees said that it's for repairs.
(B) Yes, it's very close to my house.
(C) You can see a variety of animals there.

수족관이 왜 오늘 문을 일찍 닫는지 궁금하네요.

(A) 직원들 중 한 명이 말하기를 수리를 위해서래요.
(B) 네, 저희 집과 아주 가까워요.
(C) 거기서 다양한 동물들을 보실 수 있어요.

어휘 aquarium 수족관   a variety of 다양한
오답 해설 (B)는 동일 어휘 close(closing)를 반복 사용한 오답. (C)는 aquarium에서 연상 가능한 animals를 이용한 오답.

---

15 미미 Some of this artwork will be for sale at the auction.

(A) How can I participate in that?
(B) This is my favorite art museum.
(C) Yes. Everything is fifteen percent off.

이 작품들 중 일부는 경매에서 팔릴 거예요.

(A) 제가 어떻게 참여할 수 있나요?
(B) 이곳은 제가 좋아하는 미술관이에요.
(C) 네. 모든 게 15% 할인돼요.

어휘 auction 경매   participate in ~에 참여하다   favorite 좋아하는
오답 해설 (B)는 artwork에서 연상 가능한 art museum을 이용한 오답. (C)는 sale에서 연상 가능한 fifty percent off를 이용한 오답.

---

16 영호 Do you know how to set the alarm for the main door?

(A) Sure, if you can show me how.
(B) Then I'll meet you at the side door.
(C) Input the four-digit code on the panel.

중앙 현관문에 경보기를 설정하는 방법을 아세요?

(A) 그럼요, 만약 저에게 방법을 알려주실 수 있다면요.
(B) 그러면 옆문에서 뵙겠습니다.
(C) 패널에 4자리 암호를 입력하세요.

어휘 alarm 경보기, 경보 장치   input 입력하다
오답 해설 (A)는 동일 어휘 how를 반복 사용한 오답. (B)는 동일 어휘 door를 반복 사용한 오답.

---

17 미영 Please don't tell anyone who will be given the Employee of the Year Award.

(A) Is it supposed to be a surprise?
(B) I'm not sure who to choose.
(C) You'll have to ask Barry.

올해의 직원상을 누가 받게 될지 아무한테도 말하지 말아 주세요.

(A) 깜짝 소식이어야 하는 건가요?
(B) 누구를 선택할지 모르겠네요.
(C) 배리 씨에게 물어보셔야 할 거예요.

어휘 be supposed to do ~해야 한다
오답 해설 (B)는 동일 어휘 who를 반복 사용한 오답.

18 호 미   The store didn't have the smartphone I wanted in stock.

(A) Yes, that's probably a smart move.
(B) I'm sure you can find it online.
(C) You should bring some from home.

그 가게에는 제가 원하던 스마트폰의 재고가 없었어요.

(A) 네, 그게 현명한 조치일 거예요.
(B) 저는 당신이 인터넷으로 찾을 수 있을 거라 확신해요.
(C) 그것들을 집에서 좀 가져오셔야 해요.

어휘 have ~ in stock ~의 재고가 있다
오답 해설 (A)는 smartphone과 발음이 일부 유사한 smart를 이용한 오답. (C)는 didn't have에서 연상 가능한 내용을 이용한 오답.

---

19 미 미   We weren't able to reach an agreement during the negotiations with GT International.

(A) I agree with your opinion.
(B) He's tall enough to reach it.
(C) That's a shame.

우리는 GT 인터내셔널 사와의 협상 중에 합의에 도달할 수 없었어요.

(A) 당신의 의견에 동의해요.
(B) 그는 그것에 닿을 만큼 충분히 키가 커요.
(C) 그거 안타깝네요.

어휘 reach an agreement 합의에 도달하다   negotiation 협상
오답 해설 (A)는 agreement와 파생 관계에 있는 agree를 이용한 오답. (B)는 동일 어휘 reach를 반복 사용한 오답.

---

20 호 영   A construction crew will begin work on the building next door tomorrow.

(A) Do you know how long it will last?
(B) Because our former office was too small.
(C) Their noisy equipment will finally be gone.

내일 공사장 인부들이 옆 건물의 공사를 시작할 예정이에요.

(A) 얼마나 걸릴지 아세요?
(B) 우리의 이전 사무실이 너무 좁았기 때문이에요.
(C) 그 사람들의 시끄러운 장비가 마침내 사라지겠네요.

어휘 construction 공사   former 이전[과거]의
오답 해설 (B)는 construction에서 연상 가능한 내용을 이용한 오답. (C)는 construction에서 연상 가능한 noisy equipment를 이용한 오답.

PART 3

UNIT 09 화자의 의도 파악 문제/3인 대화

STEP 1　　　　　　　　　　　　　　　　　　　　　　　　　　　　p.65

미미

M　Hey Tina, has your team figured out why the new software program keeps crashing?
W　Not yet. We are still investigating the problem. In the meantime, employees should avoid using the production database until we can fix the issue.
M　I understand, but all of our inventory information is electronically stored there. I hope you can figure it out soon.

어휘　figure out 알아내다, 해결하다　crash (시스템이) 작동을 멈추다, 고장 나다　investigate 조사하다　avoid 피하다　inventory 재고(품)

남　저기요 티나, 새로운 소프트웨어 프로그램이 왜 계속 오작동하는지 당신의 팀에서 알아냈나요?
여　아직이요. 우리는 아직 그 문제를 조사 중이에요. 그동안, 직원들은 우리가 그 문제를 고칠 때까지 생산 데이터베이스 사용을 피해야 해요.
남　저도 이해해요. 하지만 우리의 모든 재고 정보가 그곳에 전자적으로 저장되어 있는걸요. 당신이 문제를 얼른 해결할 수 있었으면 좋겠네요.

여자가 "우리는 아직 그 문제를 조사 중이에요"라고 말한 의도는?
(A) 해결책을 찾으려고 노력 중이다.
(B) 아직 시스템을 업그레이드하지 않았다.

오답 해설　시스템 업그레이드에 관한 언급은 없으므로 (B)는 오답.
Possible Answer　문제의 원인을 모른다.

미영호

M1　Hello, Ms. Kann. We've received your request for a salary increase.
W　My performance reviews are always very good. However, my supervisor has not offered me any raise since I've started working.
M2　I know what you mean. Unfortunately, however, the company does not offer thirty percent salary increases.
M1　A ten percent raise is standard, but we're prepared to offer you fifteen. There is little room for negotiation.
W　Well, I've gotten a more lucrative job offer from another company. If you are unable to match it, I will have to accept their offer.

어휘　request 요청; 요청하다　standard 표준, 표준의　room for ~의 여지　negotiation 협상　accept 받아들이다

남1　안녕하세요 칸 씨. 당신의 급여 인상 요청을 받아 보았어요.
여　제 성과 평가는 항상 매우 우수합니다. 하지만, 제 상사는 제가 일을 시작한 이후로 저에게 한 번도 인상을 제시한 적이 없습니다.
남2　무슨 말씀이신지 알아요. 하지만, 안타깝게도 회사는 30%의 급여 인상을 제공해 주지 않습니다.
남1　10% 인상이 표준이지만, 15%를 제시할 준비가 되어 있습니다. 협상의 여지가 거의 없습니다.
여　음, 제가 다른 회사에서 급여가 더 높은 일자리 제의를 받았습니다. 그것에 맞춰주실 수 없다면, 저는 그 제의를 받아들여야 합니다.

칸 씨가 하려고 준비된 것은?
(A) 승진 거절하기
(B) 다른 회사로 옮기기

패러프레이징　I will have to accept their offer
→ Move to a different company
오답 해설　칸 씨의 승진은 언급되지 않았으므로 (A)는 오답.
Possible Answer　다른 회사로 옮기기

STEP 2-1

p.66

A 1 (B)   2 (A)   3 (A)
B 1 (C)   2 (C)   3 (B)

A

1 미 We don't have enough money to carry out what you proposed.
(A) We need recommendations about how to spend the funds.
(B) We can't afford to follow through on your suggestion.

우리는 당신이 제안한 내용을 진행할 만큼 충분한 자금이 없어요.
(A) 우리는 자금을 어떻게 써야 하는지에 대한 추천이 필요해요.
(B) 당신의 제안을 이행할 여력이 되지 않아요.

어휘 carry out ~을 진행[수행]하다 recommendation 추천 afford to do ~할 여력이 있다 follow through on ~을 이행하다

2 미 I'd be happy to help you with sorting out this financial paperwork.
(A) I don't mind organizing the documents with you.
(B) I'd like to have you assist me with the finances.

당신이 이 재정 서류를 분류하는 것을 기꺼이 도와드릴게요.
(A) 당신과 함께 기꺼이 서류 정리를 할게요.
(B) 당신이 재정 관련해서 저를 도와주시면 좋겠어요.

어휘 sort out ~을 분류[정리]하다 financial 재정적인 paperwork 서류 (작업) organize 정리하다 assist 돕다, 보조하다

3 미 Could you tell me who is in charge of updating the online photo gallery?
(A) I want to find out the person who is responsible for the task.
(B) I am wondering whether changing some photos is allowed.

온라인 사진첩 업데이트를 맡은 분이 누구인지 말씀해 주실 수 있나요?
(A) 일을 책임지는 사람이 누군지 알고 싶어요.
(B) 몇몇 사진들을 변경해도 되는지 궁금하네요.

어휘 be in charge of ~을 맡다[책임지다] wonder 궁금해하다 whether ~인지 아닌지 allow ~을 허용하다

B

Questions 1-3 refer to the following conversation.

미 미

M Hello, Ms. Kutchor. I'm Chris Elkins. (1)I'll be taking care of you during your first day of training. Have you been waiting long?

W It's very nice to meet you, Mr. Elkins. And no, I haven't been waiting long. I just finished signing in with security before you came down. How should we start today's training?

M Well, (1)first I'm going to give you a brief tour of the office and introduce you to your team members.

W That sounds terrific. I'm anxious to see where I'll be working.

남 안녕하세요, 컷처 씨. 저는 크리스 엘킨스에요. (1)교육 첫날 동안 당신을 담당할 거예요. 오래 기다리셨나요?

여 만나서 반가워요, 엘킨스 씨. 그리고 아니에요. 내려오시기 전에 막 경비실에서 서명하고 들어왔어요. 오늘의 교육은 어떻게 시작되나요?

남 음, (1)첫째로 저는 당신에게 사무실을 간단히 구경시켜 주고 팀원들에게 당신을 소개할 거예요.

여 그거 멋지네요. 제가 일할 곳을 보게 되어 긴장돼요.

M (2)You'll have a chance to put down your stuff when I show you your desk. I have some paperwork for you to sign in the conference room, and then (3)I'll walk you through our practices.
W (3)You mean like dress code and office hours? Those kinds of things?
M Exactly. That way you'll be able to familiarize yourself with the new environment.

남 (2)제가 책상을 보여드릴 때 물건을 놓으셔도 돼요. 회의실에서 당신이 서명해 주실 서류들이 좀 있어요. 그러고 나서 (3)관행을 좀 보여드릴게요.
여 (3)복장 규정이나 근무 시간이요? 그런 것들이요?
남 정확해요. 그러면 새로운 환경에 익숙해지실 수 있을 거예요.

어휘 take care of ~에 대한 책임이 있다 sign in 서명하고 들어가다 give a tour 구경시켜 주다 brief 간단한 terrific 멋진 put down 놓아 두다 walk A through B A에게 B를 보여주다 practice 관행, 지침

1 남자의 신분은?
(A) 신규 채용된 직원
(B) 경비원
(C) 교육 관리자
(D) 매장 손님

오답 해설 남자는 새로 채용된 직원을 인솔하고 있는 것이지, 그 자신이 신입 직원이 아니므로 (A)는 오답.

2 여자가 자리에서 할 수 있다고 남자가 말한 것은?
(A) 문서에 서명하기
(B) 컴퓨터 설치하기
(C) 소지품 두기
(D) 전화 교육 받기

패러프레이징 put down your stuff → Put away her belongings
오답 해설 문서에 서명하는 것은 여자의 자리가 아니라 회의실에서 진행될 것이므로 (A)는 오답.

3 여자가 "그런 것들이요"라고 말한 의도는?
(A) 직무를 명료히 하기 위해
(B) 정보를 더 얻기 위해
(C) 고객 문의를 설명하기 위해
(D) 기대치에 대해 물어보기 위해

오답 해설 여자가 묻고 있는 것은 직무가 아니라 회사 관행(practices)과 관련된 내용이므로 (A)는 오답.

STEP 3   p.68

1 (C)	2 (B)	3 (D)	4 (B)	5 (B)	6 (C)	7 (D)	8 (B)	9 (C)
10 (D)	11 (B)	12 (D)	13 (B)	14 (A)	15 (C)	16 (A)	17 (D)	18 (C)
19 (C)	20 (C)	21 (B)	22 (C)	23 (A)	24 (C)			

Questions 1-3 refer to the following conversation.

미미

W Hi, this is Lisa from the sales department. I'm supposed to meet with a client today, but when I went to check the conference room, (1)I noticed that the projector screen is broken. It doesn't lower when I press the button. Can you fix it by three o'clock?
M That won't be possible. (2)I'm already aware of the problem, but I don't have the components I need right now. I've ordered them, but they'll take a few days to arrive.
W I see. In that case, (3)I'll find another place to hold the meeting.

여 안녕하세요, 저는 영업부의 리사예요. 저는 오늘 고객을 만나야 하는데, 제가 회의실을 확인하러 갔을 때, (1)프로젝터 스크린이 고장 난 것을 알았어요. 버튼을 눌렀을 때 내려오지 않아요. 3시 정각까지 고쳐 주실 수 있을까요?
남 그건 아마 불가능할 겁니다. (2)저는 이미 그 문제를 알고 있지만, 지금은 필요한 부품이 없어요. 주문을 했는데, 도착하는 데 며칠 걸릴 거예요.
여 알겠어요. 그렇다면, (3)회의를 열 다른 장소를 찾아볼게요.

M Thanks for understanding. I'll put a sign on the door to inform other people about the issue.

> 어휘 **be supposed to** *do* ~해야 한다 **notice** ~을 알다 **broken** 고장 난 **lower** 내려가다, 낮아지다 **be aware of** ~을 알고 있다 **component** 부품 **inform** 알리다

남 이해해 줘서 고마워요. 다른 분들에게도 문제를 알리기 위해 제가 문에 팻말을 걸어 둘게요.

1 전화의 목적은?
 (A) 공간을 예약하기 위해
 (B) 회의 일정을 다시 잡기 위해
 (C) 수리를 요청하기 위해
 (D) 제품을 홍보하기 위해

패러프레이징 fix → a repair
오답 해설 회의실의 기기가 고장 난 것이지 회의 일정을 다시 잡아야 하는 것은 아니므로 (B)는 오답.

2 남자가 "그건 아마 불가능할 겁니다"라고 말한 의도는?
 (A) 예산이 충분히 많지 않다.
 (B) 오늘 업무를 완료할 수 없다.
 (C) 너무 바빠서 회의에 참석할 수 없다.
 (D) 변경에 대한 승인을 받지 않았다.

오답 해설 회의에 참석해야 하는 사람은 여자이므로 (C)는 오답.

3 여자가 하고자 하는 일은?
 (A) 공식 보고서 제출하기
 (B) 연수회 개최하기
 (C) 팻말 걸기
 (D) 회의 장소 옮기기

패러프레이징 find another place to hold the meeting → Move a meeting's location
오답 해설 팻말을 거는 것은 남자가 하겠다고 한 일이므로 (C)는 오답.

Questions 4-6 refer to the following conversation.

영미

W (4)I've put up the sale signs for the designer jeans and the cotton dress shirts, and I've tidied up the fitting room.
M Thanks for taking care of that.
W Is there anything else that needs to be done?
M Actually, yes. We have a slight problem with the cashmere sweaters from Worley Manufacturing. (5)They were supposed to be delivered next week, but they came today.
W Couldn't we just wait to put them out next week as planned?
M There's not enough space in the storage room. (6)So we'll need to reorganize the sweater shelves to make room for them.
W I'm on the case.
M Thanks! I'll check up on you in an hour or so to see how you're coming along.

> 어휘 **put up** 걸다 **tidy up** 청소하다 **slight** 약간의 **storage room** 창고 **reorganize** 다시 정리하다 **make room for** ~을 위해 자리를 만들다 **come along** (원하는 대로) 되어 가다

여 (4)디자이너 청바지와 면 드레스 셔츠의 할인 팻말을 걸어 두었고, 탈의실을 청소했습니다.
남 처리해 줘서 고마워요.
여 해야 할 일이 더 있나요?
남 사실은, 맞아요. 월리 제조사의 캐시미어 스웨터에 약간 문제가 있어요. (5)그것들은 다음 주에 배송되기로 했는데 오늘 도착했어요.
여 예정된 대로 다음 주까지 기다렸다가 그것들을 내놓으면 안되나요?
남 창고에 충분한 공간이 없어서요. (6)그래서 스웨터 선반을 다시 정리해서 그것들을 둘 자리를 만들어야 해요.
여 제가 처리할게요.
남 고마워요! 한 시간쯤 뒤에 다시 확인하러 와서 어떻게 하고 계시는지 볼게요.

4 화자들이 일하는 곳은?
 (A) 전자제품 매장
 (B) 의류 매장
 (C) 가구 매장
 (D) 식료품 매장

패러프레이징 designer jeans and the cotton dress shirts → clothing

5 남자가 언급한 문제점은?
(A) 일부 가격이 부정확했다.
(B) 배송품이 일찍 도착했다.
(C) 몇몇 물건들이 손상되었다.
(D) 직원 한 명이 결근했다.

[패러프레이징] They were supposed to be delivered next week, but they came today. → A shipment arrived early.
[오답 해설] 물건 손상에 관한 언급은 없으므로 (C)는 오답.

6 여자가 "제가 처리할게요"라고 말한 의도는?
(A) 상품에 가격표를 붙여 놓을 것이다.
(B) 제조사에 연락할 것이다.
(C) 선반 몇 개를 재배열할 것이다.
(D) 창고에서 재고 수를 셀 것이다.

[패러프레이징] reorganize → rearrange
[오답 해설] 배송품이 예정보다 빨리 도착하긴 했지만 이에 대해 제조사에 연락한다는 말은 없으므로 (B)는 오답.

Questions 7-9 refer to the following conversation with three speakers.

호영미

M1 For next week's trade expo, (7)we need about three hundred pamphlets with our product descriptions.
W Right. Ms. Vogel asked me to get them printed by Friday.
M2 Which company are you planning on using? Last time we used Reily Co., but the finished product didn't look very professional.
W I wanted to use Lewis Prints, but they're more than twice the price of Reily Co.
M1 (8)If so, we'll have to spend more than planned. I think we should stay with Reily Co.
W Well, we don't have a choice anyway. (8)Reily Co. is the only company we can afford.
M2 (9)Let me talk to the head of accounting. Maybe she can make an adjustment to the budget so we can use a better service.
W All right. Let me know what she says.

남1 다음 주 무역 박람회를 위해, (7)우리 제품의 설명이 들어간 책자가 300부 정도 필요해요.
여 맞아요. 보겔 씨가 금요일까지 인쇄하라고 저한테 요청했어요.
남2 어떤 회사를 이용할 계획이세요? 지난번에 우리는 라일리 사를 이용했는데 완성된 제품이 그다지 전문적으로 보이지 않았어요.
여 저는 루이스 프린트 사를 이용해 보고 싶었는데 그곳은 라일리 사의 두 배 이상의 가격이에요.
남1 (8)그러면 우리는 계획보다 더 지출하게 돼요. 제 생각에는 라일리 사와 계속 일해야 할 것 같아요.
여 음, 어쨌든 우리는 선택의 여지가 없네요. (8)라일리 사가 우리가 이용할 여력이 되는 유일한 회사예요.
남2 (9)제가 회계부서장에게 이야기해 보죠. 아마도 그분은 우리가 더 나은 서비스를 이용할 수 있도록 예산을 조정해 줄 수 있을지도 몰라요.
여 알겠어요. 그분이 뭐라고 하시는지 알려주세요.

[어휘] description 설명 professional 전문적인 accounting 회계 adjustment 조정 budget 예산

7 화자들이 주로 논의하고 있는 내용은?
(A) 연설가 고용하기
(B) 무역 행사 신청하기
(C) 회의 장소 예약하기
(D) 책자 인쇄하기

[패러프레이징] pamphlets → brochures
[오답 해설] 무역 박람회가 언급되기는 했지만 박람회 신청에 관한 내용은 아니므로 (B)는 오답.

8 여자가 "어쨌든 우리는 선택의 여지가 없네요"라고 말한 의도는?
(A) 마감을 맞춰야 한다.
(B) 특정 업체를 고용해야 한다.
(C) 예산을 삭감해야 한다.
(D) 사람을 더 채용해야 한다.

[오답 해설] 예산을 삭감하는 것이 아니라 계획보다 지출을 더 하지 않기 위해 특정한 업체를 고용할 수밖에 없는 것이므로 (C)는 오답.

9 남자들 중 한 명이 계획하는 것은?
(A) 신규 서비스 이용해 보기
(B) 일정 조정하기
(C) 상급자에게 이야기하기
(D) 계좌 개설하기

[패러프레이징] talk to the head of accounting → Speak to a supervisor
[오답 해설] 일정이 아니라 예산을 조정하려는 것이므로 (B)는 오답.

Questions 10-12 refer to the following conversation.

영미

W   Good afternoon. (10)My travel agent recommended your bank for exchanging money for my upcoming trip to Chile. I'd like to exchange three hundred dollars. Is that possible?
M   Unfortunately, we don't keep foreign currencies on hand here. But I can get what you need sent over from another branch. (11)How much time do you have before you depart?
W   Just a few days. (11)I fly out on Thursday.
M   That should be fine. I can get some Chilean pesos by Tuesday or Wednesday at the latest. (12)Why don't you give me your phone number, and I'll call you as soon as the money is in?
W   All right. Thank you.

여   안녕하세요. (10)제 여행사 직원이 곧 있을 칠레 여행을 위한 환전에 이 은행을 추천해 주었어요. 저는 300달러를 환전하고 싶은데요. 가능할까요?
남   안타깝게도, 저희는 이곳에 외화를 보유하고 있지 않습니다. 그렇지만 고객님께서 필요로 하시는 것을 다른 지점에서 받을 수 있습니다. (11)출발하시기 전에 시간이 얼마나 있으십니까?
여   2-3일 정도요. (11)저는 목요일에 떠나요.
남   그건 문제 없습니다. 늦어도 화요일이나 수요일까지는 칠레 페소화를 구할 수 있습니다. (12)돈이 들어오면 바로 전화 드릴 수 있도록 고객님의 전화번호를 제게 알려주시는 게 어떻습니까?
여   알겠어요. 감사해요.

어휘 **travel agent** 여행사 직원 **exchange money** 환전하다 **upcoming** 곧 있을 **foreign currency** 외화 **on hand** 보유 중인 **at the latest** 늦어도

10 대화가 일어나고 있는 곳은?
   (A) 공항
   (B) 여행사
   (C) 외국 대사관
   (D) 금융 기관

패러프레이징 bank → financial institution

11 여자가 "2-3일 정도요"라고 말한 의도는?
   (A) 긴급 서비스를 이용할 것이다.
   (B) 곧 휴가를 떠날 것이다.
   (C) 곧 지불을 할 것이다.
   (D) 여행 계획을 수정할 것이다.

패러프레이징 fly out on Thursday → leave for a vacation soon

12 남자가 여자에게 요청하는 것은?
   (A) 여권 제시하기
   (B) 양식 작성하기
   (C) 나중에 그에게 전화하기
   (D) 연락처 제공하기

패러프레이징 give me your phone number → Provide contact information
오답 해설 여자에게 전화하겠다고 제안한 사람은 남자이므로 (C)는 오답.

Questions 13-15 refer to the following conversation with three speakers.

호미영

M   Did either of you know that (13)we are expected to have photographs taken with a professional photographer next week?
W1   Yeah, I was told it's because the company's updating the employee directory.
M   I wasn't aware of this at all. Are we supposed to go to a studio or anything?
W2   (14)You should get an e-mail two days before your assigned time slot.

남   둘 중에 한 분이라도 (13)다음 주에 우리가 전문 사진작가와 사진을 찍을 예정이라는 것을 알고 계셨나요?
여1   네, 회사가 직원 주소록을 업데이트하는 중이기 때문이라고 들었어요.
남   저는 이 모든 것을 모르고 있었네요. 저희가 사진관이나 그런 곳에 가야 하나요?
여2   (14)배정받으신 때로부터 이틀 전에 이메일을 받게 되실 거예요.

W1	Right. Everything's arranged and paid for. We just need to go to the conference room at the assigned times listed in the e-mail.	여1	맞아요. 모든 것들은 준비와 결제가 완료되었어요. 우리는 그냥 이메일에 나열된 대로 배정된 시간에 회의실로 가기만 하면 돼요.
M	Does the e-mail also indicate how we are expected to dress?	남	이메일에 복장을 어떻게 하면 좋은지도 지시되어 있나요?
W2	Yes. Both men and women were asked to wear plain business suits with solid color shirts underneath.	여2	네. 남자와 여자 모두 무늬 없는 셔츠를 받쳐 입고 단색 정장을 입도록 요구돼요.
W1	(15)And we were asked to avoid strong patterns and jewelry.	여1	(15)그리고 강렬한 무늬나 장신구를 피하라는 요구도 받았어요.

어휘 directory 주소록 assign 배정[할당]하다 indicate 지시하다, 나타내다 plain 무늬가 없는 solid 단색의 underneath 아래에 avoid 피하다

13 대화의 주된 내용은?
(A) 전문 사진작가 고용하기
(B) 사진 촬영 준비하기
(C) 회의실 예약하기
(D) 회사 주소록 발행하기

패러프레이징 photographs → a photo shoot
오답 해설 전문 사진작가 고용이 아니라 직원 사진 촬영에 대해 이야기하고 있으므로 (A)는 오답.

14 남자가 여자들과 같은 정보를 얻지 못한 이유는?
(A) 아직 이메일을 받지 않았다.
(B) 사진이 필요 없다.
(C) 회의에서 최신 정보를 알게 될 것이다.
(D) 게시된 공지를 읽지 않았다.

오답 해설 직원 주소록 업데이트를 위해 사진을 새로 찍어야 한다고 했으므로 (B)는 오답.

15 여자들에 따르면, 피해야 하는 것은?
(A) 밝은 색상
(B) 넥타이
(C) 긴 목걸이
(D) 재킷

패러프레이징 jewelry → necklaces

Questions 16-18 refer to the following conversation.

호미

M	Hey, Allison. (16)Did I miss anything in the weekly meeting yesterday? I didn't get back from my trip to see our clients until the evening.	남	안녕하세요, 앨리슨 씨. (16)제가 어제 주간 회의에서 놓친 게 있나요? 고객들을 만나러 출장을 가서 저녁까지 복귀하지 못했거든요.
W	Actually, yes. There is a new procedure for claiming travel expenses. (17)They used to require you to submit all of your receipts, but you don't have to worry about that now. (17)It'll be calculated from the company credit card statement.	여	사실, 그래요. 새로운 출장 비용 신청 절차가 생겼어요. (17)이전에는 영수증들을 전부 제출할 것을 요구했지만, 이제는 그런 것을 걱정할 필요가 없어요. (17)회사 신용카드 명세서로 계산될 거거든요.
M	Oh, that'll simplify things. Do we still have to fill out a request form on the first of the month?	남	아, 모든 게 간편해지겠네요. 아직도 매달 1일에 신청서를 작성해야 하나요?
W	Actually, the submission dates have changed too. (18)Stanley has extra information sheets with the details, so you'd better ask him for one.	여	실은, 제출일도 바뀌었어요. (18)스탠리 씨한테 추가 세부사항이 적힌 정보지가 있으니 그에게 하나 달라고 하는 게 좋을 거예요.

어휘 procedure 절차, 방법 claim 신청하다; 주장하다 expense (항상 복수형) 비용[경비] calculate 계산하다 statement 명세서 fill out 작성하다 submission 제출 detail (보통 복수형) 세부사항

16 남자가 어제 한 일은?
 (A) 출장에서 돌아왔다
 (B) 주간 회의를 주도했다
 (C) 여행사에 연락했다
 (D) 집으로 가는 비행편을 놓쳤다

패러프레이징 my trip to see our clients ➔ a business trip
오답 해설 주간 회의에 참석하지 못한 것이지 비행편을 놓쳤다는 언급은 없으므로 (D)는 오답.

17 여자가 "이제는 그런 것을 걱정할 필요가 없어요"라고 말한 의도는?
 (A) 그녀는 어떤 도움도 필요하지 않다.
 (B) 행사 참석은 필수가 아니다.
 (C) 그녀는 남자를 위해 업무를 완수했다.
 (D) 일부 서류가 필요하지 않다.

패러프레이징 all of your receipts ➔ Some paperwork

18 여자가 제안하는 것은?
 (A) 신청서 일찍 제출하기
 (B) 정보를 얻기 위해 웹사이트 확인하기
 (C) 동료에게 유인물 받기
 (D) 예산 조정 요청하기

패러프레이징 information sheets with the details ➔ a handout
오답 해설 신청서 제출일 변경에 관해 언급하기는 했지만 일찍 제출하라는 말은 없으므로 (A)는 오답.

Questions 19-21 refer to the following conversation with three speakers.

영미미
W1 I'm glad we're getting fifteen new team members to assist with (19)the launch of our new photo-sharing app in October.
M (20)Fifteen? Considering the amount of spare room we have here in our department, there isn't enough for everyone.
W2 Mr. Wagner said we will move our department to the 5th floor.
W1 It's completely empty up there. Do we need to make any preparations?
W2 Actually, yes. (21)We need to decide what style and size of desks, chairs, and shelves we would like for the team members.
M I've got a catalog from our main supplier. (21)How about we meet this afternoon to look it over together?
W1 Sounds good to me.
W2 Me too.

어휘 assist 돕다, 보조하다 launch 출시(하다) considering ~을 고려하면 amount 양, 액수 supplier 공급처 look over 살펴보다

여 (19)10월 우리의 새로운 사진공유 앱 출시에 도움을 줄 15명의 새로운 팀원들을 맞이하게 되어 기쁘네요.
남 (20)15명이요? 우리 부서의 여유 공간을 고려해 봤을 때, 모두에게 공간이 충분하지 않은걸요.
여2 바그너 씨가 우리 부서를 5층으로 옮기게 될 것이라고 말했어요.
여1 그곳은 완전히 비어 있어요. 준비를 해야 할까요?
여2 실은, 그래요. (21)우리 팀원들을 위해 책상, 의자, 선반의 스타일과 사이즈는 어떤 게 좋을지 결정해야 해요.
남 우리 주 공급처에게서 받은 책자가 저한테 하나 있어요. (21)오늘 오후에 만나서 함께 그걸 살펴보는 게 어때요?
여1 전 괜찮아요.
여2 저도요.

19 화자들의 회사가 10월에 계획하는 일은?
 (A) 새로운 건물로 이사 가기
 (B) 다른 회사와 합병하기
 (C) 신제품 출시하기
 (D) 신입 사원 교육하기

패러프레이징 the launch of our new photo-sharing app ➔ Launch a new product
오답 해설 신입 사원을 채용하기는 했지만 교육에 관한 내용은 없으므로 (D)는 오답.

20 남자가 "모두에게 공간이 충분하지 않은걸요"라고 말한 의도는?
 (A) 팀 예산이 증대되어야 한다.
 (B) 팀이 현재 너무 작다.
 (C) 직원들 모두를 위한 공간이 없다.
 (D) 마감이 미루어져야 한다.

오답 해설 충분하지 않은 것은 팀원의 수(팀의 크기)가 아니라 팀원을 수용할 공간이므로 (B)는 오답.

21 화자들이 나중에 만나는 이유는?
  (A) 건물 부지를 보기 위해
  (B) 가구 선택에 대해 논의하기 위해
  (C) 입사 지원서들을 검토하기 위해
  (D) 책자에서 유니폼을 주문하기 위해

[패러프레이징] look it over together → discuss
[오답 해설] 책자는 가구에 대한 것이지 유니폼에 대한 것이 아니므로 (D)는 오답.

Questions 22-24 refer to the following conversation.

미영

M (22)What did you think of the applicants we talked to this morning? Who do you think we should offer the job to?
W It's difficult to decide. As far as personality goes, (23)I really liked Helen Diego. She seemed to have a lot of passion and enthusiasm for the job.
M I agree. I think she would make a great addition to the team.
W Yes, but I'm a bit worried. She has a strong educational background, but will that be enough?
M What do you mean?
W Her job history isn't … uh … isn't a good match. (24)She's never worked in this field before.
M To me, that's not a factor. (24)We can train her in everything she needs to know.

남 (22)오늘 아침에 이야기 나눈 지원자들에 대해 어떻게 생각하세요? 누구에게 일자리를 주어야 한다고 생각하세요?
여 결정하기 어렵네요. 성격으로 보자면, (23)저는 헬렌 디에고 씨가 정말 마음에 들었어요. 그녀는 이 일에 대한 열정과 열의가 많아 보였어요.
남 저도 동의해요. 제 생각에는 그녀가 팀에 귀중한 인재가 될 거라 생각해요.
여 네, 그렇지만 저는 약간 걱정돼요. 그녀의 학력이 탄탄하기는 하지만, 그것으로 충분할까요?
남 무슨 뜻이죠?
여 그녀의 업무 경력이… 어… 잘 맞지 않아요. (24)그녀는 전에 이 분야에서 일해본 적이 없거든요.
남 저에게는, 그건 고려 사항이 아니에요. (24)그녀가 알아야 할 것들은 전부 저희가 교육할 수 있어요.

[어휘] **applicant** 지원자 **offer** 주다, 제공하다 **as far as ~ go** ~에 관한 한 **personality** 성격 **passion** 열정(=enthusiasm) **make a great addition to a team** 팀에 귀중한 인재가 되다 **educational** 교육적인 **background** 배경 **job history** 업무 경력 **factor** 요인, 요소

22 화자들이 아침에 한 일은?
  (A) 인터넷에 구인광고를 게재했다
  (B) 이력서를 심사했다
  (C) 지원자들의 면접을 봤다
  (D) 새로운 계약에 서명했다

[패러프레이징] the applicants we talked to → Interviewed job candidates
[오답 해설] 화자들은 면접을 본 것이지 이력서를 심사한 것은 아니므로 (B)는 오답.

23 여자가 디에고 씨에 대해 시사한 바는?
  (A) 열정적인 태도를 갖고 있다.
  (B) 질문에 답하는 데 어려움을 겪었다.
  (C) 추천서가 인상적이었다.
  (D) 창의적인 생각을 공유했다.

[패러프레이징] a lot of passion and enthusiasm for the job → an enthusiastic attitude

24 남자가 "그건 고려 사항이 아니에요"라고 말한 의도는?
  (A) 학력에 신경 쓰지 않는다.
  (B) 예산은 무시해도 된다고 생각한다.
  (C) 경력은 필수적이지 않다고 생각한다.
  (D) 그 분야에 대해 잘 알지 못한다.

[오답 해설] 지원자의 학력이 탄탄하다고 했으나 여기서는 업무 경력(job history)에 대해 이야기하고 있으므로 (A)는 오답. 지원자가 해당 분야의 이력이 없다는 것이지, 남자가 이 분야를 모르는 것은 아니므로 (D)는 오답.

UNIT 10 시각 정보 연계 문제

STEP 1 p.73

M A lot of people are attending tonight's lecture by Kenneth Owens. It'll be time well spent.
W You're right. But there's one problem. A pipe burst on the second floor, and the lecture room is flooded. What should we do?
M I have an idea. Couldn't we just set up chairs in the largest section?
W Yeah. That would be enough seating.
M And we can move some of the center displays to the sculpture section.

남 많은 사람들이 오늘밤 케네스 오언스 씨의 강연에 참석할 거예요. 유익한 시간이 되겠죠.
여 맞아요. 하지만 문제가 하나 있어요. 2층에 파이프가 파열되어서 강의실이 물에 잠겼어요. 어떻게 해야 하죠?
남 저한테 생각이 있어요. 가장 넓은 구역에 의자를 놓을 수 없을까요?
여 네. 그러면 좌석이 충분하겠네요.
남 그리고 우리는 중앙의 전시품들 일부를 조각 구역으로 옮겨 놓을 수 있을 거예요.

어휘 burst 파열하다, 터지다 flood 물에 잠기다, 침수되다 seating 좌석 display 전시품; 전시하다

시각 정보에 따르면, 강연이 열릴 것 같은 구역은?
(A) 조각
(B) 회화
(C) 혼합 매체
(D) 사진

오답 해설 전시품들을 조각 구역으로 옮겨 놓는다고 했지, 그곳에서 강연을 열 것은 아니므로 (A)는 오답.

STEP 2-1 p.74

A 1 (B)   2 (B)   3 (A)
B 1 (D)   2 (C)   3 (B)

A

1 영 The product that you ordered is out of stock, but we'll get more soon.
(A) The store is currently closed for restocking, but it will open again shortly.
(B) The merchandise that you requested is temporarily unavailable.

귀하께서 주문하신 물건은 재고가 다 떨어졌지만, 곧 더 가져다 놓을 것입니다.
(A) 상점은 현재 재고를 보충하기 위해 문을 닫았지만, 곧 다시 영업을 할 것입니다.
(B) 귀하께서 요청하신 상품은 일시적으로 이용이 불가능합니다.

55

어휘 out of stock 재고가 없는　currently 현재　shortly 곧　merchandise (집합적) 상품, 물품　temporarily 일시적으로　unavailable 이용할[입수할] 수 없는

---

2 영

The basic monthly Internet package is thirty-five dollars, and the premium package is fifty dollars.
(A) The premium service is faster than the basic service.
(B) The premium service costs more than the basic service.

기본 월 인터넷 요금제는 35달러이고, 프리미엄 요금제는 50달러입니다.
(A) 프리미엄 서비스는 기본 서비스보다 빠릅니다.
(B) 프리미엄 서비스는 기본 서비스보다 비용이 더 많이 듭니다.

어휘 cost (비용이) 들다

---

3 영

Sales of our products have gone up by fourteen percent over the past three months.
(A) Our company has experienced an increase in sales.
(B) Our products have higher prices than in the past.

우리 제품의 매출은 지난 3달간 14%까지 올랐습니다.
(A) 우리 회사는 매출 증가를 경험했습니다.
(B) 우리 제품은 예전보다 가격이 높습니다.

어휘 go up by ~까지 오르다　experience 경험하다, 겪다

B　Questions 1-3 refer to the following conversation and ticket.

> 미영
>
> M Hey, Patricia. I'm really looking forward to tomorrow's Shanta Harris concert.
> W Me too. (1)I heard she'll be singing some music off her upcoming album that she's never performed publicly before. I can't wait! When do you want to leave?
> M Well, I was going to talk to you about that. Um ... (2)I know we were gonna take my car, but it's in the shop. Would you mind driving us instead?
> W No problem.
> M Thanks. Since the ticket is for general seating, (3)I'd like to be there as soon as they'll let us in.
> W Good idea. Then, I'll stop by your place around six thirty.
>
> 남 안녕하세요, 패트리샤. 저는 내일 샨타 해리스 씨의 공연을 정말 고대하고 있어요.
> 여 저도 그래요. (1)저는 그녀가 전에는 공개적으로 공연한 적 없었던, 곧 발매되는 앨범에서 몇 곡을 뽑아서 부르게 될 거라고 들었어요. 기다릴 수가 없네요! 언제 출발하고 싶으세요?
> 남 음, 그 이야기를 하려고 했어요. 음… (2)우리가 내 차를 타고 가기로 했던 것은 알지만, 지금 그게 가게에 있어요. 혹시 우리가 당신 차로 가도 괜찮나요?
> 여 문제 없어요.
> 남 고마워요. 일반석 표이기 때문에, (3)저는 극장에서 우리를 들여보내 줄 때에 거기 있었으면 해요.
> 여 좋은 생각이에요. 그럼 6시 30분쯤에 제가 당신 집에 들를게요.
>
> **어휘** look forward to *doing* ~하기를 고대하다　upcoming 곧 있을　publicly 공개적으로　stop by ~에 들르다

```
┌························┐
:      오스본 극장에서      :
:    샨타 해리스가 공연합니다  :
:                        :
:   5월 10일 토요일, 저녁 8시 :
:  (3)문은 저녁 7시에 열립니다. :
└························┘
```

1 여자가 흥미로워 하는 것은?
   (A) 앨범 구입하기
   (B) 사진 촬영하기
   (C) 사인 받기
   (D) 신곡 듣기

[패러프레이징] she'll be singing some music off her upcoming album that she's never performed publicly before → Hearing new songs

2 남자가 여자에게 요청하는 것은?
   (A) 그의 좌석 맡아 놓기
   (B) 그에게 표 사 주기
   (C) 차 태워 주기
   (D) 일부 정보 확인하기

[패러프레이징] driving us → Give him a ride

3 시각 정보에 따르면, 화자들이 극장에 도착하는 때는?
   (A) 저녁 6시 30분
   (B) 저녁 7시
   (C) 저녁 7시 30분
   (D) 저녁 8시

[오답 해설] 저녁 6시 30분은 여자가 남자를 태우러 갈 시간이므로 (A)는 오답. 저녁 8시는 공연 시작 시간이므로 (D)는 오답.

STEP 3
p.76

1 (C)	2 (D)	3 (A)	4 (C)	5 (B)	6 (B)	7 (B)	8 (A)	9 (C)
10 (A)	11 (B)	12 (B)	13 (B)	14 (C)	15 (D)	16 (D)	17 (C)	18 (B)
19 (A)	20 (C)	21 (B)	22 (D)	23 (A)	24 (D)			

Questions 1-3 refer to the following conversation and map.

호미

M Good morning. I saw your advertisement for Bailey Tower in this morning's paper, and (1)I'm interested in renting a unit there.
W All right, sir. (1)Did you have a specific location in mind?
M Well, (2)ideally I'd like to have a garden view. But I don't want to be facing the street. I think that'll be too noisy.
W Okay. I'm looking at the building map now, and there's a unit on the fourth floor that matches your description.
M I'm glad to hear that. What do I need to do next?
W (3)I recommend taking a tour of the building and the apartment. I can show you around this afternoon if you have time.

남 안녕하세요. 오늘 아침 신문에서 베일리 타워에 대한 당신의 광고를 봤는데요, (1)그곳에서 한 가구를 임대하는 데 관심이 있어요.
여 좋습니다, 선생님. (1)염두에 두고 계신 특정한 곳이 있으세요?
남 음, (2)이상적으로는 정원이 보였으면 좋겠어요. 하지만 거리 쪽을 마주하고 싶지는 않아요. 그러면 너무 시끄러울 것 같아서요.
여 알겠습니다. 제가 지금 건물 지도를 보고 있는데, 4층에 선생님이 말씀하신 것과 일치하는 가구가 하나 있네요.
남 그렇다니 기쁘군요. 그다음엔 어떻게 해야 하죠?
여 (3)건물과 아파트를 둘러보시는 것을 추천해요. 시간이 되신다면 오늘 오후에 보여 드릴 수 있어요.

[어휘] **advertisement** 광고   **rent** 임대하다, 빌리다   **unit** (한) 가구, 세대   **specific** 특정한   **ideally** 이상적으로   **face** 마주하다   **match** *one's* **description** ~의 설명에 들어맞다

	401	승강기	(2)405	
수영장	402	403	404	정원

39번가

---

1 여자의 신분은?
(A) 건물 건축가
(B) 실내 디자이너
(C) 부동산 중개인
(D) 정원 조경사

오답 해설 여자가 남자에게 건물을 보여 준다고 했지, 직접 건물을 건축한 것이 아니므로 (A)는 오답.

2 시각 정보에 따르면, 남자에게 가장 적절한 아파트는?
(A) 401호
(B) 402호
(C) 404호
(D) 405호

오답 해설 404호 역시 정원이 보이지만 거리 쪽을 마주하고 있으므로 (C)는 오답.

3 여자가 제안하는 것은?
(A) 직접 현장 둘러보기
(B) 나중에 다시 전화하기
(C) 임대 계약서 검토하기
(D) 보증금 지불하기

패러프레이징 taking a tour of the building and the apartment → Viewing a site in person

Questions 4-6 refer to the following conversation and price list.

미미

M Excuse me. (4)I heard an advertisement for your store on the radio, so I came to see what you have. I'd never heard of Dawson Flooring before.

W Welcome! I'm glad you came. We are having a great sale right now. What are you looking for?

M Well, (5)I'm remodeling my bedroom. I currently have carpet installed, but it gathers a lot of dust.

W Yes, carpet is difficult to maintain. (6)I recommend trying wood or stone. They are much easier to clean.

M Hmm … Okay. (6)I'm on a tight budget though, so I'll go for the cheaper option.

W That's a great choice. It is more expensive than tile, but it looks so much nicer.

남 실례합니다. (4)라디오에서 이 가게의 광고를 들어서, 뭘 파시는지 보러 왔어요. 전에는 도슨 바닥재를 들어 본 적이 없어서요.

여 어서 오세요! 와 주셔서 반갑습니다. 저희는 지금 대대적인 할인 판매를 하고 있어요. 뭘 찾으시나요?

남 음, (5)저는 제 침실을 개조하고 있어요. 지금은 카펫이 깔려 있는데, 먼지가 많이 끼더라고요.

여 맞아요. 카펫은 유지하기가 힘들지요. (6)저는 목재나 석재로 해 보시는 걸 추천 드려요. 그것들이 청소가 더 쉽거든요.

남 흠… 그래요. (6)하지만 저는 예산이 빠듯해서, 더 저렴한 걸 선택하겠어요.

여 훌륭한 선택이세요. 그건 타일보다는 더 비싸지만, 훨씬 더 멋있어 보이니까요.

어휘 flooring 바닥재 remodel 개조하다, 리모델링하다 install 깔다, 설치하다 gather 끌어모으다 maintain 유지하다 be on a tight budget 예산이 빠듯하다

도슨 바닥재-연례 할인

종류	평방 피트당 가격
타일	3달러
(6)목재	5달러
카펫	7달러
(6)석재	15달러

4 남자가 업체를 알게 된 방법은?
   (A) 신문을 읽음으로써
   (B) 웹사이트를 방문함으로써
   (C) 라디오를 들음으로써
   (D) 친구와 이야기함으로써

패러프레이징 heard an advertisement for your store on the radio → listening to the radio

5 남자가 제품을 사용하고 싶어 하는 곳은?
   (A) 사무실
   (B) 침실
   (C) 욕실
   (D) 거실

6 시각 정보에 따르면, 남자가 평방 피트당 지불해야 할 액수는?
   (A) 3달러
   (B) 5달러
   (C) 7달러
   (D) 15달러

오답 해설 여자가 추천한 목재와 석재 중 더 저렴한 가격의 것을 선택하겠다고 했으므로 석재의 가격인 (D)는 오답.

Questions 7-9 refer to the following conversation and chart.

영 호

W Hi, Mark. (7)I got your message saying that you wanted me to postpone making our weekly order of ingredients. What's going on?
M The head chef said that the kitchen can't keep up with demand because there are too many menu options. So we're going to eliminate one of the pasta dishes. (8)We're hoping that'll simplify the cooking procedures.
W That makes sense. But which one should we choose?
M Well, I was looking over the sales chart. Unfortunately, (9)we can't get rid of the cheese tortellini because it's appearing in a national ad this month. So I guess it has to be the second-to-least popular one.
W All right. I'll keep that in mind when I talk to the supplier.

여 안녕하세요, 마크 씨. (7)제가 주간 재료 주문을 연기하기를 원하신다는 메시지를 받았어요. 무슨 일이세요?
남 메뉴 선택권이 너무 많아서, 수석 요리사가 주방에서 수요를 따라가지 못한다고 했어요. 그래서 우리는 파스타 요리 중 하나를 없애려고 해요. (8)우리는 그게 요리 절차를 간소화시켜 주기를 바라고 있어요.
여 일리가 있네요. 하지만 그중 어떤 걸 선택해야 할까요?
남 네, 매출 차트를 보고 있었어요. 유감스럽게도, (9)이번 달 전국 광고에 나오기 때문에 치즈 토텔리니를 없앨 수는 없어요. 그래서 저는 두 번째로 인기가 없는 메뉴여야 될 것 같아요.
여 알겠어요. 공급처에 이야기할 때 그 점을 명심할게요.

어휘 postpone 연기하다 ingredient (음식의) 재료 keep up with ~을 따라잡다 demand 수요 eliminate 없애다 simplify 간소화[단순화]하다 procedure 절차, 방법 get rid of 없애다 appear 나오다, 게재되다 keep in mind 명심하다

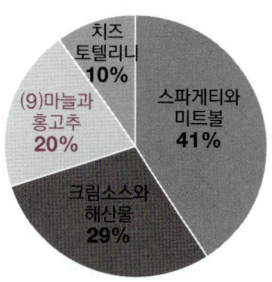

파스타 앙트레 매출
- 치즈 토텔리니 10%
- (9)마늘과 홍고추 20%
- 크림소스와 해산물 29%
- 스파게티와 미트볼 41%

7 남자가 여자에게 요청한 것은?
(A) 직장에 일찍 도착하기
(B) 주문 연기하기
(C) 주방 검사하기
(D) 주간 회의 연기하기

패러프레이징 postpone making our weekly order → Delay placing an order

8 남자에 따르면, 변경의 이유는?
(A) 과정을 간소화하기 위해
(B) 새로운 요리를 위한 자리를 만들기 위해
(C) 고객의 제안에 응답하기 위해
(D) 식당의 비용을 절감하기 위해

패러프레이징 simplify the cooking procedures → streamline a process

9 시각 정보에 따르면, 메뉴에서 없어질 요리는?
(A) 스파게티와 미트볼
(B) 크림소스와 해산물
(C) 마늘과 홍고추
(D) 치즈 토텔리니

오답 해설 가장 인기 없는 메뉴이기는 하지만 치즈 토텔리니는 없앨 수 없다고 했으므로 (D)는 오답.

Questions 10-12 refer to the following conversation and graphic.

미미

W Hello. I'm calling about an order I received from your store. Most of my items were fine, but I'm having problems with one of them.
M What seems to be the issue, ma'am?
W Well, I started putting together the side table, model 541, and (10)(11)I saw that there weren't any inner screws in the package.
M I'm very sorry for the oversight. If you give me your address, (11)I can send the missing parts by express mail.
W Thanks. My name is Gloria Turner, and I'm at 1316 Stanley Drive.
M All right. I'll send it today, and (12)I'll put in a coupon too, by way of apology.

여 안녕하세요. 귀하의 매장에서 받은 주문품에 대해 전화 드립니다. 대부분의 물건들은 양호했지만, 그중 하나에 문제가 있습니다.
남 문제가 무엇인가요, 고객님?
여 그게, 모델 번호가 541인 사이드 테이블을 조립하기 시작했는데, (10)(11)포장 상자 안에 내부 나사못이 없다는 걸 알았습니다.
남 실수가 있었던 점 정말 죄송합니다. 주소를 말씀해 주시면, (11)속달 우편으로 빠진 부품들을 보내 드릴 수 있습니다.
여 감사합니다. 제 이름은 글로리아 터너이고, 저는 스탠리 가 1316번지에 있습니다.
남 알겠습니다. 오늘 보내 드릴 것이고, (12)사과의 차원에서 쿠폰도 넣어 드리겠습니다.

어휘 **put together** 조립하다, 만들다   **screw** 나사(못)   **oversight** 실수, 간과   **express mail** 속달 우편   **apology** 사과

부품-모델 번호 541

A-1 (×16개)
외부 나사못
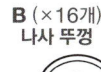

(11)A-2 (×12개)
내부 나사못

B (×16개)
나사 뚜껑

C (×2개)
서랍 손잡이

10 여자가 언급하는 문제는?
(A) 물건 중 하나에 부품들이 빠져 있다.
(B) 조립 설명서를 잃어버렸다.
(C) 구매한 물품이 배송 중에 파손되었다.
(D) 주문품이 잘못된 주소로 배송되었다.

[패러프레이징] there weren't any inner screws in the package → One of her items is missing some parts.

11 시각 정보에 따르면, 보내질 부품의 종류는?
(A) A-1
(B) A-2
(C) B
(D) C

12 남자가 하겠다고 하는 것은?
(A) 배송료 환불해 주기
(B) 쿠폰 포함시키기
(C) 문제 보고하기
(D) 계좌 확인하기

[패러프레이징] put in → Include

Questions 13-15 refer to the following conversation and list.

미호

W (13)Ever since the community center shut down, more people have been requesting memberships.
M Yeah. It's great for business. In fact, we have about two hundred thousand dollars in surplus funds to spend on a special project. Here are the estimates I've gathered. I can't decide what to do.
W It would be great to add a juice bar to the facility, but (14)it's probably better to get the pool repaired.
M (14)You're right. Swimming is the main reason people come to our gym, so it's a wise investment.
W Well, once you get the closure schedule worked out, just let me know and (15)I'll put an announcement on our Web site.

여 (13)주민 센터가 문을 닫은 이후로 그 어느 때보다도 더 많은 사람들이 회원 신청을 했어요.
남 맞아요. 사업에 도움이 되고 있어요. 사실, 우리는 특별 프로젝트에 쓸 여분의 자금이 20만 달러 정도 있어요. 여기 제가 모아본 견적이에요. 뭘 해야 할지 정할 수가 없네요.
여 시설에 주스 바를 만들면 좋겠지만, (14)아마 수영장 수리를 하는 게 더 나을 것 같습니다.
남 (14)맞아요. 수영은 사람들이 우리 헬스 클럽에 오는 주된 이유니까, 그건 현명한 투자예요.
여 음, 폐점 일정을 세우고 나서, 제게 알려주시면 (15)제가 우리 웹사이트에 안내문을 게시하겠습니다.

[어휘] **request** 신청[요청]하다 **surplus** 여분의 **fund** 자금 **estimate** 견적(서) **gather** 모으다, 수집하다 **investment** 투자 **work out** (계획을) 세우다, 생각해 내다 **announcement** 안내문

제안된 계획	관련 비용
주스 바	80,000달러
심장 강화 운동 기구	100,000달러
(14)수영장 수리	150,000달러
탈의실 개조	180,000달러

13 여자에 따르면, 사업에 도움을 준 것은?
(A) 회원 요금 인하
(B) 경쟁업체 부재
(C) 광고 캠페인
(D) 인구 증가

패러프레이징 the community center shut down → A lack of competition

14 시각 정보에 따르면, 업체가 계획에 소비할 액수는?
(A) 80,000달러
(B) 100,000달러
(C) 150,000달러
(D) 180,000달러

오답 해설 여자가 처음에는 주스 바를 만들면 좋겠다고 했지만, 수영장을 수리하는 쪽으로 결론이 났으므로 주스 바 증축 비용인 (A)는 오답.

15 여자가 제의하는 것은?
(A) 투자금 수배하기
(B) 대체 장소 찾기
(C) 운동 수업 가르치기
(D) 온라인에 정보 게시하기

패러프레이징 put an announcement on our Web site → Post information online

Questions 16-18 refer to the following conversation and chart.

미영		
M	Hey, Megan. (16)Did Ms. Chang tell you that she wants our branch to cut costs by ten percent?	남 저기요, 메건. (16)장 씨가 우리 지점이 경비를 10% 줄이길 원한다고 말씀하셨나요?
W	Yes, but it's not going to be easy. (17)I need to prepare a report for the board meeting. It has to be done by next Wednesday.	여 네, 하지만 그건 쉽지 않을 겁니다. (17)저는 이사회 회의를 위해 보고서를 준비해야 합니다. 그건 다음 주 수요일까지 완성되어야 해요.
M	Is there something I can help you with?	남 제가 도와드릴 일이 있을까요?
W	I've made a chart of our largest regular expenses, excluding salaries. I'm trying to figure out where we could save some money.	여 제가 급여를 제외한 우리의 가장 큰 고정 지출에 대한 도표를 만들었어요. 우리가 어디에서 돈을 아낄 수 있을지 생각하고 있어요.
M	Well, (18)we can't do anything about the cost of rent. But … um … it makes sense to focus on the largest category after that.	남 글쎄, (18)임대료는 어떻게 할 수가 없잖아요. 하지만… 음… 그다음으로 가장 큰 항목에 초점을 맞추는 건 타당하겠네요.
W	That's what I was thinking. (18)I'll talk to Ms. Chang about that.	여 저도 그렇게 생각했어요. (18)장 씨께 이것에 대해 말씀 드릴게요.

어휘 cut costs 경비를 줄이다 excluding ~을 제외하고(↔ including) figure out 생각해[알아] 내다 make sense 타당하다, 말이 되다

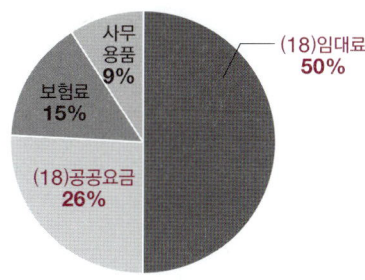

16 대화의 주된 내용은?
(A) 임대할 새 건물 찾기
(B) 다른 보험사 고용하기
(C) 소액 사업 대출 받기
(D) 운영비 절감하기

패러프레이징 cut costs → Reducing operating expenses

17 여자에 따르면, 보고서가 완성되어야 하는 때는?
(A) 오늘밤
(B) 이번 주
(C) 다음 주
(D) 다음 달

패러프레이징 be done → be completed

18 시각 정보에 따르면, 장 씨와 논의할 것 같은 것은?
(A) 임대료
(B) 공공요금
(C) 보험료
(D) 사무용품

오답 해설 임대료에서는 비용을 절감할 수 없다고 했으므로, (A)는 오답.

Questions 19-21 refer to the following conversation and list.

> 영호
>
> W Good morning. This is Sylvia Hull from Lisbon Sales. I ordered a catered lunch for tomorrow at noon, and I'm wondering if it's too late to make a change.
> M That depends on what you want to do. Many of the ingredients have already been purchased.
> W Well, (19)I was thinking that I should get some extra vegetables, so I wanted to order a raw vegetable platter along with the meal.
> M Oh, that'll be no problem. What size did you have in mind?
> W (20)I just need one that will serve twenty people.
> M Okay, Ms. Hull. I've made the change. The food will be delivered to 288 Derek Street. (21)And since that puts your total over $100, the usual delivery charge won't apply.
> W Great! Thank you.
>
> 여 안녕하세요. 전 리즈본 세일즈 사의 실비아 헐입니다. 내일 정오에 출장 요리 점심을 주문했는데, 변경을 하기에 너무 늦었나 해서요.
> 남 그건 고객님이 어떻게 하시고 싶으신지에 달려 있습니다. 재료 중 상당수를 이미 구매했거든요.
> 여 그게, (19)제가 채소를 추가로 먹어야 할 것 같아서 식사와 함께 생야채 요리를 주문하고 싶어요.
> 남 아, 그건 문제 될 게 없습니다. 염두에 두신 양이 있으신가요?
> 여 (20)20인분이 필요해요.
> 남 알겠습니다, 헐 씨. 변경해 드렸습니다. 음식은 데렉가 288번지로 배달될 겁니다. (21)그리고 이것으로 총액이 100달러가 넘기 때문에, 통상적인 배송 비용은 적용되지 않을 겁니다.
> 여 좋아요! 감사합니다.
>
> 어휘 depend on ~에 달려 있다　ingredient (특히 요리의) 재료　raw 날것의, 익히지 않은　platter (대형 접시에) 여러 음식을 차려 놓은 요리　along with ~와 함께　have in mind 염두에 두다　apply 적용되다

브릿지빌 식품

생야채 요리

사이즈	인원
소	5명까지
중	6-15명
(20)대	16-25명
특대	26-30명

19 전화의 목적은?
(A) 주문에 항목을 추가하기 위해
(B) 불만을 제기하기 위해
(C) 주소를 변경하기 위해
(D) 견적서를 요청하기 위해

패러프레이징 order a raw vegetable platter along with the meal → add an item to an order

20 시각 정보에 따르면, 여자가 구매할 요리의 사이즈는?
(A) 소
(B) 중
(C) 대
(D) 특대

오답 해설 여자는 생야채 요리 20인분이 필요하다고 했으므로 (A), (B), (D)는 모두 오답.

21 남자가 여자에게 말하는 것은?
(A) 회사 정책이 바뀌었다.
(B) 배송료가 면제될 것이다.
(C) 할인 쿠폰이 여전히 유효하다.
(D) 메뉴 항목이 더 이상 이용 불가능하다.

패러프레이징 the usual delivery charge won't apply → A delivery fee will be waived.

Questions 22-24 refer to the following conversation and directory.

호미

M Good morning. (22)I've got something to deliver to Mr. Rick Diaz. It's fabric samples from his interior designer.
W I can accept the package on his behalf.
M Actually, Mr. Diaz has to sign for it himself.
W All right. (23)But you'll have to put on this visitor ID tag to go to one of the higher floors. Just return it on your way out.
M Okay. And one more thing … Is this directory accurate? (24)He works for Zappia Consulting, right?
W (24)Yes, he does. However, Zappia Consulting recently switched floors with the dental clinic. The directory hasn't been updated yet.

남 안녕하세요. (22)릭 디아즈 씨에게 배달할 게 있습니다. 그의 실내 디자이너에게서 온 직물 견본입니다.
여 제가 그분 대신에 소포를 받을 수 있어요.
남 실은, 디아즈 씨가 직접 서명을 해야 해서요.
여 좋아요. (23)하지만 위층으로 가시려면 이 방문자 이름표를 착용하셔야 합니다. 나가시는 길에 돌려주시기만 하면 돼요.
남 알겠습니다. 그리고 하나 더 있는데… 이 안내판이 정확한가요? (24)그는 자피아 컨설팅 사에서 근무하죠, 그렇죠?
여 (24)네, 맞아요. 하지만, 자피아 컨설팅 사는 최근 치과와 층수를 맞바꾸었어요. 안내판이 아직 안 바뀌었어요.

어휘 fabric 직물, 천   on *one's* behalf ~을 대신하여   on *one's* way out ~가 나가는 길에   directory (건물의) 안내판; 주소록
accurate 정확한   recently 최근에   switch 맞바꾸다

건물 안내	
층	업체
1	로비/접수처
2	플레처 앤 어소시에이츠
(24)3	자피아 컨설팅 사
4	놀튼 사/석세스 연구소
(24)5	WB 사/마일드 치과

22 남자의 신분은?
(A) 영업 사원
(B) 접수 담당자
(C) 실내 디자이너
(D) 배송 기사

오답해설 남자는 실내 디자이너가 디아즈 씨에게 보낸 소포를 가져왔다고 했지, 자신이 실내 디자이너라고 한 것은 아니므로 (C)는 오답.

23 여자가 남자에게 하라고 하는 것은?
(A) 신분증 배지 착용하기
(B) 서류에 서명하기
(C) 로비에서 기다리기
(D) 나중에 다시 오기

패러프레이징 put on this visitor ID tag → Wear an ID badge

24 시각 정보에 따르면, 남자가 다음으로 갈 곳은?
(A) 2층
(B) 3층
(C) 4층
(D) 5층

오답해설 자피아 컨설팅 사는 최근 치과와 사무실을 맞바꾸었다고 했으므로 (B)는 오답.

UNIT 11 주제·목적/화자 관련 문제

STEP 1 p.81

미호

W Hi. I'm calling because I'm getting transferred to Hendersville next month and I'd like to know how much it will cost to move there.
M Our prices depend on the items being transported. A representative can come take a look at what you have and give you an estimate.
W That would be great. Anytime after 1 P.M. is fine with me.

여 안녕하세요. 저는 다음 달에 헨더스빌로 전근 갈 예정이고, 그곳으로 이사하는 데 드는 비용이 얼마인지 알고 싶어서 전화했어요.
남 가격은 운송되는 물건에 달려 있어요. 담당자가 방문해서 갖고 계신 것들을 둘러본 뒤 견적을 내 드릴 수 있어요.
여 그거 좋겠네요. 오후 1시 이후면 저는 언제라도 괜찮아요.

어휘 transfer 전근 시키다[가다] cost 비용이 들다; 비용 depend on ~에 달려 있다, ~ 나름이다 transport 운송하다 representative 담당자, 직원 estimate 견적

여자가 전화를 건 용건은?
(A) 개인 물품 옮기기
(B) 아파트 둘러보기

오답 해설 부동산이 아니라 이사 업체에 전화하는 것이므로 (B)는 오답.
Possible Answer 이사 견적

미영

M Lisa, congratulations on your graphic design firm's award from the National Arts and Business Council! It must help to attract new clients.
W Thank you! Yes, we are swamped now! In fact, I want to hire someone to help with the workload.
M Really? My cousin studied design and is looking for a job. He doesn't have much experience, though.
W Well, experience isn't essential. Tell him to send me his résumé.

남 리사, 전국 예술 산업 협회로부터 그래픽 디자인 회사 상을 수상한 것을 축하해요! 그 덕분에 새로운 고객들이 유입되겠네요.
여 고마워요! 네, 지금 정말 바빠요! 사실, 저는 업무를 보조할 누군가를 고용하고 싶어요.
남 정말이요? 제 사촌이 디자인을 전공했고 일자리를 구하고 있어요. 비록 경력이 얼마 없긴 하지만요.
여 음, 경력은 필수사항이 아니에요. 저한테 이력서를 보내라고 그에게 전해주세요.

어휘 firm 회사 attract (고객을) 유치하다 swamped 정말 바쁜 workload 업무량 look for ~을 구하다 experience 경력, 경험 essential 필수적인 résumé 이력서

여자의 직업은?
(A) 미술 교사
(B) 그래픽 디자이너

오답 해설 여자는 미술 관련 일을 하고 있으나, 대화에서는 고객이나 직원 고용에 대해 이야기하고 있으므로 (A)는 오답.
Possible Answer 디자인 아티스트

STEP 2-1   p.82

A 1 (B)   2 (A)   3 (B)
B 1 (A)   2 (C)   3 (D)

A

1 민 I'd like to inform you that the staff meeting has been moved to 2 P.M.
(A) You should tell me when to meet with the employees.
(B) You should know that the meeting's time has changed.

직원 회의가 오후 2시로 바뀌었다는 것을 알려 드리고 싶어요.
(A) 직원들을 언제 만나야 할지 말씀해 주셔야 해요.
(B) 회의 시간이 변경되었다는 것을 아셔야 해요.

어휘 staff meeting 직원 회의

2 민 I would like more information about the apartment sizes that are available in this building.
(A) Please tell me about the housing options.
(B) Please give me a tour of the facility.

이 건물에서 이용 가능한 아파트의 크기에 대한 정보를 더 알고 싶네요.
(A) 주택 옵션에 대해 말씀해 주세요.
(B) 시설을 둘러보게 해 주세요.

어휘 available 이용 가능한 facility 시설

3 민 When I tried to pay for my online order, there was an error message on the screen.
(A) I accidentally clicked on the wrong item during my purchase.
(B) The payment section of the Web site is malfunctioning.

제가 온라인 주문을 결제하려고 했을 때, 화면에 오류 메시지가 떴어요.
(A) 구매 도중에 잘못해서 원치 않는 상품을 클릭했어요.
(B) 웹사이트의 결제 창이 제대로 작동하지 않아요.

어휘 accidently 잘못해서, 뜻하지 않게 malfunctioning 제대로 작동하지 않는

B

Questions 1-3 refer to the following conversation.

호 민

M I can't believe how much growth our company has seen. In the past month alone, we've added seven new accounts. (1)I guess people are starting to learn about our advertising services.
W You're right. We've had a lot of positive attention in the business community. (2)The only problem is, with all of these extra clients, the workload is just too much for our current staff.
M Yes. We really need to hire more employees. The company could use another worker in personnel, and the IT and sales team are also understaffed.

남 회사가 이만큼 성장했다니 믿을 수가 없어요. 지난달만 해도, 7명의 새로운 고객이 추가되었어요. (1)사람들이 우리 광고 서비스에 대해 알기 시작한 것 같아요.
여 당신 말이 맞아요. 우리는 업계에서 긍정적인 관심을 많이 받고 있어요. (2)유일한 문제는, 늘어난 고객들로 인해 업무량이 현재 직원들에게 과도하다는 거예요.
남 맞아요. 우리는 직원들을 더 채용해야 해요. 회사는 인사 부서에 인력이 더 필요하고 IT와 영업 팀 역시 직원들이 부족하거든요.

W: Those are important departments to consider, but (3)our immediate focus should be on the design team. They're the ones responsible for creating all of the ads. Hiring more help there should be a top priority.

여: 그곳들도 고려해야 하는 중요한 부서들이지만, (3)우리가 당장 초점을 맞춰야 하는 곳은 디자인 팀이 되어야 해요. 그들이 광고 제작을 전부 책임지고 있으니까요. 그곳에 직원들을 더 채용하는 것이 최우선 순위가 되어야 해요.

어휘 growth 성장 positive 긍정적인 attention 관심, 주목 current 현재의 understaffed 직원이 부족한 immediate 당장[즉시]의 top priority 최우선 순위

1 화자들이 일하는 곳은?
(A) 광고 회사
(B) 전자 기기 회사
(C) 금융 기관
(D) 예술 학교

2 여자가 언급한 문제점은?
(A) 고객 불만
(B) 회사 이전
(C) 직원 부족
(D) 영업 실적 하락

패러프레이징 the workload is just too much for our current staff → A lack of workers
오답 해설 회사가 긍정적인 관심을 받고 있다고 했으므로 (A)는 오답.

3 여자의 생각에 가장 도움을 필요로 하는 부서는?
(A) 인사
(B) IT
(C) 영업
(D) 디자인

패러프레이징 a top priority → needs the most help
오답 해설 인사, IT, 영업 부서가 거론되기는 했지만 최우선 순위는 아니므로 (A), (B), (C)는 오답.

STEP 3

p.84

1 (C)	2 (B)	3 (A)	4 (C)	5 (B)	6 (C)	7 (B)	8 (D)	9 (D)
10 (A)	11 (C)	12 (D)	13 (D)	14 (B)	15 (B)	16 (D)	17 (C)	18 (A)
19 (A)	20 (D)	21 (A)	22 (D)	23 (A)	24 (B)			

Questions 1-3 refer to the following conversation.

미미

M: (1)I've just finished the analysis for the new waterproof wireless speakers our team is creating. However, we can't finalize the design yet because I discovered a technical error.
W: How will this impact the product's launch date?
M: I'm not sure yet. (2)I've asked Arnold Murry to take a look at it and share his expertise to resolve the problem. I'm waiting to hear back from him.
W: All right. Well, (3)please inform me when you know how long it will take to fix so that I can modify the production schedule if necessary.

남: (1)저는 방금 막 저희 팀이 개발 중인 새로운 방수 무선 스피커의 분석을 마쳤어요. 그런데, 기술적 결함을 발견했기 때문에 우리는 아직 디자인을 최종 결정할 수가 없어요.
여: 이게 제품 출시 날짜에 어떤 영향을 미치게 될까요?
남: 아직 잘 모르겠어요. (2)아놀드 머리 씨에게 이걸 보고 이 문제 해결을 위한 그의 전문 지식을 공유해 주시기를 부탁했어요. 그에게서 응답이 오기를 기다리는 중이에요.
여: 알겠어요. 음, (3)이게 얼마나 걸릴지 알게 되는 즉시 저에게 연락 주세요. 필요하다면 제가 생산 일정을 변경할 수 있도록요.

> **어휘** analysis 분석 waterproof 방수의 wireless 무선의 finalize 최종 결정하다 impact 영향을 미치다; 영향 expertise 전문 지식 resolve 해결하다 modify 수정하다

1 화자들의 신분은?
(A) 웹디자이너
(B) 마케팅 운영진
(C) 제품 개발자
(D) 의료 기술자

오답 해설 팀에서 스피커를 개발한다고 했으므로 (A), (B), (D)는 오답.

2 남자가 기다리고 있는 것은?
(A) 예산안 승인
(B) 전문가로부터의 응답
(C) 물품 배송
(D) 투자자들의 결정

패러프레이징 hear back from him → A response from an expert
오답 해설 투자자들의 결정이 아닌 디자인 결정을 위한 자문 결과를 기다리고 있으므로 (D)는 오답.

3 여자가 남자에게 해 달라고 요청한 것은?
(A) 최신 정보 제공하기
(B) 일정 조정하기
(C) 문서에 서명하기
(D) 보고서 검토하기

패러프레이징 inform me when you know how long it will take to fix → Provide an update
오답 해설 일정 조정은 여자가 할 일이므로 (B)는 오답.

Questions 4-6 refer to the following conversation.

> **미 호**
>
> W Hello. I'm the personnel manager at Stratton Enterprises. (4)I'm interested in your employee evaluation software. Could you tell me more about it?
> M Absolutely. This software is an exciting innovation that gives you the opportunity to track employee performance and compare multiple employees easily. (5)It is much more efficient than using a paper system, so you won't have to spend as much time on evaluation tasks.
> W That sounds good, but I'm not sure that it would be a good fit for our company. (6)Would it be possible to try the software at no cost?
> M Yes. We do offer a thirty-day trial so you can test the software before buying it.
>
> 여 안녕하세요. 저는 스트래턴 사의 인사 부장입니다. (4)저는 귀사의 직원 평가 소프트웨어에 관심이 있습니다. 이것에 대해 조금 더 이야기해 주실 수 있을까요?
> 남 물론이죠. 이 소프트웨어는 직원들의 성과를 추적하고 여러 직원들을 쉽게 비교할 수 있는 기회를 주는 혁신적인 상품입니다. (5)이는 문서 시스템을 이용하는 것보다 훨씬 더 효율적이어서, 평가 업무에 그만큼의 시간을 들이시지 않아도 될 것입니다.
> 여 매우 좋게 들리긴 하지만, 저는 이게 우리 회사에 잘 맞을지 모르겠어요. (6)그 소프트웨어를 무료로 체험해 보는 것이 가능한가요?
> 남 네. 저희는 소프트웨어를 구매하시기 전에 시험해 보실 수 있도록 30일간의 체험 기간을 제공해 드립니다.
>
> **어휘** personnel 인사 부서 evaluation 평가 innovation 혁신 compare 비교하다 multiple 여럿의, 많은 efficient 효율적인 task 업무, 과제 at no cost 무료로(=for free) trial 시험 (사용), 실험

4 여자가 남자에게 전화한 목적은?
(A) 새로운 소프트웨어를 홍보하기 위해
(B) 배송 주소를 확인해 주기 위해
(C) 제품에 대한 정보를 얻기 위해
(D) 구매 관련 문제를 알려주기 위해

패러프레이징 tell me more about it → get information about a product
오답 해설 여자는 소프트웨어에 대한 정보를 얻기 위해 전화를 한 것이므로 (A)는 오답.

5 남자가 언급하는 이점은?
 (A) 고객 유치하기
 (B) 시간 절약하기
 (C) 비용 절감하기
 (D) 보증서 받기

[패러프레이징] you won't have to spend as much time → Saving time
[오답 해설] 비용 절감이 아닌 시간 절약에 대해 이야기하고 있으므로 (C)는 오답.

6 여자가 요청하는 것은?
 (A) 가격 견적
 (B) 최신 책자
 (C) 무료 체험
 (D) 제품 환불

[패러프레이징] try the software at no cost → A free trial

Questions 7-9 refer to the following conversation.

> **민영**
>
> **M** (7)I think we need to reconsider our strategy for promoting our brand of coffee drinks. As you know, the demand for our products has been declining lately.
> **W** Yes, that's right. (8)Customers have stopped buying our drinks because they like the taste of Lewis Co.'s coffees better.
> **M** We have to resolve this problem quickly. Let's investigate ways in which we could improve customer satisfaction. (9)I'll draw up a questionnaire that we can distribute to customers. I think it'll give us some useful information.
> **W** That will be a good starting point.
>
> 남 (7)제 생각에는 우리 커피 음료 브랜드 홍보를 위한 전략을 재고해 봐야 할 것 같아요. 아시다시피, 우리 제품의 수요가 최근들어 점점 줄어들고 있어요.
> 여 네, 맞아요. (8)고객들은 루이스 사의 커피 맛을 더 좋아하기 때문에 우리 회사의 음료를 구매하는 것을 멈췄어요.
> 남 이 문제를 빨리 해결해야 해요. 고객 만족도를 향상시킬 수 있는 방법을 조사해 봅시다. (9)제가 고객들에게 나눠줄 설문지를 작성할게요. 제 생각에는 이게 우리에게 유용한 정보를 줄 수 있을 것 같아요.
> 여 그게 좋은 시작점이 되겠네요.
>
> [어휘] reconsider 재고하다 strategy 전략 promote 홍보하다 demand 수요 decline 줄다 investigate 조사하다 improve 향상시키다, 개선하다 satisfaction 만족(도) draw up 작성하다 questionnaire 설문지 distribute 나눠주다

7 화자들이 일하는 곳은?
 (A) 식품 공급 유통업체
 (B) 음료 회사
 (C) 전자기기 제조사
 (D) 광고 대행사

[패러프레이징] coffee drinks → beverage
[오답 해설] 제품의 홍보 전략에 대해 이야기를 하고 있기는 하지만, '우리 커피 음료 브랜드(our brand of coffee drinks)'라는 표현으로 보아 광고 대행사가 아닌 음료 회사이므로 (D)는 오답.

8 여자가 언급한 문제점은?
 (A) 원자재 가격이 급상승하였다.
 (B) 너무 많은 회사들이 시장에 진입했다.
 (C) 직원들이 충분히 열심히 일하고 있지 않다.
 (D) 고객들이 경쟁사의 제품을 선호한다.

[패러프레이징] they like the taste of Lewis Co.'s coffees better → Customers prefer a competitor's product.
[오답 해설] 언급된 경쟁사는 루이스 사뿐이므로 (B)는 오답.

9 남자가 하겠다고 말한 것은?
 (A) 디자인 개선하기
 (B) 새로운 계약서 쓰기
 (C) 교육 받기
 (D) 설문 준비하기

[패러프레이징] draw up a questionnaire → Prepare a survey

Questions 10-12 refer to the following conversation.

영미

W (10)Have we finally solved the problem of being short-staffed at our department store?

M Yes. We've hired twelve new sales associates, and (11)I've just finished leading them through the required training sessions. Now they are all capable of processing customers' purchases on their own.

W That's great news. There's going to be a pop-up store in the housewares department at the downtown branch next month, so we'll need to send some workers there—um ... five in total—to cover the extra shifts.

M Okay. (12)Let's get together tomorrow to decide which staff members we want to assign that task to.

여 (10)우리 백화점에 직원이 부족한 문제를 마침내 해결한 건가요?

남 네. 우리는 12명의 새로운 판매 사원을 채용했고, 저는 (11)그들의 필수 연수회 인솔을 막 마쳤어요. 이제 그들은 모두 고객들의 구매를 스스로 처리할 수 있어요.

여 그거 좋은 소식이네요. 다음 달에 시내 지점의 가정용품 구역 안에 팝업 스토어가 생길 예정이어서, 그곳에 직원들 몇 명을 보내야 할 거예요. 음… 추가 근무를 맡게 될 총 5명이요.

남 알겠어요. (12)내일 모여서 우리가 어떤 직원들을 그 업무에 배정하면 좋을지 결정해 봐요.

어휘 short-staffed 직원이 부족한 sales associate 판매[영업] 사원 required 필수적인 training session 연수회 process 처리하다 on *one's* own 스스로, 혼자서 shift 교대 근무 assign 배정하다, 맡기다

10 화자들이 일하는 곳은?
(A) 소매점
(B) 제조 공장
(C) 공공 기관
(D) 교육 센터

패러프레이징 department store → retail store

11 남자가 최근에 한 일은?
(A) 다른 지점으로 전근 갔다
(B) 채용 행사에 참석했다
(C) 신입 직원들을 교육시켰다
(D) 직위 승진을 했다

패러프레이징 leading them through the required training sessions → Trained new employees
오답 해설 남자는 채용 행사가 아닌 신입 직원 연수회에 참석했으므로 (B)는 오답.

12 남자가 내일 만나고 싶어 하는 이유는?
(A) 일부 직원을 소개하기 위해
(B) 회사 시설을 둘러보기 위해
(C) 사업 계약을 검토하기 위해
(D) 일단의 직원들을 선발하기 위해

패러프레이징 decide which staff members we want to assign that task to → select a group of employees

Questions 13-15 refer to the following conversation.

미미

M Hello. I saw your ad for the market research position, and (13)I'm wondering what documents need to be submitted with my application form.

W To apply for the job, you'll need a résumé, a cover letter, an official copy of your university diploma, and two letters from professional references. The deadline is June 25.

M Hmm ... well, I've just graduated, so (14)I won't be able to get my diploma by then. It'll be a few more weeks before that's mailed out.

W Don't worry. (15)You can download the image of your diploma from your university's Web site and send that

남 안녕하세요. 시장 조사 직무와 관련한 귀사의 구인 공고를 보았고 (13)제 지원서와 함께 어떤 서류들이 제출되어야 하는지 궁금합니다.

여 직무에 지원하기 위해서는, 이력서, 자기 소개서, 대학 졸업장 사본, 그리고 직업 추천인들의 추천서 2부가 필요합니다. 기한은 6월 25일이에요.

남 음… 그게, 저는 막 졸업해서 (14)그때까지 제 졸업장을 받아볼 수 없을 거예요. 그게 발송되기까지 몇 주가 더 걸릴 예정이거든요.

여 걱정 마세요. (15)대학 웹사이트에서 졸업장의 이미지를 다운로드해서 저희에게 보내주시면 돼요. 최종 면접 후보자 명단에 들어가지 않는 이상 공식

to us. You won't need to provide the official paper version unless you're shortlisted for the final interview.

문서 형태로는 제공하지 않아도 돼요.

어휘 market research 시장 조사 apply for ~에 지원[신청]하다 cover letter 자기 소개서 diploma 졸업장 reference 추천인, 신원 보증인; 추천서 deadline 기한 graduate 졸업하다 shortlist 최종 후보자 명단에 넣다

13 전화 건 목적은?
(A) 졸업 날짜를 보고하기 위해
(B) 회사의 일자리 제안을 받아들이기 위해
(C) 면접 일정을 잡기 위해
(D) 지원 절차에 대해 문의하기 위해

패러프레이징 wondering what documents need to be submitted with my application form ➡ inquire about an application process
오답 해설 남자는 아직 일자리에 지원하지 않은 상태이므로 (B)는 오답.

14 남자가 언급한 문제점은?
(A) 관련 경력이 없다.
(B) 제시간에 문서를 받지 못한다.
(C) 본인의 추천서를 분실했다.
(D) 현재 직장에 통보를 해야 한다.

패러프레이징 I won't be able to get my diploma by then ➡ He cannot get a document in time.
오답 해설 그가 보낼 수 없는 문서는 추천서가 아니라 졸업장이므로 (C)는 오답.

15 여자가 추천하는 것은?
(A) 회사에 직접 방문하기
(B) 디지털 사본 제공하기
(C) 기한 연장 요청하기
(D) 회사 소식지 다운로드하기

패러프레이징 download the image of your diploma from your university's Web site and send that to us ➡ Providing a digital copy
오답 해설 회사 소식지가 아닌 졸업장의 이미지를 다운로드해야 하므로 (D)는 오답.

Questions 16-18 refer to the following conversation.

미호

W (16)It seems that people are not buying medications from our business as often as they used to. We need to find a way to be more competitive.

M Right. (17)The key is to focus on bringing in more customers. I think we can do this by opening earlier and closing later. That's because the people in our target market mostly work during the day. But the problem is that hiring more pharmacists is expensive. We just can't afford that right now.

W (18)How about providing a bonus payment to employees who work overtime? That will motivate them to take on extra shifts.

M (18)Great idea! I think that'll work.

여 (16)사람들이 예전처럼 우리 점포에서 약을 많이 안 사는 것 같아요. 조금 더 경쟁력을 갖출 방법을 찾아야 해요.

남 맞아요. (17)해결책은 더 많은 고객을 유치하는 것에 중점을 두는 거예요. 제 생각에는 더 일찍 문을 열고 더 늦게 문을 닫으면 될 것 같아요. 우리 표적 시장에 있는 사람들이 대부분 낮 동안에 일을 하니까요. 그러나 문제는 더 많은 약사를 고용하는 것이 비싸다는 거예요. 우리는 당장 그럴 여력이 되지 않아요.

여 (18)초과 근무를 하는 직원들에게 보너스를 지급하는 건 어때요? 그러면 추가 근무를 맡도록 동기 부여가 될 거예요.

남 (18)좋은 생각이에요! 그게 효과가 있을 거라고 생각해요.

어휘 medication 약 competitive 경쟁력을 갖춘 target market 표적 시장 pharmacist 약사 afford 여력이 되다 work overtime 초과 근무를 하다 motivate 동기를 부여하다 take on (일 등을) 맡다

16 화자들이 일하는 곳은?
(A) 보험 회사
(B) 의류 매장
(C) 건강식품 매장
(D) 약국

17 남자가 고객 유치를 위해 제안한 방법은?
   (A) 제품의 가격을 낮춤으로써
   (B) 광고 분량을 늘림으로써
   (C) 영업 시간을 연장함으로써
   (D) 고객들에게 무료 선물을 줌으로써

18 화자들이 하기로 결정한 것은?
   (A) 직원들에게 장려금 지급하기
   (B) 전문가와 상담하기
   (C) 더 많은 직원 고용하기
   (D) 대회 개최하기

[패러프레이징] bringing in → attracting
opening earlier and closing later → extending the business hours

[패러프레이징] providing a bonus payment → Offer incentives
[오답 해설] 직원을 추가로 고용할 여력은 없다고 했으므로 (C)는 오답.

Questions 19-21 refer to the following conversation with three speakers.

[미국영국]
M1 Thanks for meeting with me. (19)I wanted to talk about the ad campaign we're developing for our company.
M2 (20)I think this new line of dress shoes for businesspeople will help us to attract a lot of new customers.
W I agree, but in order to maximize our success, (21)we have to have the right name for the shoes.
M2 Right. Something memorable with a modern feel.
M1 I know. (21)How about we ask employees to share their ideas? We have a lot of creative people on our staff.
W Good idea. I'll send out a memo asking everyone to help us out.
M2 And later we can go through the submissions together and pick the best one.

남1 저와 만나 주셔서 감사 드려요. (19)우리 회사가 개발하고 있는 광고 캠페인에 대해 이야기하고 싶었어요.
남2 (20)사업가들을 위한 이 정장 구두 라인이 많은 고객들을 끌어 모으는 데 도움을 줄 거라고 생각해요.
여 저도 동의하지만, 성공을 극대화시키기 위해서는, (21)구두에 적절한 이름을 붙여야 해요.
남2 맞아요. 현대적인 느낌으로 기억에 남을 만한 것으로요.
남1 알아요. (21)직원들에게 생각을 공유해 달라고 하는 건 어떨까요? 직원들 중에 창의적인 사람이 많거든요.
여 좋은 생각이네요. 모두에게 우리를 도와달라고 회람을 보내야겠어요.
남2 그리고 나중에 함께 제출물들을 살펴보고 가장 괜찮은 것을 고르면 돼요.

[어휘] **develop** 개발하다   **businessperson** 사업가   **maximize** 극대화하다   **memorable** 기억할 만한   **go through** ~을 살펴보다   **submission** 제출(물)

19 화자들의 신분은?
   (A) 마케팅 간부
   (B) 그래픽 디자이너
   (C) 제품 개발자
   (D) 재무 상담사

[오답 해설] 신제품 라인이 언급되고 있지만 화자들이 직접 제품을 개발한 것은 아니므로 (C)는 오답.

20 화자들의 회사가 판매하는 제품의 종류는?
   (A) 화장품
   (B) 사무용품
   (C) 장신구
   (D) 신발

[패러프레이징] new line of dress shoes → Footwear

21 직원들이 요청받게 될 일은?
   (A) 제품명 제안하기
   (B) 잠재적 문제 보고하기
   (C) 업무 공간 공유하기
   (D) 사진 고르기

[패러프레이징] share their ideas → Suggest product names

Questions 22-24 refer to the following conversation and chart.

> 영미
>
> W Jeffery, our business's attendance for non-weekend days could use some improvement. Check out this graph.
> M I see what you mean. Well, (22)it seems like Tuesday is not a popular day for watching films.
> W Right. But we already offer two-for-one tickets on that day. (23)But what if we had a promotion for our second-to-lowest day?
> M That's a good idea. How about a free small popcorn with every ticket purchase?
> W Yeah, I think that'll work. I'll contact the graphic designer we usually use and ask him to create a design promoting the special.
> M Okay. (24)I'll call the printer today to find out how much it'll cost to get some posters made.
>
> 여 제프리 씨, 우리 영업장의 평일 방문자 수가 개선되어야 해요. 이 그래프를 한번 보세요.
> 남 무슨 뜻인지 알겠어요. 음, (22)화요일은 영화 보기에 인기 있는 날은 아닌 것 같네요.
> 여 맞아요. 하지만 우리는 이미 그날 1+1 티켓을 제공하고 있어요. (23)하지만 두 번째로 저조한 요일에 행사를 열면요?
> 남 그거 좋은 생각이네요. 티켓을 구매할 때마다 작은 무료 팝콘은 어때요?
> 여 네, 그거 괜찮겠네요. 우리가 주로 이용하는 그래픽 디자이너에게 연락해서 특별 행사 홍보 디자인을 만들게 할게요.
> 남 네. (24)저는 오늘 인쇄업자에게 전화해서 포스터를 만드는 데 얼마가 드는지 알아볼게요.
>
> **어휘** attendance 출석자 수, 출석률 improvement 개선 check out 확인하다 two-for-one 하나를 사면 하나를 더 주는, 하나 가격에 두 개를 얻는 promote 홍보하다 contact 연락하다

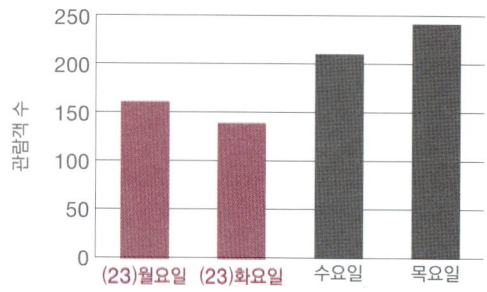

요일별 평균 방문자 수
(23)월요일 (23)화요일 수요일 목요일

22 화자들이 일하는 곳은?
  (A) 운동 시설
  (B) 코미디 클럽
  (C) 오페라 하우스
  (D) 영화관

오답 해설 티켓이 언급되었으나 오페라 티켓이 아닌 영화 티켓이므로 (C)는 오답.

23 시각 정보에 따르면, 새로운 홍보 행사가 추가될 요일은?
  (A) 월요일
  (B) 화요일
  (C) 수요일
  (D) 목요일

오답 해설 새로운 홍보 행사는 방문율이 가장 저조한 날이 아니라 두 번째로 저조한 날에 열릴 예정이므로 (B)는 오답.

24 남자가 오늘 하겠다고 한 일은?
  (A) 포스터 걸기
  (B) 인쇄소에 연락하기
  (C) 광고 디자인하기
  (D) 직원에게 변경 사항 설명해 주기

패러프레이징 call the printer → Contact a printing company
오답 해설 광고 디자인 요청을 하는 것은 여자가 할 일이므로 (C)는 오답.

UNIT 12 세부정보 문제

STEP 1   p.89

미미

M Hello. This handbag is on sale, isn't it?
W I'm sorry. The sale doesn't start until Saturday. However, I'd be happy to hold the item for you, so you can come back this weekend to buy it.
M Well, I can't come this weekend. If I pick it up on Monday, can I still get the discount?
W Yes. The sale lasts ten days.

남 안녕하세요. 이 핸드백은 세일 중이죠, 그렇죠?
여 죄송합니다. 세일은 토요일이나 되어야 시작합니다. 하지만, 손님을 위해 기꺼이 물건을 맡아 드릴게요. 이번 주말에 다시 오셔서 구매하실 수 있게요.
남 음, 이번 주말에는 올 수 없어요. 월요일에 가지러 오면, 할인을 받을 수 있나요?
여 네. 세일은 10일간 계속돼요.

어휘 hold (필요할 때 쓰려고) 가지고 있다   pick up 가져가다   get a discount 할인을 받다   last 계속되다, 지속되다

여자가 할 수 있다고 말한 것은?
(A) 교환에 대한 승인받기
(B) 남자를 위해 물건 맡아 주기

패러프레이징 hold the item for you → Save an item for the man
Possible Answer 남자를 위해 가방 따로 챙겨 두기

STEP 2-1   p.90

A   1 (A)   2 (A)   3 (A)
B   1 (C)   2 (C)   3 (A)

A

1 호 I am interested in placing an order for a cabinet for storing my makeup.
       (A) I want to purchase some furniture.
       (B) I would like to buy some cosmetics.

제 화장품을 보관할 수납장을 주문하는 데 관심이 있습니다.
(A) 저는 가구를 구입하고 싶습니다.
(B) 저는 화장품을 사고 싶습니다.

어휘 place an order 주문하다   cabinet 수납장, 보관함   cosmetic (보통 복수형) 화장품

2 호 The hotel's conference room has already been booked for the day that you requested.
       (A) You cannot use the venue on the specified date.
       (B) The room reservation has been changed to another date.

귀하께서 요청하신 날에는 호텔 회의실이 이미 예약이 차 있습니다.
(A) 명시된 날짜에는 귀하께서 그 장소를 이용하실 수 없습니다.
(B) 회의실 예약이 다른 날짜로 바뀌었습니다.

어휘 venue 장소   specified 명시된

3 호

The anniversary party starts at 7 P.M., and dinner will be served one hour later.

(A) The party guests will have a meal at eight o'clock.
(B) The party is expected to last one hour.

기념일 파티는 저녁 7시에 시작하고, 저녁 식사는 1시간 뒤에 제공될 것입니다.

(A) 파티 손님들은 8시에 식사를 할 것입니다.
(B) 파티는 1시간 동안 진행될 예정입니다.

어휘 meal 식사

B Questions 1-3 refer to the following conversation.

미영

M: Hello. I got a telephone message from the library saying that the novel I reserved is available. (1)However, when I checked on the reservations shelf, I didn't see it there.

W: Hmm. Could you tell me when you received the message? Reserved books are only held for three days before we return them to the regular shelves. That way, more people have the opportunity to enjoy them.

M: Oh, I wasn't aware of that. (2)The message was left a week ago, so I guess I missed my chance. In that case, (3)I'd like to place a new reservation request for the same book. Could you help me with that?

남: 안녕하세요. 제가 예약한 소설책이 이용 가능하다는 전화 메시지를 도서관으로부터 받았는데요. (1)하지만, 예약 도서 선반을 보니, 그게 보이지 않았어요.

여: 음. 메시지를 언제 받으셨는지 말씀해 주시겠어요? 예약된 도서들은 일반 도서 책꽂이로 옮겨지기 전에 3일간만 보관되거든요. 그렇게 해야 더 많은 분들이 그 책들을 즐길 기회가 생겨요.

남: 아, 그건 몰랐네요. (2)메시지는 일주일 전에 남겨졌는데, 그래서 제가 기회를 놓쳤나 보네요. 그렇다면, (3)같은 책에 대한 예약 요청을 새로 하고 싶은데요. 그렇게 하도록 도와주시겠어요?

어휘 reserve 예약하다 available 이용 가능한 opportunity to do ~할 기회 be aware of ~을 알다 miss 놓치다 request 요청

1 남자가 언급한 문제점은?
(A) 대출한 도서를 분실하였다.
(B) 책에 대한 연체료를 내야 한다.
(C) 그가 원하는 물건을 찾을 수 없었다.
(D) 잘못해서 원치 않는 소설책을 예약했다.

패러프레이징 I didn't see it there → He could not find the item

오답 해설 남자는 아직 책을 빌리지 못했으므로 (A), (B)는 오답.

2 남자가 전화 메시지를 받은 때는?
(A) 어제
(B) 이틀 전
(C) 지난주
(D) 2주일 전

패러프레이징 a week ago → Last week

3 여자가 요청받은 것은?
(A) 물품 다시 예약하기
(B) 작가 추천해 주기
(C) 남자에게 규정 설명하기
(D) 선반에서 물품 찾아보기

패러프레이징 place a new reservation request for the same book → Reserve an item again

STEP 3   p.92

1	(B)	2	(C)	3	(D)	4	(A)	5	(C)	6	(D)	7	(C)	8	(B)	9	(A)
10	(B)	11	(C)	12	(D)	13	(D)	14	(B)	15	(C)	16	(B)	17	(C)	18	(D)
19	(C)	20	(A)	21	(C)	22	(C)	23	(D)	24	(C)								

Questions 1-3 refer to the following conversation.

미영

M Good afternoon. (1)You've reached the Wonder Books helpline. How may I assist you?
W I have a discount coupon for fifteen percent off hardcover books, but (2)when I typed in the code on your Web site, there was a message saying it was invalid. The coupon's expiration date hasn't passed yet, so I'm not sure what's going on. The book I'm trying to buy is called *Cooking with Confidence*.
M All right, let me just check on that. Hmm … (3)It looks like that book is already on sale, so the coupon can't be used for it. It's exclusively for regularly priced merchandise.
W Oh, I see. Then I guess I'll save it for a future purchase. Thanks.

남 안녕하세요. (1)원더북스의 전화 상담 서비스에 연결되셨습니다. 무엇을 도와드릴까요?
여 제게 양장 도서의 15% 할인 쿠폰이 있는데요, (2)귀사의 웹사이트에서 코드를 입력했을 때, 그게 유효하지 않다는 메시지가 떴습니다. 쿠폰의 만료일이 아직 지나지 않았는데 무슨 일인지 잘 모르겠네요. 제가 사려는 책은 〈자신감 갖고 요리하기〉라는 책입니다.
남 알겠어요, 제가 그걸 확인해 볼게요. 음… (3)그 책은 이미 할인 중이어서, 쿠폰 사용이 불가능합니다. 그건 오직 정상가 상품에만 사용하실 수 있어요.
여 아, 그렇군요. 그렇다면 다음번 구매를 위해 아껴 놓아야겠네요. 감사합니다.

어휘 reach (전화 등으로) 연락하다   hardcover book 양장본 도서   invalid 유효하지 않은   expiration date 만료일   be on sale 할인[세일] 중인   exclusively 오직; 독점적으로   merchandise (집합적) 상품, 물품   purchase 구매(품)

1 남자의 신분은?
  (A) 컴퓨터 수리공
  (B) 고객 서비스 담당자
  (C) 매장 관리인
  (D) 배달원

오답 해설 남자는 원더북스라는 서점의 전화 상담원이므로 (C)는 오답.

2 여자가 전화를 건 목적은?
  (A) 배송을 확인하기 위해
  (B) 주문하기 위해
  (C) 문제를 알려주기 위해
  (D) 계정을 개설하기 위해

패러프레이징 a message saying it was invalid → a problem
오답 해설 여자가 인터넷으로 주문을 시도하기는 했지만, 전화를 건 것은 쿠폰 문제 때문이므로 (B)는 오답.

3 남자가 여자에게 말하는 것은?
  (A) 온라인 시스템에 오류가 있었다.
  (B) 쿠폰이 이미 만료되었다.
  (C) 특가 행사가 끝났다.
  (D) 쿠폰은 할인 상품에는 유효하지 않다.

패러프레이징 It's exclusively for regularly priced merchandise. → A voucher is not valid on sale items.

Questions 4-6 refer to the following conversation.

미호

W   Hello. I'd like to book a direct business class ticket to St. Louis for January 10, arriving in the morning.
M   Let's see what is available for that date. There's a flight that arrives around 11:30. Does that work for you?
W   Actually, that's too late. (4)I'm going to inspect a manufacturing plant there, (5)and they're expecting me on site at 10:30, so I need to arrive by 9:30 at the latest.
M   Well, there's a flight that arrives at 9:20, but it doesn't have any business class seats. (6)How about booking an economy class seat instead? It might not be as comfortable, but it'll be more affordable, and you can get the time you want.

여   안녕하세요. 1월 10일 아침에 도착하는 세인트루이스행 직항 항공편의 비즈니스 석 티켓을 구매하고 싶은데요.
남   그 날짜에 이용 가능한 것이 있나 볼게요. 11시 30분경에 도착하는 항공편이 있어요. 괜찮으세요?
여   사실은, 그건 너무 늦어요. (4)저는 거기서 제조 공장을 시찰해야 하는데, (5)그들은 10시 30분에 현장에서 저를 기다리고 있을 거라 늦어도 9시 30분까지는 도착해야 하거든요.
남   음, 9시 20분에 도착하는 항공편이 있지만 비즈니스 석 자리가 남아있지 않아요. (6)대신 이코노미 석을 예약하는 것이 어떠신가요? 그만큼 편안하지는 않겠지만, 더 저렴하고 원하시는 시간대를 잡으실 수 있으니까요.

어휘 available 이용 가능한   inspect 시찰[순시]하다   site 현장, 부지   at the latest 늦어도   affordable 저렴한

4 여자가 여행을 계획하는 이유는?
   (A) 시찰을 하기 위해
   (B) 몇몇 투자자들을 만나기 위해
   (C) 학회에 참석하기 위해
   (D) 면접에 참석하기 위해

패러프레이징 inspect a manufacturing plant → perform an inspection

5 1월 10일에 여자가 약속이 있는 시간은?
   (A) 오전 8시 30분
   (B) 오전 9시 30분
   (C) 오전 10시 30분
   (D) 오전 11시 30분

오답 해설 9시 30분은 여자가 공항에 도착해야 하는 시간이므로 (B)는 오답.

6 남자가 제안하는 것은?
   (A) 다른 항공사 이용하기
   (B) 다른 시간에 만나기
   (C) 다른 날짜에 비행하기
   (D) 다른 등급의 좌석 예약하기

패러프레이징 booking an economy class seat instead → Reserving a seat in a different class

Questions 7-9 refer to the following conversation.

호미

M   Excuse me. (7)(8)I bought this jacket here a few days ago, but when I got home, I noticed that it had a tear in the seam. So I'd like to return it. I've got my receipt right here.
W   I'm sorry about that, sir. Damaged products are occasionally put on display without our noticing. Would you like to exchange the jacket for another one or get a refund?
M   I'd like to exchange it for another one with the exact same size and style.
W   Okay. Please wait here while I get that for you. And

남   실례합니다. (7)(8)며칠 전에 제가 여기서 이 외투를 샀는데요, 집에 갔을 때 솔기가 뜯어진 것을 발견해서 반품하고 싶어요. 바로 여기 영수증이 있어요.
여   정말 죄송합니다, 고객님. 손상된 제품들이 가끔 저희도 모르는 사이 진열될 때가 있어요. 외투를 다른 것으로 교환하시겠어요, 아니면 환불을 받으시겠어요?
남   정확히 같은 치수와 디자인으로 교환하고 싶어요.
여   알겠습니다. 제가 그 상품을 가져올 동안 여기에서 기다려 주세요. 또한, 불편하게 해 드린 것에 대한 사과의 의미로 (9)10% 할인 쿠폰도 드리겠습니다.

(9)I'll also give you a voucher for ten percent off as an apology for the inconvenience.

> 어휘 tear 뜯어짐, 찢어짐   seam 솔기   return 반품하다   damaged 손상된   occasionally 가끔씩, 때때로   put on display 진열[전시]하다   exchange A for B A를 B로 교환하다   get a refund 환불 받다   voucher 쿠폰

7 여자가 일하는 곳은?
(A) 가구 매장
(B) 직물 직판점
(C) 의류 매장
(D) 세탁소

패러프레이징 jacket → clothing
오답 해설 return(반품하다), display(진열) 등의 표현을 통해 세탁소가 아닌 것을 알 수 있으므로 (D)는 오답.

8 남자가 가게를 방문한 이유는?
(A) 제품을 입어 보기 위해
(B) 불량품을 반품하기 위해
(C) 선물을 구입하기 위해
(D) 신제품을 진열하기 위해

패러프레이징 it had a tear in the seam → a defective item

9 여자가 남자에게 주겠다고 말한 것은?
(A) 쿠폰
(B) 환불
(C) 영수증
(D) 상품 안내책자

패러프레이징 voucher → coupon
오답 해설 남자는 교환을 원하므로 (B)는 오답.

Questions 10-12 refer to the following conversation.

미미

W Hi, Benjamin. It's Sherry calling from the Weston repair center. (10)I need a part from the warehouse. I was wondering if you have a replacement power supply for a Palex brand LCD television. It's model 34-7. I'm working on it for a customer.
M Let me check the inventory. Hmm … (11)it looks like that particular part is out of stock right now.
W How long will it take to get a new one?
M (12)I can place an expedited order today, so it would arrive here by Thursday.

여 안녕하세요, 벤자민. 웨스턴 수리 센터에서 전화 드리는 셰리라고 해요. (10)제가 창고에서 부품이 하나 필요해서요. 팔렉스 상표의 LCD 텔레비전용 전원 공급 장치 교체품을 갖고 계신지 알고 싶네요. 모델 번호는 34-7이에요. 지금 고객을 위해서 수리 중이거든요.
남 재고를 확인해 볼게요. 음… (11)지금 그 특정 부품의 재고는 없는 것 같네요.
여 새것을 받아보는 데 얼마나 걸리죠?
남 (12)오늘 긴급 주문을 넣을 수 있어요. 그러면 이쪽에 목요일까지 도착할 거예요.

> 어휘 part 부품   replacement 교체(품)   power supply 전원 (공급) 장치   inventory 재고(품)   it looks like ~인 것 같다   particular 특정한   out of stock 재고가 없는 (↔ in stock)   expedite 더 신속히 처리하다

10 전화의 목적은?
(A) 장비 설치 일정을 잡기 위해
(B) 기기의 부품을 요청하기 위해
(C) 배송 지연 이유를 설명하기 위해
(D) 남자에게 TV를 사라고 설득하기 위해

패러프레이징 I was wondering if you have a replacement power supply for a Palex brand LCD television. → ask about a component for a device

11 남자가 언급한 문제점은?
(A) 가격이 인상되었다.
(B) 재고 목록이 없어졌다.
(C) 물품을 구할 수 없다.
(D) 고객이 화가 났다.

> 패러프레이징 that particular part is out of stock → An item is not available.
> 오답 해설 재고 목록이 없어진 것이 아니라 필요한 부품의 재고가 없는 것이므로 (B)는 오답.

12 남자가 여자를 돕겠다고 제안한 방법은?
(A) 자세한 설명을 해 주기
(B) 다른 지점에 전화 걸기
(C) 추가 근무 하기
(D) 긴급 주문 해 주기

> 패러프레이징 place an expedited order → placing a rush order

Questions 13-15 refer to the following conversation.

호영

M Hello. This is Jack from the Monroe Convention Center. (13)You reserved the Sunflower Room for your dance studio's recital, and I'm calling to confirm the date and time. It's on March 18 from 6 to 9 P.M., right?

W Yes, but actually, (14)is it too late to switch to a larger room? We had originally planned for about a hundred guests, but I've just found out that it'll be closer to a hundred and fifty.

M Our venue has another room, the Rose Room, and we can assemble the stage in there instead. However, (15)it's three hundred dollars more than the Sunflower Room.

W That's no problem. I can send the payment today.

남 안녕하세요, 저는 몬로 컨벤션 센터의 잭입니다. (13)귀하는 귀하의 댄스 교습소의 발표회를 위해 선플라워 룸을 예약하셨고, 날짜와 시간을 확정 짓기 위해 전화를 드립니다. 3월 18일 저녁 6시부터 9시까지 맞나요?

여 네, 그런데 실은, (14)더 큰 장소로 바꾸기에 너무 늦었나요? 원래는 손님을 100명 정도로 생각했는데, 거의 150명이 될 거란 사실을 방금 알았어요.

남 저희 연회장에는 로즈 룸이라는 다른 장소가 있고, 대신 그곳에 무대를 조립해 드릴 수 있습니다. 하지만 (15)그곳은 선플라워 룸보다 300달러가 더 비쌉니다.

여 괜찮아요. 오늘 대금을 보내드릴 수 있어요.

> 어휘 recital 발표회 | confirm 확정 짓다 | switch to ~로 바꾸다 | originally 원래 | close to (수치·시간·공간·관계 등이) ~에 가까운 | assemble 조립하다 | payment 대금

13 전화를 건 목적은?
(A) 결제를 요청하기 위해
(B) 회의 공간을 홍보하기 위해
(C) 손님 명단을 요청하기 위해
(D) 예약을 확정 짓기 위해

> 패러프레이징 confirm the date and time → confirm a reservation

14 여자가 변경하고 싶어 하는 이유는?
(A) 행사 일정을 조정해야 했다.
(B) 예상보다 더 많은 손님들이 온다.
(C) 행사의 예산이 삭감되었다.
(D) 필요한 장비 이용이 불가능하다.

> 패러프레이징 We had originally planned for about a hundred guests, but I've just found out that it'll be closer to a hundred and fifty. → More guests are coming than expected.

15 남자가 여자에게 이야기하는 것은?
(A) 주차료
(B) 신청 기한
(C) 가격 차이
(D) 무대 크기

> 패러프레이징 it's three hundred dollars more than the Sunflower Room → A price difference
> 오답 해설 남자가 로즈 룸에 대신 무대를 조립해 줄 수 있다고 했지만 무대 크기에 대한 언급은 없으므로 (D)는 오답.

Questions 16-18 refer to the following conversation.

영미

W Hello. This is Carolyn Walsh from Sandoval Enterprises. (16)My company ordered some brochures last week, which we'll distribute at an upcoming trade fair. We've decided we'll need some posters and a large banner as well. Can we add those to our order?
M Our orders are at full capacity, so (17)we can't take on any new projects for another week. How soon would you need them?
W Three days from now.
M In that case, (18)you might want to try our branch in Cottonwood. They are not as busy as we are, and they specialize in large banners.

여 안녕하세요. 저는 산도발 사의 캐롤린 월시입니다. (16)지난주에 저희 회사가 곧 있을 무역 박람회에서 배포할 책자를 주문했는데요. 포스터와 큰 현수막도 필요하다고 결정을 내려서요. 그것들을 주문에 추가할 수 있을까요?
남 저희 주문량이 지금 꽉 차서, (17)앞으로 일주일 동안은 새로운 작업을 맡을 수가 없습니다. 얼마나 빨리 필요하신 거죠?
여 3일 뒤에요.
남 그러시다면, (18)저희 코튼우드 지점을 이용해 보실 수 있겠네요. 그곳은 저희만큼 바쁘지 않고 대형 현수막을 전문으로 하거든요.

어휘 distribute 배포하다, 나누어 주다　trade fair 무역 박람회　banner 현수막　at full capacity 용량이 꽉 찬, 풀 가동 중인　take on (일 등을) 맡다　branch 지점　specialize in ~을 전문으로 하다

16 산도발 사가 지난주에 한 일은?
(A) 고객들에게 책자를 보냈다
(B) 홍보용 자료를 주문했다
(C) 신입 직원들을 채용했다
(D) 무역 박람회에서 부스를 운영했다

패러프레이징 brochures → promotional materials
오답 해설 아직 책자를 배포하지 않았으므로 (A)는 오답. 무역 박람회는 아직 열리지 않았으므로 (D)도 오답.

17 남자의 회사가 새로운 일을 맡을 수 있다고 말한 때는?
(A) 2일 뒤
(B) 3일 뒤
(C) 일주일 뒤
(D) 2주일 뒤

패러프레이징 for another week → In one week
오답 해설 3일 뒤는 여자가 추가 주문품이 필요하다고 한 때이므로 (B)는 오답.

18 남자가 제안하는 것은?
(A) 더 큰 치수 받기
(B) 긴급 서비스 비용 지불하기
(C) 온라인으로 견본 보기
(D) 다른 업체에 연락하기

패러프레이징 try our branch in Cottonwood → Contacting another business

Questions 19-21 refer to the following conversation with three speakers.

미미호

M1 Hey, Tina. (19)The shipment of office supplies arrived this morning, but I couldn't find the whiteboard I had ordered.
W I didn't know you needed one. Did you fill out a supply request?
M1 Yes, and (20)I asked my new assistant, Jeremy, to put it on your desk a few days ago.
W (20)Um … I checked my letter tray before placing the order. I never saw it.
M1 Oh, here's Jeremy. Let me ask him about it. Jeremy, didn't you take the supply request to Ms. Sharp's office in 203?

남1 안녕하세요, 티나 씨. (19)오늘 아침에 사무용품이 배송되었는데, 제가 주문한 화이트보드를 찾을 수 없었어요.
여 그게 필요하신 줄 몰랐어요. 비품 신청서를 작성하셨나요?
남1 네, 그리고 (20)며칠 전에 제 보조인 제레미에게 그걸 당신의 책상 위에 놓아 달라고 부탁했어요.
여 (20)음… 주문하기 전에 제 편지함을 확인했어요. 그런 건 보지 못했어요.
남1 아, 제레미가 여기 있네요. 제가 그에게 물어볼게요. 제레미, 샤프 씨의 사무실인 203호로 비품 신청서를 가져다 놓지 않으셨나요?

M2 203? I thought I was supposed to take it to 302.
W   Well, that explains it.
M2 Sorry about that.
W   I'll order you a whiteboard. (21)You can ask the sales department if you can use theirs in the meantime.

남2 203호요? 저는 302호에 가져다 놓아야 하는 줄 알았는데요.
여   음, 그래서 그랬군요.
남2 죄송합니다.
여   제가 화이트보드를 주문해 드릴게요. (21)그동안 영업팀 것을 이용해도 되는지 문의해 보실 수 있겠네요.

어휘 office supplies 사무용품 fill out (서식을) 작성하다 request 신청, 요청 be supposed to do ~해야 한다, ~하기로 되어 있다 in the meantime 그동안

19 오늘 아침에 일어난 일은?
(A) 일부 회의들이 취소되었다
(B) 워크숍이 실시되었다
(C) 물품들이 배송되었다
(D) 새로운 보조가 채용되었다

패러프레이징 The shipment of office supplies arrived → Some supplies were delivered.

20 여자가 "그런 건 보지 못했어요"라고 말한 의도는?
(A) 신청서를 받지 못했다.
(B) 규정에 익숙하지 않다.
(C) 물건을 찾을 수 없다.
(D) 서류를 잃어버렸다.

21 여자가 하라고 제안하는 것은?
(A) 긴급 주문 서비스 이용하기
(B) 재고 목록을 주의해서 확인하기
(C) 다른 부서에서 무언가를 빌려오기
(D) 동료에게 가서 물건을 가져다 달라고 부탁하기

패러프레이징 ask the sales department if you can use theirs → Borrowing something from another department
오답 해설 화이트보드를 주문할 사람은 여자이므로 (A)는 오답.

Questions 22-24 refer to the following conversation and graphic.

미영

M   Hello. (22)I ordered an Amarillo-360 blender on your Web site a few days ago, and I have a problem with it.
W   All right, sir. Could you please tell me what happened?
M   Well, it was delivered this morning, but when I opened it up, I noticed that one of the components was cracked.
W   I'm sorry to hear that.
M   Can I get that part replaced? (23)It is the bottom section, the part that holds the blades. The rest of the parts are all fine.
W   Unfortunately, (24)we can't do anything until you make a formal request in writing.
M   Oh, I see. How do I do that?
W   (24)I'll mail you the paperwork to fill out. May I ask your address, please?

남   안녕하세요. (22)제가 며칠 전에 귀하의 웹사이트에서 아마릴로-360 믹서기를 주문했는데, 문제가 있어서요.
여   네, 고객님. 무슨 일인지 말씀해 주시겠어요?
남   음, 이게 오늘 아침에 배송되었는데, 열어봤을 때, 부품 중 하나에 금이 가 있는 것을 발견했어요.
여   죄송합니다.
남   그 부품을 교체할 수 있을까요? (23)칼날을 지지하는 부품인 맨 아래 쪽이에요. 나머지 부품들은 다 괜찮아요.
여   유감이지만, (24)서면으로 공식 요청을 하시기 전까지는 아무것도 해 드릴 수가 없습니다.
남   아, 알겠어요. 어떻게 하면 되나요?
여   (24)작성하실 서류를 메일로 보내 드릴게요. 주소를 여쭤봐도 될까요?

어휘 notice 알아채다 component 부품(=part) crack 금이 가게 하다; 금이 가다 replace 교체하다 blade 칼날 make a request 요청하다 formal 공식적인 in writing 서면으로

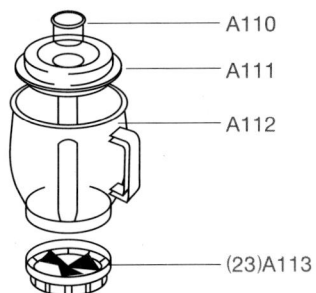

22 남자가 구매품에 대해 언급한 것은?
(A) 물품이 누락되어 있었다.
(B) 어제 배송되었다.
(C) 온라인으로 주문되었다.
(D) 할인을 받을 수 있었다.

23 시각 정보에 따르면, 남자가 문제를 겪고 있는 부품은?
(A) A110
(B) A111
(C) A112
(D) A113

24 여자가 남자에게 보낼 것은?
(A) 환불금
(B) 교체 부품
(C) 신청서
(D) 새 믹서기

패러프레이징 I ordered an Amarillo-360 blender on your Web site → It was made online.
오답 해설 물품이 누락된 것이 아니라 손상된 것이므로 (A)는 오답. 오늘 아침에 배송되었다고 했으므로 (B)는 오답.

패러프레이징 the paperwork to fill out → A request form
오답 해설 교체 부품을 남자에게 보내주기 위해서는 먼저 남자가 신청서를 작성해야 하므로 (B)는 오답.

UNIT 13 다음에 할 일/요청/제안 문제

STEP 1
p.97

미영

M Ms. Russell, will Sandy be back from her trip in time for the safety training?
W Unfortunately, no. Her flight back was delayed because of a storm.
M Then let's have the session tomorrow. I want to train everyone at the same time.
W All right. I'll check Sandy's flight schedule now.

남 러셀 씨, 샌디 씨가 안전 교육에 맞춰 여행에서 복귀할까요?
여 안타깝지만, 그렇지 않아요. 그녀의 돌아오는 항공편은 폭풍 때문에 지연되었어요.
남 그렇다면 교육을 내일 진행하도록 해요. 저는 전원을 동시에 교육하고 싶어요.
여 알겠어요. 제가 지금 샌디 씨의 비행 일정을 확인해 볼게요.

어휘 in time for ~에 맞춰, 늦지 않게 delay 지연시키다 at the same time 동시에

여자가 다음에 할 것 같은 일은?
(A) 항공편 상태 확인하기
(B) 연수회 참여하기

패러프레이징 check Sandy's flight schedule → Check on a flight status
Possible Answer 일정표 찾아보기

미호

W Hi, Frank. I'm making a new training video about customer service. I was wondering if you'd be willing to be in the video.
M I'd really like to help out, but I've never acted before.
W Oh, don't worry. We're not expecting a professional performance. And you'd be partnered with Jake, who did a similar project last year. Why don't you talk to him to find out what he thought of the experience?

여 안녕하세요, 프랭크. 저는 고객 서비스에 대한 새 교육 비디오를 만들고 있어요. 혹시 비디오에 출연하실 용의가 있는지 여쭤보려고요.
남 저도 정말 돕고 싶지만, 전에 연기를 해 본 경험이 없는걸요.
여 아, 걱정 마세요. 우리는 전문적인 연기를 기대하지는 않아요. 그리고 당신은 작년에 비슷한 프로젝트를 했던 제이크 씨와 짝을 이루어 작업하게 될 거예요. 제이크 씨에게 그때의 경험에 대한 의견을 물어보는 게 어때요?

어휘 be willing to do ~할 용의가 있다 similar 비슷한

여자가 제안하는 것은?
(A) 새로운 교육 비디오를 재생하는 것
(B) 동료 직원에게 상담하는 것

패러프레이징 talk to him to find out what he thought of the experience → Consulting a colleague
Possible Answer 동료에게 프로젝트에 관해 문의하기

STEP 2-1
p.98

A 1 (B) 2 (B) 3 (A)
B 1 (C) 2 (B) 3 (A)

A

1 호 Because some people can't make it, we've moved the committee meeting to the afternoon.
(A) Due to an issue with the schedule, the meeting will be shorter.
(B) Because of a scheduling conflict, the committee will meet after lunch.

몇몇 분들이 참석하실 수 없기 때문에, 위원회 회의를 오후로 옮겼습니다.
(A) 일정상의 문제로 인해, 회의는 단축 진행될 것입니다.
(B) 일정이 겹치는 문제로 인해, 위원회는 점심 이후에 만날 것입니다.

어휘 committee 위원회 due to ~때문에 scheduling conflict 일정이 겹치는 것

2 호 I need permission to read files in the database so I can finish the research report.
(A) I want you to approve the files I've added to the database.
(B) I would like authorization to access the database.

제가 연구 보고서를 마무리 지을 수 있도록 데이터베이스에 있는 파일 열람 허가가 필요합니다.
(A) 제가 데이터베이스에 추가한 파일들을 승인해 주셨으면 합니다.
(B) 데이터베이스에 접근하기 위해 허가를 받았으면 합니다.

어휘 permission 허가, 승인 approve 승인[허가]하다 authorization 허가 access 접근하다; 접근

3 호 I don't mind filling in for you while you're away from the office.
(A) I can cover your tasks during your absence.
(B) I can fill out the forms before you get back.

당신이 사무실을 떠나 있는 동안 업무를 대신해 드릴 수 있습니다.
(A) 자리를 비우시는 동안 제가 업무를 대신해 드릴 수 있습니다.
(B) 당신이 돌아오기 전에 양식을 작성해 드릴 수 있습니다.

어휘 fill in for ~을 대신하다 be away 자리에 없는 cover 대신하다 absence 부재

B

Questions 1-3 refer to the following conversation.

영 호

W (1)Tom, how are the preparations for next week's new recruit training coming along? Since this is your first time doing it, I want to check that everything is under control.
M It's coming along well. There is something I need to ask, though. Do we have any extra workplace health and safety manuals?
W (2)Bob in the administration team has some. I'll ask him to send them to you. Is there anything else I can help with?
M Well, I was hoping you could come along and observe some of the training next week. (3)I'd appreciate your advice on how I might improve the session for next time.

여 (1)톰, 다음 주에 있을 신입 사원 교육 준비는 어떻게 진행되고 있나요? 이번에 이 일을 처음 해 보시니까, 모든 것이 제대로 관리되고 있는지 확인하고 싶어서요.
남 잘되어 가고 있어요. 하지만 여쭤보고 싶은 게 있어요. 직장 내 보건 및 안전 안내서 여분이 있나요?
여 (2)행정 부서의 밥 씨가 몇 부 가지고 있어요. 제가 그것들을 당신에게 보내 달라고 그에게 요청할게요. 도와드릴 일은 또 없나요?
남 음, 다음 주에 오셔서 교육을 좀 봐 주셨으면 해요. (3)다음번을 위해 제가 연수회를 향상시킬 방법에 대해 충고를 해 주시면 고맙겠어요.

> **어휘** **come along** (일이) 순조롭게 진행되다; 함께 오다 **be under control** 제대로 관리되다 **manual** 안내서, 설명서
> **observe** ~을 잘 보다[관찰하다] **appreciate** 고마워하다

1 남자가 하려고 준비하고 있는 것은?
(A) 새 직장으로 출근하기
(B) 직원 채용하기
(C) 교육 실습 진행하기
(D) 안전 규정 수정하기

패러프레이징 new recruit training ➜ a training exercise
오답 해설 남자는 이미 채용된 신입 사원들에 대한 교육을 진행하는 것이므로 (B)는 오답.

2 밥 씨가 할 것 같은 일은?
(A) 남자의 업무 인계받기
(B) 남자에게 안내서 보내주기
(C) 세션 운영하기
(D) 지원자들의 면접 보기

패러프레이징 send them to you ➜ Send the man some manuals
오답 해설 세션을 관리하는 것은 화자인 톰 씨의 일이지, 밥 씨의 일이 아니므로 (C)는 오답.

3 여자가 요청받은 것은?
(A) 피드백 제공하기
(B) 문서 복사하기
(C) 자료 준비하기
(D) 워크숍 개최하기

패러프레이징 advice on how I might improve the session ➜ feedback

STEP 3   p.100

1 (C)	2 (C)	3 (C)	4 (A)	5 (A)	6 (D)	7 (D)	8 (C)	9 (B)
10 (B)	11 (A)	12 (A)	13 (D)	14 (D)	15 (C)	16 (D)	17 (A)	18 (B)
19 (A)	20 (C)	21 (B)	22 (B)	23 (A)	24 (A)			

Questions 1-3 refer to the following conversation.

> 미미
>
> W Hi, Harold. It's Kate. I'm afraid I'm going to be late for the meeting with the prospective investors because I'm stuck in traffic. (1)As my assistant, you know the research well, so I'm wondering if you would be willing to present it.
> M I don't mind doing that, but (2)can you tell me where the slides are? You have something prepared, don't you?
> W Yes. The files are on the laptop I have with me, so I've just e-mailed them to you. (3)If you start out the session, you can pass the responsibility to me as soon as I get there.
> M All right. I think that'll work fine.
>
> 여 안녕하세요, 해롤드. 저 케이트예요. 교통 체증에 갇혀서 예비 투자자들과의 회의에 늦을 것 같아요. (1)제 조수로서 당신은 연구에 대해 잘 알고 계시니 당신이 그걸 발표해 주시면 어떨까 하고요.
> 남 그렇게 해도 상관없지만, (2)슬라이드가 어디에 있는지 알려 주시겠어요? 준비해 두신 게 있으시죠, 그렇죠?
> 여 네. 파일들은 제가 가지고 있는 노트북 컴퓨터에 있어서 방금 이메일로 보내드렸어요. (3)세션을 시작하시면, 제가 거기에 도착하는 대로 제게 그 일을 넘겨 주시면 돼요.
> 남 알겠어요. 잘될 것 같아요.
>
> **어휘** **prospective** 예비[장래]의 **be stuck in traffic** 교통 체증에 갇혀 있다 **responsibility** 책임(을 맡은 일)

1 남자의 신분은?
(A) 여자의 상사
(B) 예비 투자자
(C) 여자의 조수
(D) 구직자

오답 해설 여자가 my assistant라고 했으므로 (A)는 오답. 예비 투자자들은 여자와 회의를 할 사람들이므로 (B)는 오답.

2 남자가 물어보는 것은?
 (A) 연구 프로젝트를 준비하는 법
 (B) 유인물에 포함시켜야 하는 것
 (C) 발표 자료를 찾을 곳
 (D) 회의실을 마련하는 법

[패러프레이징] where the slides are → Where to find presentation materials

3 여자가 하겠다고 제안한 것은?
 (A) 동료에게 도움 요청하기
 (B) 남자에게 지시 사항 보내기
 (C) 도착하면 업무 인계받기
 (D) 더 많은 정보를 가지고 남자에게 전화하기

[패러프레이징] pass the responsibility to me as soon as I get there → Take over a task when she arrives

[오답 해설] 여자가 남자에게 보낸 것은 지시 사항이 아닌 발표 슬라이드이므로 (B)는 오답.

Questions 4-6 refer to the following conversation.

> 호 미
>
> M As you know, Ms. Nelson, our company is concentrating on improving customer experience. As a solution, (4)I've arranged a series of workshops during which employees can get tips on how to treat customers better.
> W That's great, but ... um ... (5)isn't there a possibility that the training would interfere with their work? I don't want the participants to get behind on their assignments.
> M Don't worry. (6)I'll have employees get authorization from their supervisors before registering for the event.
> W In that case, I'm on board with the plan.
>
> 남 아시다시피, 넬슨 씨, 우리 회사는 고객 경험 개선에 집중하고 있어요. 그 해결책으로, (4)저는 직원들이 고객을 더 잘 응대하는 방법에 대한 조언을 얻을 수 있는 일련의 워크숍을 마련했어요.
> 여 그거 굉장하네요, 그런데… 음… (5)그 교육이 그들의 업무에 지장을 주지는 않을까요? 전 참가자들의 업무가 늦어지는 걸 원치 않아요.
> 남 걱정 마세요. (6)행사 등록 전에 직원들이 자신의 상사에게 허가를 받게 할 거예요.
> 여 그렇다면, 저도 이 계획에 동참할게요.
>
> [어휘] **concentrate on** ~에 집중하다 **arrange** 마련하다 **treat** (특정한 태도로) 대하다, 다루다 **possibility** 가능성 **interfere with** ~에 지장을 주다, ~을 방해하다 **get behind** 늦어지다, 밀리다 **assignment** 업무, 과제 **authorization** 허가 **be on board** 동참[합류]하다

4 연수회의 목적은?
 (A) 고객 서비스 개선하기
 (B) 업무 현장의 부상 방지하기
 (C) 팀워크 향상하기
 (D) 일부 장비 도입하기

[패러프레이징] workshops → training sessions
treat customers better → improve customer service

5 여자가 걱정하는 것은?
 (A) 업무를 방해하는 것
 (B) 자질 있는 강사들이 부족한 것
 (C) 강의가 붐비는 것
 (D) 예산을 초과하는 것

[패러프레이징] interfere with their work → Interrupting work tasks

6 남자가 하겠다고 한 것은?
 (A) 행사 참가 대상을 관리자들로만 제한하기
 (B) 참가자들에게 신청서 주기
 (C) 연수회 일부를 직접 진행하기
 (D) 직원들에게 사전 승인을 얻도록 요구하기

[패러프레이징] have employees get authorization from their supervisors before registering for the event → Require employees to get prior approval

[오답 해설] 워크숍 참가 대상을 관리자들로만 제한하는 것이 아니라, 워크숍 참가자들이 관리자들로부터 승인을 받게 하는 것이므로 (A)는 오답.

Questions 7-9 refer to the following conversation.

영미

W   Hey, Doug. (7)I heard that you were assigned the task of planning our company's anniversary party on February 17. How's it going so far?
M   I've reserved a room at the Arlington Convention Center and purchased the decorations. (8)But I haven't made any progress with the refreshments. It's not easy finding an affordable catering company.
W   I can recommend one for you. I planned Mr. Kinney's retirement dinner, and the company I used was fantastic. (9)How about I e-mail you their phone number so you can give them a call?
M   Thanks. I would really appreciate that.

여 저기요, 더그. (7)당신이 2월 17일에 있을 우리 회사의 창립 기념일 파티를 기획하는 일을 맡았다고 들었어요. 지금까지 어떻게 돼 가고 있나요?
남 알링턴 컨벤션 센터에 방을 예약하고 장식품을 구매했어요. (8)그런데 다과와 관련해서는 진척이 없어요. 가격이 적당한 출장 요리 회사를 찾는 게 쉽지 않네요.
여 제가 한 군데 추천해드릴 수 있어요. 전 키니 씨의 은퇴 만찬을 기획했는데, 제가 이용했던 회사가 굉장히 좋았어요. (9)당신이 전화해 보실 수 있게 제가 그 회사 전화번호를 이메일로 보내드리면 어떨까요?
남 고마워요. 그렇게 해 주신다면 감사할 거예요.

어휘   **assign** (일 등을) 맡기다, 배정하다   **progress** 진척, 진행   **refreshment** (항상 복수형) 다과   **affordable** (가격이) 알맞은   **retirement** 은퇴, 퇴직

7 2월 17일 행사의 목적은?
(A) 은퇴를 축하하는 것
(B) 신입 직원을 환영하는 것
(C) 직원들에게 시상하는 것
(D) 기념일을 기리는 것

오답 해설   은퇴 기념식은 작년에 여자가 기획한 행사이므로 (A)는 오답.

8 남자가 아직 해야 한다고 말한 것은?
(A) 장식품 구입하기
(B) 장소 예약하기
(C) 간식 주문하기
(D) 초대장 발송하기

패러프레이징   refreshments → snacks
오답 해설   행사장 예약과 장식품 구입은 이미 완료했다고 했으므로 (A)와 (B)는 오답.

9 여자가 하겠다고 제안한 것은?
(A) 방 준비하는 것 돕기
(B) 남자에게 연락처 보내주기
(C) 남자를 위해 사업주에게 이메일 보내기
(D) 초대 손님들의 주소 알아내기

패러프레이징   e-mail you their phone number → Send the man some contact details
오답 해설   여자는 사업주가 아닌 남자에게 이메일을 보낸다고 했으므로 (C)는 오답.

Questions 10-12 refer to the following conversation.

미영

M   Hey, Stephanie. (10)I'm traveling to Shanghai next month to write an article on the annual International IT Conference for our paper. I'm wondering if you could do me a favor.
W   Sure. What do you need?
M   Well, (11)I know you went to the conference last year. It would be really helpful if you could let me know about the facilities in the neighborhood, like the best hotel to book and which restaurants are nearby.
W   I don't remember all of the details now, but (12)I have some brochures from my trip. I'll bring them to work tomorrow.

남 저기요, 스테파니. (10)우리 신문에 실을 연례 국제 IT 학회에 대한 기사를 쓰기 위해 제가 다음 달에 상하이로 출장을 가는데요. 당신이 제 부탁을 들어주실 수 있을까 해서요.
여 물론이죠. 무엇이 필요하세요?
남 그게, (11)당신이 작년에 학회에 가셨다고 알고 있어요. 예약하기 가장 괜찮은 호텔이나 가까운 레스토랑같이 인근에 있는 시설에 대해 알려주신다면 정말로 도움이 될 거예요.
여 지금 세부 사항 전부가 기억나지는 않지만, (12)출장 때 가져온 책자가 몇 부 있어요. 제가 그것들을 내일 회사에 가지고 올게요.

88

어휘 article 기사　do someone a favor ~의 부탁을 들어주다　facility 《보통 복수형》 (생활의 편의를 위한) 시설, 기관

10 화자들의 신분은?
(A) 행사 기획자
(B) 기자
(C) IT 전문가
(D) 사업주

오답 해설 화자들은 IT 학회에 대한 기사를 쓰는 것이지, IT 업종에 종사하는 것이 아니므로 (C)는 오답.

11 여자에 대해 시사된 것은?
(A) 작년에 행사에 참가했다.
(B) 업무 변경을 원한다.
(C) 다음 달에 출장을 갈 것이다.
(D) 후임 직원을 채용했다.

패러프레이징 went to the conference → attended the event
오답 해설 다음 달에 출장을 가는 사람은 남자이므로 (C)는 오답.

12 여자가 하겠다고 한 것은?
(A) 남자에게 팸플릿 몇 부 주기
(B) 이용할 항공사 추천하기
(C) 웹사이트에 최신 정보 게시하기
(D) 남자와 회의 일정 잡기

패러프레이징 brochures → pamphlets

Questions 13-15 refer to the following conversation.

미미

W　Hi. This is Patricia Mills from Fleming Inc. (13)My company, which produces kitchen appliances, reserved a booth for your trade fair, but I didn't receive a response to confirm our registration.
M　Let me check our system. Hmm … yes, (14)we have you reserved for a standard size booth for Sunday, June 20.
W　(14)Only June 20? But we registered for both Saturday and Sunday.
M　I'm really sorry about the error, but Saturday is now fully booked. (15)How about I upgrade you to a premium booth at no extra charge? You'd be right by the entrance, so you'd get a significant amount of foot traffic, and people will notice your product demonstrations right away.

여　안녕하세요. 저는 플레밍 사의 패트리샤 밀스에요. (13)주방 용품을 생산하는 저희 회사는 귀하의 무역 박람회에 부스를 예약했는데, 저는 등록 확인 회신을 아직 받지 못했어요.
남　저희 시스템을 확인해 볼게요. 음… 네, (14)6월 20일 일요일에 일반 크기의 부스로 예약되어 있어요.
여　(14)6월 20일만이요? 하지만 저희는 토요일과 일요일 둘 다 등록했어요.
남　오류에 대해서는 정말로 죄송합니다만, 토요일은 지금 예약이 꽉 찼네요. (15)추가 요금 없이 프리미엄 부스로 업그레이드시켜 드리면 어떨까요? 입구 바로 옆이라서 유동 참관객 수가 상당할 테고, 사람들이 귀사의 제품 시연을 바로 알아차릴 수 있을 거예요.

어휘 produce 생산하다　kitchen appliance 주방 용품　registration 등록, 신청　be fully booked 예약이 꽉 차다 significant 상당한　foot traffic 유동 인구　notice ~을 알아차리다[인지하다]　demonstration 시연, (시범) 설명

13 여자가 일하는 회사 업종은?
(A) 의류 디자인 업체
(B) 금융 기관
(C) 레스토랑 체인
(D) 전자기기 제조업체

패러프레이징 produces kitchen appliances → An electronics manufacturer

14 부스 예약의 문제점은?
 (A) 여자가 할당된 위치를 마음에 들어 하지 않는다.
 (B) 예약금이 아직 지불되지 않았다.
 (C) 크기가 잘못 예약되었다.
 (D) 잘못된 기간으로 예약되었다.

오답 해설 예약한 부스의 크기가 아니라 예약 날짜가 잘못된 것이므로 (C)는 오답.

15 남자가 하겠다고 제안한 것은?
 (A) 등록비 면제해 주기
 (B) 토요일에 부스 예약해 주기
 (C) 무료 업그레이드 제공하기
 (D) 여자에게 환불해 주기

패러프레이징 upgrade you to a premium booth at no extra charge → Provide a free upgrade

Questions 16-18 refer to the following conversation.

호영

M I have some bad news. (16)I talked with our overseas supplier this morning, and there's a problem with our order. (17)He's out of stock on some of the materials we need to make our furniture components.

W Does that mean we'll miss the delivery deadline for Stokes Furniture? They're one of our biggest clients.

M Well, the way I see it, we have two options. We could either contact Stokes Furniture to find out if there's some flexibility with the deadline. Or we could find another supplier that has eco-friendly materials and make a one-time purchase from them.

W (18)I'd prefer to use another business temporarily so we don't have to miss the deadline. I'll see what I can do.

남 나쁜 소식이 있어요. (16)오늘 아침에 우리 해외 공급업체와 이야기했는데, 우리 주문에 문제가 있어요. (17)우리 가구 부품을 만드는 데 필요한 원자재 중 일부가 다 떨어졌다고 해요.

여 그러면 우리가 스토크스 가구 사의 배송 기한을 놓칠 거라는 뜻인가요? 그들은 우리의 가장 큰 고객들 중 하나잖아요.

남 음, 제가 보기에는, 우리에겐 두 가지 선택권이 있어요. 스토크스 가구 사에 연락해서 기한 변경 가능성이 있는지 알아볼 수 있어요. 아니면, 환경 친화적인 원자재를 보유한 다른 공급업체를 찾아서 그들에게 이번 한 번만 구매를 하는 거예요.

여 저는 기한을 놓치는 일이 없도록 (18)임시로 다른 업체를 이용하는 편이 좋아요. 제가 뭘 할 수 있을지 알아볼게요.

어휘 **overseas** 해외의 **out of stock** 재고가 떨어진, 품절인 **material** 원자재, 재료 **component** 부품 **flexibility** 유연성 **eco-friendly** 환경 친화적인 **one-time** 일회성의 **temporarily** 임시로

---

16 남자가 최근에 한 일은?
 (A) 주요 고객과 계약을 체결했다
 (B) 해외 출장에서 돌아왔다
 (C) 결함이 있는 장비를 발견했다
 (D) 공급업체와 이야기했다

패러프레이징 talked with our overseas supplier → Spoke with a supplier
오답 해설 해외의 공급업체와 이야기한 것이지 해외 출장에서 돌아왔다는 말은 없으므로 (B)는 오답.

17 남자에 따르면, 문제의 원인은?
 (A) 일부 원자재가 이용 불가능하다.
 (B) 팀 내 인력이 부족하다.
 (C) 일부 장비가 작동하지 않는다.
 (D) 제품 가격이 인상되었다.

패러프레이징 He's out of stock on some of the materials → Some raw materials are unavailable.
오답 해설 인력이 아닌 원자재가 부족한 것이므로 (B)는 오답.

18 여자가 계획하는 것은?
 (A) 결정을 내리기 위해 남자와 만나기
 (B) 다른 공급업체에서 물건 받기
 (C) 직원들에게 추가 근무 시키기
 (D) 고객에게 기한 변경을 요청하기

패러프레이징 use another business → get items from another source
오답 해설 기한 변경과 다른 업체 수배 중 후자를 선택했으므로 (D)는 오답.

Questions 19-21 refer to the following conversation and list.

미호

W Tim, I need you to visit one of our clients in person, Victor Osmond at Aviv Manufacturing.
M Is there a problem with his contract?
W No, but he has our new security system up and running, and he's having second thoughts about it. (19)I need you to reassure him that it was the right choice and walk him through the features again.
M Okay. When?
W (20)August 3.
M What time? I have a few interviews that day.
W Yeah, I see those on the schedule. (20)He'll just need you in the morning. You'll definitely be back by noon, but … ahm … I'll reschedule your other interview.
M Okay. Then (21)please just e-mail me the new interview schedule once it's set.

여 팀, 우리 고객들 중 한 명인 아비브 제조사의 빅터 오스몬드 씨를 직접 방문해 주셨으면 해요.
남 그와의 계약에 문제가 있나요?
여 아니요, 하지만 그분은 우리의 최신 보안 장치를 사용하고 계시고, 이를 재고 중이에요. (19)적절한 선택이었다고 그를 안심시켜 드리고 특징들도 다시 보여 드리면 좋겠어요.
남 알겠어요. 언제요?
여 (20)8월 3일이에요.
남 몇 시예요? 그날 면접이 몇 건 있어서요.
여 네, 일정이 그렇게 되어 있네요. (20)그분은 오전에 당신을 만날 거예요. 당신은 정오까지는 반드시 복귀하겠지만… 음… 다른 면접 건은 재조정해 드릴게요.
남 알겠어요. 그러면 (21)확정되는 대로 새 면접 일정을 제게 이메일로 보내주세요.

어휘 **in person** 직접 **contract** 계약 **up and running** 사용[작동] 중인 **have second thoughts** 재고하다 **reassure** 안심시키다 **walk A through B** A에게 B를 보여주다 **definitely** 반드시, 틀림없이 **reschedule** 일정을 재조정하다

면접 일정	
8월 1일, 오전 9시	로니 영
8월 2일, 오전 10시	캐시 트레비노
(20)8월 3일, 오전 9시	멜리사 로이
8월 3일, 오후 3시	허먼 랭스턴

19 남자가 오스몬드 씨를 방문하는 이유는?
  (A) 안심시키기 위해
  (B) 시스템을 설정하기 위해
  (C) 계약을 협상하기 위해
  (D) 제품의 견본을 시험하기 위해

패러프레이징 reassure him that it was the right choice → offer reassurance

20 시각 정보에 따르면, 면접 일정이 재조정되는 사람은?
  (A) 영 씨
  (B) 트레비노 씨
  (C) 로이 씨
  (D) 랭스턴 씨

오답 해설 남자가 오스몬드 씨를 방문하는 시간은 8월 3일 오전이므로 (A), (B), (D)는 모두 오답.

21 남자가 여자에게 요청하는 것은?
  (A) 계약 세부 사항 검토하기
  (B) 최신 일정 보내주기
  (C) 나중에 그에게 다시 전화하기
  (D) 그 대신 면접 진행하기

패러프레이징 e-mail me the new interview schedule → Send him an updated schedule

Questions 22-24 refer to the following conversation with three speakers.

영미 호

W   Mr. Bennett, Mr. Griffin, I'm sorry to tell you this, but (22)I was able to get only one ticket for the leadership seminar next month.
M1 (22)Couldn't they squeeze in one more person?
W   I'm afraid not. I got the last ticket.
M2 How will we decide which one of us will go? I think the seminar will have important information that is relevant to both of our teams.
M1 (23)Mr. Bennett, since you have a bigger team, you should be the one to go.
M2 You don't mind? Thanks! I really appreciate that.
W   Then it's settled. Mr. Bennett, I'll be in touch with you about the travel arrangements.
M2 And Mr. Griffin, (24)I'll be sure to save all of the handouts so that you can look them over for yourself later.

여   베넷 씨, 그리핀 씨, 이런 이야기를 하게 되어 죄송하지만, (22)다음 달의 리더십 세미나 티켓을 한 장밖에 구할 수 없었어요.
남1 (22)한 사람을 더 넣어 줄 수는 없었나요?
여   유감이지만 그래요. 제가 마지막 티켓을 구했어요.
남2 우리 중 어떤 사람이 갈지 어떻게 정하죠? 우리의 두 팀 모두와 관련 있는 중요한 정보가 세미나에서 다뤄질 텐데요.
남1 (23)베넷 씨, 당신의 팀이 더 크기 때문에, 당신이 가야 해요.
남2 그래도 괜찮으세요? 고마워요! 정말로 감사해요.
여   그럼 해결되었네요. 베넷 씨, 출장 준비와 관련해서 연락 드릴게요.
남2 그리고 그리핀 씨, 나중에 살펴보실 수 있도록 (24)제가 꼭 모든 인쇄물들을 챙겨 올게요.

어휘 squeeze in ~을 (억지로) 끼워 넣다   relevant 관련 있는   settle 해결하다; 결정하다   be in touch with ~와 연락하다   arrangement 준비   handout 인쇄물

22 여자가 "유감이지만 그래요"라고 말한 의도는?
(A) 등록 마감일이 지났다.
(B) 행사 인원이 꽉 찼다.
(C) 회사가 두 장의 티켓을 구할 여력이 안 된다.
(D) 세미나는 관리자들만을 위한 것이다.

오답 해설 회사에서 두 장을 구하지 못한 게 아니라, 남은 티켓이 한 장뿐이었던 것이므로 (C)는 오답.

23 베넷 씨에 대해 시사된 바는?
(A) 그의 팀이 그리핀 씨의 팀보다 사람이 많다.
(B) 그리핀 씨보다 먼저 세미나 티켓을 요청했다.
(C) 그리핀 씨보다 더 오래 회사에서 일했다.
(D) 그리핀 씨보다 더 많은 세미나에 참석했다.

패러프레이징 you have a bigger team → His team has more people than Mr. Griffin's team.

24 베넷 씨가 하겠다고 한 일은?
(A) 문서 보관하기
(B) 온라인으로 등록하기
(C) 동료와 출장 가기
(D) 영수증 챙기기

패러프레이징 save all of the handouts → Keep some documents
오답 해설 영수증이 아니라 인쇄물들을 챙겨 온다고 했으므로 (D)는 오답.

PART 4

UNIT 14 Telephone Message/Recorded Message

STEP 1
p.107

미

W Hi, Mr. Kensington. This is Megan Clearwater from *The Grant City Times* calling to arrange an interview. I'm working on an article about the Weiss Gallery, and I was wondering if you would be available sometime this week to speak with me. As the gallery's director, you're the best person to give me information about how the gallery was funded.

어휘 **arrange** (일정을) 잡다   **available** 시간이 있는   **fund** 자금을 대다

여 안녕하세요, 켄싱턴 씨. 저는 〈그랜트 시티 타임즈〉 지의 메건 클리어워터이고 인터뷰 일정을 잡기 위해 전화를 드립니다. 저는 와이스 미술관에 관한 기사를 쓰고 있어서 선생님께서 이번 주 중에 저와 이야기하실 시간이 있으신지 궁금합니다. 미술관장으로서, 선생님께서는 미술관이 자금을 얻은 방법에 관한 정보를 제게 주실 수 있는 가장 적합한 분이십니다.

호

M Hello, and thank you for calling the West Pratt City Hall. Our offices are currently closed. If you would like to leave a voicemail message, please enter the extension of the person you are trying to reach. Otherwise, please choose one of the following selections so that you can find the answer to your question. To hear our hours of operation, please press 1.

어휘 **extension** 내선 번호, 구내전화   **reach** (전화 등으로) 연락하다   **following** (차례·시간적으로) 다음의

남 안녕하세요, 웨스트 프랫 시청에 전화 주셔서 감사합니다. 저희 사무실은 현재 문을 닫았습니다. 음성 메시지를 남기시려면, 연락하시고자 하는 직원의 내선 번호를 눌러 주세요. 그게 아니시면, 다음의 선택지들 중 하나를 고르셔서 질문에 대한 답을 찾아보세요. 운영 시간을 들으시려면, 1번을 눌러 주세요.

청자가 사무실이 문 여는 시간을 알아볼 수 있는 방법은?
(A) 내선 번호를 눌러서
(B) 1번을 눌러서

패러프레이징 hear our hours of operation → find out what time the office opens

STEP 2-1
p.108

A 1 (A)   2 (A)   3 (B)

B 1 (C)   2 (A)   3 (A)

A

1 영 I'm calling to make sure that the booking for my hotel room has been processed.
(A) **I want to confirm my hotel reservation.**
(B) I would like to reserve a hotel room.

제 호텔 객실의 예약이 처리되었는지 확인하고자 전화를 드립니다.
(A) 제 호텔 예약을 확인하고 싶습니다.
(B) 호텔 객실을 예약하고 싶습니다.

어휘 **process** 처리하다 **confirm** 확인하다 **reserve** 예약하다

2 영 I am currently seeking a position as an investment banker or a financial planner.
(A) **I'm looking for a job in the field of finance.**
(B) I'm interested in changing my career path.

저는 현재 투자상담사나 금융설계사 직을 구하고 있습니다.
(A) 저는 금융 분야의 일자리를 찾는 중입니다.
(B) 저의 진로를 변경하는 데 관심이 있습니다.

어휘 **currently** 현재 **seek** 구하다 **position** 직위, 일자리 **finance** 금융 **career path** 진로

3 영 You can have three extra days to complete the sales proposal for Fulton Industries.
(A) The sales are expected to increase in the near future.
(B) **The deadline for the project has been extended.**

당신은 풀톤 산업의 매매 제안서를 완성하는 데 사흘을 더 쓸 수 있습니다.
(A) 매출은 조만간 증가할 것으로 예상됩니다.
(B) 그 프로젝트의 마감은 연장되었습니다.

어휘 **extra** 추가의 **sales proposal** 매매 제안서 **deadline** 마감 **extend** 연장하다

B

Questions 1-3 refer to the following telephone message.

미

M Hi, Ms. Tucker. This is Jay Adams from the maintenance team. (1)I got your message about the air conditioner in your office. You said that it is malfunctioning. Actually, that's all I know about the problem. (2)Would you mind calling me back and telling me exactly what is happening and when the problem started? If it's a minor issue, I might be able to fix it myself without calling in a specialist. I know it's really hot today, so (3)in the meantime, maybe you could work in the conference room. It should be quite cool in there, and you could use the building's wireless Internet if needed. Anyway, I'll be here until 6 P.M., so you can call anytime.

남 안녕하세요, 터커 씨. 저는 유지보수팀의 제이 애덤스입니다. (1)당신 사무실에 있는 에어컨에 대한 메시지를 받았습니다. 제대로 작동하지 않는다고 하셨는데요. 사실, 그게 그 문제에 관해서 제가 알고 있는 전부입니다. (2)저한테 다시 전화하셔서 정확히 무슨 일이 있는지, 그리고 그 문제가 언제 시작되었는지 말씀해 주시겠습니까? 사소한 문제라면, 전문가를 부를 필요 없이 제가 직접 고칠 수 있을지도 모릅니다. 오늘 정말로 덥다는 걸 알고 있으니, (3)그동안에 아마 회의실에서 일할 수 있으실 겁니다. 거기는 꽤 시원할 테고, 필요하시면 건물의 무선 인터넷을 이용하실 수 있습니다. 아무튼, 저는 오후 6시까지 여기에 있으니, 언제든지 전화하세요.

어휘 **maintenance** (건물·기계 등의) 유지보수 **malfunction** 제대로 작동하지 않다 **exactly** 정확히 **minor** 사소한, 작은 **specialist** 전문가 **in the meantime** 그동안에

1 애덤스 씨가 전화하는 용건은?
  (A) 주문 지연
  (B) 물품 누락
  (C) 설비 문제
  (D) 건물 점검

🔖 패러프레이징 the air conditioner, is malfunctioning → An equipment problem

2 청자가 하도록 요청받은 것은?
  (A) 추가 세부정보 제공하기
  (B) 화자의 사무실에 들르기
  (C) 약속 잡기
  (D) 신청 양식 작성하기

🔖 패러프레이징 telling me exactly what is happening and when the problem started → Provide further details

3 화자가 임시 조치로 제안하는 것은?
  (A) 다른 곳에서 일하기
  (B) 기기 재가동시키기
  (C) 마감일 연기하기
  (D) 설명서 확인하기

🔖 패러프레이징 the conference room → a different room

STEP 3   p.110

1	(C)	2	(D)	3	(A)	4	(C)	5	(A)	6	(C)	7	(D)	8	(B)	9	(C)
10	(A)	11	(B)	12	(B)	13	(C)	14	(B)	15	(A)	16	(B)	17	(D)	18	(A)
19	(C)	20	(B)	21	(B)	22	(D)	23	(C)	24	(B)								

Questions 1-3 refer to the following telephone message.

호

M Hi, this message is for Erica Clark of Prime Accounting. This is Adam calling from Westland Supplies. You placed an order for nine metal file cabinets, but (1)I wanted to confirm the delivery information before they were sent. The order says to deliver the goods to 451 Farland Street, but … um … is that correct? (2)Prime Accounting has been a frequent customer of ours for over a decade, and we noticed that this is not the address you usually use. Please call me back at 555-8603 to let me know. In the meantime, (3)I'll keep the goods here at our warehouse.

남 안녕하세요, 프라임 회계사무소의 에리카 클락 씨를 위한 메시지입니다. 저는 웨스트랜드 공급사의 애덤입니다. 귀하께서는 철제 파일 보관함 9개를 주문하셨는데, (1)그것들을 보내 드리기 전에 배송 정보를 확인하고 싶습니다. 주문서에는 물품을 파랜드 가 451번지로 보내 달라고 되어 있는데… 음… 맞나요? (2)프라임 회계사무소는 10년 넘게 저희의 단골 고객이셨고, 저희는 이곳이 귀하께서 주로 이용하시는 주소지가 아니라는 것을 알았습니다. 555-8603번으로 제게 회신 전화를 걸어 알려 주십시오. 그동안, (3)이곳 저희 창고에 물품을 보관해 놓도록 하겠습니다.

🔖 어휘 **goods** 물품, 상품   **frequent customer** 단골 고객   **notice** ~을 알아차리다, 인지하다

1 전화의 목적은?
  (A) 결제에 대해 문의하기 위해
  (B) 주문을 변경하기 위해
  (C) 주소를 확인하기 위해
  (D) 제품을 소개하기 위해

🔖 패러프레이징 confirm the delivery information → verify an address
🔖 오답 해설 배송지 주소를 확인하기 위한 전화이지, 주문을 변경하기 위한 전화가 아니므로 (B)는 오답.

95

2 웨스트랜드 공급사에 대해 시사된 것은?
(A) 최근에 새로운 건물로 이사했다.
(B) 온라인 배송 시스템이 작동하지 않는다.
(C) 개인 맞춤형 가구를 전문으로 한다.
(D) 프라임 회계사무소와 오랫동안 거래해 왔다.

패러프레이징 Prime Accounting has been a frequent customer of ours for over a decade → It has worked with Prime Accounting for a long time.
오답 해설 새로운 주소지에 대해 언급하기는 했으나 이사했다는 말은 없으므로 (A)는 오답.

3 화자가 하겠다고 하는 일은?
(A) 상품 보관하기
(B) 나중에 다시 전화하기
(C) 창고에 연락하기
(D) 금액 할인해 주기

패러프레이징 keep the goods → Hold some merchandise
오답 해설 화자가 청자에게 답신 전화를 요청한 것이지, 전화를 다시 하겠다고 한 것이 아니므로 (B)는 오답.

Questions 4-6 refer to the following recorded message.

영
W You've reached the automated answering service for the Austin Museum of Modern Art. (4)We are currently closed in observance of Independence Day. We apologize for any inconvenience this closure may cause. To hear our hours of operation, press one. To get driving directions, press two. To leave a message for a staff member, enter the three-digit extension number. (5)Or press zero to hear the complete list of departments and their contact numbers. To repeat this message, press the star key. Thank you for calling, and (6)we hope you will visit our upcoming special exhibit, A Desert Promise, which features photography by James Cole. It opens on July 8.

여 귀하께서는 오스틴 현대 미술 박물관의 자동 응답 서비스에 연결되셨습니다. (4)저희는 독립 기념일을 기념하여 현재 문을 닫았습니다. 휴관으로 인해 불편을 초래하게 된 점 사과 드립니다. 저희 운영 시간을 들으시려면, 1번을 누르십시오. 운전 경로를 알아보시려면, 2번을 누르십시오. 직원에게 메시지를 남기시려면, 세 자리의 내선 번호를 누르십시오. (5)또는 부서 전체의 명단과 연락처를 들으시려면, 0번을 누르십시오. 이 메시지를 반복해서 들으시려면, 별표를 누르십시오. 전화 주셔서 감사드리며, (6)제임스 콜의 사진을 주제로 하는, 곧 있을 특별 전시 〈사막의 약속〉에 귀하께서 방문해 주시기를 바랍니다. 전시회는 7월 8일에 시작합니다.

어휘 automated 자동의, 자동화된 in observance of (휴일을) 기념[준수]하여 inconvenience 불편 cause ~을 초래[야기]하다 upcoming 곧 있을, 다가오는 feature ~을 특별히 포함하다

4 박물관이 문을 닫은 이유는?
(A) 개인 행사를 주최하기 위해
(B) 수리를 단행하기 위해
(C) 휴일을 기리기 위해
(D) 전시회를 준비하기 위해

패러프레이징 in observance of Independence Day → recognize a holiday

5 청자들이 직원 명부에 접속할 수 있는 방법은?
(A) 0번을 눌러서
(B) 1번을 눌러서
(C) 2번을 눌러서
(D) 별표를 눌러서

패러프레이징 hear the complete list of departments and their contact numbers → access the staff directory

6 메시지에 따르면, 7월 8일에 일어날 일은?
(A) 몇몇 예술가들이 공개 강의를 할 것이다.
(B) 전시회가 끝날 것이다.
(C) 몇몇 사진들이 전시될 것이다.
(D) 회화 교실이 시작될 것이다.

오답 해설 사진전이 시작한다고 했지, 끝난다고 한 것이 아니므로 (B)는 오답.

Questions 7-9 refer to the following telephone message.

M Hi, Marcy. It's Ben. (7)We've recruited ten people for our office's first-ever book club. The first meeting will be on Tuesday, February 7, at 6 P.M. We'll be meeting at the cafeteria on the third floor. (8)You had previously offered to bring snacks and drinks to the meeting. I've thought about it and, well … that would be great. (8)I think everyone would appreciate it, and we can assign that responsibility to a different person each time. (9)I'll prepare a schedule where people can sign up to cover this duty, and I'll pass it around when we get together on Tuesday. I'm looking forward to an interesting discussion. See you then!

남 안녕하세요, 마시 씨. 저 벤이에요. (7)우리 사무실의 첫 번째 독서 클럽에 열 명을 모집했어요. 첫 모임은 2월 7일 화요일 저녁 6시에 있을 거예요. 우리는 3층에 있는 구내 식당에서 만날 거예요. (8)당신이 전에 모임에 간식과 음료수를 가져오겠다고 제안했었지요. 제가 그것에 대해서 생각해 봤는데, 음… 아주 근사할 거예요. (8)저는 모두 그것을 고마워할 거라고 생각하고, 매번 각각 다른 사람에게 그 책임을 맡길 수 있을 거예요. (9)사람들이 이 일을 맡기 위해 신청할 일정표를 제가 준비해서, 화요일에 우리가 모이면 그걸 돌리도록 할게요. 흥미진진한 토론을 기대하고 있어요. 그때 봐요!

어휘 recruit 모집하다, 뽑다 previously 이전에 appreciate 고마워하다 assign (일 등을) 맡기다, 배정하다 sign up 신청하다 cover (임무를 대신해서) 맡다 duty 맡은 일, 임무 discussion 토론, 논의

7 화자가 계획하는 것은?
 (A) 사업 오찬
 (B) 신입 모집
 (C) 직원 교육 행사
 (D) 독서 클럽 모임

오답 해설 신입 회원을 이미 10명 모집했다고 했으므로 (B)는 오답.

8 화자가 "아주 근사할 거예요"라고 말한 의도는?
 (A) 참가자들이 연락을 받게 되는 것이 기쁘다.
 (B) 청자가 다과를 가져오기를 바란다.
 (C) 예상 출석률이 충분하다.
 (D) 청자가 일동을 위해 자리를 맡아 놓기를 바란다.

패러프레이징 snacks and drinks → refreshments

9 화자가 하겠다고 말한 것은?
 (A) 토론 논제 작성하기
 (B) ID 배지 나눠 주기
 (C) 신청서 작성하기
 (D) 온라인에 일정표 게시하기

패러프레이징 prepare a schedule where people can sign up → Create a sign-up sheet
오답 해설 신청을 위한 일정표를 만들겠다고는 했지만, 그것을 온라인에 게시하는 것은 아니므로 (D)는 오답.

Questions 10-12 refer to the following telephone message.

W Hi, Tarak. It's Claudia. Thanks again for agreeing to help me with the new program we're starting at our company. (10)This program will help our staff members search for volunteer tasks in our town, so it's a great way for people to share their time and experience. (11)About meeting this week, I'm busy on Wednesday morning, but after lunch on that day is the best option for me, so I made a reservation for the conference room. If you're available then, (12)we can talk about the Web site you're creating for the program and how it should look. Feel free to call me back to let me know if you need to reschedule.

여 안녕하세요, 타라크 씨. 저 클로디아예요. 우리 회사에서 시작하는 새로운 프로그램에 도움을 주는 데 동의해 주셔서 다시 한번 감사드려요. (10)이 프로그램은 우리 직원들로 하여금 마을의 봉사활동을 검색할 수 있게 도와줄 것이기 때문에 그것은 사람들이 자기 시간과 경험을 공유하는 멋진 방법이에요. (11)이번 주 회의 말인데, 저는 수요일 오전에는 바쁘지만, 그날 점심 시간 이후가 저한테는 가장 좋은 시간대여서, 제가 회의실을 예약했어요. 그때 시간이 되신다면, (12)이 프로그램을 위해 당신이 만들고 있는 웹사이트와, 그것이 어떻게 보여야 할지에 관해 우리가 이야기를 나눌 수 있을

거예요. 일정을 다시 잡으셔야 한다면 언제든지 제게 다시 전화해서 알려 주세요.

어휘 **volunteer** 자원의, 자발적인 **task** 일, 과업 **available** 시간이 있는 **reschedule** 일정을 다시 잡다

10 화자에 따르면, 새로운 프로그램의 목적은?
(A) 직원들과 지역사회의 일을 이어 주기 위해
(B) 지역 자선 단체를 위해 모금하기 위해
(C) 근무 시간 기록을 더 용이하게 하기 위해
(D) 회사에서의 생산성 향상을 위해

패러프레이징 help our staff members search for volunteer tasks in our town → connect employees with community work

11 화자가 청자와 만나기를 원하는 시간은?
(A) 수요일 오전
(B) 수요일 오후
(C) 목요일 오전
(D) 목요일 오후

패러프레이징 after lunch → afternoon
오답 해설 수요일 오전에는 바쁘다고 했으므로 (A)는 오답.

12 회의에서 논의될 것은?
(A) 고객 명단
(B) 웹사이트 디자인
(C) 행사 장소
(D) 회사 정책

패러프레이징 the Web site you're creating for the program and how it should look → A Web site design

Questions 13-15 refer to the following telephone message.

미

M Hi, Ms. Sparks. This is Fred Sims from Tamworth Industries. (13)I'm calling regarding the paperwork for the computer technician job you'll be starting with us on June 25. I'm looking through your employee file, and it seems that you haven't … um … haven't sent a copy of your bank's passbook. That means the finance department can't process your signing bonus. (14)Please e-mail the copy as soon as possible. Friday at the latest. And (15)don't forget that you're scheduled for a checkup at the Kershaw Clinic tomorrow at 3. As you know, it's required for the company's insurance.

남 안녕하세요, 스팍스 씨. 저는 탬워스 산업의 프레드 심즈입니다. (13)6월 25일부터 저희와 함께 하시게 될 컴퓨터 기술직의 서류에 관해 전화를 드렸습니다. 저는 귀하의 직원 파일을 살펴보는 중인데, 귀하께서는… 어… 은행 통장 사본을 보내주지 않으셨네요. 이것은 재무 부서에서 계약 상여금을 처리할 수 없다는 뜻입니다. (14)가능한 한 빨리 사본을 이메일로 보내 주세요. 늦어도 금요일까지요. 그리고 (15)내일 3시에 커쇼 병원에서 건강 검진이 잡혀 있다는 것을 잊지 마세요. 아시다시피, 그것은 회사 보험을 위해 필수입니다.

어휘 **regarding** ~에 관해 **look through** ~을 살펴보다 **passbook** 통장 **process** 처리하다 **signing bonus** 계약 상여금 **at the latest** 늦어도 **checkup** 건강 검진 **be required for** ~를 위해 필요하다

13 청자가 최근에 했을 것 같은 일은?
(A) 컴퓨터 시스템을 설정했다
(B) 회의에 참석했다
(C) 일자리 제안을 받아들였다
(D) 연수회를 주도했다

오답 해설 청자인 스팍스 씨는 컴퓨터 기술자이기는 하지만 그녀가 시스템을 설정했다는 언급은 없으므로 (A)는 오답.

14 청자가 금요일까지 해야 하는 일은?
(A) 여권 갱신하기
(B) 서류 보내기
(C) 계약서에 서명하기
(D) 선호하는 것 확정해 주기

패러프레이징 e-mail the copy → Send a document

15 화자가 청자에게 상기시키는 것은?
   (A) 병원 예약
   (B) 복장 규정
   (C) 배송 일정
   (D) 사업 회의

패러프레이징 you're scheduled for a checkup at the Kershaw Clinic → A medical appointment

Questions 16-18 refer to the following telephone message.

영

W Hello, Mr. Diaz. This is Jennifer Sloan from Lang Essentials Inc. (16)returning your call. Thanks for contacting our company. Certainly, (17)we would be very interested in decorating your new hotel. Please call me at 555-7782 so we can arrange a free consultation. One of our lead consultants will meet with you to discuss your plans for the hotel. He'll speak to you about possible themes, color schemes and furnishings, and then draw up a design proposal for you to view. (18)Please let me know what time would suit you. I look forward to hearing back soon.

여 안녕하세요, 디아즈 씨. 저는 랭 이센셜스 사의 제니퍼 슬론이며 (16)귀하에게 회신 전화를 드립니다. 저희 회사에 연락해 주셔서 고맙습니다. 물론, (17)저희는 귀하의 새로운 호텔을 장식하는 데 많은 관심이 있습니다. 저희가 무료 상담을 잡아 드릴 수 있도록 555-7782로 저에게 전화해 주세요. 저희의 대표 상담사들 중 한 명이 귀하와 만나서 호텔에 대한 계획을 논의할 것입니다. 가능한 주제, 색상 조합과 가구 등에 대해 말씀 드린 다음에 디자인 제안서를 작성해서 보여드릴 것입니다. (18)몇 시가 괜찮으신지 알려 주세요. 곧 다시 연락해 주시기를 기대합니다.

어휘 **arrange** (일정을) 잡다 **discuss** 논의[상의]하다 **color scheme** 색상 조합[설계] **furnishings** (비치) 가구 **draw up** 작성하다, 만들다 **suit** ~에게 괜찮다, 편리하다

16 이 메시지의 목적은?
   (A) 서비스를 광고하기 위해
   (B) 고객에게 청구서에 대해 상기시키기 위해
   (C) 문의에 관한 후속 조치를 취하기 위해
   (D) 견적을 요청하기 위해

패러프레이징 returning your call → follow up on an inquiry
오답 해설 불특정 다수를 타깃으로 광고를 하는 것이 아니라 잠재 고객의 문의에 회신 전화를 하는 것이므로 (A)는 오답.

17 화자가 종사하고 있을 것 같은 업종은?
   (A) 호텔 및 접객업
   (B) 비즈니스 상담
   (C) 가구 제조
   (D) 실내 디자인

오답 해설 호텔에서 근무하는 사람은 화자가 아닌 청자이므로 (A)는 오답. 상담(consultation)이 언급되기는 했지만 비즈니스 전문 상담은 아니므로 (B)도 오답.

18 청자에게 요청되는 정보는?
   (A) 편리한 만남 시간
   (B) 행사 일정
   (C) 상담료
   (D) 프로젝트 제안서

패러프레이징 what time would suit you → A convenient meeting time
오답 해설 상담은 무료라고 했으므로 (C)는 오답.

Questions 19-21 refer to the following telephone message and diagram.

호

M Hi, Ms. Perkins? This is Allen Duncan. I spoke to you yesterday about advertising on your Web site. I've discussed the matter with our marketing team, and (19)we believe your site is the perfect place to promote the features of our online banking option for customers. I looked at the diagram you e-mailed me, and (20)we'd like to be positioned on the left-hand side, right under

남 안녕하세요, 퍼킨스 씨? 앨런 던컨이에요. 어제 당신의 웹사이트에 광고를 하는 것에 대해 이야기했었지요. 우리 마케팅팀과 그 문제를 논의했는데, (19)우리는 고객들을 위한 온라인 뱅킹 선택권의 특징을 홍보하는 데는 당신의 사이트가 적격이라고 생각해요. 당신이 이메일로 보내주신 도표를 봤고, (20)우리가 좌측에 배치되었으면 해요.

the top banner. I've got the prices for that position, but ... um ... (21)could you let me know the required dimensions needed for the ad? Then I can get my graphics team to prepare something. You can call me at 555-6022, extension 33. Thanks.

어휘 **promote** 홍보하다　**feature** 특징　**position** ~에 배치하다; 위치　**dimension** 크기, 치수

맨 위 배너 바로 아래예요. 그 위치의 가격은 알고 있지만… 어… (21)광고에 필요한 크기를 알려 주실 수 있나요? 그러면 우리 그래픽 팀에게 뭔가 준비시킬 수 있을 거예요. 555-6022번의 내선번호 33으로 제게 전화하시면 돼요. 감사해요.

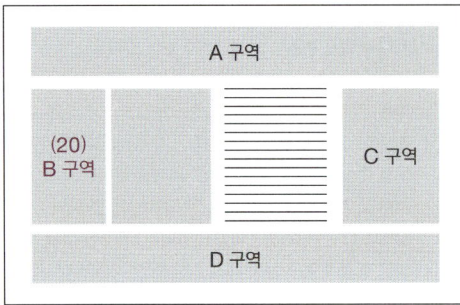

19 화자가 일하는 곳은?
(A) 전자기기 매장
(B) 웹디자인 회사
(C) 금융 기관
(D) 소프트웨어 회사

오답 해설 웹사이트가 언급되었지만, 화자는 웹사이트에 게시할 자사의 온라인 뱅킹 광고 이야기를 하고 있으므로 (B)는 오답.

20 시각 정보에 따르면, 화자가 광고를 배치하기를 원하는 곳은?
(A) A 구역
(B) B 구역
(C) C 구역
(D) D 구역

오답 해설 광고를 맨 위 배너(the top banner) 바로 아래에 배치하길 원한다고 했으므로 (A)는 오답. 좌측(left-hand side)에 배치되었으면 한다고 했으므로 (C)도 오답.

21 화자가 관련 정보를 더 필요로 하는 것은?
(A) 웹사이트 방문객들
(B) 이미지 크기
(C) 광고 요금
(D) 제출 마감일

패러프레이징 dimensions → sizes
오답 해설 광고를 게재하고자 하는 위치의 가격은 알고 있다고 했으므로 (C)는 오답.

Questions 22-24 refer to the following telephone message and list.

미

W　Hi, my name is Andrea Bockman, and I'm calling about my monthly phone service. I just got my bill for March, and (22)I was shocked by how much I was charged for going over my monthly allotted minutes. I knew I would have to pay extra, but I didn't realize it would be that much. (23)I currently have the basic package, and I want to upgrade to the next level as soon as possible so this doesn't happen again. However, (24)when I tried to sign into my customer account on your homepage, I got an error message. I hope someone in your customer service department can call me back so I can make the change. My number is 745-8735. Thank you.

여　안녕하세요, 제 이름은 앤드리아 보크먼인데, 제 월별 전화 서비스 때문에 전화를 드립니다. 막 3월 고지서를 받고서, (22)월별 할당된 분을 초과한 데 대해 제가 청구받은 금액이 얼마나 많은지를 알고 깜짝 놀랐습니다. 제가 추가 납부를 하게 되리란 건 알고 있었지만, 그렇게까지 많을 줄은 몰랐어요. (23)현재 저는 기본 패키지를 쓰고 있고, 가능한 한 빨리 위 단계로 상향해서 다시 이런 일이 일어나지 않았으면 좋겠어요. 하지만, (24)귀사 홈페이지에서 제 고객 계정으로 로그인하려고 했을 때 오류 메시지를 받았어요. 고객 서비스 부서의 누군가가 저한테 다시 전화를 거셔서 제가 변경을 할 수 있도록 해 주시면 좋겠어요. 제 번호는 745-8735입니다. 감사해요.

어휘 charge (요금을) 청구하다 allot 할당[배당]하다 realize 알아차리다, 깨닫다 sign into ~에 로그인하다 account 계정

전화 요금 패키지

패키지 종류	분/월 요금
초절약 패키지	250/12.99달러
(23)기본 패키지	2,000/29.99달러
(23)프리미엄 패키지	4,000/39.99달러
엘리트 패키지	무제한/49.99달러

22 화자가 놀란 이유는?
(A) 월별 고지서에 오류가 있었다.
(B) 전화번호 변경에 대한 요금 청구를 받았다.
(C) 고지서가 잘못된 우편 주소로 보내졌다.
(D) 일부 요금이 예상보다 높았다.

23 시각 정보에 따르면, 화자가 이용하기를 원하는 패키지는?
(A) 초절약 패키지
(B) 기본 패키지
(C) 프리미엄 패키지
(D) 엘리트 패키지

24 화자가 곤란을 겪고 있는 것은?
(A) 전화상으로 요금 납부하기
(B) 온라인 계정에 접속하기
(C) 그녀의 음성 메시지 듣기
(D) 전화로 인터넷에 연결하기

패러프레이징 shocked → surprised
I knew I would have to pay extra, but I didn't realize it would be that much. → Some fees were higher than expected.
오답 해설 오류가 있는 것은 홈페이지의 고객 계정이지, 고지서가 아니므로 (A)는 오답.

오답 해설 현재 이용하고 있는 패키지가 기본 패키지인데, 위 단계로 상향을 바란다고 했으므로 (B)는 오답.

패러프레이징 sign into my customer account on your homepage → Accessing an online account

UNIT 15 Announcement

STEP 1

p.115

미
W Attention, all passengers on Flight 1320 to Barcelona. This flight has been delayed by approximately one hour. (1)Air traffic controllers have informed us that poor weather in Brussels prevented the plane from leaving the airport on time there. As soon as it arrives, we will do our best to expedite boarding procedures so we can leave as early as possible. (2)The flight is now scheduled to depart at 6:40 P.M. We'll keep you updated on the situation. There might be other changes, so please remain here by the gate so you don't miss any important information.

여 주목해 주십시오, 바르셀로나행 1320 항공편의 모든 승객 여러분. 이 항공편은 약 한 시간이 지연되었습니다. (1)브뤼셀의 악천후로 인해 그곳의 비행기가 제시간에 공항을 떠나지 못했다고 항공 교통 관제사들이 저희에게 알렸습니다. 비행기가 도착하자마자 가능한 한 빨리 떠날 수 있도록 최선을 다해 탑승 절차를 신속히 처리할 것입니다. (2)해당 항공편은 이제 오후 6시 40분에 출발할 예정입니다. 이 상황에 관해 계속 최신 정보를 알려 드리겠습니다. 다른 변경 사항들이 있을 수도 있으니, 중요한 정보를 놓치지 않도록 이곳 탑승구 옆에 계속 머무르러 주십시오.

어휘 **approximately** 대략 **air traffic controller** 항공 교통 관제사 **prevent A from** *doing* A가 ~하는 것을 방해하다 **expedite** 신속히 처리하다 **procedure** 절차 **update** 최신 정보를 알려주다 **situation** 상황 **remain** 머무르다

1. 항공편이 지연된 이유는?
   → 다른 공항을 떠나는 항공기가 지연되었다.

   패러프레이징 poor weather in Brussels prevented the plane from leaving the airport on time there ➜ A plane leaving another airport was delayed.
   Possible Answer 비행기가 출발지를 늦게 떠났다.

2. 비행기의 출발 예정 시간은?
   → 저녁 6시 40분

호
M Good evening, ladies and gentleman. I'm pleased to announce that our lead actor, Harold Hill, will be available after the show if you'd like to take a picture with him. A table will be set up in the lobby area for this purpose. Please note that flash photography is not allowed during the show. You are welcome to take pictures, but please turn off the flash to avoid any disturbances to the actors and audience members.

남 안녕하십니까, 신사 숙녀 여러분. 저희의 주연 배우인 해롤드 힐과 같이 사진을 찍고 싶으시면, 해롤드 힐이 공연 후에 여러분과 함께 시간을 보낼 것이라는 사실을 즐거운 마음으로 알려 드립니다. 로비 구역에 탁자 한 개가 이런 용도로 준비될 것입니다. 플래시를 켠 사진 촬영은 공연 중에 허용되지 않는다는 점을 유념해 주십시오. 사진을 찍으셔도 괜찮습니다만, 배우들과 관객들에게 방해가 되는 것을 피하기 위해 플래시를 꺼 주십시오.

어휘 **be pleased to** *do* ~하여 기쁘다 **available** 시간이 있는 **note** ~를 유념하다 **allow** 허용하다 **avoid** 피하다, 방지하다 **disturbance** 방해

청자들이 요청받는 것은?
(A) 휴대 전화 끄기
(B) 플래시 사용 자제하기

패러프레이징 flash photography is not allowed
→ Refrain from using a flash

STEP 2-1
p.116

A 1 (B)   2 (A)   3 (B)
B 1 (C)   2 (D)   3 (C)

A

1 호 Because of an unexpected closure, we cannot take a tour of the Contemporary Art Museum.
(A) We should not visit the museum for too long.
(B) We will not have the opportunity to view some artwork.

예기치 않은 폐쇄로 인해, 우리는 현대 미술관 관람을 할 수 없습니다.
(A) 우리는 미술관에 너무 오래 있으면 안 됩니다.
(B) 우리는 미술 작품을 볼 기회가 없을 것입니다.

어휘 unexpected 예기치 않은 opportunity 기회

2 호 The keynote speech was relocated because the lights in the Royal Room suddenly stopped working.
(A) A talk was moved due to an unexpected electrical problem.
(B) An activity was changed as a result of a booking issue at the venue.

로열 룸의 조명이 갑자기 작동을 멈추는 바람에 기조연설이 다른 곳으로 배치되었습니다.
(A) 예기치 못한 전기 문제로 인해 강연이 옮겨졌습니다.
(B) 장소 예약 문제로 인해 행사가 변경되었습니다.

어휘 keynote speech 기조연설 relocate 재배치[이동]하다 venue (행사의) 장소

3 호 These boxes have fragile contents, so please use caution when dealing with them.
(A) It is necessary to get an accurate list of the contents.
(B) It is important to be careful while handling the containers.

이 상자들에는 깨지기 쉬운 것들이 들어 있으니, 다루실 때 주의해 주세요.
(A) 내용물의 정확한 목록을 확보할 필요가 있습니다.
(B) 용기들을 다룰 때에 주의하는 것이 중요합니다.

어휘 fragile 깨지기[손상되기] 쉬운 use caution 조심하다 deal with ~을 다루다 accurate 정확한 handle (물건을) 다루다, 만지다

B

Questions 1-3 refer to the following announcement.

미
M Attention! (1)This is an important announcement for all passengers on Pontiac Air Flight PT113 to Glasgow. This flight was scheduled to board at Gate 5. However, (2)due to a mechanical problem at Gate 5, there has been a change. Passengers on this flight are now advised that boarding will take place at Gate 14. The plane will begin boarding as originally planned at 7:40.

남 주목해 주십시오! (1)이것은 글래스고행 폰티액 에어 PT113 항공편의 모든 승객들을 위한 중요한 공지입니다. 이 항공편은 5번 탑승구에서 탑승을 할 예정이었습니다. 하지만 (2)5번 탑승구의 기계적인 문제로 인해 변경 사항이 있습니다. 이 항공편의 승객들에게 탑승이 이제 14번 탑승구에서 있을 것이라는 사실을 알려 드립니다. 비행기는 원래 계획된 대로 7시 40분에 탑승을 시작할 것입니다.

To repeat, (3)passengers on Flight PT113 should proceed to Gate 14 at the scheduled boarding time. Gate agents will be checking your passports and boarding passes as you enter the walkway to the plane. Thank you.

반복합니다. (3)PT113 항공편의 승객들은 예정된 탑승 시간에 14번 탑승구로 가셔야 합니다. 여러분이 비행기 통로로 들어갈 때 탑승구 담당자들이 여권과 탑승권을 확인할 것입니다. 감사합니다.

어휘 **be scheduled to** *do* ~할 예정이다　**board** 탑승하다　**mechanical** 기계(상)의　**take place** 일어나다
proceed to ~로 나아가다[향하다]　**walkway** 통로

1 안내를 들을 수 있을 것 같은 곳은?
(A) 여행사
(B) 기차역
(C) 공항
(D) 버스 정류장

오답 해설　Air나 Flight과 같은 단어가 들리므로 (B)와 (D)는 오답.

2 변경의 원인은?
(A) 악천후
(B) 수하물 문제
(C) 소프트웨어 결함
(D) 기술적 문제

패러프레이징　a mechanical problem → A technical issue

3 청자들이 요청받는 것은?
(A) 여행사 직원에게 연락하기
(B) 여권 갱신하기
(C) 다른 탑승구로 가기
(D) 수하물에 꼬리표 달기

패러프레이징　proceed to Gate 14 → Go to a different gate
오답 해설　여권 갱신이 아니라 여권 제시를 하라고 안내하였으므로 (B)는 오답.

STEP 3
p.118

1 (A)	2 (D)	3 (B)	4 (C)	5 (D)	6 (D)	7 (D)	8 (B)	9 (C)
10 (D)	11 (D)	12 (A)	13 (C)	14 (C)	15 (A)	16 (B)	17 (D)	18 (B)
19 (C)	20 (B)	21 (A)	22 (A)	23 (B)	24 (A)			

Questions 1-3 refer to the following announcement.

호

M　Attention, (1)all workers on the production floor. Due to a problem on-site, (2)we must stop the production process. Unfortunately, the electricity went out in Sector 4, and that's holding up the entire line. So all equipment must be shut down temporarily. We don't expect the problem to be fixed until 5 P.M. In the meantime, there is no way to continue the work. So (3)you should all clock out now and go home. Please note that the night crew will be working their shifts but will start one hour later than usual.

남　(1)생산 작업장의 모든 근로자 여러분, 주목해 주십시오. 현장의 문제 때문에 (2)생산 공정을 멈추어야 합니다. 유감스럽게도, 4구역의 전기가 나갔는데, 그것이 전체 라인을 지연시키고 있습니다. 그래서 모든 장비들이 일시적으로 중단되어야 합니다. 우리는 오후 5시까지는 이 문제가 해결되지 않을 것이라 예상합니다. 그동안에는 작업을 계속할 방법이 없습니다. 따라서 (3)지금 모두 퇴근 시간을 기록하고 집으로 가셔야 합니다. 야간 작업자들은 교대 근무를 하겠지만 평소보다 한 시간 늦게 작업을 시작할 것이라는 점을 유념하십시오.

어휘　**on-site** 현장의　**electricity** 전기　**hold up** 지연시키다, 방해하다　**temporarily** 일시적으로　**in the meantime** 그동안
clock out 퇴근 시간을 기록하다　**shift** 교대 근무

104

1 안내가 이루어질 것 같은 곳은?
   (A) 공장
   (B) 소매점
   (C) 사무실
   (D) 창고

오답 해설 the production floor(생산 작업장)라는 말로 보아 (D)는 오답.

2 화자에 따르면, 문제점은?
   (A) 기계 부품 일부가 빠져 있다.
   (B) 몇몇 직원들이 부상을 입었다.
   (C) 배송품이 도착하지 않았다.
   (D) 일부 정전이 있었다.

패러프레이징 the electricity went out in Sector 4 → There was a partial loss of power.
오답 해설 equipment(장비)가 언급되기는 했지만 부품이 빠졌다는 이야기는 없으므로 (A)는 오답.

3 청자들이 하도록 요청받는 것은?
   (A) 화자에게 문제 보고하기
   (B) 즉시 근무 마치기
   (C) 한 시간 휴식하기
   (D) 다른 업무로 넘어가기

패러프레이징 clock out now and go home → End their work shifts immediately
오답 해설 청자들에게 한 시간 동안 휴식을 취할 것을 요청한 것이 아니라, 야간 작업자들이 교대 근무를 한 시간 늦게 시작한다는 것을 공지한 것이므로 (C)는 오답.

Questions 4-6 refer to the following announcement.

여
M I'm proud to announce on behalf of Haulsen Trawlers that (4)the company plans to start equipping all our vessels with electric motors. We will begin installation procedures on July 3, and (5)all of the new motors will be in by July 7 at the latest. According to our projections, the switch will reduce our fleet's greenhouse gas emissions by over 80 percent, resulting in less air pollution. (6)The other benefit of the change is that the new electric motors run a lot quieter than our old diesel engines. The crews employed on our boats, as well as those who live and work near major international ports, (6)will all benefit from reduced noise pollution.

남 홀슨 트롤러스를 대표해, (4)회사가 모든 선박에 전기 모터를 갖추기 시작할 계획이라고 발표하게 되어 영광입니다. 우리는 7월 3일에 설치 절차를 시작할 것이며, (5)모든 새로운 전기 모터는 늦어도 7월 7일까지 장착될 것입니다. 우리의 예상에 따르면 이 전환은 우리 선단의 온실 가스 배출을 80% 이상 줄여서 대기 오염이 더 줄어들 것입니다. (6)이 변경의 다른 혜택은, 새로운 전기 모터가 자사의 오래된 디젤 엔진보다 훨씬 더 조용하게 작동된다는 점입니다. 주요 국제 항구 근처에서 살면서 일하는 사람들뿐만 아니라 우리 배에 고용된 승무원들도 (6)모두 감소된 소음 공해의 혜택을 받을 것입니다.

어휘 on behalf of ~을 대표[대신]하여 equip A with B A에 B를 갖추다 vessel (대형) 선박 installation 설치 procedure 절차 projection 예상, 추정 switch 전환 fleet 선단 emission 배출 result in ~을 야기하다 pollution 오염 benefit 혜택; 혜택을 받다 port 항구

4 안내에 따르면, 회사가 사용하기 시작할 것은?
   (A) 디젤 연료
   (B) 하이브리드 엔진
   (C) 전기 모터
   (D) 태양열 에너지

오답 해설 후반부에 디젤(diesel)에 관한 내용이 언급되기는 했으나 연료가 아니라 모터에 관해 이야기하고 있으므로 (A)는 오답.

5 변경이 완료되는 때는?
   (A) 6월 3일
   (B) 6월 7일
   (C) 7월 3일
   (D) 7월 7일

오답 해설 7월 3일은 설치가 시작되는 날이므로 (C)는 오답.

6 변경의 추가적인 장점은?
   (A) 향상된 고객 만족도
   (B) 더 증대된 업무 생산성
   (C) 더 낮은 금액
   (D) 더 적은 소음 공해

패러프레이징 run a lot quieter than our old diesel engines, reduced noise pollution → Less noise pollution

Questions 7-9 refer to the following announcement.

영

W Attention, (7)all runners in the Glenburg City Marathon. Before you line up to begin the competition, please note that (8)we have changed the course slightly because of a safety issue. The entire left lane of Stockton Road is flooded, so we've made a detour on Ash Avenue to avoid the dangerous road conditions. Race officials will be positioned throughout the course to direct you where to go. (9)And as a reminder, we have a complimentary sack lunch for each of you, so don't forget to get it from the table behind the finish line. Good luck, everyone!

여 (7)글렌버그 시 마라톤 주자 여러분, 주목해 주십시오. 시합 시작을 위해 줄을 서시기 전, (8)안전 문제 때문에 저희가 경로를 약간 바꾸었다는 점에 유념해 주세요. 스톡튼 로의 왼쪽 차선 전체가 침수되어서, 위험한 노면 상태를 피하고자 애쉬 가에 우회로를 만들었습니다. 경주 관리자들이 경로 곳곳에 배치되어 여러분이 가실 곳을 안내해 드릴 것입니다. (9)또 하나 상기시켜 드리자면, 저희가 여러분 모두를 위해 무료 도시락을 준비했으니, 결승선 뒤쪽의 탁자에서 그것을 받아 가시는 것을 잊지 마세요. 여러분 모두에게 행운을 빕니다!

어휘 competition 시합, 대회 slightly 약간, 조금 flood 침수시키다 detour 우회로 avoid 피하다, 방지하다 throughout 곳곳에, 도처에 direct (길을) 안내하다 reminder 상기시키는 것 complimentary 무료의

7 청자들의 신분은?
   (A) 시 공무원
   (B) 행사 자원봉사자
   (C) 취재 기자
   (D) 경주 참가자

패러프레이징 runners in the Glenburg City Marathon → Race participants
오답 해설 화자(speaker)가 아니라 청자들(listeners)에 대해 물었으므로 (A)와 (B)는 오답.

8 화자에 따르면, 변경의 이유는?
   (A) 요청을 수용하기 위해
   (B) 위험한 지역을 피하기 위해
   (C) 시간을 절약하기 위해
   (D) 비용을 절감하기 위해

패러프레이징 the dangerous road conditions → an unsafe area

9 화자가 청자들에게 상기시키는 것은?
   (A) 단체 사진을 위해 포즈 취하기
   (B) 등록비 납부하기
   (C) 무료 식사 가져가기
   (D) 최신 지도 확인하기

패러프레이징 a complimentary sack lunch → a free meal
오답 해설 경로가 바뀐 것은 맞지만 경주 관리자들이 현장에서 참가자들에게 바뀐 경로를 안내해 준다고 했으므로 (D)는 오답.

Questions 10-12 refer to the following announcement.

미

M Attention, all passengers aboard the White Bay Tours Cruise Ship. This is your captain speaking. We're experiencing an engine malfunction. It may take a long time to resolve the issue, so (10)another boat is coming to pick you up and take you back to shore. We're very sorry for the inconvenience, and to compensate for it, (11)we will be giving each of you a voucher for twenty-five percent off a future tour. You'll be boarding the new

남 화이트 베이 관광 유람선에 탑승하신 모든 승객 여러분, 주목해 주십시오. 저는 선장입니다. 우리는 엔진 오작동을 겪고 있습니다. 이 문제를 해결하는 데 시간이 오래 걸릴 수도 있어서, (10)다른 배가 와서 여러분을 태우고 해변으로 돌아갈 것입니다. 불편을 끼쳐 드려 진심으로 죄송하며, 이에 대한 보상으로 (11)여러분 각자에게 추후 관광에 사용하실 수 있는 25% 할인 쿠폰을 지급해 드릴 것입니다. 몇 분 내로

ship in just a few minutes, so (12)please check that you have all of your personal items ready to take with you.

새 배에 탑승하시게 될 것이니, (12)개인 소지품을 모두 챙기셨는지 확인해 주십시오.

어휘 aboard 탑승한　malfunction 오작동, 고장　resolve 해결하다　compensate for ~에 대해 보상하다

10 화자가 사과하는 이유는?
(A) 유람선이 초과 예약되었다.
(B) 악천후 때문에 관광이 빨리 끝났다.
(C) 배가 예정보다 늦게 출발했다.
(D) 승객들이 배를 갈아타야 한다.

패러프레이징 another boat is coming to pick you up → The passengers have to change ships.

11 청자들이 받게 될 것은?
(A) 기념품
(B) 관광 연장
(C) 전액 환불
(D) 할인 쿠폰

패러프레이징 a voucher for twenty-five percent off → A discount coupon

12 청자들이 다음에 할 일은?
(A) 소지품 챙기기
(B) 안내 책자 읽기
(C) 좌석 찾기
(D) 표 보여주기

패러프레이징 check that you have all of your personal items ready to take with you → Gather their belongings

Questions 13-15 refer to the following announcement.

미

W　Good afternoon, and (13)thank you for shopping at Fresh-Co., the most popular grocery store in town. We are pleased to announce that (14)the renovations to our store are now complete. You'll notice new flooring, displays with local goods, and a self-service checkout area with electronic scanners. We'd like to hear what you think about the changes, so we invite you to pick up a survey at the entrance. Bring your completed form to the customer service desk, and (15)you'll be given a ticket for a chance to win a $50 cash prize.

여　안녕하세요, (13)시내에서 가장 인기 있는 식료품점인 프레쉬 사에서 쇼핑을 해 주셔서 감사합니다. (14)우리 상점의 개조 공사가 이제 완료되었음을 알리게 되어 기쁩니다. 고객 여러분께서는 새로운 바닥재와 현지 특산품 진열, 그리고 전자 스캐너를 갖춘 셀프 서비스 계산대 구역을 알아보실 수 있을 것입니다. 저희는 여러분이 이 변화에 대해 어떻게 생각하시는지 듣고자 하기에, 입구에서 설문지를 한 부씩 가져가시기를 요청 드립니다. 완성된 양식을 고객 서비스 데스크로 가져가시면 (15)50달러의 상금을 탈 수 있는 기회가 부여되는 티켓을 받게 되실 것입니다.

어휘 renovation 개조, 수리　notice ~을 알아보다　flooring 바닥재　checkout 계산대　form (빈칸에 기입하게 된) 양식, 용지

13 청자들이 있는 곳은?
(A) 서점
(B) 가구 매장
(C) 슈퍼마켓
(D) 전자제품 매장

패러프레이징 grocery store → supermarket

14 업체가 최근에 한 것은?
(A) 운영 시간을 연장했다
(B) 신제품을 들여왔다
(C) 내부를 재단장했다
(D) 직원을 더 고용했다

패러프레이징 the renovations to our store are now complete → Remodeled its interior

15 설문조사 참여자들이 받게 될 것은?
   (A) 상품 추첨 티켓
   (B) 가게 상품 쿠폰
   (C) 무료 제품 견본
   (D) 무료 회원 카드

[패러프레이징] a ticket for a chance to win a $50 cash prize → A ticket for a prize drawing

Questions 16-18 refer to the following announcement.

영

W May I have your attention, please? On behalf of Keene Hospital, (16)I would like to announce that a section of the east wing will be closed for the next three days. (17)This is because a construction crew is installing an X-ray machine and other medical devices. As a result, consulting rooms for individual doctors have been temporarily moved to the south wing. (18)You should have no trouble spotting the signs directing you to your doctor's temporary office. They're all over the place. Of course, if you have questions, please speak with someone in reception. Thank you.

여 주목해 주시겠습니까? 킨 병원을 대표해, (16)동쪽 부속 건물의 한 구역이 다음 3일간 폐쇄될 것이라는 점을 알려 드리고자 합니다. (17)이것은 공사 인부들이 방사선 기기 및 다른 의료 기기들을 설치할 것이기 때문입니다. 이로 인해, 각 의사들의 진료실이 일시적으로 남쪽 부속 건물로 옮겨졌습니다. (18)담당 의사의 임시 진료실로 여러분을 안내해 드릴 표지판을 찾으시는 데 아무런 문제도 없으실 것입니다. 그것들은 곳곳에 있습니다. 물론, 문의 사항이 있으시다면, 접수처의 직원에게 말씀해 주십시오. 감사합니다.

[어휘] install 설치하다 device 기기, 장치 individual 각각의 spot 찾다, 발견하다 sign 표지판, 간판 direct (길을) 안내하다 temporary 임시의, 일시적인 all over the place 곳곳[사방]에

16 안내의 주된 내용은?
   (A) 곧 있을 시설 견학
   (B) 부분적 건물 폐쇄
   (C) 병원 접수 절차
   (D) 면회 시간 종료

[패러프레이징] a section of the east wing will be closed → A partial building closure

17 화자에 따르면, 변경의 이유는?
   (A) 병원이 평소보다 분주하다.
   (B) 몇몇 환자들이 급한 도움을 필요로 한다.
   (C) 건물이 일부 손상되었다.
   (D) 몇몇 장비들을 설치 중이다.

[패러프레이징] a construction crew is installing an X-ray machine and other medical devices → Some equipment is being installed.

18 여자가 "그것들은 곳곳에 있습니다"라고 말한 의도는?
   (A) 진료실이 많이 있다.
   (B) 표지판들을 쉽게 찾을 수 있다.
   (C) 어질러진 상태가 깨끗이 정리되어야 한다.
   (D) 직원들이 편리한 위치에 있다.

[패러프레이징] You should have no trouble spotting the signs → Signs can be found easily.
[오답 해설] 진료실이 언급되기는 했으나, 환자가 많다고 한 것은 진료실이 아니라 표지판(signs)이므로 (A)는 오답.

Questions 19-21 refer to the following announcement and schedule.

호

M Before we end the class today, I have a few quick announcements. First of all, (19)I want to tell you all how delighted I am with your baking skills. I've never had a class pick up the techniques this fast. Great job, everyone! Secondly, there's a change in the March schedule I gave you. (20)We'll have a guest instructor for the lemon tart lesson, pastry chef Fabien Brunelle.

남 오늘 수업을 마치기 전에, 몇 가지 간단한 공지 사항이 있습니다. 우선, (19)제가 여러분의 제빵 기술에 얼마나 기뻐하고 있는지를 여러분 모두에게 말씀 드리고 싶습니다. 반에서 이렇게 빨리 기술을 익히게 한 것은 처음입니다. 모두 잘하셨습니다! 두 번째로, 제가 드렸던 3월의 시간표에 변동이 있습니다. (20)우리는 레몬 타르트 수업에 파티시에인 파비안 브뤼넬 씨를 초빙 강사로 모실

108

However, due to his schedule, we're going to swap it with the cheesecake lesson. Also, for those of you who only paid half of the tuition at the start of the session, (21)don't forget that the second half is due on March 2. You can pay at the front desk. See you all next week!

것입니다. 하지만, 그분의 일정 때문에, 우리는 그 수업을 치즈케이크 수업과 바꾸게 될 것입니다. 또한, 학기 초에 수업료의 절반만 내신 분들께서는, (21)나머지 절반의 납기일이 3월 2일이라는 점을 잊지 말아 주시기 바랍니다. 안내 데스크에서 지불하실 수 있습니다. 모두 다음 주에 뵙겠습니다!

어휘 delighted 기뻐하는 pick up (재주 등을) 익히게[배우게] 되다 swap 맞바꾸다 tuition 수업료 due (돈을) 지불해야 하는

수업 시간표

수업 날짜	수업
3월 2일	매일의 빵
(20)3월 9일	고전 치즈 케이크
(20)3월 16일	레몬 타르트
3월 23일	케이크 장식

19 화자가 기쁘다고 말하는 이유는?
(A) 추가 수업이 생길 것이다.
(B) 수업이 좋은 평가를 받았다.
(C) 학생들이 빨리 배우고 있다.
(D) 등록률이 평소보다 높다.

20 시각 정보에 따르면, 화자들이 레몬 타르트 만들기를 배울 날은?
(A) 3월 2일
(B) 3월 9일
(C) 3월 16일
(D) 3월 23일

21 화자가 일부 청자들에게 상기시키는 것은?
(A) 결제하기
(B) 연락처 제공하기
(C) 수업 등록하기
(D) 요리 재료 가져오기

패러프레이징 delighted → pleased
I've never had a class pick up the techniques this fast. → The students are learning quickly.

오답 해설 3월 2일은 남은 수업료의 납기일이므로 (A)는 오답. 강사의 사정으로 인해 레몬 타르트 수업과 치즈 케이크 수업이 바뀔 것이라고 했으므로 3월 16일, 즉 (C)는 오답.

패러프레이징 the second half is due on March 2 → Make a payment

Questions 22-24 refer to the following announcement and list.

남
W May I have your attention, please? The Daisy Café is extending a special offer to (22)all passengers and employees. (23)We've got record-high temperatures today, and we want you to beat the heat. So stop by our café, located near the ticketing area, for a special sale on drinks. (24)For today only, you can get all cold drinks for just two dollars each. (22)Grab one while you wait for your bus, or take it with you, wherever your final destination may be. We also offer a variety of snacks and sandwiches, so come check us out. Our staff is ready to serve you!

여 주목해 주시겠습니까? 데이지 카페에서는 (22)승객 분들과 직원 여러분 모두에게 특별 할인을 제공해 드립니다. (23)오늘이 최고 기온이라서, 저희는 여러분께서 더위를 식히셨으면 합니다. 그러니 음료 특별 할인을 위해 발권 구역에 위치한 저희 카페에 들러 주세요. (24)오늘 하루만 모든 시원한 음료를 단돈 2달러에 구매하실 수 있습니다. (22)버스를 기다리시는 동안에 한 잔 드시거나, 목적지가 어디이시든 음료를 가져가 드세요. 다양한 간식과 샌드위치도 있으니 오셔서 확인하세요. 저희 직원은 여러분을 모실 준비가 되어 있습니다!

어휘 extend 제공하다, 베풀다 record-high 사상 최고의 stop by ~에 들르다 destination 목적지 a variety of 다양한

메뉴	
음료 종류	가격
(24)아이스 티	3달러
탄산음료	2달러
주스	2달러
뜨거운 커피	3달러

22 안내가 이루어질 것 같은 곳은?
  (A) 버스 정류장
  (B) 쇼핑몰
  (C) 식료품점
  (D) 야외 극장

23 화자에 따르면, 변경의 이유는?
  (A) 특별 행사를 기념하고 있다.
  (B) 날씨가 이례적으로 덥다.
  (C) 여분의 물품이 일부 배송되었다.
  (D) 고객들이 높은 가격에 대해 불평했다.

> 패러프레이징 We've got record-high temperatures today → The weather is unusually hot.

24 시각 정보에 따르면, 현재 상품 가격이 정확하지 않은 것은?
  (A) 아이스 티
  (B) 탄산음료
  (C) 주스
  (D) 뜨거운 커피

> 오답 해설 2달러에 구매할 수 있는 것은 시원한 음료뿐이므로 (D)는 오답.

UNIT 16 Advertisement/Broadcast

STEP 1   p.123

영

W Are you thinking about (1)replacing some of your living room furniture? Then Meadow (1)Furnishings has great news for you. Due to a shipping error, (2)we've got a surplus of sofas and armchairs. In order to sell these items as soon as possible, we've cut our prices dramatically. Only customers who come into the store can find out about these great bargains. The sale runs from Thursday to Saturday, so don't miss your opportunity to get the deals of a lifetime.

여 (1)거실 가구의 일부를 교체하려고 생각 중이십니까? 그렇다면 미도우 (1)퍼니싱스에 여러분을 위한 좋은 소식이 있습니다. 배송 오류로 인해, (2)저희에게 소파와 팔걸이 의자의 물량 여분이 있습니다. 가능한 한 빨리 이 물건들을 팔기 위해 저희가 과감하게 가격을 깎았습니다. 매장으로 오시는 고객들만이 이 대단한 특가품들을 찾으실 수 있습니다. 세일은 목요일부터 토요일까지 진행되니, 평생에 한 번 있을까 말까 한 좋은 거래를 할 수 있는 기회를 놓치지 마세요.

어휘 replace 교체하다 furnishings 가구, 비품 surplus 잔여, 과잉 cut prices dramatically 과감하게 가격을 깎다 get the deals 좋은 거래를 하다

1. 광고되고 있는 제품은?
   → 가구

2. 화자에 따르면, 매장 세일의 목적은?
   → 남는 재고를 없애기 위해

패러프레이징 we've got a surplus of sofas and armchairs. In order to sell these items as soon as possible ➔ To get rid of excessive stock
Possible Answer 재고를 빨리 줄이기 위해

미

M Up next, it's the local news report on 102.3 FM. Sports enthusiasts will be happy to hear that (1)construction on Harvest Lake Stadium is ahead of schedule. The lead contractor broke ground last year, and mild weather in the area has allowed crews to work at a faster pace. (2)Mayor Sheila Anderson reports that the stadium will bring more tourists to Harvest Lake when it opens next fall. Drivers are reminded that the streets around the stadium are closed off periodically for the movement of heavy machinery. (3)So if you are driving in the northern part of the city, I would suggest avoiding Bell Avenue and 21st Street.

남 다음은 102.3 FM 지역 뉴스 보도입니다. 스포츠 애호가들이 들으면 반가워할 소식인데요, (1)하비스트 레이크 경기장 건설이 예정보다 빨리 진행되고 있다고 합니다. 선두 계약업체가 작년에 공사를 시작했고, 온화한 날씨 덕분에 공사 작업자들이 빠른 속도로 일하고 있습니다. (2)실라 앤더슨 시장은 경기장이 내년 가을에 개관하면 더 많은 관광객이 하비스트 레이크로 올 것이라고 밝혔습니다. 운전자 여러분께서는 중장비 운반으로 인해 경기장 주변 차도가 정기적으로 폐쇄될 것이라는 점을 잊지 마시기 바랍니다. (3)따라서 시의 북부 지역을 운전할 때는, 벨 가와 21번가를 피하시기를 권합니다.

어휘 enthusiast 애호가 ahead of schedule 예정보다 빨리 contractor 계약업체, 계약자 break ground 공사를 시작하다 pace (일의) 속도 remind 상기시키다, 일깨우다 periodically 정기적으로 avoid 피하다

1. 보도의 주제는?
   → 건설 프로젝트

   패러프레이징 construction on Harvest Lake Stadium ➡ A building project
   Possible Answer 향후 스포츠 경기장

2. 실라 앤더슨 씨의 신분은?
   → 공무원

   패러프레이징 Mayor ➡ A public official
   Possible Answer 지역 정치가

3. 화자가 권장하는 것은?
   → 특정 운전 경로 피하기

   Possible Answer 우회로 이용하기

STEP 2-1
p.124

A 1 (B)   2 (B)   3 (A)
B 1 (D)   2 (A)   3 (C)

A

1 민

If you want to get in shape, I recommend that you try the gym near our office.
(A) I advise you to use a certain kind of exercise equipment.
(B) I suggest working out at a particular fitness facility.

좋은 몸매를 유지하고 싶다면, 우리 사무실 근처에 있는 체육관에 한번 가 보시기를 추천 드려요.
(A) 특정 운동 기구를 사용하실 것을 권해 드립니다.
(B) 특정 운동 시설에서 운동하는 것을 제안합니다.

어휘 get in shape 좋은 몸매를 유지하다   exercise equipment 운동 기구   certain 특정한   particular 특정한   fitness facility 운동 시설

2 민

All of the department store's winter jackets are thirty percent off at the moment.
(A) Some clothing items are being sold for thirty dollars.
(B) Some outdoor apparel is offered at a discount.

백화점의 모든 겨울 재킷은 현재 30% 할인 중입니다.
(A) 일부 의류는 30달러에 판매 중입니다.
(B) 일부 야외 활동용 의류가 할인가에 제공됩니다.

어휘 ~ percent off ~% 할인 중인   at the moment 현재(로서는)   apparel 의류   at a discount 할인하여

3 민

Motorists are recommended to take Williams Avenue because Duncan Street is blocked with heavy traffic.
(A) Drivers should take a different route because of traffic congestion.
(B) Drivers should slow down to avoid accidents near a road block.

던컨 로가 교통 체증으로 막히므로, 운전자 분들은 윌리엄즈 가를 이용하시는 것이 권고됩니다.
(A) 교통 체증 때문에, 운전자 분들은 다른 길로 가셔야 합니다.
(B) 운전자 분들은 속도를 늦추어 방어벽 근처의 사고를 피하셔야 합니다.

어휘 motorist (자동차) 운전자   be blocked with ~로 인해 막히다[차단되다]   traffic congestion 교통 체증   road block 방어벽, 바리케이드

B Questions 1-3 refer to the following broadcast.

미

M You're listening to 104.1. I'm Hank Jarvis. (1)The snowstorm that passed through the region over the weekend caused widespread destruction to property. The high winds and heavy snowfall resulted in fallen power lines, and the roof of the city hall building collapsed. Fortunately, the building was unoccupied at the time. (2)The Tailorsville finance committee's monthly meeting that was scheduled to be held at city hall this evening will now be held at the Franklin Hotel. And in other local news, the newest branch of the Tailorsville post office will soon be open. (3)Construction crews finished the building last month, and officials have been hiring staff. The grand opening event will take place on December 20.

남 여러분께서는 104.1을 듣고 계십니다. 전 행크 자비스입니다. (1)주말 동안에 이 지역을 지나간 눈보라가 재산에 광범위한 파손을 초래했습니다. 강풍과 폭설로 인해 전선이 쓰러지고 시청 건물의 지붕이 무너졌습니다. 다행히 그때 건물에는 아무도 없었습니다. (2)오늘 저녁 시청에서 개최될 예정이었던 테일러스빌 재정 위원회의 월례 회의는 이제 프랭클린 호텔에서 개최될 것입니다. 그리고 다른 지역 뉴스를 말씀드리겠습니다. 테일러스빌 우체국의 가장 최근 지점이 곧 문을 열 것입니다. (3)공사 인부들이 지난달에 건축을 끝냈으며 관리들이 직원들을 채용하고 있습니다. 개장식 행사는 12월 20일에 있을 것입니다.

어휘 snowstorm 눈보라 region 지역, 지방 widespread 광범위한 destruction 파손, 파괴 property 재산, 소유물 collapse 무너지다 unoccupied 비어 있는 committee 위원회 official 관리, 공무원 take place 일어나다, 개최되다

1 화자가 폭풍에 대해 언급하는 것은?
 (A) 올해 가장 심한 폭풍이었다.
 (B) 여러 행사들의 취소를 초래했다.
 (C) 며칠 더 지속될 것이다.
 (D) 광범위한 피해를 초래했다.

패러프레이징 widespread destruction → extensive damage
오답 해설 폭풍이 심각하기는 했지만 올해 가장 심했다는 언급은 없으므로 (A)는 오답.

2 오늘 밤 회의가 개최되는 곳은?
 (A) 호텔
 (B) 시민 회관
 (C) 시청
 (D) 학교

오답 해설 회의는 원래 시청에서 개최될 예정이었으나, 시청 건물의 지붕이 무너져 회의 장소가 호텔로 대체된 것이므로 (C)는 오답.

3 방송에 따르면, 지난달에 일어난 일은?
 (A) 새로운 시 관리들이 선출되었다.
 (B) 시의 연간 예산이 확정되었다.
 (C) 건물 공사가 완료되었다.
 (D) 우체국이 개장식을 했다.

패러프레이징 Construction crews finished the building → Construction on a building was completed.
오답 해설 우체국에서 새로운 직원을 채용하고 있기는 하지만, 시 관리 선출과는 관련이 없으므로 (A)는 오답. 우체국 개장식은 아직 열리지 않았으므로 (D)도 오답.

STEP 3

p.126

1	(C)	2	(D)	3	(B)	4	(A)	5	(A)	6	(B)	7	(D)	8	(A)	9	(C)
10	(A)	11	(A)	12	(B)	13	(A)	14	(D)	15	(D)	16	(C)	17	(C)	18	(D)
19	(C)	20	(D)	21	(B)	22	(C)	23	(A)	24	(C)								

Questions 1-3 refer to the following advertisement.

영

W (1)Pinnacle Sports is having a major sale this weekend for its grand reopening on Saturday, August 1. We've expanded our facility, and now we're ready to serve you with our largest selection ever. You can take advantage of our affordable prices all weekend long. Camping equipment is ten percent off, basketball and football equipment is twenty percent off, and (2)all workout apparel is half off the retail price. We also have treadmills and other exercise equipment in our new section near the west entrance. (3)You can try these machines yourself before you make a purchase. So come on down to Pinnacle Sports, located across from the Valley View Mall.

여 (1)피너클 스포츠는 8월 1일 토요일 재개장을 기념해 대규모 세일을 실시합니다. 저희는 시설을 확장하여 현재 어느 때보다도 다양한 선택 상품들로 여러분을 모실 준비가 되어 있습니다. 여러분은 일주일 내내 저희의 저렴한 가격 혜택을 보실 수 있습니다. 캠핑 장비는 10%, 농구와 축구 장비는 20%, 그리고 (2)모든 운동복 류는 소매가의 절반을 할인해 드립니다. 또 서쪽 출입구 근처의 새로운 구역에 러닝 머신과 다른 운동 기구들도 있습니다. 구입하시기 전 (3)여러분께서 직접 이 기기들을 체험해 보실 수 있습니다. 그러니 밸리 뷰 몰 바로 건너편에 있는 피너클 스포츠로 오십시오.

어휘 reopening 재개장 expand 확장하다 selection 선택된 것, 선택 take advantage of ~을 이용[활용]하다 affordable (가격이) 저렴한, 알맞은 retail price 소매가 treadmill 러닝 머신, 트레드밀 entrance 입구

1 화자에 따르면, 세일의 목적은?
  (A) 업체의 기념일을 기리기 위해
  (B) 신제품 라인을 홍보하기 위해
  (C) 점포 재개장을 축하하기 위해
  (D) 추가 재고를 위한 공간 마련을 위해

오답 해설 축하하고 있는 것은 업체의 기념일이 아닌 재개장이므로 (A)는 오답.

2 의류에 대해 고객들이 받는 특별 할인가는?
  (A) 10% 할인
  (B) 20% 할인
  (C) 40% 할인
  (D) 50% 할인

패러프레이징 apparel → clothing
half off the retail price → 50% off

3 고객들이 서쪽 출입구 근처에서 할 수 있는 것은?
  (A) 회원 양식 작성하기
  (B) 일부 기구 시험해 보기
  (C) 운동 수업에 등록하기
  (D) 의류 입어 보기

패러프레이징 try these machines yourself → Test out some equipment

Questions 4-6 refer to the following broadcast.

호

M (4)McCormick Electronics released a statement to the public saying that it is recalling the F-25 model of its computer monitors. A company spokesperson reported that a wire within the device causes it to overheat. While this does not affect the monitor's performance, it could result in a safety hazard. All consumers who own this model may return it for a full refund. To do so, (5)they should fill out the form on the McCormick Electronics Web site. They will then be sent a container in which to return the monitor. (6)After collection, all devices will be recycled by the company.

남 (4)맥코믹 전자에서 컴퓨터 모니터 모델 F-25의 회수 조치를 할 것이라는 성명을 공식 발표했습니다. 회사 대변인은 그 장치 내부의 철사가 과열을 일으킨다고 보고했습니다. 이것이 모니터의 작동에 영향을 주는 것은 아니지만, 안전상의 위험을 초래할 수는 있습니다. 이 모델을 소지한 소비자들은 모두 전액 환불을 위해 그것을 반품할 수 있습니다. 그렇게 하려면, (5)그들은 맥코믹 전자의 웹사이트에서 양식을 작성해야 합니다. 그러면 모니터를 반품하기 위한 용기가 보내질 것입니다. (6)수거 후, 모든 장치들은 회사에 의해 재활용될 것입니다.

> **어휘** release 발표하다　statement 성명, 진술　recall (하자가 있는 제품을) 회수하다　spokesperson 대변인　affect 영향을 미치다　result in ~을 초래[야기]하다　hazard 위험　recycle 재활용하다

4 방송의 주된 내용은?
   (A) 제품 회수
   (B) 회사 합병
   (C) 소프트웨어 업그레이드
   (D) 기술 상

패러프레이징 recalling the F-25 model of its computer monitors → A product recall

5 일부 고객들이 하도록 권장받는 것은?
   (A) 온라인 양식 작성하기
   (B) 이메일로 문제 보고하기
   (C) 제조업체에 직접 전화하기
   (D) 직접 매장 방문하기

패러프레이징 fill out the form on the McCormick Electronics Web site → Complete an online form
오답 해설 문제를 이메일로 보고해야 한다는 언급은 없으므로 (B)는 오답.

6 맥코믹 전자에 대해 시사되는 것은?
   (A) 불만스러워하는 고객에게 쿠폰을 발행할 것이다.
   (B) 불량 제품을 재활용할 것이다.
   (C) 모니터의 가격을 인하할 것이다.
   (D) 제품 특징을 바꿀 것이다.

패러프레이징 all devices will be recycled by the company → It will recycle some faulty products.

Questions 7-9 refer to the following advertisement.

> 미
> **W** Don't spend hours searching for the right hotel room when the Swift-Stay mobile phone app can do it for you! **(7)Swift-Stay is an award-winning app designed for people who travel a lot.** The app is free to download and can be used to search for and book rooms at thousands of destinations at the touch of a button. **(8)You can also upgrade your service for just five dollars a month to get discounted rates and priority booking during the peak season.** Throughout our August promotion, **(9)post a review about the app on our Web site to be entered into a drawing for various prizes.**

> 여 딱 맞는 호텔 방을 검색하시느라 시간을 낭비하지 마세요. 스위프트 스테이 휴대폰 어플리케이션이 여러분을 위해 그 일을 대신 해 드릴 수 있습니다! (7)스위프트 스테이는 여행을 많이 다니시는 분들을 위해 고안된, 상을 받은 어플리케이션입니다. 이 어플리케이션은 무료로 다운로드하여, 버튼 하나로 수천 개 목적지에 있는 방들을 검색하고 예약하는 데 사용할 수 있습니다. (8)여러분은 한 달에 단돈 5달러로 서비스를 업그레이드하여 할인된 요금과 성수기 예약 우선권을 얻으실 수도 있습니다. 8월의 홍보 기간에 걸쳐, (9)저희 웹사이트에 어플리케이션에 대한 후기를 작성하시고 다양한 상품을 탈 수 있는 추첨에 참여하세요.

> **어휘** award-winning 상을 받은　destination 목적지　rate 요금　priority 우선권　throughout ~동안 내내　enter into a drawing (경품) 추첨에 참여하다

7 광고에 따르면, 제품이 대상으로 하는 사람은?
   (A) 그래픽 디자이너
   (B) 컴퓨터 프로그래머
   (C) 아마추어 사진가
   (D) 여행을 자주 다니는 사람

패러프레이징 people who travel a lot → Frequent travelers

8 제품에 대해 언급된 것은?
(A) 프리미엄 서비스에는 요금이 붙는다.
(B) 제한된 시간 동안만 이용 가능하다.
(C) 무료 선물이 딸려 온다.
(D) 경쟁사 제품보다 많이 팔렸다.

패러프레이징 You can also upgrade your service for just five dollars a month → Its premium service has a fee.

9 고객들이 상품 추첨에 참여할 수 있는 방법은?
(A) 우편물 수신자 명단에 등록함으로써
(B) 하나 이상의 제품을 구매함으로써
(C) 온라인으로 의견을 공유함으로써
(D) 어플리케이션을 다운로드함으로써

패러프레이징 post a review about the app on our Web site → sharing their opinions online

Questions 10-12 refer to the following advertisement.

영

W (10)Carmine Theater is pleased to present the critically acclaimed show *Steps to Paradise*, featuring award-winning singers Patricia Carter and Nick Mercer. You'll be carried away from the very first note. *Steps to Paradise* is playing from June 4 to 7. And if you were disappointed that all of the tickets were sold out, you've got a second chance. (11)The theater has decided to run a matinee on Sunday at 2 P.M. (12)These tickets are expected to go fast, so visit www.carminetheater.com to book your seat right away.

여 (10)카민 극장은 비평가들의 극찬을 받았던, 상을 탄 가수 패트리샤 카터와 닉 머서가 주연으로 나오는 공연 〈천국으로 가는 계단〉을 상연하게 되어 기쁩니다. 첫 음부터 넋을 잃게 되실 겁니다. 〈천국으로 가는 계단〉은 6월 4일부터 7일까지 상연됩니다. 그리고 만약 표가 전부 매진되어 실망하셨다면, 두 번째 기회도 있습니다. (11)극장은 일요일 오후 2시 주간 공연을 하기로 결정했습니다. (12)이 표는 빨리 나갈 것으로 예상되니, www.carminetheater.com을 방문하셔서 지금 당장 좌석을 예약하세요.

어휘 **critically acclaimed** 비평가들의 극찬을 받은 **feature** (배우를) 주연시키다 **be carried away** 넋을 잃다, 무아지경이 되다 **note** 음 **run** (서비스 등을) 운영[제공]하다 **matinee** (연극 등의) 주간 공연[상연]

10 광고의 주제는?
(A) 음악 공연
(B) 새로 개봉한 영화
(C) 희극 공연
(D) 무용 대회

오답 해설 가수들이 공연에 출연한다고 했으므로 (C)는 오답.

11 화자가 "두 번째 기회도 있습니다"라고 말한 의도는?
(A) 다른 공연이 추가되었다.
(B) 행사는 곧 도시로 돌아올 것이다.
(C) 표 가격이 내렸다.
(D) 몇몇 사람들이 예약을 취소했다.

오답 해설 매진에 관해 언급되기는 했지만 표의 가격이나 예약 취소에 대한 이야기는 없으므로 (C), (D)는 오답.

12 화자가 제안하는 것은?
(A) 정보를 얻기 위해 해당 장소로 전화 걸기
(B) 빨리 행동을 취하기
(C) 주차할 곳을 일찍 찾아보기
(D) 표 영수증 확인하기

패러프레이징 visit www.carminetheater.com to book your seat right away → Taking action quickly

Questions 13-15 refer to the following broadcast.

미

M Welcome back. You're listening to *In Our World* on Radio 105 FM. I'm your host, Robert Barnett. Our featured guest today is Dr. Jeffrey Arnold, an expert from Orchard University. (13)Dr. Arnold has just wrapped up a research study, whose results appeared in the Journal of *Daily Science*. (14)He was investigating the various allergies that affect people when the spring flowers start to bloom. During the show, he'll tell us more about modern treatments and his proposed alternatives. I'm sure you'll find some of his arguments convincing. If we have extra time, (15)Dr. Arnold will respond to inquiries from listeners, so please text those to 555-2049.

남 돌아오신 것을 환영합니다. 라디오 105 FM에서 〈인 아워 월드〉를 듣고 계십니다. 저는 여러분의 진행자, 로버트 바넷입니다. 오늘 우리의 특별 초대 손님은 오차드 대학에서 오신 전문가 제프리 아놀드 박사님이십니다. (13)아놀드 박사님께서는 연구 조사를 막 마무리하셨고, 그 결과는 〈데일리 사이언스〉 지에 게재되었습니다. (14)박사님께서는 봄꽃이 개화하기 시작할 때 사람들에게 영향을 미치는 다양한 알레르기에 대해 조사하셨습니다. 쇼가 진행되는 동안, 박사님께서는 현대적인 치료법과 추천 대체 요법에 관해 말씀해 주실 것입니다. 그분의 주장은 틀림없이 설득력이 있을 것입니다. 시간이 남으면, (15)아놀드 박사님께서 청취자 분들의 문의에 답해 주실 것이니, 555-2049번으로 문자메시지를 보내 주세요.

어휘 wrap up 마무리하다 appear (신문 등에) 게재되다 investigate 조사하다 bloom 개화하다 treatment 치료(법) alternative 대체, 대안 argument 주장 convincing 설득력 있는 inquiry 문의

13 아놀드 박사가 최근에 한 일은?
(A) 연구를 마쳤다
(B) 책을 출간했다
(C) 신약을 개발했다
(D) 사업을 시작했다

패러프레이징 has just wrapped up a research study → Completed a study

14 아놀드 박사가 논의할 것은?
(A) 수면 패턴
(B) 조경 조언
(C) 비타민 보조제
(D) 계절성 알레르기

패러프레이징 allergies that affect people when the spring flowers start to bloom → Seasonal allergies

15 청자들이 권장받는 것은?
(A) 화자에게 이메일 보내기
(B) 온라인으로 의견 게시하기
(C) 방송국에 전화하기
(D) 질문을 문자메시지로 전송하기

패러프레이징 inquiries → questions
오답 해설 전화번호가 제시되기는 했지만 전화를 하라고 한 것이 아니라 문자메시지를 보내라고 했으므로 (C)는 오답.

Questions 16-18 refer to the following business report.

호

M And in business news today, (16)Reviza held a press conference with the first appearance of its new CEO, Amanda Bennett. Bennett has been operating in the position for two weeks, but has avoided media appearances since that time. She wanted to settle into her new role before introducing herself to the public. Although she has relatively little management experience compared to the previous CEO, (17)board members selected Bennett due to the innovations she

남 그리고 오늘의 비즈니스 뉴스입니다. (16)리바이자가 새 대표이사 아만다 베넛이 처음으로 모습을 보인 기자 회견을 열었습니다. 베넷은 2주 동안 그 직위를 수행했지만, 그때 이후로 언론에 등장하는 것을 피했습니다. 그녀는 대중에게 자신을 소개하기 전에 자신의 새 역할에 자리를 잡고 싶어 했습니다. 비록 이전 대표이사보다는 경영 경험이 상대적으로 적지만, (17)이사진은 지금까지 그녀가 회사에서 보여준 혁신 때문에 베넷을 선택했습니다. 베넷은

has shown at the company so far. Bennett stated that her top priority moving forward is to make (18)Reviza an internationally known brand for automobiles and to implement the latest technology into all of its vehicles.

앞으로 나아갈 최우선 과제가 (18)리바이자를 국제적으로 알려진 자동차 브랜드로 만들고, 모든 차량에 최신 기술을 시행하는 것이라고 발표했습니다.

어휘 press conference 기자 회견 appearance 등장, 출연 avoid 피하다 settle into 자리 잡다 relatively 상대적으로 previous 이전의 innovation 혁신 so far 지금까지 top priority 최우선 (과제) implement 시행[실행]하다

16 리바이자가 최근에 한 일은?
(A) 신제품을 소개했다
(B) 해외에 사무실을 열었다
(C) 지도자를 바꾸었다
(D) 합병을 실행했다

오답 해설 새 대표이사에 관해 언급되기는 했지만 회사가 합병을 한 것은 아니므로 (C)는 오답.

17 아만다 베넷에 대해 언급된 것은?
(A) 리바이자에서 오랫동안 일했다.
(B) 폭넓은 경영 경험이 있다.
(C) 혁신적인 아이디어들을 공유했다.
(D) 성격이 외향적이다.

패러프레이징 the innovations she has shown at the company → She has shared innovative ideas.

18 리바이자의 업종은?
(A) 전기 회사
(B) 컴퓨터 소프트웨어 설계
(C) 건설 회사
(D) 자동차 제조사

패러프레이징 brand for automobiles → A car manufacturer

Questions 19-21 refer to the following advertisement.

미

M Amateur photographers are invited to enter the city's first ever nature photography contest. Participants may upload their best nature photos to the city's Web site by July 1, and (19)the winning photos will be displayed in the lobby of the Appleton Public Library. The entries will be assessed by a panel of judges, which will include magazine editor Shirley Croft! (20)There are no age restrictions on participation, and no entry fees. The top prize of five hundred dollars was donated by the city. (21)Our station donated the second-place prize, and the third and fourth place prizes were provided by the Highland Gallery. Show your creativity in the nature photography contest. You might just win big!

남 아마추어 사진가들을 시 최초 자연 사진 경연대회에 모십니다. 참가자 여러분이 7월 1일까지 시 웹사이트에 제일 잘 나온 자연 사진을 업로드하시면, (19)수상작들이 애플턴 공립 도서관 로비에 전시될 것입니다. 참가 작품들은 심사위원단이 평가할 것이고, 그중에는 잡지 편집자인 셜리 크로프트 씨도 계십니다! (20)참가 연령 제한도, 참가비도 없습니다. 1등 상금인 500달러가 시에 의해 기부되었습니다. (21)저희 방송국에서 2등상을 기부했고, 3등상과 4등상은 하이랜드 미술관에 의해 제공되었습니다. 자연 사진 경연대회에서 여러분의 창의성을 보여주세요. 큰 상을 타게 되실 수도 있습니다!

어휘 enter (대회에) 참가[출전]하다 participant 참가자 entry 참가[출품]작 assess 평가하다 judge 심사위원 restriction 제한, 규제 donate 기부[기증]하다 station 방송국

```
자연 사진 경연대회 상품
    1등: 500달러
(21)2등: RTC 카메라
    3등: 액자 사진
    4등: 토트 백
```

19 수상작 사진들이 전시될 곳은?
 (A) 미술관
 (B) 웹사이트
 (C) 공공 건물
 (D) 잡지

패러프레이징 the Appleton Public Library → a public building
오답 해설 magazine editor(잡지 편집자)가 언급되기는 했지만, 사진이 전시되는 곳은 도서관이므로 (D)는 오답.

20 화자가 경연대회에 대해 말한 것은?
 (A) 시 전역 축제의 일환이다.
 (B) 1년에 한 번 열린다.
 (C) 잡지사에 의해 후원을 받는다.
 (D) 모든 나이 대에 열려 있다.

패러프레이징 There are no age restrictions on participation → It is open to all ages.

21 시각 정보에 따르면, 라디오 방송국이 기부한 것은?
 (A) 현금
 (B) 카메라
 (C) 액자 사진
 (D) 가방

오답 해설 1등 상금은 시가, 3등과 4등 상품은 하이랜드 미술관이 제공하는 것이므로 (A), (C), (D)는 모두 오답.

Questions 22-24 refer to the following advertisement.

미

W The Finwood Air and Space Museum is celebrating its 25th Anniversary with a weeklong event! All this week, enjoy extended hours and special events about astronauts, space, and more. (22)You can also check out the newly opened food court on the first floor. The featured event of the week will be (23)a lecture by Daniel Wiggins, who teaches at Madera University. That'll be held on Friday, September 3, at 6 P.M., and it is included with admission. In addition, (24)for the entire week, adults, senior citizens, and students will be charged the student rate. And admission for children is half price. So bring your family to the Finwood Air and Space Museum. It's out of this world!

여 핀우드 항공 우주 박물관이 1주일간의 행사로 25주년 기념일을 축하합니다! 이번 주 내내, 연장된 운영 시간과 우주비행사, 우주 및 그 밖의 것들과 관련된 특별 행사를 누리세요! (22)1층에 새로 개장한 푸드 코트도 확인해 보실 수 있습니다. 금주의 특별 행사는 (23)매데라 대학에서 가르치시는 다니엘 위긴스 씨의 강연입니다. 강연은 9월 3일 금요일 저녁 6시에 있을 것이고 입장료에 포함되어 있습니다. 게다가, (24)1주일 내내 성인, 고령자, 학생들은 학생 요금을 적용받게 될 것입니다. 어린이 입장료는 반값입니다. 그러니 가족 여러분들과 함께 핀우드 항공 우주 박물관으로 오세요. 정말 아름답습니다!

어휘 anniversary 기념일 weeklong 일주일간 계속되는 extended 연장된 lecture 강연 admission 입장(료) senior citizen 고령자, 노인 charge (요금을) 청구하다

> **핀우드 항공 우주 박물관**
>
> **일반 입장료**
> 성인: 16달러
> 고령자: 14달러
> **(24)**학생: 12달러
> 어린이: 10달러

22 최근 박물관에 개점한 것은?
  (A) 신규 전시
  (B) 선물 가게
  (C) 식사 공간
  (D) 강연장

[패러프레이징] food court → A dining area

23 다니엘 위긴스 씨에 대해 암시된 것은?
  (A) 과학 교수로 재직 중이다.
  (B) 종종 박물관에 간다.
  (C) 우주 비행사였다.
  (D) 그의 은퇴를 축하할 것이다.

[패러프레이징] teaches at Madera University → works as a science professor

24 시각 정보에 따르면, 이번 주에 고령자가 내게 될 입장료는?
  (A) 16달러
  (B) 14달러
  (C) 12달러
  (D) 10달러

[오답 해설] 이번 주에는 고령자도 학생 요금을 적용 받을 수 있으므로 원래의 고령자 요금인 (B)는 오답.

UNIT 17 Talk/Speech/Introduction

STEP 1
p.131

여

W Thank you for participating in today's financial planning workshop. My name is Mary Vance, and (1)I have over twenty years of experience as a tax advisor. You're probably aware that proper tax preparation is an essential part of a stable investment portfolio. The decisions you make in this area can greatly affect your future. So (2)today, I'll talk about the best strategies to make yourself financially stable after you retire. Now, before I begin, (3)let me give you an overview of the three sections we'll be covering.

여 오늘 재무 계획 워크숍에 참석해 주셔서 고맙습니다. 제 이름은 메리 밴스이며, (1)저는 세금 자문가로 20년이 넘는 경력이 있습니다. 적절한 세금 준비가 안정적인 투자 포트폴리오에서 필수적인 부분이라는 것을 여러분께서도 아마 알고 계실 겁니다. 이 분야에서 여러분이 내리는 결정들이 여러분의 미래에 큰 영향을 끼칠 수 있습니다. 그래서 (2)오늘, 전 여러분이 은퇴한 후에 여러분이 재정적으로 안정을 누리게 해 줄 수 있는 최고의 전략들에 대해 말씀드리겠습니다. 자, 시작하기 전에, (3)우리가 다룰 세 가지 부문들의 개요를 알려 드리겠습니다.

어휘 participate in ~에 참석[참가]하다 aware 알고 있는 proper 적절한, 제대로 된 essential 필수적인 stable 안정적인 area 분야, 부문 affect 영향을 미치다 strategy 전략 overview 개요 cover 다루다

1. 메리 밴스 씨의 신분은?
   → 금융 전문가

   패러프레이징 a tax advisor → A financial expert

2. 발표의 주제는?
   → 은퇴 계획

   패러프레이징 the best strategies to make yourself financially stable after you retire → Planning for retirement
   Possible Answer 재정적 안정성 보장하기

3. 화자가 다음에 할 일은?
   → 안건 요약하기

   패러프레이징 give you an overview of the three sections we'll be covering → Summarize the agenda
   Possible Answer 개요 소개하기

남

M I am pleased to announce that the winner of this year's Outstanding New Recruit award is Javier Alonso. Javier joined the company this year from Columbia University. He excelled in the orientation program, impressing executives with his attention to detail. He was then assigned to the R&D division, where he has continued his outstanding progress. He played a major part in designing several of our products already. We will now present Javier with his award, and he will give a short speech about his impressions of the company so far.

남 올해의 우수 신입 사원상 수상자가 하비에르 알론소 씨라는 사실을 발표하게 되어 기쁩니다. 하비에르 씨는 컬럼비아 대학교를 졸업하고 올해 회사에 입사했습니다. 예비 교육 프로그램에서 두각을 나타내어, 그는 세부 사항에 대한 대한 집중력으로 임원들에게 깊은 인상을 주었습니다. 그 후 그는 연구 개발 부서로 배정되어, 거기에서 뛰어나게 발전하는 모습을 계속 보여줬습니다. 그는 이미 우리의 여러 제품들을 설계하는 데 주요 역할을 맡았습니다. 이제 곧 하비에르 씨에게 상을 수여할 것이고, 그가 회사에 대한 이제까지의 감상을 짧게 이야기할 것입니다.

어휘 new recruit 신입 사원 excel in ~에서 뛰어나다 impress 깊은 인상을 주다 attention 집중(력) assign 배정하다 division 부서 progress 발전, 진보 so far 지금까지

STEP 2-1
p.132

A 1 (B) 2 (B) 3 (A)
B 1 (B) 2 (D) 3 (B)

A

1 밈 Ms. Benson has worked as the sales director at this company for twenty years.
(A) She has set sales records at the business for two decades.
(B) She has been the head of her department for a long time.

벤슨 씨께서는 20년간 이 회사에서 영업부장으로 일해 오셨습니다.
(A) 그녀는 20년 동안 회사에서 판매 기록을 세워 왔습니다.
(B) 그녀는 오랜 시간 동안 자기 부서의 장이었습니다.

어휘 set a record 기록을 세우다 decade 10년 head (단체의) 책임자

2 밈 If you'd like to register for the event, fill out the form on our Web site.
(A) To enroll, you must check the details in your online account.
(B) To sign up, you have to complete an online document.

행사에 등록하고 싶으시다면, 저희 웹사이트에서 양식을 작성해 주세요.
(A) 등록하시려면, 귀하의 온라인 계정의 세부정보를 확인하셔야 합니다.
(B) 등록하시려면, 온라인 서류를 작성하셔야 합니다.

어휘 register for ~에 등록하다 enroll 등록하다 account 계정 sign up 등록하다, 가입하다

3 밈 I strongly encourage all of you to take part in the leadership skills workshop.
(A) I highly recommend that you attend the training session.
(B) I thoroughly enjoyed participating in the training event.

여러분 모두가 리더십 기술 워크숍에 참가하시기를 강력히 권장하는 바입니다.
(A) 저는 당신이 연수회에 참가하실 것을 강력히 권해 드립니다.
(B) 저는 그 교육 행사에 참여해 대단히 즐거운 시간을 보냈습니다.

어휘 encourage 권장[장려]하다 take part in ~에 참가하다 attend 참가[참석]하다 thoroughly 대단히

B

Questions 1-3 refer to the following talk.

영

W Good evening, ladies and gentlemen. My name is Emma Baker, and **(1)I'm the head doctor of the orthopedic department at Fairfield Hospital.** I'd like to talk to you today about a new treatment for chronic back pain that is currently undergoing clinical trials. Our preliminary results indicate that, unlike similar products available on the market,

여 안녕하십니까, 신사 숙녀 여러분. 제 이름은 엠마 베이커이며, (1)페어필드 병원 정형 외과의 수석 의사입니다. 전 오늘 여러분께 현재 임상 실험이 진행 중인 새로운 만성 통증 치료제에 대해 말씀 드리고 싶습니다. 저희의 예비 결과에 따르면, 시중에서 구입할 수 있는 비슷한 제품들과 달리 (2)이 약에는

(2)this medication has very few side effects. Patients can relieve their pain without having to worry about feeling tired or disoriented. Now, I'd like to direct your attention to the screen, where I've put up the statistics for the first trials of the study. At this point, (3)I'd like to explain them in detail so everyone has a full understanding of the data.

부작용이 거의 없습니다. 환자들은 피곤하거나 방향 감각을 잃는 것에 대해 걱정할 필요 없이 통증을 줄일 수 있습니다. 자, 여러분들께서 화면에 주목해 주셨으면 하는데요, 제가 화면에 연구의 첫 번째 실험에 대한 통계 자료를 올려 놓았습니다. 이 시점에서, (3)여러분 모두가 자료를 완전히 이해하도록 이 통계 자료를 자세히 설명해 드리겠습니다.

어휘 orthopedic 정형 외과의 treatment 치료제; 치료(법) chronic 만성적인 undergo 진행하다 clinical trial 임상 실험 preliminary 예비의 indicate 나타내다, 보여 주다 medication 약 side effect 부작용 relieve (고통 등을) 줄여 주다 disoriented 방향 감각을 잃은 direct *one's* attention to ~에 주의를 돌리다 statistics 통계 (자료)

1 화자의 신분은?
(A) 제약회사 임원
(B) **의료 전문가**
(C) 환자 서비스 책임자
(D) 병원 약사

패러프레이징 the head doctor of the orthopedic department at Fairfield Hospital → A medical professional

2 화자에 따르면, 신제품과 관련해 특이한 점은?
(A) 두통을 쉽게 치료한다.
(B) 효과가 빨리 나타난다.
(C) 저렴하게 제조할 수 있다.
(D) **부작용이 매우 적다.**

패러프레이징 has very few side effects → side effects are minimal
오답 해설 신제품은 두통이 아닌 요통 치료제이므로 (A)는 오답.

3 화자가 다음에 할 일은?
(A) 유인물 나눠 주기
(B) **통계 자료 검토하기**
(C) 비디오 영상물 재생하기
(D) 청중의 질문에 답하기

패러프레이징 explain → Go over
오답 해설 screen(화면)이라는 단어가 언급되기는 했으나 비디오 영상물을 재생하는 것은 아니므로 (C)는 오답.

STEP 3
p.134

1 (D)	2 (B)	3 (C)	4 (B)	5 (B)	6 (D)	7 (C)	8 (B)	9 (C)
10 (A)	11 (C)	12 (B)	13 (D)	14 (D)	15 (C)	16 (D)	17 (C)	18 (A)
19 (B)	20 (C)	21 (C)	22 (A)	23 (C)	24 (A)			

Questions 1-3 refer to the following talk.

남

W Good afternoon. (1)I want to thank everyone here on the bank committee for allowing me to present to you today. (2)My firm is seeking funding for an upcoming construction project on the southern coast. The Merrick Resort will be a popular vacation spot for both families and couples. Located right on the beach, it will offer the finest amenities and services. Now, even with conservative estimates, we expect the project to pay for itself in less than five years. But before we look at the projected profits, (3)I want to pass out the pamphlets that we'll be using to market this site to travelers.

여 안녕하세요. 제가 오늘 여러분께 발표를 하도록 허락해 주셔서 (1)여기 계신 은행 위원회의 모든 분께 감사 드리고 싶습니다. (2)저희 회사는 남부 해안에서 곧 있을 건설 프로젝트를 위해 자금을 구하고 있습니다. 메릭 리조트는 가족과 커플 모두에게 인기 있는 휴가지가 될 것입니다. 해변에 바로 위치해 있어서, 최고의 편의 시설과 서비스를 제공할 것입니다. 현재, 적게 잡아도, 저희는 이 프로젝트가 5년 내에 투자 비용을 회수할 것으로 예상합니다. 하지만 추정 수익을 보시기 전에, (3)여행자들에게 이 장소를 광고하는 데 사용할 소책자를 나눠 드리겠습니다.

어휘 committee 위원회　allow (무엇을 하도록) 허락하다　seek 구하다　funding 자금　upcoming 곧 있을　amenity (보통 복수형) 편의 시설　conservative (실제 수나 양보다) 적게 잡은　estimate 추산, 추정　pay for itself 투자 비용을 회수하다; 본전을 뽑다　projected 추정[예상]된　profit 수익　pass out 나누어 주다

1 청자들의 신분은?
(A) 신문 기자
(B) 시 공무원
(C) 건설 인부
(D) 은행 직원

패러프레이징 everyone here on the bank committee → Bank employees

2 화자의 회사가 지으려고 계획하는 것은?
(A) 시내 호텔
(B) 해변 리조트
(C) 유람선
(D) 바다 근처의 은행

오답 해설 시내가 아닌 해변가에 리조트를 지으려는 것이므로 (A)는 오답.

3 다음으로 청자들에게 주어질 것은?
(A) 건축 도면
(B) 여행 일정
(C) 홍보용 소책자
(D) 재무 기록

패러프레이징 pamphlets that we'll be using to market this site → Promotional brochures
오답 해설 추정 수익을 보기 전에 소책자를 나누어 준다고 했으므로 (D)는 오답.

Questions 4-6 refer to the following speech.

남

M I've got an announcement for all servers. (4)Guests for the Environmental Association's banquet will be arriving in about thirty minutes. You'll serve appetizers and drinks first, followed by soup and salad. (4)The host will present awards during the main course, so please carry out your duties as quietly as possible. (5)I've provided each of you with a list of the soups, salads, and entrées we'll be offering. Please memorize these items so you can explain to guests what is available. Also, (6)don't forget that there are lockers near the kitchen that you can use, so please put your things there. You shouldn't be carrying around personal items, especially phones during your shift.

남 모든 종업원들에게 공지사항이 있습니다. (4)환경 협회의 만찬 손님들이 약 30분 후에 도착하실 겁니다. 여러분은 먼저 전채 요리와 음료를 내고 이어서 수프와 샐러드를 낼 겁니다. (4)주최자가 주요리 도중 시상을 할 것이니, 가능한 한 조용하게 업무를 수행해 주십시오. (5)우리가 제공할 수프, 샐러드와 앙트레의 목록을 여러분 각자께 드렸습니다. 무엇이 제공 가능한지 손님들께 설명해 드릴 수 있도록 이 항목들을 암기하십시오. 또한, (6)주방 근처에 여러분이 이용할 수 있는 물품 보관함이 있다는 것을 잊지 마시고, 소지품을 거기에 두십시오. 근무 시간 동안에는 개인 소지품, 특히 휴대 전화를 가지고 다니면 안 됩니다.

어휘 association 협회　banquet 만찬, 연회　carry out 수행[이행]하다　duty (보통 복수형) 업무　entrée 앙트레(식당이나 만찬에서 주요리)　memorize 암기하다　available 이용할[구할] 수 있는　shift (교대) 근무 시간

4 준비 중인 행사의 종류는?
(A) 환경 토론
(B) 시상식 만찬
(C) 제품 출시
(D) 요리 대회

오답 해설 만찬 손님들이 환경 협회 소속이기는 하지만 토론을 하는 것은 아니므로 (A)는 오답.

5 화자가 청자들에게 준 것은?
 (A) 유니폼
 (B) 요리 목록
 (C) 신분증 배지
 (D) 행사 일정표

[패러프레이징] a list of the soups, salads, and entrées ➜ A list of dishes

6 청자들이 하도록 상기받는 것은?
 (A) 일부 문을 항상 열어 놓기
 (B) 손님들이 도착하면 인사하기
 (C) 그들의 전화번호 적기
 (D) 소지품을 안전한 구역에 놓기

[패러프레이징] lockers ➜ a secure area
put your things ➜ Leave their belongings

Questions 7-9 refer to the following introduction.

영

W On behalf of Leverton Co., I would like to welcome you all to this very special celebration. We are here to recognize the decades of service that Bruce Dixon has given to our company. As you all know, (7)we are in a highly competitive business, with thousands of new types of medication coming out worldwide every year. While working as a biochemist, Mr. Dixon's remarkable talent for designing high-quality effective treatments was second to none. Though we are sad to see him leave, (8)we wish him luck as he follows his dream of launching his own startup. We'll hear from Mr. Dixon himself in just a minute. (9)But first, we've prepared a special going-away present that I'd like to give to him now.

여 레버튼 사를 대표하여, 매우 특별한 이번 기념 행사에 오신 모든 분들을 환영합니다. 우리는 브루스 딕슨 씨가 우리 회사에서 하신 수십 년간의 근무를 기리기 위해 이 자리에 있습니다. 모두 아시다시피, (7)우리는 매해 전세계적으로 수많은 종류의 신약이 나오는 경쟁이 매우 심한 사업에 몸담고 있습니다. 생화학자로 근무하시면서 고품질의 효과적인 치료제를 만들어 내는 딕슨 씨의 놀라운 능력은 누구에게도 뒤지지 않았습니다. 비록 그가 떠나는 걸 보게 되어 슬프지만, (8)직접 사업을 시작하는 그의 꿈을 좇는 일에 행운을 빕니다. 곧 딕슨 씨 본인의 말씀을 듣겠습니다. (9)하지만 먼저, 지금 그에게 드리고 싶은 특별 고별 선물을 준비했습니다.

[어휘] **on behalf of** ~을 대표[대신]하여 **recognize** (업적 등을) 기리다, 인정하다 **competitive** 경쟁적인; 경쟁력 있는 **remarkable** 놀라운, 주목할 만한 **effective** 효과적인 **be second to none** 누구에게도 뒤지지 않다

7 레버튼 사의 업종은?
 (A) 마케팅 회사
 (B) 기술 제조업체
 (C) 제약회사
 (D) 그래픽 디자인 업체

8 화자가 딕슨 씨에 대해 말하는 것은?
 (A) 해외로 여행을 갈 예정이다.
 (B) 본인의 사업을 시작할 것이다.
 (C) 다른 지점으로 전근 갈 것이다.
 (D) 새로운 제품을 만들어낼 것이다.

[패러프레이징] launching his own startup ➜ start his own business

9 화자가 다음에 할 일은?
 (A) 연설을 위해 딕슨 씨를 소개하기
 (B) 청자들에게 동영상 보여주기
 (C) 딕슨 씨에게 선물 전달하기
 (D) 청자들의 질문에 대답하기

[패러프레이징] present ➜ gift
[오답 해설] 딕슨 씨의 말을 듣기 전에 먼저 고별 선물을 준비했다고 했으므로 (A)는 오답.

Questions 10-12 refer to the following talk.

호

M The management team has decided to take steps to increase security here at Reeves Financial. Over the past few months, (10)we've had several cases of employees disclosing data from confidential files to others who … um … who are not authorized to have that information. We've assigned some employees to a task force to investigate this problem and to ensure that everyone is following the firm's privacy policy. (11)Task force members have permission to view the material on your office-issued laptops. Please be cooperative during this process. Also, (12)it's a good idea for each of you to reread our company policies to make sure you're familiar with the rules so you're not violating regulations unintentionally. Thank you.

남 관리팀은 이곳 리브스 파이낸셜 사의 보안을 강화하기 위한 조치를 취하기로 결정했습니다. 지난 몇 달간, (10)직원들이 음… 해당 정보에 대한 권한이 없는 이들에게 기밀 파일의 데이터를 공개한 사례가 몇 건 있었습니다. 우리는 직원 몇 명을 프로젝트 팀에 배정해 이 문제를 조사하고 모두가 회사의 개인정보 보호 정책을 확실히 따르도록 했습니다. (11)프로젝트 팀 팀원들은 회사에서 지급한 여러분의 노트북 컴퓨터에 있는 자료를 볼 수 있도록 허가를 받았습니다. 이 절차에 협조해 주시기 바랍니다. 또한, (12)여러분 각자가 우리 회사 규정을 다시 읽어 이를 잘 알고 있는지 확실히 하여 본의 아니게 규정을 위반하지 않도록 하는 것이 좋은 생각 같습니다. 감사합니다.

어휘 take steps 조치를 취하다 disclose 공개하다, 밝히다 confidential 기밀의 authorize 권한을 부여하다 assign 배정하다 investigate 조사하다 permission 허가 material 자료 cooperative 협조하는 violate 위반하다 unintentionally 본의 아니게, 고의가 아닌

10 화자가 언급하는 문제는?
(A) 일부 개인 정보가 유출되었다.
(B) 보안 팀이 제대로 교육을 받지 못했다.
(C) 회사 물품 일부가 도난당했다.
(D) 파일 시스템이 오작동한다.

패러프레이징 employees disclosing data from confidential files to others who are not authorized to have that information → Some private information was shared.

11 화자에 따르면, 프로젝트 팀 팀원들이 할 일은?
(A) 새로운 직원 책자 만들기
(B) 정부 사찰 준비하기
(C) 직원들의 컴퓨터 확인하기
(D) 직원들에게 교육 제공하기

패러프레이징 view the material on your office-issued laptops → Check employees' computers

12 화자가 권장하는 것은?
(A) 일부 장비 업그레이드하기
(B) 정책 다시 읽어보기
(C) 초과 근무하기
(D) 일부 정보 정리하기

패러프레이징 reread our company policies → Reviewing a policy

Questions 13-15 refer to the following talk.

미

W Good morning, everyone, and welcome to Jewel Cave National Park. My name is Selena, and I'll be your guide today. (13)I'm excited about today's excursion because we only have about half as many people signed up as usual. That means it won't be as crowded down in the cave, and there will be more time to explore. Before we get started, (14)I need a few people to volunteer to put our spare flashlights in their packs. I can't carry them all on my own. Also, please remember the following rules.

여 모두 안녕하세요, 주얼 동굴 국립 공원에 오신 걸 환영합니다. 제 이름은 셀레나고, 오늘 여러분의 가이드가 될 겁니다. (13)전 오늘의 여행으로 들떠 있는데 신청한 사람이 평소의 절반 정도밖에 되지 않기 때문입니다. 이는 아래 동굴에서는 붐비지 않고 탐사할 시간이 더 많다는 뜻이죠. 시작하기 전에, (14)자원해서 예비용 손전등들을 짐에 넣어 주실 분이 몇 분 필요합니다. 이것들 전부를 혼자서는 가지고 갈 수가 없습니다. 또한, 다음의 규칙들을

(15)Keep your hard hats and gloves on during the entire tour. This is not negotiable. (15)We want you to have a great time, but it's also important to stay safe. We'll be heading to the cave entrance in about ten minutes.

기억하세요. (15)관광 내내 안전모와 장갑을 착용하세요. 이는 협상의 여지가 없습니다. (15)여러분이 즐거운 시간을 보내시길 바라지만, 안전을 유지하는 것도 중요하니까요. 약 10분 후에 동굴 입구로 가겠습니다.

어휘 excursion (짧은 단체) 여행 sign up 신청하다 explore 탐사[탐험]하다 volunteer 자원하다 spare 예비용[여분]의
on one's own 혼자서 negotiable 협상의 여지가 있는 head 가다, 향하다

13 화자가 기뻐하는 이유는?
(A) 날씨가 좋다.
(B) 표가 매진되었다.
(C) 관광이 좋은 평가를 받았다.
(D) 일행 수가 평소보다 적다.

패러프레이징 excited → pleased
we only have about half as many people signed up as usual → The group is smaller than usual.

14 화자가 자원자들에게 요청하는 것은?
(A) 짐 두고 가기
(B) 의견 나누기
(C) 일행 통솔하기
(D) 별도의 전등 휴대하기

패러프레이징 put our spare flashlights in their packs → Carry extra light sources

15 화자가 "이는 협상의 여지가 없습니다"라고 말한 의도는?
(A) 표 정책상 환불이 불가능하다.
(B) 관광 가격이 변동될 수 없다.
(C) 청자들은 안전 장비를 착용해야 한다.
(D) 동굴 내에는 엄격한 시간 제한이 있다.

패러프레이징 Keep your hard hats and gloves on → wear safety gear

Questions 16-18 refer to the following talk.

영

W To start off, (16)I'd like to express my appreciation to you all for coming here despite the last-minute scheduling. I called this meeting because we have installed a new online time card system. As you know, (17)our old system had constant problems and was not compatible with our company's intranet, and we don't want to deal with that anymore. The new system uses the latest technology, and I'll show you how to use the system and give you detailed instructions. (18)You should then teach the members of your team how to use it.

여 시작하며, (16)막바지에 일정을 잡았음에도 불구하고 여기 와 주신 것에 모두에게 감사를 표하고 싶습니다. 우리가 새로운 온라인 근무 시간 기록 카드 시스템을 설치했기 때문에 이 회의를 소집했습니다. 아시다시피, (17)이전 시스템은 지속적인 문제가 있었고 우리 회사의 인트라넷과 호환되지 않았으며, 우리는 더 이상 이 문제와 씨름하기를 원하지 않습니다. 이 새 시스템은 최신 기술을 활용하며, 제가 시스템 사용 방법을 보여드리고 세부적인 설명을 드릴 겁니다. (18)그다음에 여러분의 팀원분들께 사용 방법을 가르쳐 주셔야 합니다.

어휘 appreciation 감사 despite ~에도 불구하고 last-minute 막바지의, 마지막 순간의 constant 지속적인, 끊임없는
compatible with ~와 호환이 되는 deal with ~을 상대하다

16 화자가 청자들에게 감사하는 이유는?
(A) 업무를 마치기 위해 초과 근무를 했다.
(B) 회사의 매출 목표를 달성했다.
(C) 보안 장비를 설치했다.
(D) 갑작스럽게 회의에 참석했다.

패러프레이징 express my appreciation to you all → thank the listeners
coming here despite the last-minute scheduling → attended a meeting on short notice

127

17 화자에 따르면, 변경의 이유는?
(A) 정부 규정을 따르기 위해
(B) 운영비를 절감하기 위해
(C) 지속되는 문제를 예방하기 위해
(D) 직원 효율성을 향상시키기 위해

패러프레이징 constant problems → ongoing issues
don't want to deal with → avoid

18 청자들이 요청받는 것은?
(A) 동료들과 정보 공유하기
(B) 사이트에 접속해서 소프트웨어 다운로드하기
(C) 염려되는 점에 대해 화자에게 이야기하기
(D) 신규 팀원들 소개하기

패러프레이징 teach the members of your team how to use it → Share information with their coworkers

Questions 19-21 refer to the following talk and agenda.

M	It's four o'clock, so let's get started, everyone. First of all, (19)I'm sorry that some of you have to stand at the back. I didn't expect so many people to turn up for this meeting, but my assistant will be bringing more chairs in a few minutes. In the meantime, we'll get started on the plans for the product launch. There will be a slight change of schedule. (20)Mr. Alvey has to leave early, so he will swap times with Mr. Umaba. (21)Please feel free to give your honest feedback about the ideas presented so that we can make informed decisions. Thanks.	남 이제 4시니 시작합시다, 여러분. 우선, (19)몇 분을 뒤쪽에 서 계시게 해서 죄송합니다. 이렇게 많은 분들께서 이 회의에 오실 거라고 예상하지 못했지만, 제 비서가 곧 의자를 더 가지고 올 겁니다. 그동안에, 제품 출시 계획에 대해 시작합시다. 일정에 약간의 변경이 있을 겁니다. (20)앨비 씨가 일찍 가셔야 해서, 우마바 씨와 시간을 맞바꿀 겁니다. (21)발표되는 아이디어에 대한 솔직한 피드백을 자유롭게 주셔서 저희가 정보에 근거한 결정을 내릴 수 있게 해 주십시오. 감사합니다.

어휘 turn up (사람이) 나타나다   in the meantime 그동안에   launch 출시; 출시하다   slight 약간의   swap 맞바꾸다   informed 정보에 근거한, 잘 아는

회의 안건

주제	토론 진행자
(20)장식	유키히토 우마바
장소	리즈 프라이어슨
(20)음식	스캇 앨비
교통편	해러티 팰러

19 화자가 사과하는 이유는?
(A) 발표자가 오지 않았다.
(B) 좌석이 충분하지 않다.
(C) 회의가 늦게 시작되었다.
(D) 일부 장비가 작동하지 않는다.

패러프레이징 some of you have to stand at the back → There are not enough seats.

20 시각 정보에 따르면, 먼저 다루어질 주제는?
(A) 장식
(B) 장소
(C) 음식
(D) 교통편

오답 해설 우마바 씨는 앨비 씨와 발표 시간을 맞바꾸었다고 했으므로 우마바 씨의 발표 주제인 (A)는 오답.

21 청자들이 권장받는 것은?
(A) 배포물 읽기
(B) 상세히 메모하기
(C) 의견 제시하기
(D) 소규모 그룹 짜기

패러프레이징 give your honest feedback → Give their opinions

Questions 22-24 refer to the following speech and chart.

M Finally tonight, (22)it is my great honor to introduce the recipient of this year's Master Author Award. Our publishing company presents this award to writers who show extraordinary talent in their writing. This year, the award will be presented to Ms. Sarah Wells. I've known Ms. Wells for a long time, (23)as we attended Pacific University together, and I've been delighted to see her success over the years. As you can see on this graph, (24)her most recent novel was the third-best seller this past quarter despite only being out for a month. We expect it to grow in sales even more as her book-signing tour gets underway. Let's give Ms. Wells a big round of applause as she comes forward.

남 마침내 오늘밤, (22)올해의 거장 작가상의 수상자를 발표하게 되어 굉장히 영광입니다. 우리 출판사는 글쓰기에 뛰어난 재능을 보이는 작가들에게 이 상을 수여합니다. 올해는 이 상이 새라 웰즈 씨에게 수여될 겁니다. (23)저는 웰즈 씨와 함께 퍼시픽 대학교를 다녔기 때문에 그녀를 오랫동안 알아왔고 몇 년에 걸쳐 그녀의 성공을 보게 되어 기쁩니다. 이 그래프에서 보시다시피, (24)그녀의 가장 최신 소설은 나온 지 한 달밖에 되지 않았음에도 불구하고 지난 분기에 베스트셀러 3위였습니다. 우리는 그녀의 책 사인회 투어를 시작하면 판매가 더 증가할 거라고 예상합니다. 웰즈 씨가 앞으로 나오는 동안 그녀에게 큰 박수를 보내 줍시다.

어휘 recipient 수상자, 수령인 present an award 상을 수여하다 extraordinary 뛰어난 despite ~에도 불구하고 get underway 시작하다, 진행시키다 a round of applause 한 차례의 박수

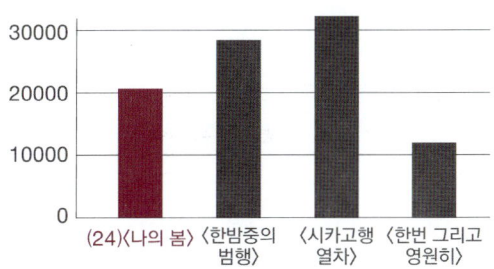

22 연설의 목적은?
(A) 수상자를 소개하기 위해
(B) 추천을 요청하기 위해
(C) 청자들에게 감사하기 위해
(D) 새로운 소설을 홍보하기 위해

패러프레이징 the recipient of this year's Master Author Award → an award winner

23 화자가 웰즈 씨를 처음으로 만난 곳은?
(A) 출판사
(B) 책 사인회
(C) 대학
(D) 업계 학회

오답 해설 출판사는 화자의 현재 직장이므로 (A)는 오답. 책 사인회는 웰즈 씨의 향후 일정으로 언급된 것이므로 (B)도 오답.

24 시각 정보에 따르면, 웰즈 씨가 쓴 책은?
(A) 〈나의 봄〉
(B) 〈한밤중의 범행〉
(C) 〈시카고행 열차〉
(D) 〈한번 그리고 영원히〉

UNIT 18 Excerpt from a Meeting

STEP 1

p.139

영

W (1)You've all done a great job of selling our premium sports gear this summer. In today's meeting, I'd like to inform you that we'll be expanding our inventory. (2)Starting in October, we'll launch a line of indoor workout equipment. As many of our customers are athletes, we think these products will be well received. It's important that you be able to answer questions about the devices, so right now we'll head to the warehouse, where we have these machines set up. That way, (3)you'll have the opportunity to test them for yourself and examine the features.

여 (1)여러분 모두 올여름에 고급 운동 장비를 파는 일을 잘해 주셨습니다. 오늘 회의에서 저는 우리의 판매 품목을 확장할 것이라는 점을 알리고 싶습니다. (2)10월부터 우리는 실내 운동기구 제품군을 출시할 것입니다. 많은 우리 고객들이 운동선수들이므로, 우리는 이 제품들이 호평을 받을 것이라고 생각합니다. 여러분이 이 기구들에 대한 질문에 대답할 수 있는 것이 중요하므로, 지금 바로 우리는 이 기구들이 준비되어 있는 창고로 갈 것입니다. 그렇게 해서 (3)여러분은 그것들을 직접 시험하고 특징들을 살펴볼 기회를 갖게 될 것입니다.

어휘 premium 고급의 gear 장비 inform 알리다 inventory 품목 launch 출시하다 indoor 실내의 workout 운동 be well received 호평을 받다 device 기구, 장치 warehouse 창고 examine 살펴보다, 조사하다 feature 특징

1. 발언을 듣는 대상은?
   → 판매 직원

2. 10월에 일어날 일은?
   → 운동 기구 제품군이 구매 가능해질 것이다.

   패러프레이징 launch a line of indoor workout equipment ➔ A line of exercise machines will be available.
   Possible Answer 새로운 운동 기구 제품군이 시장에 출시될 것이다.

3. 청자들이 다음에 할 일은?
   → 제품 확인하기

   패러프레이징 test them for yourself and examine the features ➔ Check out some products
   Possible Answer 체력 단련 기구 시험해 보기

호

M As you've seen from the sales report, our first quarter was weak. Our new organic coffee was not as popular as our competitor's despite our lower price. Our research analyses show that the target customers here are more concerned with quality than they are with prices. Thus, we have decided to take action by joining forces with Gertrude's Breads, the famous bakery. Gertrude's is known for its high-quality pastries and

남 매출 보고서에서 보셨듯이, 우리 1분기는 미진했습니다. 우리의 신제품 유기농 커피는 더 낮은 가격에도 불구하고 경쟁사의 것만큼 인기를 끌지 못했습니다. 우리의 연구 분석 결과는 이곳의 대상 고객층이 가격보다는 품질에 더 신경을 쓴다는 걸 보여줍니다. 따라서, 우리는 유명 제과점인 거트루드 브레드 사와 힘을 합침으로써 조치를 취하기로 결정하였습니다. 거트루드 사는 고품질의 패스트리와

all-natural chocolates. By becoming their exclusive supplier, we will increase our profits while building our reputation for high-end coffee.

> **어휘** sales report 매출[판매] 보고서 organic 유기농의 competitor 경쟁사, 경쟁자 target customer 대상 고객(층) join forces with ~와 협력[제휴]하다 high-quality 고품질의 exclusive 독점적인 profit 이윤 reputation 명성 high-end 고급의

STEP 2-1

p.140

A 1 (A) 2 (B) 3 (B)
B 1 (D) 2 (B) 3 (B)

A

1 미 Starting from today, employees cannot park in the building's parking lot without paying a fee.
(A) **Employees can no longer park in the on-site lot for free.**
(B) Employees are not allowed to leave their cars in the parking area.

오늘부터, 직원들은 요금을 지불하지 않으면 건물 주차장에 주차할 수 없습니다.
(A) 직원들은 건물 내 주차장에 더 이상 무료로 주차할 수 없습니다.
(B) 직원들은 주차 구역에 차를 두고 가는 것이 허용되지 않습니다.

> **어휘** fee 요금 on-site 건물 내의; 현장의 be allowed to do ~하는 것이 허용되다

2 미 Next week, our company will have its entire workforce move to the Concord Building.
(A) Some staff members will transfer to another branch.
(B) **All employees will relocate to another site.**

다음 주에, 우리 회사는 전 직원들을 콘코드 빌딩으로 이동시킬 것입니다.
(A) 일부 직원들은 다른 지사로 전근을 갈 것입니다.
(B) 전 직원이 다른 장소로 이동할 것입니다.

> **어휘** entire 전체의 workforce (전) 직원 relocate 이동[이전]시키다 site 장소, 위치

3 미 Sadly, traffic on our Web site remained the same even after the relaunch.
(A) Regrettably, the product launch was not reviewed positively on the Web site.
(B) **Unfortunately, changing the Web site did not increase the number of visitors.**

유감스럽게도, 재개장 이후에도 우리 웹사이트의 통신량이 그대로입니다.
(A) 유감스럽게도, 제품 출시가 웹사이트상에서 긍정적인 평가를 받지 못했습니다.
(B) 유감스럽게도, 웹사이트 변경이 방문객의 수를 늘려주지는 못했습니다.

> **어휘** traffic (전산망을 통한) 통신량, 소통량 remain 계속[여전히] ~이다

B

Questions 1-3 refer to the following excerpt from a meeting.

M Finally on today's agenda, Mr. Charles York, a representative from Zander Machinery, will visit our plant on Friday. (1)He'll be giving a demonstration on how to operate the new cutting equipment. Everyone is required to

남 오늘 의제에서 마지막으로 말씀 드릴 것은, 잰더 기계사의 직원인 찰스 요크 씨께서 금요일에 저희 공장을 방문하실 것이라는 점입니다. (1)그분은 새로운 절단 장비를 어떻게 작동시키는지에 대해 시연을 해 주실 겁니다. 모든 사람이 이 강연에 참석해야 하며,

attend this talk, which is expected to take about thirty minutes. We're excited about using this new equipment, (2)as it is much safer than what we are currently using. Plants that have implemented this technology have seen a dramatic drop in on-site injuries. To make the demonstration as efficient as possible, it would be helpful for all of you to familiarize yourselves with the device prior to Mr. York's talk. So after this meeting is finished, (3)I'd like you to study the user's guide carefully. Thank you for your cooperation.

강연은 약 30분이 걸릴 것으로 예상됩니다. 저희는 이 새로운 장비를 사용하는 것 때문에 들떠 있는데, (2)저희가 현재 사용하고 있는 것보다 훨씬 더 안전하기 때문입니다. 이 기술을 시행한 공장들은 현장 상해의 극적인 하락을 보였습니다. 시연을 가능한 한 효율적으로 만들기 위해, 여러분 모두가 요크 씨의 강연에 앞서 기기에 익숙해지시는 것이 도움이 될 것입니다. 따라서 이 회의가 끝난 후에, (3)사용자 설명서를 주의 깊게 살펴보기를 바랍니다. 협조해 주셔서 감사합니다.

> **어휘** representative 직원; 대표　plant 공장　demonstration 시연　implement 시행하다　dramatic 극적인　drop 하락　injury 부상　efficient 효율적인　familiarize oneself with …가 ~에 익숙해지다　prior to ~에 앞서

1 요크 씨의 방문 목적은?
　(A) 생산 과정을 감독하기 위해
　(B) 장비의 품질을 검사하기 위해
　(C) 재무 정보를 모으기 위해
　(D) 기기 사용법을 설명하기 위해

> **패러프레이징** giving a demonstration on how to operate the new cutting equipment → explain how to use a device

2 새로운 장비의 장점으로 언급된 것은?
　(A) 생산성을 향상시킨다.
　(B) 사용하기에 더 안전하다
　(C) 운영하기에 더 저렴하다.
　(D) 덜 자주 고장이 난다.

3 청자들이 요청받는 것은?
　(A) 작업대 청소하기
　(B) 제품 설명서 읽기
　(C) 화자에게 일부 문서 보내기
　(D) 휴식 시간 줄이기

> **패러프레이징** study the user's guide → Read a product manual

STEP 3

p.142

1	(A)	2	(B)	3	(B)	4	(B)	5	(B)	6	(C)	7	(C)	8	(B)	9	(A)
10	(A)	11	(D)	12	(A)	13	(A)	14	(A)	15	(D)	16	(C)	17	(D)	18	(A)
19	(C)	20	(C)	21	(A)	22	(D)	23	(C)	24	(B)								

Questions 1-3 refer to the following excerpt from a meeting.

W　(1)I know a few of you managers were wondering about the changes in the R&D department, so I wanted to give you an update. As you know, my researchers requested a flexible lunchtime, which we implemented a month ago. Under this policy, they could take their one-hour lunch break at any time throughout the day, rather than only from noon to one. (2)We thought this would

여　(1)몇몇 관리자 여러분들께서 R&D 부서의 변화에 대해 궁금해 하시는 것을 알고 있기 때문에, 최신 상황을 알려 드리려고 합니다. 아시다피, 제 연구원들이 유연 점심 시간제를 요청했고, 한 달 전에 시행이 되었습니다. 이 정책하에서, 그들은 정오부터 오후 1시까지만이 아니라 하루 중 어느 때라도 한 시간의 점심 시간을 누릴 수 있었습니다. (2)우리는

increase our output because workers could … um … match their breaks to their moods. After a month under this policy, one thing is for sure. It's not working. (3)People are taking the break to run errands and then taking additional time to eat light meals or snacks at their desks. We need to go back to the old way.

이것이 생산량을 증진시킬 것이라고 생각했었는데 이것은… 어… 근로자들이 자신의 기분에 따라 휴식 시간을 맞출 수 있었기 때문입니다. 이 정책을 시행한 지 한 달이 지난 지금, 한 가지는 확실합니다. 그것은 효과가 없습니다. (3)사람들은 볼일을 보기 위해 휴식 시간을 쓰고 책상에서 가벼운 식사나 간식을 먹는 데 시간을 추가로 씁니다. 우리는 이전 방식으로 돌아가야 합니다.

어휘 give an update 최신 소식을 알리다 flexible 유연한 output 생산량, 산출량 run an errand 볼일을 보다, 심부름을 하다

---

1 화자가 일하는 부서는?
 (A) 연구 개발
 (B) 재무
 (C) 인사
 (D) 보안

2 화자에 따르면, 변화의 목적은?
 (A) 비용을 절감하는 것
 (B) 생산성을 촉진시키는 것
 (C) 고객들을 끌어오는 것
 (D) 직원들을 교육시키는 것

패러프레이징 increase our output → boost productivity

3 화자가 "그것은 효과가 없습니다"라고 말하는 이유는?
 (A) 일부 소프트웨어가 비실용적이다.
 (B) 정책이 실패했다.
 (C) 일정이 받아들여지지 않았다.
 (D) 장치가 고장 났다.

오답 해설 직원들의 요청대로 유연 점심 시간제가 시행되었으므로 (C)는 오답.

Questions 4-6 refer to the following excerpt from a meeting.

미

M Next up, I'd like to announce a rare opportunity that is offered as part of our employee benefits program. (4)Ralph Norris, a well-known economic advisor with decades of experience, (5)will visit our company next week. He'll lead a workshop to teach you money management skills, including saving, budgeting, and investing. It'll be in the conference room from 1 P.M. to 4 P.M. (5)I encourage everyone to come. I understand that some of you won't be able to make it. Therefore, (6)I've asked Kirk from the IT department to record the session on video and post it on our company intranet.

남 다음 순서로, 우리 직원 복리후생 프로그램의 일부로 제공되는 드문 기회를 알리고자 합니다. (4)수십 년간의 경력이 있는 유명한 경제 자문가이신 랄프 노리스 씨가 (5)다음 주에 우리 회사를 방문하실 겁니다. 그분은 절약, 예산 책정, 투자를 포함한 자산 관리 기술에 대해 가르쳐 드리는 (5)워크숍을 주도할 것입니다. 워크숍은 오후 1시부터 4시까지 회의실에서 진행될 겁니다. (5)모두 오시기를 권장합니다. 여러분 중 몇 분은 오시지 못할 거라는 걸 이해합니다. 따라서, (6)IT 부서의 커크 씨에게 세션을 비디오로 녹화해서 우리 회사 인트라넷에 게시해 달라고 부탁했습니다.

어휘 opportunity 기회 well-known 유명한 budgeting 예산 책정 encourage 권쟁[장려]하다 post 게시하다

---

4 노리스 씨의 신분은?
 (A) 부서장
 (B) 금융 전문가
 (C) 회사 투자자
 (D) 구직자

패러프레이징 economic advisor → financial expert

오답 해설 노리스 씨가 투자 기술에 관한 워크숍을 진행할 예정이기는 하지만 회사 투자자는 아니므로 (C)는 오답.

5 화자에 따르면, 직원들이 다음 주에 할 수 있는 것은?
(A) 계좌 개설하기
(B) 워크숍 참석하기
(C) 보너스 급여 수령하기
(D) 다른 지점 방문하기

오답해설 절약(saving), 예산 책정(budgeting) 등이 언급되었지만 이는 워크숍의 주제일 뿐 계좌 개설이나 보너스 급여와는 관련이 없으므로 (A)와 (C)는 오답.

6 커크 씨에 대해 언급된 것은?
(A) 청자들의 문의 사항을 처리할 것이다.
(B) 참석자 수를 기록할 것이다.
(C) 행사의 비디오 촬영을 할 것이다.
(D) 인트라넷 문제를 해결할 것이다.

패러프레이징 record the session on video → shoot a video of an event
오답해설 커크 씨는 회사 인트라넷에 촬영한 영상을 올릴 것이지, 인트라넷 문제를 해결할 것이 아니므로 (D)는 오답.

Questions 7-9 refer to the following excerpt from a meeting.

호

M As I'm sure most of you know, (7)our company will be launching a new line of lightweight backpacks for hikers. They will be a perfect complement to the tents and other gear that we already sell. We've been searching for a design agency to create the images that we'll use to promote the products, and I'm pleased to inform you that we've finally found one, MTM Incorporated. (8)I'll meet with them next week to discuss our advertising needs. Therefore, (9)I'll need you all to create a brief report summarizing the product line's features and our main selling points. Please work together on this and have it on my desk by Thursday at the latest. Thank you.

남 거의 모든 분들이 아실 거라 확신하지만, (7)우리 회사는 도보 여행자들을 위한 경량 배낭 신제품을 출시할 것입니다. 이것들은 우리가 이미 판매하고 있는 텐트와 다른 장비에 꼭 맞는 보완 상품이 될 것입니다. 우리는 제품 홍보를 하는 데 사용할 이미지들을 만들어 줄 디자인 회사를 찾고 있었고, 드디어 한 곳, MTM 사를 찾게 되었다는 사실을 알리게 되어 기쁩니다. (8)다음 주에 그들을 만나 우리의 광고 요구 사항에 대해 논의할 것입니다. 따라서, (9)여러분 모두 제품군의 특징과 주요 강조점을 요약하는 짧은 보고서를 작성해 주셨으면 합니다. 함께 작업하셔서 늦어도 목요일까지 제 책상에 가져다 놓아주십시오. 감사합니다.

어휘 **lightweight** 경량의, 가벼운 **complement** 보완물 **promote** 홍보하다 **summarize** 요약하다 **feature** 특징 **selling point** (상품의) 강조점, 장점 **at the latest** 늦어도

7 화자의 회사가 판매하는 제품의 종류는?
(A) 하이킹 안내 책자
(B) 천연 화장품
(C) 캠핑 장비
(D) 사무용품

패러프레이징 backpacks for hikers, tents and other gear → Camping equipment

8 화자가 다음 주 회의에서 논의할 것은?
(A) 기술 개선
(B) 디자인 요구 사항
(C) 회계 실무
(D) 제품 안전성

패러프레이징 advertising needs → Design requirements

9 청자들이 요청받는 것은?
(A) 개요 준비하기
(B) 회사 추천하기
(C) 수치 분석하기
(D) 프레젠테이션 검토하기

패러프레이징 create a brief report summarizing the product line's features and our main selling points → Prepare an outline

Questions 10-12 refer to the following excerpt from a meeting.

> 영
>
> W I'd like to address a new company policy. Lately, (10)we've been using far too much paper, toner, and other office supplies. This is not only bad for the environment but it also costs a lot. Therefore, from now on, each department will have a certain amount of supplies that they can use within the month. (11)The managers of each department will be responsible for recording how much is used. If they need more before the month is finished, they will have to get special permission. To help motivate you all, … uh … (12)we'll be holding a competition among the departments to see which one can have the highest level of reduction. So that's what I'll discuss next.
>
> 여 새로운 회사 규정을 말씀 드리겠습니다. 최근에, (10)우리는 용지, 토너 그리고 기타 사무용품을 너무 많이 사용해 왔습니다. 이는 환경에 좋지 않을 뿐만 아니라 비용도 많이 듭니다. 따라서, 지금부터, 각 부서는 월별로 사용 가능한 비품의 양이 정해질 겁니다. (11)각 부서의 관리자들은 사용량을 기록하는 책임을 맡게 될 겁니다. 한 달이 끝나기 전에 더 필요하게 되면, 특별 허가를 받아야 할 겁니다. 모두에게 동기를 부여하기 위해… 음… (12)부서들 간에 시합을 열어 절감 폭이 가장 높은 부서를 가려낼 것입니다. 따라서 다음으로 이것에 대해 논의하겠습니다.
>
> **어휘** address 〔요구·의견 등을〕 말하다 environment 〔자연〕 환경 certain 정해진, 일정한 amount 양 permission 허가, 승인 motivate 동기를 부여하다 competition 시합, 경기 reduction 감소, 삭감

10 화자에 따르면, 새로운 정책의 목적은?
(A) 사무용품 낭비 방지하기
(B) 업무 효율 향상시키기
(C) 신규 고객 확보하기
(D) 환경 자선 단체 후원하기

패러프레이징 using far too much paper, toner and other office supplies → wasting office items

11 부서 관리자들이 요청받는 것은?
(A) 팀워크 수준 향상시키기
(B) 팀원들에게 정책 설명해 주기
(C) 근무 시간 기록하기
(D) 비품 사용량 파악하기

패러프레이징 managers of each department → department supervisors
recording how much is used → Keep track of supply usage

12 화자가 다음에 설명할 것은?
(A) 시합의 세부정보
(B) 프로젝트의 마감일
(C) 프로그램의 장점
(D) 서비스 가격

패러프레이징 competition → contest

Questions 13-15 refer to the following excerpt from a meeting.

> 미
>
> W Good afternoon, everyone. (13)I've been asked to give you an update on what happened at last week's Technology Career Fair. Our company hosted a booth there for two days. Through this event, we were expected to find at least fifty qualified candidates for our recruitment pool, but the number we actually found was extremely disappointing. (14)Despite having a huge stack of résumés, there weren't many that fit our search criteria. Probably three or four. So we've got to take another approach for filling these open positions. (15)I'm going to put a description of our openings on some job
>
> 여 안녕하세요, 여러분. (13)저는 지난주에 있었던 기술 취업 박람회에서 무슨 일이 있었는지에 대한 최신 정보를 여러분께 알려 드릴 것을 요청 받았습니다. 우리 회사는 거기서 이틀간 부스를 운영했습니다. 이 행사를 통해, 인재풀에 적격인 지원자들을 최소 50명을 찾을 것으로 기대했지만, 실제로 찾은 수는 대단히 실망스러웠습니다. (14)엄청난 양의 이력서를 받았음에도 불구하고, 우리가 찾는 기준에 적합한 사람은 많지 않았습니다. 아마 서너 명 정도로요. 따라서 이 공석을 채우기 위해 다른 접근법을 취해야 합니다. (15)저는 오늘 오후 구인구직 웹사이트

Web sites this afternoon to see if we can get any results that way.

몇 군데에 우리 회사 공석에 대한 설명을 올려 그 방법으로 효과를 낼 수 있을지 볼 겁니다.

어휘 qualified 적격의, 자질[능력]이 있는 candidate 지원자 recruitment pool 인재풀 extremely 대단히 despite ~에도 불구하고 fit 적합하다 criterion (판단·평가를 위한) 기준 approach 접근법 description 설명, 기술

13 화자가 지난주에 한 일은?
(A) 취업 박람회에 참석했다
(B) 프레젠테이션을 했다
(C) 부스를 예약했다
(D) 신제품을 시험했다

패러프레이징 Career Fair → job fair

14 화자가 "서너 명 정도로요"라고 말한 의도는?
(A) 문제점을 강조하기 위해
(B) 회의 일정을 잡기 위해
(C) 주문하기 위해
(D) 절차를 설명하기 위해

15 화자가 오늘 하려고 계획한 일은?
(A) 고용 계약서 작성하기
(B) 입사 합격자들에게 연락하기
(C) 행사장 직접 방문하기
(D) 온라인에 정보 게재하기

패러프레이징 put a description of our openings on some job Web sites → Post some information online

Questions 16-18 refer to the following excerpt from a meeting.

호

M Next on the agenda, I'd like to tell you the results of our recent survey. We distributed more than two thousand questionnaires to (16)customers who are using our mobile phone service to find out how satisfied they are. Based on their feedback, we have enough variety for our service plans. So … uh … so that's positive. But on the negative side, (17)a lot of people commented that our staff members don't know enough about our phones and have trouble answering questions about the basic goods and services. To resolve this issue, (18)I would like you to self-evaluate your familiarity with our various services so that we can figure out what we need to work on.

남 다음 안건으로 넘어가서, 최근 설문조사 결과에 대해 말씀 드리겠습니다. 우리는 (16)우리 휴대 전화 서비스를 이용하는 고객들에게 2,000장이 넘는 설문지를 나누어 주어 그들이 얼마나 만족하는지 알아내고자 했습니다. 그들의 피드백에 따르면, 우리의 서비스 요금제는 충분히 다양합니다. 따라서… 음… 따라서 그건 긍정적이네요. 하지만 부정적인 면을 보자면, (17)많은 사람들이 우리 직원들이 우리 휴대 전화에 대해 충분히 알지 못하고 기본적인 상품과 서비스에 대한 질문에 답하는 것도 어려워했다는 의견을 말했습니다. 이 문제를 해결하기 위해, (18)저는 여러분이 우리의 다양한 서비스들에 대한 숙련도를 자가 평가하여 우리가 무엇을 해야 할지 알아냈으면 합니다.

어휘 agenda 안건, 의제 distribute 나누어 주다 questionnaire 설문지 based on ~에 근거하여 resolve 해결하다 evaluate 평가하다 familiarity 숙련도 various 다양한 figure out ~을 알아내다[이해하다]

16 화자가 일하는 회사의 업종은?
(A) 광고 회사
(B) 전자 제품 제조사
(C) 휴대 전화 서비스 제공업체
(D) 인터넷 조사업체

17 화자에 따르면, 고객들이 불만족스러워하는 이유는?
(A) 제품이 그리 믿음직하지 않다.
(B) 최근 가격이 상승했다.
(C) 서비스 선택 폭이 충분하지 않다.
(D) 제품에 대한 직원들의 지식이 부족하다.

🔸 패러프레이징 our staff members don't know enough about our phones and have trouble answering questions about the basic goods and services → Employees lack product knowledge.

🔸 오답 해설 고객 설문조사 결과, 서비스 요금제는 충분히 다양하다는 결론이 나왔으므로 (C)는 오답.

18 화자가 제안하는 것은?
(A) 자기 지식 평가하기
(B) 기술 시연회 참여하기
(C) 신제품 디자인하기
(D) 초과 근무하기

🔸 패러프레이징 self-evaluate your familiarity with our various services → Assessing their knowledge

Questions 19-21 refer to the following excerpt from a meeting and chart.

W I've taken some time to examine the number of workplace injuries we've had at our factories recently. As you know, (19)on September 5, a government inspector will visit each of our sites, so we want to make sure we get a high safety rating. Findley and Grand Forks have reported no injuries in the past two months. But (20)Joplinville had a number of problems, with five injuries in July and nearly twice that in August. Albany only has 3 total over the two-month period, so it's less of a problem. (21)I think we should hold special meetings to retrain employees in how to use the equipment properly. Failing to do so will not only create a dangerous work environment but also could result in a fine.

여 저는 최근 우리 공장에서 있었던 작업장 부상 사고 수를 검토해 보는 시간을 가졌습니다. 아시다시피, (19)9월 5일에 정부 조사관이 우리의 각 현장을 방문하므로 꼭 높은 안전 등급을 받고자 합니다. 핀들리와 그랜드 포크스에서는 지난 두 달간은 보고된 부상 사고가 없었습니다. 하지만 (20)조플린빌은 문제가 많아서, 부상 사고가 7월에 5건, 8월에는 거의 그 두 배나 있었습니다. 알바니는 그 2달 동안 총 3건밖에 없었기 때문에, 문제가 덜 됩니다. (21)저는 직원들에게 장비를 올바르게 사용하는 방법을 재교육시키기 위해 특별 회의를 열어야 한다고 생각합니다. 그렇게 하지 못한다면 위험한 작업 환경을 조성할 뿐만 아니라 벌금도 내야 할 것입니다.

🔹 어휘 **examine** 검토[조사]하다 **injury** 부상 **inspector** 조사관 **safety rating** 안전 등급 **nearly** 거의 **properly** 올바르게 **fine** 벌금

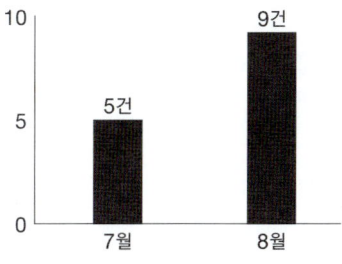

19 화자에 따르면, 9월 5일에 일어날 일은?
(A) 새로운 공장이 문을 열 것이다.
(B) 설문 조사지가 배부될 것이다.
(C) 시찰이 이루어질 것이다.
(D) 신제품이 출시될 것이다.

🔸 패러프레이징 a government inspector will visit each of our sites → An inspection will be held.

20 시각 정보에 따르면, 어떤 현장의 수치가 나타나고 있는가?
(A) 핀들리
(B) 그랜드 포크스
(C) 조플린빌
(D) 알바니

오답 해설 핀들리와 그랜드 포크스에서는 지난 2달간 사고가 없었으며, 알바니에서는 단 3건의 사고만 발생했으므로 (A), (B), (D)는 모두 오답.

21 화자가 제안하는 것은?
(A) 연수회 개최하기
(B) 작업 교대조 변경하기
(C) 새로운 장비 구매하기
(D) 임원진과 만나기

패러프레이징 hold special meetings to retrain employees ➔ Holding a training session

Questions 22-24 refer to the following excerpt from a meeting and schedule.

미 M	Finally on the agenda, (22)I'd like to discuss our annual amateur photography contest. This is a great way for our readers to connect with our magazine as well as show off their talent. We made the initial announcement last week, but (23)unfortunately, hardly anyone has signed up yet. This is very unusual, especially since last year, we had nearly one hundred entries on the day the contest was announced. Therefore, (24)I'd like to add three extra days to the submission deadline. That'll still give the judges plenty of time to make their decision before the winner announcement on August 20. Please let me know what you think.	남 드디어 안건에 관해 이야기하자면, (22)우리의 연례 아마추어 사진 경연대회에 대해 논의하려고 합니다. 이것은 우리 독자들이 자신의 재능을 보여 줄 뿐만 아니라 우리 잡지와 유대관계를 맺을 수 있는 멋진 방법이라고 생각합니다. 우리는 지난주에 최초 공지를 했는데, (23)유감스럽게도, 아직 등록한 사람이 거의 없습니다. 이것은 이상한데, 특히 작년에는 경연대회가 발표된 당일에 거의 100여점의 출품작들이 있었기 때문입니다. 따라서, (24)저는 제출 마감일에 사흘을 더하고 싶습니다. 그래도 심사위원들이 8월 20일 우승자 발표 전에 결정을 내릴 시간이 충분히 있을 것입니다. 여러분들의 생각은 어떤지 제게 말씀해 주세요.

어휘 discuss ~에 대해 논의하다 annual 연례의 connect with ~와 유대관계를 맺다 show off ~을 자랑스럽게 내보이다 entry 출품작, 출전; 입장 submission 제출 judge 심사위원

최초 공지	8월 6일
(24)제출 마감일	8월 15일
우승자 발표	8월 20일

22 화자가 논의하는 대회의 종류는?
(A) 운동
(B) 글쓰기
(C) 음악
(D) 사진

패러프레이징 contest ➔ competition photography ➔ Photo

23 화자가 언급하는 문제점은?
 (A) 일정에 오류가 있었다.
 (B) 상품이 충분하지 않다.
 (C) 참여율이 저조하다.
 (D) 심사위원이 행사를 취소했다.

24 시각 정보에 따르면, 화자가 원하는 마감일은?
 (A) 8월 15일
 (B) 8월 18일
 (C) 8월 20일
 (D) 8월 23일

패러프레이징 hardly anyone has signed up yet
→ Participation is low.
오답 해설 상품이 적은 것이 아니라, 참여율이 저조한 것이므로 (B)는 오답.

오답 해설 마감일에 사흘을 더하고 싶다고 했으므로 원래 마감일인 (A)는 오답.

ACTUAL TEST
TEST 1

p.148

1 (D)	2 (B)	3 (A)	4 (B)	5 (C)	6 (B)	7 (C)	8 (C)	9 (C)	10 (A)
11 (B)	12 (A)	13 (C)	14 (A)	15 (C)	16 (B)	17 (B)	18 (A)	19 (B)	20 (C)
21 (C)	22 (B)	23 (C)	24 (B)	25 (C)	26 (A)	27 (C)	28 (C)	29 (A)	30 (C)
31 (C)	32 (B)	33 (C)	34 (C)	35 (C)	36 (D)	37 (B)	38 (D)	39 (D)	40 (C)
41 (C)	42 (D)	43 (C)	44 (B)	45 (C)	46 (B)	47 (C)	48 (B)	49 (A)	50 (B)
51 (A)	52 (B)	53 (C)	54 (A)	55 (B)	56 (D)	57 (D)	58 (B)	59 (B)	60 (A)
61 (B)	62 (C)	63 (B)	64 (A)	65 (B)	66 (A)	67 (D)	68 (B)	69 (B)	70 (C)
71 (A)	72 (B)	73 (D)	74 (B)	75 (D)	76 (C)	77 (B)	78 (D)	79 (B)	80 (B)
81 (D)	82 (A)	83 (B)	84 (B)	85 (C)	86 (A)	87 (C)	88 (D)	89 (A)	90 (C)
91 (A)	92 (C)	93 (A)	94 (C)	95 (C)	96 (B)	97 (A)	98 (B)	99 (A)	100 (D)

PART 1

1 미

(A) She's combing her hair.
(B) She's looking at herself in the mirror.
(C) She's turning on the faucet.
(D) She's rinsing her hands.

(A) 여자가 머리를 빗고 있다.
(B) 여자가 거울 속의 자신을 보고 있다.
(C) 여자가 수도꼭지를 틀고 있다.
(D) 여자가 손을 씻고 있다.

어휘 comb (머리를) 빗다 faucet 수도꼭지 rinse 씻다, 헹구다
오답 해설 (A), (B), (C)는 사진 속에 등장하는 사물을 언급하고 있으나 동작 묘사가 틀렸으므로 오답.

2 미

(A) The man is pulling a cart across the street.
(B) The woman has a bag over her shoulder.
(C) The sidewalk is being repaved.
(D) Suitcases are sitting unattended.

(A) 남자가 길을 가로질러 카트를 끌고 있다.
(B) 여자가 어깨에 가방을 메고 있다.
(C) 인도가 재포장되고 있다.
(D) 가방들이 방치된 채 놓여 있다.

어휘 sidewalk 인도 repave 재포장하다 unattended 주인 없이 방치된
오답 해설 (A)는 동작을 올바르게 묘사하고 있지만 배경이 틀렸으므로 오답. (C), (D)는 사진 속 사물을 언급하고 있으나 상태 묘사가 틀렸으므로 오답.

3 호

(A) The woman is showing a document.
(B) The man is adjusting his monitor screen.
(C) The woman is seated at a desk.
(D) The man is putting away his glasses.

(A) 여자가 서류를 보여주고 있다.
(B) 남자가 모니터 화면을 조정하고 있다.
(C) 여자가 책상에 앉아 있다.
(D) 남자가 안경을 치우고 있다.

어휘 document 서류 adjust 조정하다 put away ~을 치우다
오답 해설 (B), (C), (D)는 사진 속에 등장하는 사물을 언급하고 있으나 동작 묘사가 틀렸으므로 오답.

4 영

(A) Some movers are driving a truck.
(B) The man is standing on a ramp.
(C) The woman is taping up some boxes.
(D) They are loading a car with furniture.

(A) 이삿짐 센터 직원들이 트럭을 운전하고 있다.
(B) 남자가 경사로 위에 서 있다.
(C) 여자가 상자들에 테이프를 붙이고 있다.
(D) 사람들이 차에 가구를 싣고 있다.

어휘 ramp 경사로 load (짐을) 싣다
오답 해설 (A), (C)는 사진에 나온 사물을 언급하고 있으나 동작 묘사가 틀렸으므로 오답. (D)는 동작의 대상이 사진과 다르므로 오답.

5 미

(A) A path is covered with leaves.
(B) A man is riding a mountain bike down a hill.
(C) A stroller is stationed in the grass.
(D) A woman is leaning against a tree.

(A) 길이 나뭇잎으로 덮여 있다.
(B) 남자가 산악 자전거를 타고 언덕을 내려오고 있다.
(C) 유모차가 잔디밭에 놓여 있다.
(D) 여자가 나무에 기대고 있다.

어휘 stroller 유모차 station 놓다, 배치하다 lean against ~에 기대다
오답 해설 (A)는 상태 묘사가 틀렸으므로 오답. (B)는 동작을 올바르게 묘사하고 있지만 배경이 틀렸으므로 오답.

---

6 호

(A) Cabinets are being mounted on the walls.
(B) Light fixtures are hanging from the ceiling.
(C) Some of the drawers have been left open.
(D) Cooking utensils are scattered on the counter.

(A) 수납장들을 벽에 고정시키고 있다.
(B) 조명 기구들이 천장에 매달려 있다.
(C) 일부 서랍들이 열려 있다.
(D) 조리 기구들이 조리대에 흩어져 있다.

어휘 mount 고정시키다 light fixture 조명 기구 hang 매달리다, 걸리다 ceiling 천장 utensil 기구, 용구 scatter 흩어지게 만들다 counter (부엌의) 조리대
오답 해설 (A)는 동작의 주체가 없으므로 오답. (C), (D)는 상태 묘사가 틀렸으므로 오답.

PART 2

7 미영 Do you like the new sofa in the lounge?
(A) I think so too.
(B) No, but they'll put one there soon.
(C) Actually, I haven't seen it yet.

라운지에 있는 새로운 소파가 마음에 드시나요?
(A) 저도 그렇게 생각해요.
(B) 아니요, 하지만 그들이 거기에 곧 하나를 놓을 거예요.
(C) 사실, 아직 못 봤어요.

오답 해설 (B)는 sofa에서 연상 가능한 행동(put)을 이용한 오답.

---

8 호미 Who made this pot of coffee?
(A) I can make it.
(B) I'll let him know.
(C) Probably John.

누가 이 커피를 끓였나요?
(A) 제가 만들 수 있어요.
(B) 제가 그에게 알려 줄게요.
(C) 아마 존 씨일 거예요.

오답 해설 (A)는 동일 어휘 make(made)를 이용한 오답.

---

9 미미 What is the new policy about customer complaints?
(A) Do you offer them a discount?
(B) There have been a lot of claims lately.
(C) It still hasn't been announced.

고객 불만에 대한 새로운 정책은 무엇인가요?
(A) 그들에게 할인을 제공해 주나요?
(B) 최근에 청구가 많아졌어요.
(C) 아직 발표되지 않았어요.

어휘 policy 정책 complaint 불만, 항의 claim (보상금 등에 대한) 청구, 신청
오답 해설 (B)는 complaints에서 연상 가능한 claims를 이용한 오답.

---

10 호영 Where is the sales report for the Morris account?
(A) It should be on the network.
(B) They're supposed to contact us.
(C) I saw him in the elevator.

모리스 고객사에 보낼 매출 보고서는 어디에 있나요?
(A) 네트워크에 있을 겁니다.
(B) 그들이 우리에게 연락하기로 되어 있어요.
(C) 그를 엘리베이터에서 봤어요.

어휘 account 고객(사), 단골 be supposed to do ~하기로 되어 있다, ~해야 한다

11 영 미 How far is the convention center from here?
(A) It's near the subway station.
(B) About ten minutes on foot.
(C) Why don't we call a taxi?

여기서 컨벤션 센터까지는 얼마나 먼가요?
(A) 지하철역에서 가까워요.
(B) 걸어서 10분 정도 걸립니다.
(C) 택시를 부르는 게 어때요?

> 오답 해설 (A), (C)는 How far에서 연상할 수 있는 위치(station)와 교통 수단(taxi)을 이용한 오답.

12 미 호 Didn't she say she was going on vacation?
(A) That's what I heard.
(B) She'll be back next week.
(C) To Europe, I suppose.

그녀가 휴가 갈 거라고 하지 않았나요?
(A) 저도 그렇게 들었어요.
(B) 그녀는 다음 주에 돌아올 거예요.
(C) 제 생각엔, 아마 유럽으로요.

> 어휘 suppose (~일 것이라고) 생각[추정]하다
> 오답 해설 (B), (C)는 vacation에서 연상 가능한 일정(next week)과 장소(Europe)를 이용한 오답.

13 미 미 Today was a difficult day at work.
(A) Bosses can be that way.
(B) I forgot it was Tuesday.
(C) What happened?

오늘은 직장에서 힘든 날이었어요.
(A) 상사들이 그렇게 할 수 있죠.
(B) 그게 화요일이었던걸 깜빡했어요.
(C) 무슨 일이 있었어요?

> 오답 해설 (A)는 difficult에서 연상 가능한 that way를 이용한 오답. (B)는 Today에서 연상 가능한 Tuesday를 이용한 오답.

14 영 호 Can you send me your presentation draft today?
(A) What time do you need it by?
(B) Dan has already finished it.
(C) I'll be present at the meeting.

발표 초안을 오늘 보내주실 수 있나요?
(A) 몇 시까지 필요하신가요?
(B) 댄 씨가 이미 끝냈습니다.
(C) 저는 회의에 참석할 예정입니다.

> 어휘 draft 초안, 원고   present 참석[출석]한; 발표하다
> 오답 해설 (C)는 presentation과 파생 관계에 있는 present를 이용한 오답.

15 영 미 Which hotel do you prefer to stay in?
(A) I don't have a reservation.
(B) That one is always popular.
(C) It's hard to pick a favorite.

어떤 호텔에 머무는 게 더 좋으세요?
(A) 예약을 하지 않았어요.
(B) 거긴 항상 인기가 좋아요.
(C) 맘에 드는 곳을 고르기가 어렵네요.

> 어휘 reservation 예약   popular 인기가 좋은
> 오답 해설 (A)는 hotel에서 연상 가능한 reservation을 이용한 오답.

16 미 호 When is the training session supposed to start?
(A) It's going to be a lot of fun.
(B) I'll check the e-mail.
(C) Everyone's going to be there.

연수회는 언제 시작하기로 되어 있나요?
(A) 매우 재미있을 거예요.
(B) 이메일을 확인해 보겠습니다.
(C) 모두 거기에 갈 거예요.

> 오답 해설 (A), (C)는 training session에서 연상 가능한 내용을 이용한 오답.

17 호 미 Are you one of the speakers today?
(A) Tomorrow should be better.
(B) I'm replacing Lisa.
(C) The speaker isn't loud enough.

오늘 연사 중 한 분이신가요?
(A) 내일이 더 낫겠네요.
(B) 제가 리사 씨를 대신합니다.
(C) 스피커 소리가 충분히 크지 않아요.

어휘 speaker 연사; 스피커　replace 대신하다
오답 해설 (A)는 today에서 연상 가능한 Tomorrow를 이용한 오답. (C)는 동일 어휘 speaker(speakers)를 반복 사용한 오답.

---

18 미 미　Aren't you moving to a different office?
(A) **As far as I know, we are.**
(B) They're happy with their current place.
(C) No. They're exactly the same.

다른 사무실로 이전하지 않으시나요?
(A) 제가 아는 한, 합니다.
(B) 그들은 현재 장소에 만족하고 있어요.
(C) 아니요. 완전히 동일합니다.

어휘 current 현재의　exactly 완전히, 정확히
오답 해설 (B)는 office에서 연상 가능한 place를 이용한 오답. (C)는 different에서 연상 가능한 same을 이용한 오답.

---

19 호 영　This banquet room is a bit small to accommodate everyone.
(A) I have plenty of extra pencils.
(B) **Let's find a bigger place.**
(C) Did you send out the invitations?

이 연회장은 모든 사람들을 다 수용하기에는 조금 작네요.
(A) 제게 여분의 연필이 충분히 있습니다.
(B) 더 큰 장소를 찾아보죠.
(C) 초대장을 보냈나요?

어휘 accommodate 수용하다　invitation 초대(장)
오답 해설 (C)는 banquet에서 연상 가능한 invitations를 이용한 오답.

---

20 영 미　How did you find that software?
(A) That store is always open.
(B) I'll find out the results.
(C) **Someone recommended it to me.**

그 소프트웨어를 어떻게 알아내셨어요?
(A) 그 매장은 항상 열려 있어요.
(B) 결과를 알아내겠습니다.
(C) 누군가가 저에게 추천해 줬어요.

어휘 result 결과　recommend 추천하다
오답 해설 (B)는 동일 어휘 find를 반복 사용한 오답.

---

21 미 호　You prefer the old design, don't you?
(A) Craig did it all himself.
(B) It's my favorite flavor.
(C) **I never said that.**

당신은 예전 디자인을 선호하죠, 그렇죠?
(A) 크레이그 씨가 혼자서 다 했어요.
(B) 제가 제일 좋아하는 맛이에요.
(C) 저는 그렇게 말한 적 없어요.

어휘 prefer 선호하다　flavor 맛
오답 해설 (B)는 prefer에서 연상 가능한 favorite를 이용한 오답.

---

22 영 호　Should I call him now or wait till tomorrow?
(A) I haven't heard from her.
(B) **He's probably gone home already.**
(C) There's no rush to replace the phones.

지금 그에게 전화를 할까요, 아니면 내일까지 기다릴까요?
(A) 그녀의 연락을 받지 못했어요.
(B) 그는 아마 이미 집에 갔을 거예요.
(C) 전화기를 바꾸는 데 서두를 필요가 없어요.

어휘 hear from ~에게 연락을 받다, 소식을 듣다　rush 바삐 서둘러야 하는 상황　replace 바꾸다
오답 해설 (C)는 call에서 연상 가능한 phones를 이용한 오답.

---

23 미 미　Why don't you bring an extra battery?
(A) There are more available.
(B) Because Yuki says she needs hers.
(C) **This is the only one I have.**

여분의 배터리를 가져오는 게 어때요?
(A) 이용 가능한 것이 더 있어요.
(B) 유키 씨가 자기 것이 필요하다고 해서요.
(C) 이것 한 개밖에 없어요.

어휘 extra 여분의   available 이용 가능한
오답 해설 (A)는 extra battery에서 연상 가능한 available을 이용한 오답. (B)는 이유를 묻는 Why 의문문에 적절한 응답이므로 오답.

24 미영
This mobile application is very useful.
(A) I applied for it already.
(B) What does it do?
(C) There are always plenty of errors.

이 모바일 어플리케이션은 매우 유용해요.
(A) 이미 신청했어요.
(B) 뭐 하는 건데요?
(C) 항상 오류가 많죠.

어휘 useful 유용한   apply for ~을 신청하다
오답 해설 (A)는 application과 파생 관계에 있는 applied를 이용한 오답. (C)는 mobile application에서 연상 가능한 errors를 이용한 오답.

25 호미
Could you tell me how I should be contacting you?
(A) Sorry. I won't be available then.
(B) She says she's lost your phone number.
(C) I prefer instant messaging.

당신에게 연락할 수 있는 방법을 알려 주시겠어요?
(A) 죄송합니다. 그때에는 시간이 안 될 것 같아요.
(B) 그녀가 당신 전화번호를 잃어버렸다고 하던데요.
(C) 전 문자 메시지를 선호합니다.

어휘 contact 연락하다   available 시간이 되는, 이용 가능한
오답 해설 (A), (B)는 각각 contacting에서 연상 가능한 내용을 이용한 오답.

26 영미
What's the reason for the balloons in the office?
(A) It's our manager's last day.
(B) There hasn't been a holiday in months.
(C) I'll set them up now.

사무실에 왜 풍선들이 있나요?
(A) 저희 팀장님의 마지막 날이에요.
(B) 몇 달 동안 휴일이 없었어요.
(C) 그것들을 지금 설치할게요.

어휘 set up 설치하다
오답 해설 (B), (C)는 각각 balloons에서 연상 가능한 holiday와 set them up을 이용한 오답.

27 호영
When did you last talk to Mr. Bolton?
(A) There's hardly any time for coworkers to meet.
(B) The conference lasted all day.
(C) It was before he got hired at his new job.

볼튼 씨와 마지막으로 이야기한 게 언제예요?
(A) 동료들이 모일 시간이 거의 없어요.
(B) 학회는 하루 종일 계속됐어요.
(C) 그가 새로운 회사에 채용되기 전이었어요.

어휘 hardly 거의 …없다   coworker 동료   last 지속되다   hire 채용하다
오답 해설 (B)는 동일 어휘인 lasted(last)를 이용한 오답.

28 미미
Haven't you seen our new advertisement?
(A) I'll show it to you now.
(B) It will be on air soon.
(C) I don't think I've noticed it.

우리의 새로운 광고를 보지 않으셨나요?
(A) 지금 보여드릴게요.
(B) 곧 방송될 거예요.
(C) 제가 못 본 것 같네요.

어휘 on air 방송 중인   notice 발견하다
오답 해설 (A)는 seen에서 연상 가능한 show를 이용한 오답. (B)는 advertisement에서 연상 가능한 on air를 이용한 오답.

29 미호 Have you had something to eat yet?
(A) **I got a bite on my way in.**
(B) Randy doesn't keep food at his desk.
(C) It's hard to find anything in this mess.

무엇을 좀 드셨나요?
(A) 들어오는 길에 좀 먹었어요.
(B) 랜디 씨는 책상 위에 음식물을 두지 않아요.
(C) 어질러져 있어서 뭐를 찾기가 힘드네요.

> 어휘 get a bite 한입 먹다   mess 엉망인 상태
> 오답 해설 (B)는 eat에서 연상 가능한 food를 이용한 오답. (C)는 something에서 연상 가능한 anything을 이용한 오답.

30 영미 Mr. Murray, would you sign this before you go, please?
(A) There's nothing left to do.
(B) Oh, I forgot to sign up for it.
(C) **Do you have a pen?**

머레이 씨, 가시기 전에 여기에 서명해 주시겠어요?
(A) 할 일이 남아 있지 않습니다.
(B) 아, 등록하는 것을 깜빡했네요.
(C) **펜 있으세요?**

> 어휘 sign 서명하다   sign up for ~에 등록하다
> 오답 해설 (B)는 동일 어휘 sign을 반복 이용한 오답.

31 미미 Erika always stays late after work.
(A) I usually skip dinner.
(B) Before eight thirty.
(C) **She definitely puts in extra hours.**

에리카 씨는 항상 야근을 하네요.
(A) 저는 보통 저녁을 걸러요.
(B) 8시 30분 전에요.
(C) **그녀는 분명 초과 근무를 많이 해요.**

> 어휘 put in (시간, 노력 등을) 할애하다   extra 초과의
> 오답 해설 (A)는 stays late에서 연상 가능한 dinner를 이용한 오답. (B)는 late에서 연상 가능한 시간 표현을 이용한 오답.

PART 3

Questions 32-34 refer to the following conversation.

미영

M (32)Do you have more of the Irish soda bread? I don't see any on the shelf.
W Oh, sorry. We just sold the last of it. But there's some in the oven, so it'll be available again in about forty minutes. If you don't want to wait, (33)why don't you try this San Francisco sourdough? It tastes almost the same.
M Um, that's okay. If you're going to have more soda bread soon, then I'll just come back. (34)I'm at the conference right across the street, so I have to go back by 2 P.M. But I'll have another break in an hour.

남 (32)아이리쉬 소다 빵이 더 있나요? 선반에는 안 보이네요.
여 아, 죄송해요. 마지막 남은 것이 방금 팔렸어요. 하지만 오븐에 좀 있어서, 40분쯤 후에는 다시 구매하실 수 있어요. 기다리고 싶지 않으시면, (33)이 샌프란시스코 사워도우를 드셔 보는 건 어떠세요? 거의 비슷한 맛이거든요.
남 음, 괜찮아요. 곧 소다 빵이 더 나올 거라면, 그냥 다시 올게요. (34)바로 길 건너 학회에 와 있어서, 오후 2시까지 돌아가야 하거든요. 하지만 한 시간 후에 또 쉬는 시간이 있어요.

> 어휘 available 구할[이용할] 수 있는   break 쉬는 시간

32 화자들이 있을 것 같은 곳은?
(A) 여행사
(B) 제과점
(C) 학회
(D) 패스트푸드 레스토랑

> 오답 해설 bread, shelf, oven과 같은 단어가 들리므로 (D)는 오답.

33 여자가 남자에게 권장하는 것은?
  (A) 매장 특별 품목
  (B) 새로운 종류의 디저트
  (C) 유사한 제품
  (D) 특별 오븐

패러프레이징 It tastes almost the same. → A similar product

34 남자가 다음에 할 일은?
  (A) 다른 제품 선택하기
  (B) 매장에서 기다리기
  (C) 회의에 돌아가기
  (D) 여자의 제안 따르기

패러프레이징 conference → meeting
go back → Return

Questions 35-37 refer to the following conversation.

호미

M Hi, I'm calling because I've just received a book I ordered online. But I was flipping through it and noticed some of the pages are missing.
W Ah, I'm sorry about that. **(35)(36)If you put it back in the box and send it to us, we'll confirm the problem and send you a replacement.** We will also reimburse you for shipping.
M A replacement would be great. Oh, I'm leaving for a business trip on Monday. **(37)Could I have it expedited so I can get it before then?**
W Yes, we will be able to do that for you. Once it's been dispatched, we'll e-mail you the shipping label.

어휘 flip through 휙휙 넘기다   confirm 확인하다   replacement 교환(품)   reimburse 보상[변제]하다   expedite 신속하게 처리하다   dispatch 발송하다

남 안녕하세요, 방금 온라인으로 주문했던 책을 받아서 전화 드렸습니다. 그런데 넘겨보다가 몇 페이지가 빠져 있는 것을 알았어요.
여 아, 죄송합니다. (35)(36)상자에 다시 넣어서 저희 측에 보내 주시면, 문제를 확인하고 교환품을 보내 드리겠습니다. 배송에 대한 보상도 해 드리겠습니다.
남 교환해 주신다니 좋네요. 아, 제가 월요일에 출장을 떠나는데요. (37)그전에 받을 수 있도록 신속하게 처리해 주실 수 있으신가요?
여 네, 그렇게 해 드릴 수 있을 겁니다. 발송이 되면, 배송장을 이메일로 보내 드리겠습니다.

35 화자들이 주로 논의하고 있는 내용은?
  (A) 출장 가기
  (B) 분실된 소포 추적하기
  (C) 주문품 교환하기
  (D) 구매하기

오답 해설 남자는 이미 구입한 제품을 교환받는 것이지, 새로 구매를 하는 것이 아니므로 (D)는 오답.

36 여자가 남자에게 하라고 한 것은?
  (A) 연락처 제공하기
  (B) 제품을 다른 상자에 넣기
  (C) 몇 페이지가 빠졌는지 알려주기
  (D) 제품을 회사로 다시 보내기

패러프레이징 put it back in the box and send it to us → Mail the item back to the company
오답 해설 제품을 상자에 담아 반송하라고 했지, 다른 상자에 담으라고 한 것이 아니므로 (B)는 오답.

37 남자가 요청하는 것은?
  (A) 국제 배송
  (B) 더 빠른 배송 속도
  (C) 배송료 할인
  (D) 배송장

패러프레이징 have it expedited → A faster shipping speed
오답 해설 배송장은 여자가 남자에게 보내 주겠다고 한 것이므로 (D)는 오답.

Questions 38-40 refer to the following conversation.

미미

M   Hello. My name is John Parker. (38)I'm here to pick up a prescription. Dr. Kanazawa said he would send it to you.

W   Yes. We have it right here. You'll have to take this three times a day, after a meal. (39)This is a powerful pain reliever, so don't use a car or other heavy machinery while taking it. You also shouldn't take it with other pain medication, like aspirin. This is for two weeks.

M   Okay. Will I be able to get it refilled? Dr. Kanazawa said I should take it for at least one month.

W   Well, (40)you will need a new prescription. Ask your doctor for one next time you talk to him, and show it to me in two weeks.

남   안녕하세요. 제 이름은 존 파커입니다. (38)처방약을 받으러 왔는데요. 카나자와 박사님이 당신에게 보냈다고 하셨습니다.

여   네, 바로 여기에 있습니다. 이건 하루 세 번 식후에 복용하셔야 합니다. (39)강력한 진통제라서, 복용하시는 동안에는 자동차나 다른 중장비를 사용하지 마세요. 그리고 아스피린 같은 다른 진통제랑 같이 드시면 안 됩니다. 2주치입니다.

남   네. 약을 다시 받을 수 있나요? 카나자와 박사님이 최소 한 달은 복용해야 한다고 말씀하셨거든요.

여   음, (40)새 처방전이 필요하실 거예요. 의사 선생님께 다음 번에 진찰 받을 때 하나 요청하시고, 2주 후에 제게 보여주세요.

어휘 prescription 처방약; 처방전   pain reliever 진통제   heavy machinery 중장비   medication 약

38 남자의 신분은?
(A) 의학 연구원
(B) 병원 약사
(C) 보조원
(D) 환자

오답 해설 파커 씨는 의사에게 처방받은 약을 받으려고 약국에 온 것이지, 의사의 일을 도우러 온 것이 아니므로 (C)는 오답.

39 약에 대해 언급된 것은?
(A) 식전에 복용해야 한다.
(B) 신체 작업에 집중하는 데 도움이 된다.
(C) 아스피린과 비슷하다.
(D) 효과가 강하다.

패러프레이징 pain reliever → medicine   powerful → has strong effects
오답 해설 식전이 아닌 식후에 복용하라고 했으므로 (A)는 오답. 아스피린 같은 다른 진통제와 함께 복용하지 말라고 했지, 아스피린과 비슷하다고 한 것은 아니므로 (C)도 오답.

40 여자가 남자에게 하라고 말한 것은?
(A) 약 바꾸기
(B) 처방전 작성하기
(C) 서류 가져오기
(D) 환자와 이야기하기

패러프레이징 prescription → document
오답 해설 처방전 작성과 환자 상담은 모두 의사가 할 일이므로 (B), (D)는 오답.

Questions 41-43 refer to the following conversation.

영호

W   Hello, Hans. (41)I see you've finalized the contract with Schwartz Auto Parts. Congratulations. Did you have to negotiate with them more?

M   Yes, because there were some problems. (42)Mainly, they wanted such an early delivery date.

W   What date did they want?

M   This June for the first shipment. I told them that we might need a longer planning phase. I also had to explain that our suppliers were behind.

W   So they understood that?

M   Yes. (43)I suggested making July the deadline just to be

여   안녕하세요, 한스 씨. (41)슈와츠 자동차 부품 회사와의 계약을 마무리 지으신 것 같네요. 축하해요. 그곳과 더 협상을 해야 했나요?

남   네, 몇 가지 문제들이 있었거든요. (42)주로, 그쪽에서 너무 빠른 배송일을 원했어요.

여   그쪽에서 원한 날짜가 언제였는데요?

남   첫 번째 배송으로 올해 6월이요. 제가 그들에게 기획 단계에 시간이 더 필요하다고 말했어요. 그리고 공급업체가 늦어졌다고 설명해야 했어요.

여   그래서 그 점을 이해한가요?

남   네. (43)제가 안전하게 마감일을 7월로 하도록

	safe, and they agreed.		제안했고, 그들도 동의했어요.
W	Good thinking. (43)You can't be too careful.	여	좋은 생각이네요. (43)조심해서 손해볼 건 없죠.
M	Thanks. I just hope things go smoothly on the supplier's end.	남	감사합니다. 공급업체 쪽에서 일이 순조롭게 진행되기를 바랄 뿐이에요.

어휘 finalize 마무리 짓다　auto parts 자동차 부품　negotiate 협상하다　shipment 배송　phase 단계　smoothly 순조롭게, 원활하게　supplier 공급업체　end 편, 부문

41 남자가 최근에 한 것은?
(A) 신제품을 출시했다
(B) 창업을 했다
(C) 사업상 거래를 완료했다
(D) 중요한 마감일을 지켰다

패러프레이징 finalized the contract ➔ Completed a business deal

42 남자가 언급한 문제는?
(A) 7월까지 배송할 수 없다.
(B) 회사들이 기획에 너무 많은 시간을 쏟았다.
(C) 공급업체에 원자재가 충분하지 않다.
(D) 고객이 제품을 너무 빨리 원했다.

패러프레이징 they wanted such an early delivery date ➔ The customer wanted the product too quickly.
오답 해설 마감일을 7월로 한 것을 보면 7월까지는 배송이 가능한 것이므로 (A)는 오답.

43 여자가 "좋은 생각이네요"라고 말한 의도는?
(A) 너무 조심스러운 것은 불필요하다.
(B) 문제를 설명하는 것은 항상 중요하다.
(C) 마감일을 늦게 잡은 것은 현명하다.
(D) 일찍 배송하는 것은 좋은 생각이다.

패러프레이징 making July the deadline ➔ Setting a late deadline

Questions 44-46 refer to the following conversation.

민호			
W	(44)The presentation is scheduled to be in Room 890, right?	여	(44)발표는 890호실에서 하기로 되어 있죠, 그렇죠?
M	Yes, that's correct.	남	네, 맞아요.
W	I just found out that the marketing department is also sending some people. They want to know a bit more about the product before designing their ad campaign. The problem is that I don't think there'll be enough seats in 890. (45)Could you book a different room—one with more seats?	여	마케팅 부서에서도 몇 명을 보낸다는 것을 알았어요. 그들이 광고 캠페인을 기획하기 전에 제품에 대해 더 알고 싶어 하거든요. 문제는 890호실에 자리가 충분히 없을 것 같다는 거예요. (45)자리가 더 있는 다른 방을 예약해 줄 수 있나요?
M	I think the one next door is a little bigger. Room 892.	남	그 옆 방이 조금 더 큰 것 같아요. 892호실이요.
W	Oh, that'll work out great. (46)Can you also e-mail the people who are coming to let them know? I'll give you the names of the marketing people.	여	아, 그게 좋겠네요. (46)오는 사람들에게 이메일을 보내 알려 줄 수 있나요? 마케팅 사람들의 이름을 알려 줄게요.
M	You got it. I'll see you there.	남	알겠습니다. 거기서 봐요.

어휘 be scheduled to do ~할 예정이다　work out (일이) 잘 풀리다

44 화자들이 논의하는 것은?
(A) 사무실 이전 일정
(B) 곧 있을 회의
(C) 광고 캠페인 검토
(D) 발표자 명단 변경

패러프레이징 presentation ➔ meeting
오답 해설 변경된 것은 발표 장소이지, 사무실 전체가 아니므로 (A)는 오답. 광고 캠페인은 아직 기획 전이므로 (C)도 오답.

45 여자가 남자에게 요청하는 것은?
(A) 발표에 의자 더 가져오기
(B) 제품 견본 준비하기
(C) 마케팅 부서 초대하기
(D) 더 큰 방 예약하기

[패러프레이징] book a different room—one with more seats → Reserve a larger room

46 남자가 다음에 할 것 같은 일은?
(A) 발표 파일을 이메일로 보내기
(B) 참석자들에게 메시지 보내기
(C) 사람들이 몇 명 오는지 확인하기
(D) 프로젝터 설치하기

[패러프레이징] e-mail the people who are coming → Send a message to guests

Questions 47-49 refer to the following conversation with three speakers.

[호영미]

M1 On my way to work this morning, (47)I noticed there was a new sandwich place right around the corner.
W Oh, yeah! I saw that too. It's called ... uh ... the Back Porch, I think.
M2 Yeah. It opened last Friday. Tim in HR went there and said it was great. They have a pretty wide variety of sandwiches.
W Sounds nice. (48)I love Del Rio's, but it's definitely getting a little old.
M1 I know. (48)I'm pretty tired of Del Rio's too. We should try the new place today.
M2 (49)What do you think? Lunch at the Back Porch?
W (49)Definitely. Count me in.

남1 오늘 아침에 출근하는 길에, (47)모퉁이 근처에 새로운 샌드위치 가게가 있는 것을 봤어요.
여 아, 그래요! 저도 봤어요. 거긴… 어… 백 포치라고 불렸던 것 같아요.
남2 네. 지난주 금요일에 열었대요. 인사팀의 팀 씨가 갔었는데 좋다고 하더라고요. 꽤 다양한 종류의 샌드위치가 있어요.
여 좋아 보이네요. (48)저는 델 리오스가 좋긴 하지만, 분명히 좀 질리긴 해요.
남1 맞아요. (48)저도 델 리오스가 좀 지겨워요. 오늘은 새로운 곳에 가 보죠.
남2 (49)어때요? 백 포치에서 점심 먹을래요?
여 (49)좋아요. 저도 끼워 주세요.

[어휘] definitely 분명히 count someone in ~을 끼워 주다

47 화자들이 주로 논의하고 있는 내용은?
(A) 저녁 먹기에 좋은 장소
(B) 건강한 식습관
(C) 새로 문을 연 레스토랑
(D) 최근 새로 변경된 메뉴

[패러프레이징] new sandwich place → newly opened restaurant

48 델 리오스에 대해 암시된 것은?
(A) 메뉴에 품목이 많지 않다.
(B) 화자들은 그곳에 여러 번 갔었다.
(C) 그곳의 샌드위치는 별로다.
(D) 아주 오래전에 문을 열었다.

[오답 해설] 여자가 말한 'it's definitely getting a little old'는 델 리오스에 자주 가서 진력이 났다는 뜻이지, 레스토랑이 문을 연 지 오래됐다는 뜻이 아니므로 (D)는 오답.

49 여자가 "저도 끼워주세요"라고 말한 의도는?
(A) 동료들과 점심을 먹으러 갈 것이다.
(B) 델 리오스의 개보수 계획을 도울 것이다.
(C) 인원의 수를 확인할 것이다.
(D) 백 포치에 입사 지원을 할 것이다.

[오답 해설] count someone in은 '~을 끼워 주다'는 의미로 쓰인 것이지, '숫자를 세다'라는 뜻으로 쓰인 것이 아니므로 (C)는 오답.

Questions 50-52 refer to the following conversation.

> **영미**
>
> **W** I know you're doing a lot right now, but (50)can you get this copier working again? I was just running off some handouts, and it stopped. My department's having this huge meeting, and I'm presenting to the senior sales staff in less than an hour.
>
> **M** That machine's been having some problems. I think IT knows about it but hasn't done anything. (51)Down the street, there's a print shop called Harrison's. They take orders by e-mail, so you could send them your file. We do that all the time on the design team. (52)I could send it for you if you want.
>
> **W** Oh, you wouldn't mind? (52)It would be such a lifesaver.
>
> 여 지금 바쁜 것은 알지만, (50)이 복사기가 다시 작동하게 해 줄 수 있나요? 인쇄물을 뽑고 있는데, 멈췄어요. 우리 부서에서 대규모 회의를 할 건데, 제가 한 시간 이내로 고위 영업 사원들을 대상으로 프레젠테이션을 하거든요.
>
> 남 저 기계는 쭉 문제가 좀 있었어요. IT 부서가 이에 대해 알고 있는 것 같은데, 아무것도 해 주지 않았어요. (51)길 아래에, 해리슨즈라고 하는 인쇄소가 있어요. 이메일로 주문을 받으니까, 그쪽으로 파일을 보내시면 돼요. 우리 디자인팀에서는 항상 그렇게 합니다. (52)원하시면 제가 보내 드릴게요.
>
> 여 아, 괜찮겠어요? (52)정말 구해주세요.
>
> **어휘** run off ~을 뽑다, 복사하다 handout 인쇄물, 유인물 lifesaver 구세주

50 대화의 주된 내용은?
(A) 프레젠테이션하기
(B) 복사하기
(C) 전단지 디자인하기
(D) 파일 보내기

오답 해설 대화의 주제는 프레젠테이션에 필요한 배포 자료를 복사하는 것이지, 프레젠테이션 자체가 아니므로 (A)는 오답.

51 남자가 여자에게 제안하는 것은?
(A) 인쇄소 이용해 보기
(B) 파일을 그의 팀에 보내기
(C) 직원들에게 문제 설명하기
(D) IT 부서에 알리기

오답 해설 파일은 인쇄소에 보내라고 했으므로 (B)는 오답. IT 부서는 아무것도 해 주지 않았다고 했으므로 (D)도 오답.

52 여자가 "괜찮겠어요"라고 말한 의도는?
(A) 남자가 시간이 되는지 잘 모르겠다.
(B) 남자의 제안에 고마워한다.
(C) 남자의 충고를 받아들이지 않을 것이다.
(D) 남자가 복사기를 고쳐 주기를 원한다.

Questions 53-55 refer to the following conversation.

> **미호**
>
> **W** (53)What do you think we should do for Mark? His last day is only two weeks from now.
>
> **M** I imagined us just having a big party for him at the office. Everybody could bring food and beverages.
>
> **W** Are you sure he would like that? I heard that he doesn't really want his leaving to be public.
>
> **M** That's true. (54)Maybe we should have a small dinner together with the other team members.
>
> **W** There's an idea. (54)I think he likes that steak restaurant in Moorestown a lot. We could take him there.
>
> 여 (53)마크 씨를 위해 무엇을 해 줘야 할까요? 마지막 날이 오늘로부터 2주 남았네요.
>
> 남 사무실에서 큰 파티를 열어 주는 것을 생각했었는 데요. 다들 음식과 음료를 가져오면 될 거예요.
>
> 여 그가 좋아할 것 같으세요? 그가 퇴사하는 것을 공개적으로 알리고 싶어 하지 않는다고 들었어요.
>
> 남 맞아요. (54)다른 팀원들이랑 같이 간소한 저녁을 먹어야겠네요.
>
> 여 좋은 생각이네요. (54)그가 무어스타운에 있는 스테이크 레스토랑을 무척 좋아하는 것 같아요. 거기로 데려가면 될 거예요.

150

M	(55)I'll check with the others and see if they like the plan.
남	(55)다른 사람들에게 물어봐서 이 계획이 마음에 드는 지 알아볼게요.

어휘 beverage 음료 public 공개적인 take A to B A를 B에 데려가다

53 화자들이 주로 논의하고 있는 것은?
(A) 사무실에서의 파티
(B) 건강 문제
(C) 송별회
(D) 새 레스토랑

오답 해설 처음에는 사무실 내에서 하는 송별회를 생각했지만, 송별회 장소를 레스토랑으로 바꾸기로 결정했으므로 (A)는 오답.

54 여자가 "좋은 생각이네요"라고 말한 의도는?
(A) 마크 씨가 스테이크를 좋아하는 것을 알고 있다.
(B) 간소한 저녁 식사가 괜찮다고 생각한다.
(C) 더 나은 제안이 있다.
(D) 남자가 세부적인 내용을 알려 주기를 원한다.

55 남자가 하겠다고 이야기한 것은?
(A) 음식과 음료 가져오기
(B) 동료들에게 연락해 아이디어 공유하기
(C) 무어스타운에 마크 씨를 태우고 가기
(D) 레스토랑에 자리 예약하기

패러프레이징 check with the others and see if they like the plan → Contact coworkers about the idea

Questions 56-58 refer to the following conversation.

미영

M	Hi, Maria. (56)Have you seen the latest résumés for the quality control position? There are only five applicants even after the aggressive advertising, and none of them seem like a good fit.
W	I did see them. (56)I think we need to suggest some alternatives to the quality control supervisors.
M	Such as?
W	Well, (57)there are people already working here who are skilled enough for the necessary tasks. Some of them could be moving if they're willing.
M	Who did you have in mind? I know engineering has plenty of people who would be able to do the quality testing.
W	(58)Yes, and they are actually overstaffed right now. Why don't we talk about it a little bit more at lunch?

남	안녕하세요, 마리아 씨. (56)품질관리직의 최신 이력서를 봤나요? 공격적인 광고 후에도 지원자가 5명밖에 없었는데, 그들 중 잘 맞아 보이는 사람은 없는 것 같아요.
여	저도 봤어요. (56)품질관리 감독관들에게 다른 대안을 제안해야 할 것 같아요.
남	예를 들면요?
여	음, (57)필요한 업무를 할 수 있는 충분한 능력을 갖춘 사람들이 이미 이곳에서 일하고 있잖아요. 원한다면 그들 중 일부가 이동할 수도 있죠.
남	염두에 두고 있는 사람이 있나요? 엔지니어링 부서에는 품질 테스트를 할 수 있는 사람이 많이 있는 걸로 알고 있어요.
여	(58)네, 그리고 사실 그쪽은 지금 직원이 필요 이상으로 많기도 하고요. 점심 때 더 이야기해 보는 것은 어때요?

어휘 résumé 이력서 applicant 지원자 aggressive 공격적인 alternative 대안 necessary 필요한 have in mind 염두에 두다 overstaffed 필요 이상의 많은 직원을 둔

56 화자들의 신분은?
(A) 연예인 스카우터
(B) 엔지니어링 부서 기술자들
(C) 인사팀 직원들
(D) 품질관리 감독관들

오답 해설 품질관리부의 관리자들에게 제시할 채용 대안을 논의하는 것이지, 화자들이 품질관리부 소속은 아니므로 (D)는 오답.

151

57 문제에 대한 가능한 해결책으로 언급된 것은?
 (A) 직원들에게 품질관리 교육을 시키는 것
 (B) 채용 업무를 외주로 주는 것
 (C) 구인 광고를 내는 것
 (D) 내부 직원을 채용하는 것

> 오답 해설 구인 광고는 성과를 거두지 못한 방법이므로 (C)는 오답.

58 엔지니어링 부서에 대해 시사된 것은?
 (A) 지금부터 품질관리 업무를 할 수 있다.
 (B) 직원들이 너무 많다.
 (C) 숙련된 직원을 더 필요로 한다.
 (D) 테스트 업무를 할 직원이 없다.

> 패러프레이징 are actually overstaffed → have more than enough people
> 오답 해설 숙련된 직원을 구하는 부서는 품질관리 부서이지, 엔지니어링 부서가 아니므로 (C)는 오답.

Questions 59-61 refer to the following conversation.

미미

M Hello. This is Dean Fairchild from Vision Computing. (59)We just received the posters we ordered, but I think there's been a mix-up. (60)The ones we got are black and white, but we ordered color.

W Hello, Mr. Fairchild. I'm sorry for the inconvenience. Perhaps there was a misunderstanding.

M Well, if it's okay, we can sort out the misunderstanding later, but for now, we need a set of color posters right away. It will be the same design, but in color. It's for a trade fair this weekend, so it's very urgent.

W I see. We should still have the design on file. (61)I will make sure the posters get made and call you back when they're ready.

남 안녕하세요. 비전 컴퓨팅 사의 딘 페어차일드입니다. (59)주문한 포스터를 방금 받았는데요, 혼동이 있었던 것 같아요. (60)흑백으로 받았는데, 저희는 컬러로 주문했습니다.

여 안녕하세요, 페어차일드 씨. 불편을 드려 죄송합니다. 아마도 착오가 있었던 것 같네요.

남 음, 괜찮다면, 착오는 나중에 처리하고, 지금은 바로 컬러 포스터 한 세트를 받아야 합니다. 디자인은 동일하지만, 컬러로요. 이번 주말에 있을 무역 박람회에 쓸 거라서 매우 급하거든요.

여 알겠습니다. 파일에 디자인이 있을 거예요. (61)포스터를 꼭 만들어서 준비가 되면 전화 드리겠습니다.

> 어휘 mix-up 혼동 inconvenience 불편 misunderstanding 착오 sort out 처리[해결]하다 urgent 긴급한

59 여자의 신분은?
 (A) 컴퓨터 엔지니어
 (B) 인쇄소 직원
 (C) 그래픽 디자이너
 (D) 무역 박람회 기획자

> 오답 해설 대화로 보아 여자는 인쇄 의뢰를 받은 것이지, 그래픽 디자인을 한 것은 아니므로 (C)는 오답.

60 남자가 언급한 문제는?
 (A) 제품이 잘못 만들어졌다.
 (B) 예정된 물품이 아직 도착하지 않았다.
 (C) 디자인이 생각했던 것과 달라 보였다.
 (D) 중요한 정보가 있는 파일이 없어졌다.

> 패러프레이징 The ones we got are black and white, but we ordered color. → A product was made incorrectly.
> 오답 해설 컬러로 주문한 포스터가 흑백으로 나온 것이지, 디자인 자체가 생각과 다른 것은 아니므로 (C)는 오답.

61 여자가 하겠다고 한 일은?
 (A) 포스터를 박람회로 바로 보내기
 (B) 포스터를 준비한 후에 남자에게 연락하기
 (C) 불편에 대해 남자에게 보상하기
 (D) 빠른 배송 주문하기

> 패러프레이징 make sure the posters get made and call you back when they're ready → Contact the man after preparing the posters

Questions 62-64 refer to the following conversation and diagram.

> 호영
>
> M Hello. (62)Could I have one ticket for the eight o'clock show, please?
> W (62)Which section would you like to sit in? We have four different sections, and as you can see, the prices vary based on which seats people prefer. Many people like to sit close to the stage, especially for plays such as this, so that section is the most expensive.
> M I think I'd prefer this area.
> W Certainly. (63)That will be thirty dollars.
> M Oh, are the seats assigned, or do I just sit wherever I like?
> W (64)Seats aren't assigned, but you do have to sit in the zone that's listed on your ticket and remain there throughout the performance.
>
> 남 안녕하세요. (62)8시 공연 티켓 한 장을 주실 수 있나요?
> 여 (62)어느 구역에 앉고 싶으세요? 4개의 다른 구역이 있고, 보시다시피, 선호하는 좌석에 따라 가격이 다양합니다. 특히 이번과 같은 연극에는 많은 사람들이 무대에 가까이 앉고 싶어 해서, 그 구역은 가장 비쌉니다.
> 남 이 구역이 좋아 보이네요.
> 여 알겠습니다. (63)30달러입니다.
> 남 아, 좌석은 배정되나요, 아니면 원하는 곳에 앉을 수 있나요?
> 여 (64)좌석은 배정되지 않습니다만, 티켓에 적힌 구역에만 앉으실 수 있고 공연 내내 그 구역에 계셔야 합니다.
>
> 어휘 **vary** 다양하다 **based on** ~에 근거해 **assign** 배정하다 **remain** (어떤 장소에) 머무르다 **throughout** ~ 내내

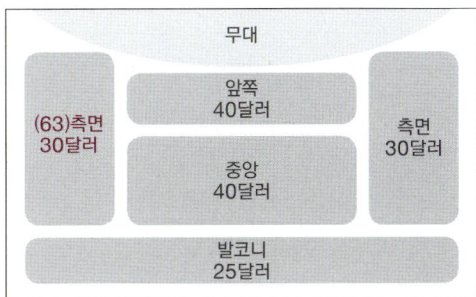

62 여자의 신분은?
 (A) 전문 음악가
 (B) 무대 감독
 (C) 티켓 판매원
 (D) 경비원

오답 해설 여자의 업무는 공연 티켓을 판매하는 것이므로 (A)와 (B)는 오답.

63 시각 정보에 따르면, 남자가 앉을 곳은?
 (A) 앞쪽
 (B) 측면
 (C) 중앙
 (D) 발코니

오답 해설 남자가 고른 좌석의 가격은 30달러이므로 (A)는 오답.

64 여자가 좌석에 대해 이야기한 것은?
 (A) 선착순이다.
 (B) 가격은 항상 동일하다.
 (C) 무대 가까이에 있는 좌석은 매진되었다.
 (D) 관람객들은 원하면 구역을 이동할 수 있다.

패러프레이징 Seats aren't assigned → It is first come, first served.
오답 해설 무대와 가까운 좌석이 인기가 많다고 했지만 좌석 매진 여부는 알 수 없으므로 (C)는 오답. 티켓에 적힌 구역에 계속 있어야 한다고 했으므로 (D)도 오답.

Questions 65-67 refer to the following conversation and advertisement.

영미

W   Hello. This is Diana Leigh. (65)I'm calling to see if the project coordinator position is still open.
M   Hello, Ms. Leigh. Have you applied for the position yet?
W   No. I just got back from overseas.
M   I see. Well, (66)we always have openings, mostly for people with experience in SQL. What kind of work were you doing before?
W   (67)I graduated six years ago with a master's in computer programming, and then I worked for a software company in Japan. I used SQL a lot at that job, in fact.
M   That's great. I have a position in mind, so if you apply, we can set up an interview.

여   안녕하세요. 저는 다이애나 리입니다. (65)프로젝트 진행자 자리가 아직 채용 중인지 알아보려고 전화했습니다.
남   안녕하세요, 리 씨. 아직 그 자리에 지원하지 않으셨나요?
여   안 했습니다. 이제 막 해외에서 돌아와서요.
남   알겠습니다. 음, (66)저희는 항상 채용 중이며, 주로 SQL에 대한 경력이 있는 분이 대상입니다. 전에 어떤 일을 하셨나요?
여   (67)6년 전에 컴퓨터 프로그래밍에서 석사로 졸업하고, 일본에 있는 소프트웨어 회사에서 일했습니다. 사실 그 회사에서 SQL을 많이 사용했습니다.
남   아주 좋네요. 생각하는 자리가 있으니 지원하시면, 면접을 잡아 볼게요.

어휘 coordinator 진행자   position (일)자리, 직위   opening 빈자리, 결원   graduate 졸업하다   master's (degree) 석사 학위   set up (일정을) 잡다; 설치하다

프로젝트 진행자
- 지원 요건

학력	컴퓨터 프로그래밍 부문에 대한 학사 학위 이상
기술	뛰어난 SQL 능력
경력	프로그래밍 분야에서 2년 이상의 경력
(67)졸업일	최근 (5년 이내)

---

65 전화의 목적은?
   (A) 면접 일정을 잡기 위해
   (B) 기회에 대해 묻기 위해
   (C) 제출된 이력서에 대해 이야기하기 위해
   (D) 지원 현황을 확인하기 위해

패러프레이징 see if the project coordinator position is still open → ask about an opportunity
오답 해설 여자는 아직 지원한 것이 아니므로 (C)와 (D)는 오답.

66 회사에 대해 언급된 것은?
   (A) 보통은 사람을 더 필요로 한다.
   (B) 해외 근무를 요구한다.
   (C) 최근에 결원을 채웠다.
   (D) 일본에 지사가 있다.

패러프레이징 always have openings → usually needs more people

67 시각 정보에 따르면, 여자가 충족하지 못한 요건은?
   (A) 학력 수준
   (B) 업무 기술
   (C) 업무 경력
   (D) 졸업일

오답 해설 여자는 컴퓨터 프로그래밍 석사 학위가 있고, SQL 사용 경험이 있으며, 동종 업무 경력 또한 있으므로 (A), (B), (C)는 모두 오답.

Questions 68-70 refer to the following conversation and ticket.

호미

M Excuse me. I think this might be my seat. This is seat 27, right?
W I'm not sure what seat it is. I didn't think there were assigned seats in this car. Would you mind if we looked at your ticket?
M Sure. It's right here.
W Let's see. It looks like your seat's in car C. (69)It also says here, this car doesn't have assigned seats.
M Ah, I see. (70)Could you point me in the direction of car C? Sorry, this is my first time on this train.
W (68)Oh, I take it every day. Don't worry about it. It happens all the time.

남 실례합니다. 여기는 제 자리인 것 같은데요. 27번 좌석이죠, 그렇죠?
여 몇 번 좌석인지 모르겠네요. 이 차량에 좌석이 배정되어 있는 줄 몰랐어요. 제가 티켓을 좀 봐도 될까요?
남 물론이죠. 여기 있습니다.
여 봅시다. 당신 좌석은 차량 C에 있는 것 같아요. (69)또 여기 써 있는 걸 보시면, 이 차량에는 배정된 좌석이 없네요.
남 아, 그렇군요. (70)차량 C로 가는 방향을 알려 주시겠어요? 죄송합니다, 이 열차는 처음 타 봐서요.
여 (68)아, 저는 매일 타요. 신경 쓰지 마세요. 항상 있는 일이에요.

어휘 assign 배정하다 point (길을) 알려주다 direction 방향

트랜스 레일 열차표/편도 6월 15일
열차/번호 출발지 목적지
42C/27 존스타운 웨스트보로
출발 도착
오전 7:47 오전 9:32
차량 A-C 예약석
(69)차량 D 자유석

---

68 여자의 신분은?
(A) 열차 승무원
(B) 통근자
(C) 티켓 판매원
(D) 여행자

오답 해설 여자가 남자에게 티켓을 보여 달라고 한 것은 남자의 좌석을 확인하기 위해서지, 그녀가 승무원이나 티켓 판매원이기 때문이 아니므로 (A)와 (C)는 오답.

69 시각 정보에 따르면, 화자들이 타고 있는 칸은?
(A) 차량 A
(B) 차량 B
(C) 차량 C
(D) 차량 D

오답 해설 배정된 좌석이 없다는 것은 예약하지 않아도 된다는 뜻이므로 (A), (B), (C)는 모두 오답.

70 남자가 여자에게 요청하는 것은?
(A) 남자와 자리 바꾸기
(B) 남자가 맞는 열차에 탔는지 확인해 주기
(C) 남자에게 가야 할 방향 말해 주기
(D) 열차 예약 시스템에 대해 설명해 주기

패러프레이징 point me in the direction of car C
→ Tell him which direction to go in

오답 해설 좌석 번호 확인을 부탁한 것이지, 좌석을 바꾸자고 한 것이 아니므로 (A)는 오답. 차량 C로 가는 방향을 알려달라고 한 것이지, 맞는 열차에 탔는지를 묻는 것이 아니므로 (B)도 오답.

PART 4

Questions 71-73 refer to the following telephone message.

영

W Hello, this is Travelstar Airlines calling for Theo Tran. (71)Ms. Tran, your luggage has been found. Actually, (72)another passenger mistook your bag for hers and took it home. After she realized it wasn't her bag, she returned it to us. So we will be able to deliver it to your hotel room today. (73)Please call us back and let us know what time would be good for you. We can deliver between 6 A.M. and 11 P.M., and the service is free of charge. Thanks, and have a good day.

여 안녕하세요, 여기는 트레블스타 항공사인데요, 테오 트랜 씨께 전화했습니다. (71)트랜 씨, 귀하의 수화물을 찾았습니다. 사실은, (72)다른 승객이 귀하의 가방을 자기 것으로 잘못 생각해서 집에 가져가셨어요. 본인의 가방이 아니라는 걸 알아차린 후에, 저희에게 돌려보내 주셨습니다. 그래서 오늘 호텔 방으로 배송해 드릴 수 있습니다. (73)다시 전화 주셔서 언제가 좋은지 알려 주세요. 오전 6시에서 오후 11시 사이에 배송해 드릴 수 있으며, 이 서비스는 무료입니다. 감사합니다. 좋은 하루 보내세요.

어휘 mistake A for B A를 B로 잘못 판단하다   realize 알아차리다, 깨닫다   free of charge 무료로

71 전화의 주 목적은?
(A) 트랜 씨에게 가방을 찾았다는 것을 알리기 위해
(B) 트랜 씨에게 가방을 분실한 것에 대해 사과하기 위해
(C) 트랜 씨에게 항공편 정보를 알려주기 위해
(D) 트랜 씨에게 호텔 주소를 물어보기 위해

오답 해설 한 승객이 실수로 트랜 씨의 가방을 가져간 것이지, 항공사가 분실한 것이 아니므로 (B)는 오답.

72 화자가 물품에 대해 언급한 것은?
(A) 오늘 배송될 수 없다.
(B) 다른 사람이 실수로 가져갔다.
(C) 곧 항공사로 돌려보내질 것이다.
(D) 다른 항공기에 실렸었다.

패러프레이징 another passenger mistook your bag for hers and took it home → It was taken by someone by accident.
오답 해설 오늘 청자의 호텔 방으로 짐을 배송할 수 있다고 했으므로 (A)는 오답.

73 화자가 요청하는 정보는?
(A) 머무르고 있는 호텔이 어디인지
(B) 최종 목적지가 어디인지
(C) 배송에 대한 지불을 어떻게 하고 싶은지
(D) 물건을 받을 수 있는 시간이 언제인지

패러프레이징 what time would be good for you → When she is available

Questions 74-76 refer to the following broadcast.

미

M Welcome back to WKRY. Before we return to the show, we want to tell you again about Cultural Cuisine Collective, which is this weekend. (74)(75)This is an international food expo held every year in Montgomery Square, just a few blocks south of City Hall. There's food from more than thirty different countries and live cooking demonstrations. It kicks off Friday the eighth at 4 P.M. Booths will be open until 10 P.M. on Friday, Saturday, and Sunday. It's free to enter, but you do need to get a pass. (76)You can receive your free pass at the front gate. So you can just stop in, but bring your appetite. Search Cultural Cuisine Collective online for

남 WKRY에 다시 오신 것을 환영합니다. 프로그램으로 돌아가기 전에, 다시 한 번 이번 주말에 있을 문화 요리 공동체에 대해 알려 드리고자 합니다. (74)(75)이 행사는 시청에서 남쪽으로 불과 몇 블록 떨어진 몽고메리 광장에서 매년 열리는 국제 음식 박람회입니다. 30개 이상의 다양한 나라에서 온 음식과 현장 요리 시연이 있습니다. 행사는 8일 금요일 오후 4시에 시작합니다. 부스들은 금, 토, 일요일 밤 10시까지 열려 있을 예정입니다. 입장은 무료이지만, 입장권은 받으셔야 합니다. (76)무료 입장권은 입구에서 받으실 수 있습니다. 그러니 잠깐 들르시되, 식욕만 챙겨 오시면 됩니다. 더 많은

more infomation.

어휘 cuisine 요리　demonstration 시연　kick off 시작하다　appetite 식욕

74 공지되고 있는 것은?
(A) 무역 박람회
(B) 음식 축제
(C) 레스토랑 개업
(D) 요리 경연대회

패러프레이징 food expo → food festival
오답 해설 행사의 일환으로 요리 시연(cooking demonstrations)이 있을 것이라고 했지, 행사 자체가 요리 경연 대회는 아니므로 (D)는 오답.

75 행사에 대해 언급된 것은?
(A) 시청 앞에서 열린다.
(B) 지역 음식을 기념한다.
(C) 일주일 동안 지속된다.
(D) 매년 열린다.

패러프레이징 every year → annually
오답 해설 시청 근처에 있는 광장에서 열린다고 한 것이지, 시청 앞에서 열린다는 것이 아니므로 (A)는 오답.

76 참가를 희망하는 청자들이 할 일은?
(A) 미리 등록하기
(B) 온라인으로 입장권 구매하기
(C) 입구에서 티켓 받기
(D) 직접 만든 음식 가져오기

패러프레이징 receive your free pass at the front gate → Get tickets at the entrance

Questions 77-79 refer to the following announcement.

미

W　Good afternoon, (77)shoppers. (79)We'd like to remind everyone that best-selling mystery author Jane Callister will be having a signing here tomorrow from 11 A.M. to 3 P.M. to promote her newest novel, *The Key to the Red Door*. If you like mystery, don't miss out. (78)This is a great chance to meet one of the most well-liked mystery authors in the country, and who knows when she'll be back? In addition to dozens of short stories, Ms. Callister has written five other novels, which were all best sellers. Stop by the reading café tomorrow at eleven. Thank you for shopping at Bannister's.

여　안녕하세요, (77)쇼핑객 여러분. (79)베스트셀러 추리 소설의 작가인 제인 캘리스터 씨가 최신 소설인 〈빨간 문을 여는 열쇠〉를 홍보하기 위해 내일 오전 11시에서 오후 3시까지 여기에서 사인회를 한다는 것을 여러분께 상기시켜 드리고자 합니다. 추리 소설을 좋아하신다면, 놓치지 마세요. (78)우리 나라에서 가장 사랑받는 추리 소설 작가 중 한 명을 만날 수 있는, 언제 다시 올지 모르는 최고의 기회입니다. 많은 단편 소설에 더해, 캘리스터 씨는 5개의 소설을 더 썼고 그것들은 모두 베스트셀러였습니다. 내일 11시에 독서 카페에 들러 주세요. 배니스터스에서 구매를 해 주셔서 감사합니다.

어휘 remind 상기시키다　promote 홍보하다　well-liked 사랑을 받는　stop by ~에 들르다

77 안내가 일어나고 있는 곳은?
(A) 도서관
(B) 서점
(C) 커피숍
(D) 출판사

오답 해설 쇼핑객(shoppers)이라는 표현으로 보아 (A), (D)는 오답. 독서 카페는 매장의 일부이므로 (C)도 오답.

78 화자가 "놓치지 마세요"라고 말한 의도는?
  (A) 작가는 향후에 다시 오지 않을 것이다.
  (B) 사인회의 위치를 찾기가 쉬울 것이다.
  (C) 늦게 온 사람들은 책을 받을 수 없을 것이다.
  (D) 참석하지 않은 팬들은 후회할 것이다.

오답 해설 작가가 언제 다시 방문할지 확실치 않다는 것이지, 다시는 오지 않을 것이라는 뜻은 아니므로 (A)는 오답.

79 제인 캘리스터 씨에 대해 언급된 것은?
  (A) 최근에 유명해졌다.
  (B) 최근 새 소설을 출간했다.
  (C) 단편소설은 쓰지 않는다.
  (D) 예전에 이 동네에 온 적이 있다.

패러프레이징 her newest novel → just released her new novel

Questions 80-82 refer to the following advertisement.

호
M Want to escape for a weekend? (80)Deer Run is offering its lowest rates of the year on places to pitch your tent. We are located within a five-minute walk of beautiful Silver Lake—close to great fishing and boating. If you like hiking or mountain biking, (81)the famous Deer Run Trail, featured in *Great Outdoors* magazine, is also only ten minutes away. We have family and large group sites. Family rates are as low as thirty dollars a night, and group rates only eighty dollars a night. (82)Plus, this weekend only, you can take advantage of a bundle of firewood for free. Reserve a site today!

남 주말 동안에 벗어나고 싶으신가요? (80)디어 런은 텐트를 칠 수 있는 공간을 올해 가장 저렴한 요금에 드리고 있습니다. 아름다운 실버 호수에서 걸어서 5분 거리에 위치해 있어 낚시와 보트를 즐기기에 가깝습니다. 하이킹이나 산악 자전거를 좋아하신다면, (81)〈위대한 자연〉 지에 특집으로 실린 유명한 디어 런 트레일이 불과 10분 거리에 있습니다. 가족 그리고 단체 구역도 있습니다. 가족 요금은 하룻밤에 30달러로 저렴하며, 단체 요금은 하룻밤에 80달러밖에 하지 않습니다. (82)그리고, 이번 주말 동안에만, 장작 한 묶음을 무료로 이용하실 수 있습니다. 오늘 이곳을 예약하세요!

어휘 escape 벗어나다 rate 요금 pitch (텐트를) 치다 feature ~을 특집 기사로 다루다 take advantage of ~을 이용하다 bundle 묶음 firewood 장작 reserve 예약하다 site 장소

80 광고되고 있는 것은?
  (A) 텐트 매장
  (B) 캠핑장
  (C) 낚시 잡지
  (D) 자연 관광 서비스

오답 해설 텐트를 칠 장소를 제공하는 것이지, 텐트를 판매하는 것이 아니므로 (A)는 오답.

81 디어 런 트레일에 대해 언급된 것은?
  (A) 먼 곳에 위치해 있다.
  (B) 추가 요금이 붙는다.
  (C) 실버 호수에서 시작된다.
  (D) 매체에 소개되었다.

패러프레이징 featured in *Great Outdoors* magazine → introduced in the media
오답 해설 디어 런 캠핑장에서 불과 10분 거리라고 했으므로 (A)는 오답.

82 고객들이 이번 주말에 받을 수 있는 것은?
  (A) 무료 장작
  (B) 특별 할인
  (C) 무료 산악 자전거
  (D) 여분의 하이킹 장비

패러프레이징 a bundle of firewood for free → Complimentary firewood

Questions 83-85 refer to the following announcement.

영

W Attention, please. (83)Mr. Luis Herrera, arriving from Memphis, this is the final call for your connecting flight, number OE1713 going to Seattle. Please proceed to Gate A24 immediately. (84)The boarding walkway will separate, and the plane will leave the gate in five minutes. You do not need to pick up your luggage yourself as it will be transferred automatically. So please go directly to your gate without rechecking your luggage. (85)Have your passport and boarding pass ready when you come to Gate A24.

여 주목해 주세요. (83)멤피스에서 도착하신 루이스 헤레라 씨, 시애틀로 가는 OE1713편 연결 항공편의 마지막 방송입니다. 즉시 A24번 탑승구로 와 주시기 바랍니다. (84)5분 뒤에 탑승 통로가 분리되고 비행기는 탑승구에서 출발할 예정입니다. 수하물은 자동으로 옮겨지므로 직접 찾으실 필요 없습니다. 수하물을 다시 부치지 마시고 바로 탑승구로 와 주세요. (85)A24번 탑승구로 오실 때에는 여권과 탑승권을 준비해 주시기 바랍니다.

어휘 proceed to ~로 가다   immediately 즉시   separate 분리되다   transfer 옮기다   automatically 자동으로

83 안내의 주제는?
(A) 지연된 항공기
(B) 비행기를 놓칠 수도 있는 승객
(C) 승객의 수하물에 생긴 문제
(D) 탑승 절차의 변경

84 5분 뒤에 일어날 일은?
(A) 탑승이 진행될 것이다.
(B) 비행기가 출발할 것이다.
(C) 승객들이 비행기에서 내릴 것이다.
(D) 헤레라 씨를 다시 호출할 것이다.

패러프레이징 leave the gate → depart

85 헤레라 씨가 요청받은 것은?
(A) 가능한 한 빨리 항공사 직원에게 전화하기
(B) 이전 비행기에서 수하물 찾기
(C) 티켓과 신분증을 보여 줄 준비하기
(D) 탑승구에서 이용 가능한 다음 항공편 기다리기

패러프레이징 Have your passport and boarding pass ready → Prepare to show his ticket and identification

오답 해설 수하물은 자동으로 연결 항공편으로 옮겨질 것이라고 했으므로 (B)는 오답.

Questions 86-88 refer to the following telephone message.

미

M Hello, this is Dan Preston. I'm from the Southampton Community Center, and I'm trying to reach Grace Park. Ms. Park, (86)I'm calling to talk about your application to help out here. You had expressed an interest in working in our kids' program and making a financial contribution as well. I'm sorry to tell you this, but (87)right now, our preschool is fully staffed. However, we're shorthanded in the senior daycare—we can never seem to get enough people for that. (88)I'd like to set up an interview if you still want to give us a hand, so please give me a call back. If you'd like details about our senior program, just let me know. Thanks so much.

남 안녕하세요, 저는 댄 프레스턴입니다. 사우스햄튼 시민회관에서 연락드리고 있고요, 그레이스 박 씨와 이야기하고 싶습니다. 박 씨, (86)이곳에서 도움을 주시겠다는 지원서에 대해 말씀 드리려고 전화했어요. 아동용 프로그램에서 일하는 것과 재정적 기부를 하는 것에 관심을 표하셨는데요. 이런 말씀 드려 죄송하지만, (87)유치원은 현재 직원이 다 채용되었습니다. 하지만, 노인 돌봄 서비스는 일손이 부족해요. 이쪽으로는 항상 사람을 충분히 구하지 못하는 것 같아요. (88)여전히 도와주실 의향이 있으시다면 면접을 잡고 싶으니, 전화 주세요. 노인 프로그램에 대한 세부 내용이 궁금하시면, 제게 알려주세요. 감사합니다.

> **어휘** application 지원(서) interest 관심 financial 재정[금융]의 contribution 기부 shorthanded 일손이 부족한 set up an interview 면접을 잡다 give someone a hand ~을 도와주다

86 전화의 목적은?
(A) 자원봉사 자리를 이야기하기 위해
(B) 면접 일정을 다시 잡기 위해
(C) 일자리 공석에 대해 문의하기 위해
(D) 기부에 감사를 표하기 위해

패러프레이징 talk about your application to help out here → discuss a volunteer position
오답 해설 면접을 다시 잡는 것은 아니므로 (B)는 오답.

87 프레스턴 씨가 "이런 말씀 드려 죄송하지만"이라고 말한 의도는?
(A) 박 씨의 전화를 받지 못했다.
(B) 다른 사람을 선호한다.
(C) 학교에는 더 이상 도움이 필요하지 않다.
(D) 노인 돌봄 서비스 자리가 다 찼다.

오답 해설 노인 돌봄 서비스 인력은 부족하다고 했으므로 (D)는 오답.

88 청자가 요청받은 것은?
(A) 세부 내용에 대한 책자 읽기
(B) 다른 센터에 지원하기
(C) 센터 직원과의 회의 취소하기
(D) 이야기할 시간을 잡기 위해 전화하기

패러프레이징 set up an interview → arrange a time to talk

Questions 89-91 refer to the following excerpt from a meeting.

미
W So moving on to the marketing plan, (89)preliminary market research shows our target age group for the new makeup line should be young—mainly university students and young adults. (90)For these groups, the affordability of the lip glosses and other makeup products was a big selling point. So we would like to sell these lower-price products in drugstores and supermarkets. Some of the other products, such as our fragrances, though, are a bit pricy. And unlike the makeup, the fragrances got a better response from older consumers, who might be willing to spend a little more. So we say, why not? (91)We should sell these at high-end outlets, such as department stores, where some of the big spenders will be looking.

여 그럼 마케팅 계획으로 넘어가서, (89)예비 시장 조사가 새로운 메이크업 제품의 목표 연령대는 주로 대학생이나 어린 성인으로 젊어야 한다는 것을 보여주고 있습니다. (90)이 그룹에게는, 립글로스와 다른 메이크업 제품들의 적정한 가격이 가장 큰 판매 쟁점이었습니다. 그래서 약국과 슈퍼마켓에서 이들 저가 제품들을 판매하고자 합니다. 하지만, 향수와 같은 다른 제품들은 가격이 좀 있습니다. 메이크업 제품과는 다르게, 향수는 나이가 더 있어서 더 많은 비용을 쓸 의향이 있는 소비자들에게 더 나은 반응을 얻었습니다. 그래서 안 될 것 없죠. (91)이 제품은 돈을 많이 쓰는 사람들이 볼 수 있는, 백화점과 같은 고급 전문 매장에서 판매하고자 합니다.

> **어휘** preliminary 예비의 affordability 적당한 가격으로 구입할 수 있는 것 fragrance 향수; 향기 pricy 값비싼 high-end 고급의

89 화자가 일하는 회사의 업종은?
(A) 화장품 회사
(B) 택배 회사
(C) 백화점
(D) 의약품 제조사

오답 해설 백화점은 화자의 회사가 아닌 고가의 향수 등을 판매할 곳으로 언급되었으므로 (C)는 오답.

90 젊은 고객층에 대해 암시된 것은?
(A) 특정 제품에는 돈을 더 쓸 수도 있다.
(B) 고급 상점으로 종종 쇼핑을 하러 간다.
(C) 적정한 가격을 선호하는 것 같다.
(D) 향수에 긍정적으로 반응했다.

패러프레이징 affordability → reasonable prices
오답 해설 (A), (B), (D)는 연령대가 더 높은 소비자들의 성향에 관한 것이므로 오답.

91 화자가 "그래서 안 될 것 없죠"라고 말한 의도는?
(A) 제품들은 더 높은 가격에 팔릴 수 있다.
(B) 연령대가 높은 사람들은 메이크업 제품을 사지 않는다.
(C) 젊은 쇼핑객들은 품질이 좋은 제품을 선호한다.
(D) 연구가 아직 끝나지 않았다.

오답 해설 젊은 고객들은 가격이 적정한 제품을 선호한다고 했으므로 (C)는 오답.

Questions 92-94 refer to the following speech.

호

M Welcome, everyone, to this introductory training session. (92)I'll give you a brief outline of what we'll talk about this morning. (93)First, our human resources director will explain the mission of our organization— something that everyone needs to know. Then our hiring manager will show you the structure of the company. Finally, we'll talk briefly about our new professional education program, and how you can take courses to earn further credentials while working here. (94)In the afternoon, your training will be focused on your position, so you'll be put in teams according to your roles. I'm going to hand it over now to our human resources director, Ms. Eunice Lee.

남 신입사원 연수회에 오신 여러분을 환영합니다. (92)오늘 오전에 이야기할 것에 대해 간단히 설명 드리겠습니다. (93)먼저, 인사부장님께서 모두가 알아야 하는 우리 회사의 사명을 설명해 줄 것입니다. 그리고 채용 담당자가 회사의 구조를 보여줄 것입니다. 마지막으로, 새로운 전문 교육 프로그램과 이곳에서 일하는 동안 더 많은 자격증을 얻으려면 어떤 과정들을 들어야 하는지 간단하게 이야기해 드리겠습니다. (94)오후에는 교육이 직위에 초점을 맞출 것이어서 여러분의 역할에 따라 팀에 들어가게 될 겁니다. 이제 인사팀 부장인 유니스 리 씨께 넘겨 드리겠습니다.

어휘 introductory 입문자들을 위한 brief 간단한 organization 조직, 단체 structure 구조 further 더 이상의, 추가의 credential (보통 복수형) 자격증 hand something over ~을 넘겨주다

92 연설의 목적은?
(A) 각 부서의 기능을 설명하기 위해
(B) 직원들이 계속 교육을 받도록 동기 부여를 하기 위해
(C) 신입 직원들이 배울 것들을 설명하기 위해
(D) 회사의 사명에 대해 직원들에게 알려 주기 위해

오답 해설 (A)와 (D)는 연수회에서 알게 될 내용의 일부분일 뿐이므로 오답.

93 조직의 사명에 대해 언급된 것은?
(A) 모든 직원들이 이해하고 있어야 한다.
(B) 채용 담당자가 소개할 것이다.
(C) 오전 교육의 마지막 부분이다.
(D) 최근에 개발되었다.

패러프레이징 everyone needs to know → should be understood by all employees

94 청자들이 오후에 할 일은?
(A) 리 씨의 이야기 듣기
(B) 회사 구조에 대해 배우기
(C) 부서에 따라 조를 나누기
(D) 더 좋은 자격증을 위한 과정 선택하기

패러프레이징 be put in teams according to your roles → Split up into groups based on department

Questions 95-97 refer to the following excerpt from a meeting and chart.

미

M (95)I think we should discuss our retirement package survey. As you all know, starting next year, we need to change retirement plans for employees in order to keep costs down. My team has conducted a staff survey to check which options the employees prefer. If you look at the results of the survey, you'll notice that two items have a high percentage of approval. People especially favored the top one because it offers them a chance to invest. (96)However, we really ought to go for the second option. (97)It allows people to select a plan that's right for them—tax-free plans are available, for example.

남 (95)퇴직금 제도 조사에 대해 이야기해 봐야 할 것 같아요. 모두 아시다시피, 내년부터, 비용을 낮추기 위해 직원들을 위한 퇴직금 제도를 변경해야 합니다. 직원들이 선호하는 항목을 알아보기 위해 직원 조사를 실시했습니다. 조사 결과를 보시면, 두 개의 항목이 찬성률이 높다는 것을 볼 수 있을 겁니다. 사람들은 특히 투자를 할 기회를 제공한다는 이유로 가장 높은 항목을 선호했습니다. (96)하지만, 정말 두 번째 항목을 선택해야 한다고 봐요. (97)예를 들어, 비과세 항목도 가능하므로, 자신에게 맞는 제도를 고를 수 있습니다.

어휘 retirement 퇴직 conduct 실시하다 approval 찬성 especially 특(별)히 favor 선호하다 ought to ~해야 한다 allow ~할 수 있게 하다

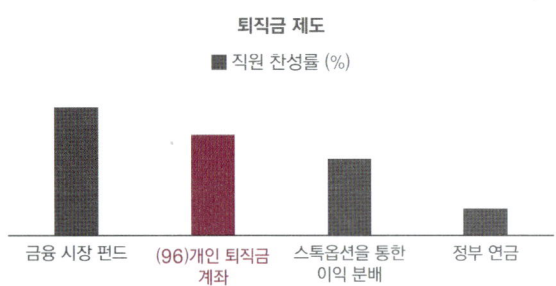

퇴직금 제도
■ 직원 찬성률 (%)

금융 시장 펀드 | (96)개인 퇴직금 계좌 | 스톡옵션을 통한 이익 분배 | 정부 연금

95 화자가 주로 논의하고 있는 내용은?
(A) 퇴직 연령
(B) 직원 만족도 조사
(C) 새로운 직원 혜택
(D) 직원 결제 관리

96 시각 정보에 따르면, 선택될 것 같은 항목은?
(A) 금융 시장 펀드
(B) 개인 퇴직금 계좌
(C) 스톡옵션을 통한 이익 분배
(D) 정부 연금

97 제안된 시스템이 직원들에게 좋은 점은?
(A) 선택권을 준다.
(B) 투자 기회를 제공한다.
(C) 직원들이 선호하는 선택권이다.
(D) 세금을 낼 필요가 없다.

패러프레이징 retirement package → employee benefits
오답 해설 설문은 새로운 퇴직금 제도에 대한 것이지, 퇴직 연령이나 직원 만족도에 대한 것이 아니므로 (A)와 (B)는 오답.

오답 해설 사람들이 가장 높은 항목을 선호한다고 했지만, 화자는 두 번째 항목을 선택해야 한다고 했으므로 (A)는 오답.

패러프레이징 allows people to select a plan → gives them some choices

Questions 98-100 refer to the following telephone message and invoice.

W Hi, this is Kumiko Mineta from Renning Industries. (98)I'm calling to make a correction to an order I placed last Friday. When I looked at the invoice, I noticed I made a mistake. (99)I intended to order twenty items, but accidently typed two hundred. I know it's a little late, but I see that the order won't ship until tomorrow. So if it could still be changed, I would appreciate it. (100)I'd also like an updated copy of the receipt once the order is changed. Please call me if there are any issues. I'll be in the office until 4 P.M. today. Thanks.

여 안녕하세요, 저는 레닝 산업의 쿠미코 미네타입니다. (98)지난주 금요일에 한 주문을 정정하려고 전화했습니다. 송장을 봤을 때, 실수한 것을 발견했어요. (99)제품을 20개 주문하려고 했는데 실수로 200개를 입력했습니다. 좀 늦었다는 걸 알지만, 이 주문은 내일까지 배송되지 않을 거라는 것을 압니다. 그래서 아직 변경이 가능하다면, 감사할 것 같습니다. (100)또한 주문이 변경되면 업데이트된 송장을 받고 싶습니다. 문제가 있으면 전화 주세요. 오늘 오후 4시까지는 사무실에 있습니다. 감사합니다.

어휘 correction 정정, 수정 invoice 송장 intend to do ~하려고 (의도)하다 accidently 실수로 appreciate 고마워하다

송장 / 오피스 서플라이 사

제품	수량
(100)340번 붙이는 메모지 – 1묶음	200
080번 펜 – 검정, 10묶음	20
799번 스테이플러 – 1상자	50
085번 연필 – 2호, 10묶음	20

98 전화 건 목적은?
 (A) 주문하기 위해
 (B) 구매를 변경하기 위해
 (C) 실수에 대해 사과하기 위해
 (D) 제품에 대해 문의하기 위해

패러프레이징 make a correction to an order → change a purchase
오답 해설 전화는 주문량 정정이 가능한지를 문의하려는 것이지, 제품 자체에 대해 문의하는 것이 아니므로 (D)는 오답.

99 시각 정보에 따르면, 주의를 요하는 제품 번호는?
 (A) 340번
 (B) 080번
 (C) 799번
 (D) 085번

100 청자가 요청받은 것은?
 (A) 저녁에 다시 전화하기
 (B) 오류가 발생한 이유를 설명하기
 (C) 제품이 언제 배송되었는지 확인하기
 (D) 새로운 송장 보내주기

패러프레이징 an updated copy of the receipt → a copy of a new invoice

TEST 2

p.160

1 (D)	2 (C)	3 (C)	4 (A)	5 (C)	6 (B)	7 (C)	8 (C)	9 (B)	10 (C)
11 (A)	12 (A)	13 (B)	14 (C)	15 (A)	16 (B)	17 (B)	18 (C)	19 (B)	20 (C)
21 (C)	22 (C)	23 (B)	24 (B)	25 (C)	26 (C)	27 (B)	28 (B)	29 (A)	30 (A)
31 (C)	32 (C)	33 (D)	34 (C)	35 (C)	36 (C)	37 (A)	38 (B)	39 (C)	40 (B)
41 (B)	42 (B)	43 (B)	44 (A)	45 (B)	46 (C)	47 (C)	48 (B)	49 (C)	50 (C)
51 (A)	52 (C)	53 (C)	54 (D)	55 (C)	56 (C)	57 (C)	58 (C)	59 (B)	60 (A)
61 (C)	62 (C)	63 (A)	64 (C)	65 (B)	66 (D)	67 (C)	68 (D)	69 (A)	70 (C)
71 (B)	72 (C)	73 (C)	74 (C)	75 (D)	76 (C)	77 (B)	78 (C)	79 (A)	80 (B)
81 (C)	82 (C)	83 (B)	84 (C)	85 (B)	86 (A)	87 (B)	88 (A)	89 (D)	90 (B)
91 (B)	92 (C)	93 (B)	94 (C)	95 (C)	96 (D)	97 (C)	98 (D)	99 (D)	100 (C)

PART 1

1 미

(A) They're putting on their aprons.
(B) They're arranging items on shelves.
(C) They're emptying some boxes.
(D) They're working in a grocery store.

(A) 사람들이 앞치마를 입는 중이다.
(B) 사람들이 선반 위에 물품들을 진열하고 있다.
(C) 사람들이 몇몇 상자들을 비우고 있다.
(D) 사람들이 식료품점에서 일을 하고 있다.

어휘 put on ~을 입다 apron 앞치마 arrange 배열하다, 정리하다 empty 비우다
오답 해설 (A), (B), (C)는 모두 사진에 나온 사물이 언급되었으나 동작 묘사가 틀렸으므로 오답.

2 영

(A) The man's picking up a cane.
(B) The man's looking into a backpack.
(C) The man's walking through the water.
(D) The man's sailing on a lake.

(A) 남자가 지팡이를 주워 올리고 있다.
(B) 남자가 배낭 안을 들여다보고 있다.
(C) 남자가 물 속을 걸어가고 있다.
(D) 남자가 호수에서 배를 타고 있다.

어휘 cane 지팡이 sail 배를 타다
오답 해설 (A), (B)는 사진에 나온 사물이 언급되었으나 동작 묘사가 틀렸으므로 오답. (D)는 사진의 배경은 일치하나 동작 묘사가 틀렸으므로 오답.

3 호

(A) Cars have stopped at an intersection.
(B) A passenger is getting out of a vehicle.
(C) Some people are riding bikes.
(D) Street lamps are being repaired.

(A) 차들이 교차로에 멈춰 서 있다.
(B) 승객이 차량에서 내리고 있다.
(C) 몇몇 사람들이 자전거를 타고 있다.
(D) 가로등들이 수리되고 있다.

어휘 intersection 교차로 vehicle 차량 repair 수리하다
오답 해설 (A), (B), (D)는 사진에 나온 대상이 언급되었으나 동작 또는 상태 묘사가 틀렸으므로 오답.

4 미

(A) Chairs are arranged around a table.
(B) Curtains hang on both sides of a window.
(C) Documents have been piled on a desk.
(D) Some of the seats are occupied.

(A) 의자들이 탁자 주위에 정리되어 있다.
(B) 커튼이 창문의 양쪽에 걸려 있다.
(C) 서류들이 책상 위에 쌓여 있다.
(D) 몇몇 의자들이 사용 중이다.

어휘 hang 걸려[매달려] 있다 pile 쌓다 occupy 사용하다
오답 해설 (B)는 사진만으로는 알 수 없는 상태 묘사이므로 오답. (C)는 사진에 없는 사물이 언급되었으므로 오답. (D)는 상태 묘사가 틀렸으므로 오답.

164

5 영

(A) Luggage is strewn on the ground.
(B) Passengers are climbing some steps.
(C) People are approaching an aircraft.
(D) A runway is filled with planes.

(A) 짐들이 땅바닥에 흩어져 있다.
(B) 승객들이 계단을 오르고 있다.
(C) 사람들이 항공기로 다가가고 있다.
(D) 활주로가 비행기들로 꽉 차 있다.

어휘 strew 흩뿌리다   step 계단   approach 다가가다   aircraft 항공기   runway 활주로   be filled with ~로 가득 차다

오답 해설 (A), (B), (D)는 사진에 나온 대상이 언급되었으나 동작 또는 상태 묘사가 틀렸으므로 오답.

---

6 미

(A) Umbrellas are being set up outside.
(B) Tables have been positioned in rows.
(C) Dishes are being cleared away.
(D) Chairs have been stacked against a wall.

(A) 우산들이 야외에 설치되고 있다.
(B) 식탁들이 여러 줄로 배치되어 있다.
(C) 접시들을 치우고 있다.
(D) 의자들이 벽에 기댄 채 쌓여 있다.

어휘 set up 설치하다   position 배치하다   in rows 여러 줄로 늘어서   clear away ~을 치우다; 청소하다   stack 쌓다

오답 해설 (A), (C)는 행위의 주체가 사진상에 없으므로 오답. (D)는 상태 묘사가 틀렸으므로 오답.

PART 2

7 호영

Where is the computer lounge?
(A) I bought it yesterday.
(B) Around 3 P.M.
(C) On the second floor.

컴퓨터 라운지는 어디인가요?
(A) 어제 구입했어요.
(B) 오후 3시쯤에요.
(C) 2층에요.

어휘 floor 층

---

8 미미

What bus goes directly to Swansea?
(A) For a sales conference.
(B) It takes about one hour.
(C) I think the 302 does.

스완지로 바로 가는 버스는 무엇인가요?
(A) 영업 회의 때문에요.
(B) 한 시간 정도 걸려요.
(C) 302번인 것 같아요.

어휘 directly 바로

오답 해설 (B)는 bus와 특정 목적지(Swansea)에서 연상 가능한 소요 시간을 이용한 오답.

---

9 영미

How do I replace the toner in this printer?
(A) At least fifty copies.
(B) Sandra can show you.
(C) The new place downtown.

이 프린터기의 토너를 어떻게 교체할 수 있나요?
(A) 최소한 50부요.
(B) 샌드라 씨가 알려줄 겁니다.
(C) 시내의 새로운 곳이에요.

어휘 replace 교체하다   at least 최소한

오답 해설 (A)는 printer에서 연상 가능한 copies를 이용한 오답. (C)는 replace와 발음이 유사한 place를 이용한 오답.

---

10 미호

Who should I speak to about taking vacation leave?
(A) Just a short trip to Canada.
(B) For approximately ten days.
(C) The personnel manager.

휴가 가는 것에 대해서는 누구와 이야기해야 하나요?
(A) 캐나다로 짧게 여행을 가려고요.
(B) 약 열흘 동안이요.
(C) 인사팀장님이요.

어휘 approximately 약, 대략

오답 해설 (A), (B)는 각각 vacation leave에서 연상되는 여행지(Canada)와 기간(ten days)을 이용한 오답.

11 영호 Is the supermarket close to your apartment?
(A) Just a couple of blocks away.
(B) It's open 24 hours a day.
(C) You can find it in aisle five.

슈퍼마켓이 당신의 아파트에서 가깝나요?
(A) 겨우 두세 블록 떨어져 있어요.
(B) 하루에 24시간 문을 엽니다.
(C) 5번 통로에서 찾으실 수 있어요.

어휘 aisle 통로, 복도
오답 해설 (B), (C)는 각각 supermarket에서 연상 가능한 24 hours와 aisle을 이용한 오답.

---

12 미영 Haven't you applied for the managerial position?
(A) Not yet, but I'm planning to.
(B) Talk to your supervisor about it.
(C) Please submit an application form.

관리직에 지원하지 않았나요?
(A) 아직요, 하지만 계획 중이에요.
(B) 거기에 대해서는 당신의 상사와 이야기해 보세요.
(C) 지원서를 제출해 주세요.

어휘 apply 지원하다   managerial 관리[경영]의   supervisor 상사   submit 제출하다
오답 해설 (B)는 managerial position에서 연상 가능한 supervisor를 이용한 오답. (C)는 apply와 파생 관계인 application을 이용한 오답.

---

13 미미 Why don't we take a short break for lunch?
(A) Everything was really delicious.
(B) That sounds good to me.
(C) Yes. We're launching it next week.

점심 먹으러 잠깐 쉬는 게 어때요?
(A) 전부 정말 맛있었어요.
(B) 저는 좋아요.
(C) 네. 다음 주에 그것을 출시합니다.

어휘 launch 출시하다
오답 해설 (A)는 lunch에서 연상 가능한 delicious를 이용한 오답. (C)는 lunch와 발음이 유사한 launching을 이용한 오답.

---

14 호영 Which of these logo designs do you prefer?
(A) Let's go to the Italian place.
(B) Sorry. I didn't see any sign.
(C) The blue one is nice.

이 로고 디자인들 중 어떤 게 더 마음에 드세요?
(A) 이탈리아 식당에 갑시다.
(B) 죄송해요. 어떤 간판도 못 봤어요.
(C) 파란 것이 좋네요.

어휘 prefer 선호하다
오답 해설 (A)는 logo와 발음이 유사한 go를 이용한 오답. (B)는 logo에서 연상 가능한 sign을 이용한 오답.

---

15 미영 You're coming to Jane's party this weekend, right?
(A) I'm afraid I can't make it.
(B) No. I didn't invite her.
(C) It's the last house on the left.

이번 주말 제인 씨의 파티에 오시죠, 맞죠?
(A) 못 갈 것 같아요.
(B) 아뇨. 그 여자분을 초대하지는 않았어요.
(C) 왼쪽 끝에 있는 집이에요.

어휘 make it (모임 등에) 가다[참석하다]   invite 초대하다
오답 해설 (B), (C)는 각각 party에서 연상 가능한 invite와 장소(last house on the left)를 이용한 오답.

---

16 호미 The department store seems much more crowded these days.
(A) We open every day except Sundays.
(B) I guess it's because of its low prices.
(C) Traffic can be bad in this part of town.

백화점이 요즘에 훨씬 더 붐비는 것 같아요.
(A) 일요일만 제외하고 매일 문을 엽니다.
(B) 낮은 가격 때문인 것 같아요.
(C) 도심 내 이 구역의 교통은 안 좋을 수 있어요.

어휘 crowded 붐비는
오답 해설 (A)는 department store에서 연상 가능한 영업일을 이용한 오답. (C)는 crowded에서 연상 가능한 Traffic을 이용한 오답.

17 영호 How many employees are interested in joining the bowling club?
(A) Anyone can sign up.
(B) At least twenty.
(C) I found it very interesting.

볼링 클럽에 합류하는 데 관심 있는 직원이 몇 명이나 되나요?
(A) 누구나 등록할 수 있어요.
(B) 적어도 20명이요.
(C) 매우 재미있었어요.

어휘 employee 직원 join 합류하다 sign up 등록[신청]하다
오답 해설 (A)는 joining에서 연상 가능한 sign up을 이용한 오답. (C)는 interested와 파생 관계인 interesting을 이용한 오답.

---

18 미미 When will Ms. Jenkins return from Japan?
(A) For a short vacation.
(B) She'll be touring our factory.
(C) About two weeks from now.

젠킨스 씨가 일본에서 언제 돌아오나요?
(A) 짧은 휴가를 가려고요.
(B) 그녀는 우리 공장을 둘러볼 것입니다.
(C) 지금부터 약 2주 후에요.

어휘 tour 둘러보다
오답 해설 (A)는 return from에서 연상 가능한 vacation을 이용한 오답.

---

19 호영 Has the client responded regarding our proposal?
(A) You made a lot of good points.
(B) I haven't heard anything yet.
(C) Check with the security guard.

고객이 우리의 제안에 대해 답을 했나요?
(A) 좋은 지적을 많이 해 주셨더군요.
(B) 아직 아무 이야기도 듣지 못했습니다.
(C) 경비원에게 물어보세요.

어휘 regarding ~에 대해 proposal 제안 make a good point 좋은 지적을 하다
오답 해설 (C)는 regarding과 유사한 발음의 guard를 이용한 오답.

---

20 미호 It's not likely that we'll manage to meet the project deadline.
(A) Several managers will attend the meeting.
(B) By the end of next month.
(C) Should we ask for an extension?

우리가 프로젝트 마감일을 맞출 수 있을 것 같지 않네요.
(A) 팀장 몇 명이 회의에 참석할 겁니다.
(B) 다음 달 말까지요.
(C) 연장을 요청해야 할까요?

어휘 manage to do ~을 간신히 해내다 deadline 마감일 attend 참석하다 extension 연장
오답 해설 (A)는 manage와 파생 관계인 managers와 meet와 파생 관계인 meeting을 이용한 오답. (B)는 deadline에서 연상 가능한 특정 시기를 이용한 오답.

---

21 미미 How long does it take to get to Brigham Stadium?
(A) Yes. It's around the corner.
(B) Every weekend.
(C) Fifteen minutes by bus.

브리검 경기장까지 가는 데 얼마나 오래 걸리나요?
(A) 네. 아주 가까이에 있어요.
(B) 매 주말마다요.
(C) 버스로 15분이요.

어휘 be around the corner 아주 가까이 있다
오답 해설 (A)는 특정 장소(Brigham Stadium)에서 연상 가능한 위치를 이용한 오답. (B)는 How often ~ 질문에 적절한 응답이므로 오답.

---

22 호영 Couldn't we get a discount if we ordered online?
(A) No. I got it from a store.
(B) You can give the order form to Steve.
(C) Around twenty percent.

저희가 온라인으로 주문하면 할인을 받을 수 없었나요?
(A) 아니요. 매장에서 샀습니다.
(B) 스티브 씨에게 주문서를 드리면 됩니다.
(C) 약 20%입니다.

어휘 discount 할인
오답 해설 (A)는 ordered online에서 연상 가능한 store를 이용한 오답. (B)는 동일 어휘 order(ordered)를 이용한 오답.

---

23 미미
Do you know where the meeting is being held?
(A) The one on the third floor.
(B) I think it's in Conference Room B.
(C) I'm free tomorrow morning.

회의가 어디에서 열리고 있는지 알고 있나요?
(A) 3층에 있는 거요.
(B) B 회의실인 것 같아요.
(C) 저는 내일 오전에 한가해요.

오답 해설 (C)는 When 의문에 적절한 응답이므로 오답.

---

24 영호
I'm not sure what we can do to increase our sales.
(A) It's a remarkable result.
(B) Let's ask the board for advice.
(C) How much was it on sale for?

매출을 올리기 위해서 무엇을 할 수 있을지 잘 모르겠어요.
(A) 놀라운 결과네요.
(B) 이사진에게 조언을 구해 보죠.
(C) 얼마나 할인이 되었나요?

어휘 increase 올리다 remarkable 놀라운 board 이사진, 이사회
오답 해설 (C)는 동일 어휘 sale(sales)를 반복 사용한 오답.

---

25 호미
Would you rather go to the cinema or watch a play at the theater?
(A) It's been getting great reviews.
(B) I play every Saturday.
(C) I'm in the mood for a movie.

영화관에 가실래요, 아니면 극장에서 연극을 보실래요?
(A) 좋은 평을 받고 있습니다.
(B) 매주 토요일마다 운동해요.
(C) 영화를 보고 싶은 기분이에요.

어휘 review 평 be in the mood for ~하고 싶다
오답 해설 (A)는 cinema, play에서 연상 가능한 reviews를 이용한 오답. (B)는 동일 어휘 play를 반복 사용한 오답.

---

26 영미
Doesn't Richard know about the company's new recycling policy?
(A) It was implemented last week.
(B) He usually cycles to the office.
(C) I don't think anyone told him.

리처드 씨는 회사의 새로운 재활용 정책에 대해 알지 않나요?
(A) 지난주에 시행되었어요.
(B) 그는 주로 자전거를 타고 출근해요.
(C) 아무도 그에게 말해 주지 않은 것 같아요.

어휘 recycling 재활용 policy 정책, 규정 implement 시행하다
오답 해설 (A)는 policy에서 연상 가능한 implemented를 이용한 오답. (B)는 recycling과 발음이 유사한 cycles를 이용한 오답.

---

27 호영
Would you like me to call you if a table becomes available?
(A) The restaurant on Abbott Street.
(B) Yes, I'd appreciate that.
(C) We need to wait for an empty table.

자리가 나면 전화를 드릴까요?
(A) 애벗 가에 있는 레스토랑입니다.
(B) 네, 그러면 감사하죠.
(C) 자리가 나기를 기다려야 해요.

어휘 available 이용 가능한 appreciate 감사하다
오답 해설 (A)는 table에서 연상 가능한 restaurant을 이용한 오답. (C)는 동일 어휘 table을 반복 사용한 오답.

---

28 미미
Is Bill's car the silver one or the black one?
(A) He said it was fairly affordable.
(B) I'm pretty sure it's the white sedan.
(C) You can park anywhere you'd like.

빌 씨의 자동차는 은색인가요, 검은색인가요?
(A) 그가 꽤 적정한 가격이라고 말했어요.
(B) 흰색 세단이라는 것을 거의 확신해요.
(C) 원하시는 곳에 주차할 수 있습니다.

어휘 fairly 꽤　affordable (가격이) 적정한
오답 해설 (C)는 car에서 연상 가능한 park를 이용한 오답.

---

29 미영　We need to get together to discuss the Ford Building blueprints.
(A) How about tomorrow morning?
(B) It's currently undergoing maintenance.
(C) Thanks. I'll take a look at them now.

우리는 포드 빌딩 청사진에 대해 논의하기 위해 모일 필요가 있어요.
(A) 내일 아침은 어때요?
(B) 현재 유지보수를 진행 중입니다.
(C) 감사합니다. 지금 살펴볼게요.

어휘 blueprint 청사진　undergo 겪다　maintenance 유지보수　take a look at ~을 살펴보다
오답 해설 (B)는 Building에서 연상 가능한 maintenance를 이용한 오답.

---

30 영호　Why didn't you come to the company sports day?
(A) I had an urgent appointment.
(B) Sure. I'll see you there.
(C) At least fifty people turned up.

회사 운동회 날에 왜 오지 않았나요?
(A) 급한 약속이 있었어요.
(B) 네. 거기서 뵐게요.
(C) 최소 50명의 사람들이 나타났어요.

어휘 urgent 급한　appointment 약속　turn up 나타나다
오답 해설 (C)는 sports day에서 연상 가능한 인원 수를 이용한 오답.

---

31 호미　Everything is almost ready for the store's grand opening.
(A) On Friday at 6:30, I believe.
(B) It's open seven days a week.
(C) I'm sure it'll be a great success.

매장 개업을 위한 모든 준비가 거의 다 되었어요.
(A) 제가 알기로는 금요일 6시 30분이에요.
(B) 일주일에 7일 문을 엽니다.
(C) 대성공을 할 것이라고 확신해요.

어휘 grand opening 개업, 개장　success 성공
오답 해설 (A)는 opening에서 연상 가능한 시간 표현을 이용한 오답. (B)는 opening과 파생 관계에 있는 open을 이용한 오답.

PART 3

Questions 32-34 refer to the following conversation.

미미

M　Hi. Would you be able to help me? I'm new in town, but I hear this library has a great reputation. Do you do movie rentals too?
W　That's correct. (32)We have a large collection of DVDs, and it's free as long as you have a library card. (33)I'll need your address, phone number, and e-mail. After that, you can check out any book for up to two weeks or any movie for three days. You can also use our Web site to request books and materials from other libraries in the state.
M　Thank you so much. (34)If you give me a form, I'll start filling it out right now.

남　안녕하세요. 저를 도와주실 수 있나요? 동네에 새로 왔는데, 이 도서관이 평판이 좋다고 들었어요. 영화 대여도 해주시나요?
여　맞아요. (32)저희는 다량의 DVD 작품들을 보유하고 있고, 도서관 카드만 가지고 계시면 무료예요. (33)주소, 전화번호, 그리고 이메일이 필요합니다. 그러고 나면, 모든 책은 2주까지, 모든 영화는 3일까지 대여할 수 있습니다. 주 내에 있는 다른 도서관에 있는 책이나 자료를 요청하기 위해 웹사이트를 이용하실 수도 있어요.
남　정말 감사합니다. (34)제게 양식을 주시면, 지금 바로 작성을 시작할게요.

어휘 reputation 평판　check out 대여하다　request 요청하다　material (보통 복수형) 자료　fill out 작성하다

32 여자의 신분은?
  (A) 서점 주인
  (B) 판매 사원
  (C) 사서
  (D) 슈퍼마켓 직원

[오답 해설] 지문에 책이 언급되기는 했지만 대화 장소는 서점이 아닌 도서관이므로 (A)는 오답.

33 여자가 요청한 것은?
  (A) 회원 번호
  (B) 제품 이름
  (C) 금융 정보
  (D) 개인 정보

[패러프레이징] address, phone number, and e-mail → Personal details
[오답 해설] 여자가 요청한 개인 정보에 금융 정보는 포함되어 있지 않으므로 (C)는 오답.

34 남자가 다음에 할 것 같은 일은?
  (A) 이메일 보내기
  (B) 웹사이트 방문하기
  (C) 양식 작성하기
  (D) 불만 제기하기

[패러프레이징] filling it out → Complete a form

Questions 35-37 refer to the following conversation.

[영미]

W Hi. I bought this car only two months ago, but (35)I'm already hearing a weird sound from the engine. I hear it every time I accelerate.
M It could be a sign of several different problems. (35)Hopefully it will be a simple fix, though. Did you get an oil change recently?
W Yes. (36)A mechanic changed the oil last week. He did mention that the engine had recently been rebuilt. Maybe some of the parts are fitting incorrectly.
M That might be the case. (37)I'll go ahead and take a look under the hood and try to repair it for you.

여 안녕하세요. 이 차를 불과 두 달 전에 샀는데요, (35)벌써 엔진에서 이상한 소리가 들리네요. 속도를 높일 때마다 들려요.
남 여러 다양한 문제들의 징후일 수 있어요. (35)그래도 간단히 고칠 수 있었으면 좋겠네요. 최근에 오일 교체를 받으셨나요?
여 네, (36)정비사가 지난주에 교체해 줬어요. 그가 말하길 엔진이 최근에 개조되었다더군요. 아마도 부품 중 일부가 정확하게 맞지 않나 봐요.
남 그게 사실일 수 있어요. (37)제가 가서 덮개 밑을 살펴보고 고쳐 드리도록 할게요.

[어휘] weird 이상한 accelerate 속도를 높이다 rebuild 개조하다 incorrectly 부정확하게, 틀리게 be the case 사실이다 hood (자동차 등의) 덮개

35 화자들이 있을 것 같은 곳은?
  (A) 자동차 전시장
  (B) 주차장
  (C) 자동차 정비소
  (D) 자동차 컨벤션

[오답 해설] 여자는 자동차를 수리 받기 위해 남자의 가게를 찾은 것이므로 (A), (B), (D)는 모두 오답.

36 여자가 오일 교체를 받은 때는?
  (A) 두 달 전
  (B) 어제
  (C) 지난주
  (D) 지난달

[오답 해설] 두 달 전은 여자가 차를 구입한 때이므로 (A)는 오답.

37 남자가 다음에 할 것 같은 일은?
  (A) 차량 점검하기
  (B) 지불금 환불해 주기
  (C) 수리 서비스 일정 잡기
  (D) 동료에게 말하기

[패러프레이징] take a look under the hood → Examine a vehicle

Questions 38-40 refer to the following conversation.

호영

M   Do you have any other questions before you start working?
W   I think I understand everything. However, (38)(39)I do have one question about the staff benefits package. Which health services are covered by the insurance?
M   You receive general health and dental insurance. I'm afraid we do not cover eyecare. However, the package is still very competitive.
W   Are prescriptions covered by the plan too?
M   Yes. Just give your local pharmacist your new insurance card, and it will be taken care of. (40)I'd suggest contacting the insurer to make sure they have your correct information.

남   근무를 시작하시기 전에 다른 질문이 있나요?
여   다 이해한 것 같아요. 그런데, (38)(39)직원 복리 후생 제도에 대해 한 가지 질문이 있어요. 보험이 적용되는 의료 서비스는 무엇이 있나요?
남   일반 의료와 치과 보험을 받으시게 됩니다. 죄송하지만 안과는 보장해 주지 않아요. 그래도 혜택은 매우 괜찮은 편입니다.
여   처방전에도 보험이 적용되나요?
남   네. 새로운 보험증을 가까이 있는 약사에게 주시기만 하면, 처리해 줄 겁니다. (40)보험회사에 연락하셔서 그들이 올바른 정보를 가지고 있는지 확실히 하시는 걸 추천해 드려요.

어휘 benefits package 복리 후생 제도   cover (보험으로) 보장하다   insurance 보험   competitive 경쟁력 있는, 뒤지지 않는
prescription 처방전   pharmacist 약사   insurer 보험회사

38 남자가 일할 것 같은 팀은?
(A) 기술 지원
(B) 인사
(C) 대외 홍보
(D) 연구 개발

오답 해설 여자의 질문은 인사팀에서 답변을 얻을 수 있는 질문이므로 (A), (C), (D)는 오답.

39 여자가 물어본 것은?
(A) 영업 전략
(B) 제품 사양
(C) 직원 복지
(D) 공석

패러프레이징 staff benefits package ➔ Employee benefits

40 남자가 여자에게 제안한 것은?
(A) 세미나 참석하기
(B) 회사에 전화하기
(C) 계약 연장하기
(D) 여자의 정보 업데이트하기

패러프레이징 contacting the insurer ➔ Call a company

Questions 41-43 refer to the following conversation.

미호

W   Good afternoon. My brother bought a sweater here and gave it to me as a birthday gift. (41)But the color and pattern are not my style. May I exchange it?
M   Sure thing, as long as you have a receipt and the item was bought within the past thirty days. That's our store policy.
W   Oh, I have the receipt, but I think he purchased it more than a month ago.
M   (42)Well, the sweater looks to be in good condition. I'll let it slide this time. Have you picked out a new item?

여   안녕하세요. 제 남동생이 여기서 스웨터를 사서 저에게 생일 선물로 줬는데요. (41)그런데, 색상이랑 무늬가 제 취향이 아니라서요. 교환해도 되나요?
남   물론이죠, 영수증을 가지고 계시고 제품이 지난 30일 이내에 구입하신 것이라면요. 그게 저희 매장 정책이에요.
여   아, 영수증은 있는데요, 그가 한 달도 더 전에 구입한 것 같아요.
남   (42)음, 스웨터의 상태는 좋은 것 같네요. 이번만 눈감아 드릴게요. 새로운 제품 고르셨어요?

171

W Not yet. I'm going to browse for another one now.
M Okay. Also, (43)you should check the products in our catalog. There are some additional items in there that we could order for you.

> 어휘 exchange 교환하다 receipt 영수증 let it slide 눈감아 주다; 모른 체하다 browse 살펴보다 additional 추가의

여 아직요. 이제 다른 제품을 살펴보려고요.
남 알겠습니다. 그리고, (43)책자에 있는 제품들도 살펴보세요. 거기에는 저희가 주문해 드릴 수 있는 제품들이 더 있습니다.

---

41 여자가 스웨터를 교환하고 싶어 하는 이유는?
  (A) 다른 사이즈가 필요하다.
  (B) 외양이 맘에 들지 않는다.
  (C) 구멍을 발견했다.
  (D) 이미 동일한 제품을 가지고 있다.

> 패러프레이징 the color and pattern are not my style → She dislikes its appearance.

42 남자가 "이번만 눈감아 드릴게요"라고 말한 의도는?
  (A) 할인이 적용되지 않는다.
  (B) 매장 정책을 무시할 것이다.
  (C) 제품의 재고가 없다.
  (D) 미끄러운 바닥이 걱정된다.

> 오답 해설 지문의 slide는 '미끄러지다'라는 뜻이 아닌 '눈감아 주다'라는 의미로 쓰인 것이므로 (D)는 오답.

43 남자가 권장하는 것은?
  (A) 다른 매장 방문하기
  (B) 탈의실 사용하기
  (C) 몇몇 제품 살펴보기
  (D) 웹사이트에서 주문하기

> 패러프레이징 check the products → Browsing some merchandise
> 오답 해설 남자는 여자에게 제품을 주문해 줄 수 있다고 했지, 웹사이트에서 직접 주문하라고 권장한 것이 아니므로 (D)는 오답.

Questions 44-46 refer to the following conversation with three speakers.

미영호

M1 Hi, guys. (44)I called you both to this meeting to check on the progress of the new Silver Kitchen microwave.
W Well, my team has almost finished the design. The blueprints have been sent to the manufacturers.
M2 And in marketing, we are still deciding whether we want to do an online campaign or create a commercial.
M1 I see. Mmm ... since the product is almost ready, which marketing strategy do you think would be quicker to implement?
W (45)I'd recommend making a TV commercial. We can run the ad during daytime programming.
M2 That would be quicker, but it's also more expensive. Many distributors have already expressed interest in running the ad on their Web sites.
M1 Okay. I guess we are slightly ahead of schedule, so let's skip the commercial. Speak with your staff. (46)Tell them to have a first draft of the online ad finished by Friday.

남1 안녕하세요, 여러분. (44)새로운 실버 키친 전자레인지의 진행 상황을 확인하기 위해 두 분을 회의에 불렀습니다.
여 음, 우리 팀은 디자인을 거의 끝냈습니다. 청사진을 제조사에 보냈어요.
남2 그리고 마케팅에서는 온라인 캠페인을 할지 아니면 광고를 제작할지 여전히 고민 중입니다.
남1 알겠습니다. 음… 제품이 거의 준비가 되었으니, 어떤 마케팅 전략을 더 빨리 실행할 수 있을 것 같나요?
여 (45)TV 광고를 제작하는 것을 추천합니다. 낮 시간 편성 동안에 광고를 내보낼 수 있어요.
남2 그게 더 빠르기는 하지만, 더 비싸기도 합니다. 많은 유통사들이 이미 자신들의 웹사이트에 광고를 올리고 싶다고 관심을 보였어요.
남1 알겠습니다. 우리가 일정보다 약간 앞서 있는 것 같으니, TV 광고는 생략하죠. 직원들이랑 이야기해 보세요. (46)그들에게 온라인 광고의 초안이 금요일까지 마무리되어야 한다고 말해 주세요.

> 어휘 progress 진행, 진척 manufacturer 제조사 commercial 상업용 광고 strategy 전략 implement 실행하다 programming 방송 프로 편성 distributor 유통사 slightly 약간 ahead of schedule 일정보다 앞서서 skip 생략하다

44 화자들이 일할 것 같은 곳은?
 (A) 전자제품 회사
 (B) 백화점
 (C) 레스토랑
 (D) 광고대행사

오답 해설 화자들이 회사의 신제품 광고에 대해 이야기하고 있는 것이지, 회사 자체가 광고 회사는 아니므로 (D)는 오답.

45 여자가 제안한 것은?
 (A) 출시일 연기하기
 (B) 텔레비전 광고 제작하기
 (C) 제품 다시 디자인하기
 (D) 시장 조사 실시하기

패러프레이징 making a TV commercial → Creating a television ad

46 초안이 마무리되는 때는?
 (A) 분기 말까지
 (B) 다음 회의 전까지
 (C) 이번 주 말까지
 (D) 한 달 뒤

패러프레이징 by Friday → By the end of the week

Questions 47-49 refer to the following conversation.

미미

M Hi Susan. You look exhausted. Is everything okay?
W Oh, I've just been very busy lately. (47)I adopted a dog last week from the animal shelter. He's great company, but he makes a lot of mess. I feel like I'm always cleaning up after him.
M You know what? My cousin got a new puppy a few months ago and had the same problem. But (48)she took a dog training lesson at Westfield Obedience School, and the dog's behavior improved a lot.
W Is that so? (49)I'll check it out online right now. I hope it works.

남 안녕하세요, 수잔 씨. 지쳐 보이네요. 괜찮아요?
여 아, 최근에 많이 바빴어요. (47)지난주에 동물보호소에서 개를 입양했거든요. 좋은 친구이지만, 난장판을 만드네요. 항상 뒷정리를 하는 기분이에요.
남 그거 아세요? 제 사촌도 몇 달 전에 새 강아지를 샀고 똑같은 문제를 겪었어요. 그런데 (48)웨스트필드 훈련소에서 강아지 훈련 교육을 받았고, 그 개의 행동이 많이 개선되었어요.
여 그래요? (49)당장 온라인에서 찾아봐야겠네요. 효과가 있기를 바라요.

어휘 exhausted 지친 adopt 입양하다 company 친구 behavior 행동 improve 개선하다 work 효과가 있다

47 대화의 주된 내용은?
 (A) 프로젝트 일정
 (B) 동물 병원
 (C) 새로운 애완동물
 (D) 수업 커리큘럼

패러프레이징 dog → pet
오답 해설 새로 입양한 애완견이 언급되었으나 동물 병원에 대한 대화가 아니므로 (B)는 오답. 애완견 훈련 교육에 대한 내용이 언급되었지만, 그 교육의 커리큘럼이 대화의 주제는 아니므로 (D) 역시 오답.

48 남자가 그의 사촌에 대해 말한 것은?
 (A) 입사 지원을 했다.
 (B) 교육에 참석했다.
 (C) 새로운 도시로 이사했다.
 (D) 강의를 했다.

패러프레이징 took a dog training lesson → attended a class
오답 해설 강아지 훈련 교육을 수강한 것이지, 강의를 직접 주도한 것은 아니므로 (D)는 오답.

49 여자가 다음에 할 것 같은 일은?
 (A) 전화하기
 (B) 웹사이트 방문하기
 (C) 매장에 가기
 (D) 약속 취소하기

패러프레이징 check it out online → Visit a Web site

Questions 50-52 refer to the following conversation.

> 호영
>
> **M** Have you heard about (50)the plans for the company's anniversary? I haven't heard a thing yet.
> **W** (50)(51)Well, this year the company will celebrate its founding by making a financial donation to the Golden Circle charity.
> **M** Oh, that's a nice idea! It's a lot better than just organizing a picnic as usual. Will there be some kind of event to mark the donation?
> **W** Yes. There'll be a banquet at the Ascot Hotel and all staff are invited. (52)Make sure you sign the attendance list that's been put up in the staff room.
>
> 어휘 **anniversary** 기념일 **financial** 재정적인 **donation** 기부 **charity** 자선 단체 **organize** 준비[조직]하다 **mark** 기념하다 **attendance** 참가자, 출석
>
> 남 (50)회사 기념일에 대한 계획 들었어요? 저는 아직 아무것도 듣지 못했어요.
> 여 (50)(51)음, 올해는 골든 서클 자선 단체에 재정적인 기부를 함으로써 설립을 축하할 거예요.
> 남 아, 좋은 아이디어네요! 평소처럼 야유회를 준비하는 것보다 훨씬 더 나은 것 같아요. 기부를 기념하기 위한 행사 같은 것도 있나요?
> 여 네. 에스콧 호텔에서 연회가 있을 예정이고 전직원이 초대돼요. (52)꼭 직원실에 게시된 참가자 명단에 서명하세요.

50 대화의 주된 내용은?
  (A) 은퇴 만찬
  (B) 매장의 개업 행사
  (C) 회사의 설립일
  (D) 연수회

패러프레이징 anniversary → foundation day

51 화자들의 회사가 할 일은?
  (A) 돈 기부하기
  (B) 신제품 출시하기
  (C) 운영 확장하기
  (D) 더 많은 직원 채용하기

패러프레이징 making a financial donation → Donate money

52 여자가 권장하는 것은?
  (A) 회의에 참석하기
  (B) 시합에 참여하기
  (C) 양식에 서명하기
  (D) 수업에 등록하기

패러프레이징 attendance list → form
오답 해설 회의가 아니라 기념 연회에 참석할 것이므로 (A)는 오답.

Questions 53-55 refer to the following conversation with three speakers.

> 미미호
>
> **M1** Well, this place might be exactly what I'm looking for. (53)How are the monthly costs here, though?
> **W** Water and cable are included in the rent, but (54)you will be responsible for electricity and gas.
> **M2** (54)Really, they aren't too high. I paid less than $50 last month for both.
> **M1** That's very affordable. Oh, and what's the policy on parking?
> **W** Every tenant gets their own parking space behind the building.
> **M2** Yes. You'll receive a parking permit from your landlord. Just display it on your car.
>
> 남1 음, 이 장소가 딱 제가 찾던 곳인 것 같아요. 그런데, (53)여기 월세가 얼마인가요?
> 여 수도와 방송은 임대료에 포함되어 있지만, (54)전기료와 가스료는 내셔야 해요.
> 남2 (54)실제로, 별로 높지 않아요. 그 두 가지에 지난 달에 50달러가 못 되게 지불했거든요.
> 남1 정말 저렴한 금액이네요. 아, 주차 정책은 어떻게 되나요?
> 여 모든 세입자들은 건물 뒤에 각자의 주차 공간을 받아요.
> 남2 네. 집주인으로부터 주차 허가증을 받으면 돼요. 그걸 차에 보이게 두세요.

M1	Great. That's more good news. And ... when does the lease start?	남1	좋네요. 그게 더 좋은 소식이네요. 그리고… 임대 시작은 언제인가요?
W	August 5. (55)If you're interested, you should come to my real estate office as soon as possible.	여	8월 5일이요. (55)관심 있으시면, 가능한 한 빨리 저희 부동산 사무실에 방문해 주셔야 해요.

어휘 exactly 정확히, 꼭 affordable 가격이 저렴한 tenant 세입자 permit 허가(증) landlord 집주인 display 전시하다 lease 임대차 계약 real estate 부동산

53 대화가 일어나는 것 같은 곳은?
 (A) 부동산 중개인의 사무실
 (B) 회계 사무실
 (C) 아파트
 (D) 주거 개선 용품 매장

오답 해설 매물로 나온 아파트에서 부동산 중개인과 현 세입자, 임차 희망자가 대화를 나누고 있는 것이므로 (A)는 오답.

54 부동산 매물에 대해 언급된 것은?
 (A) 새로 지어졌다.
 (B) 편리한 곳에 위치해 있다.
 (C) 보수를 필요로 한다.
 (D) 공공요금이 적정하게 저렴하다.

패러프레이징 they aren't too high → It has reasonably low bills.

55 여자가 추천하는 것은?
 (A) 추천서 받기
 (B) 집주인에게 연락하기
 (C) 자신의 사무실 방문하기
 (D) 보증금 내기

패러프레이징 come to my real estate office → Visiting her workplace

Questions 56-58 refer to the following conversation.

영미			
W	Hi, Donald. (56)I need to order more supplies for our department. What are we missing?	여	안녕하세요, 도널드 씨. (56)우리 부서에 사무용품을 더 주문하려고 합니다. 부족한 것이 있나요?
M	(57)I think we just ran out of A3 paper, and I'm worried that we'll need a lot of it this week. We'd better order at least ten packets.	남	(57)A3 용지가 방금 다 떨어진 것 같은데요, 이번 주에 그게 많이 필요할 거라서 걱정이 되네요. 최소 10통을 주문하는 것이 좋겠네요.
W	Oh, we actually have several boxes in the back storage room. Haven't you finished doing the inventory yet?	여	아, 사실 뒤쪽의 보관실에 몇 상자 더 있어요. 재고 조사를 아직 끝내지 않으셨나요?
M	Actually, I've been pretty busy this morning. (58)I'll finish counting our stock now and get back to you.	남	사실, 오늘 아침에 꽤 바빴어요. (58)이제 재고품을 세어 보고 다시 말씀드릴게요.

어휘 supplies 사무용품, 물자 run out of ~을 다 써 버리다 packet 통, 꾸러미 do inventory 재고 조사를 하다 stock 재고품

56 여자가 "부족한 것이 있나요"라고 말한 의도는?
 (A) 매장의 위치를 물어보고 있다.
 (B) 중요한 서류를 잃어버렸다.
 (C) 주문해야 하는 물품들을 알고 싶어 한다.
 (D) 지연되는 이유를 궁금해 하고 있다.

오답 해설 부족한(missing) 품목이 무엇인지 물어본 것이지, 서류를 잃어버렸다고(misplaced) 말하는 것이 아니므로 (B)는 오답.

57 남자가 우려하는 이유는?
 (A) 기기가 고장 났다.
 (B) 남은 종이가 없다.
 (C) 예산이 충분히 많지 않다.
 (D) 양식이 제때 제출되지 않았다.

패러프레이징 worried → concerned
ran out of A3 paper → There is no paper left.

58 남자가 다음에 할 것 같은 일은?
 (A) 주문하기
 (B) 회의에 참석하기
 (C) 재고 확인하기
 (D) 매장에 가기

패러프레이징 counting our stock → Check the inventory
오답 해설 처음에는 주문을 해야 될 것 같다고 했지만, 창고에 재고가 남아 있다는 여자의 말을 들은 후 재고를 확인한다고 했으므로 (A)는 오답.

Questions 59-61 refer to the following conversation.

호미

M (59)Did you hear about the new policy for business trip reports? I need to file one for my sales meeting in Sandusky.
W Yeah. I don't know how I feel about the new rule. It's a real hassle. We need to record every expense, even what we eat.
M I understand why management wants us to do it, though. (60)Jack Smeaton in Marketing has exceeded his travel budget several times this year.
W Oh, right. I heard about that. Well, I suppose I understand the reason for the change.
M Don't worry. We'll get used to it soon. (61)Just be sure to save all of your receipts so that you can give them to the accounting manager.

남 (59)출장 보고서에 대한 새로운 규정에 대해 들으셨나요? 샌더스키에서의 영업 회의에 대한 보고서를 제출해야 해서요.
여 네. 전 제가 새로운 규정에 대해 어떻게 생각해야 하는지 잘 모르겠어요. 매우 번거로워요. 모든 지출, 심지어는 먹은 것까지 다 기록해야 하거든요.
남 하지만 경영진이 우리가 그렇게 하기를 원하는 이유는 이해해요. (60)마케팅팀의 잭 스미튼 씨가 올해 출장 예산을 몇 차례나 초과했거든요.
여 아, 맞아요. 저도 그 이야기 들었어요. 음, 변경하게 된 이유를 이해할 것 같네요.
남 걱정 마세요. 곧 익숙해질 테니까요. (61)회계팀장님께 드릴 수 있도록 모든 영수증을 잘 보관하기만 하시면 돼요.

어휘 **policy** 규정, 정책 **file** 제출하다 **hassle** 귀찮은 일 **expense** 지출 **exceed** 초과하다 **suppose** 생각[추측]하다

59 대화의 주된 내용은?
 (A) 최근의 출장
 (B) 새로운 회사 정책
 (C) 마케팅 전략
 (D) 제품 후기

오답 해설 출장 보고서와 관련된 새 규정에 대해 이야기하는 것이지, 최근 출장에 대해 이야기하는 것이 아니므로 (A)는 오답.

60 잭 스미튼 씨에 대해 남자가 언급한 것은?
 (A) 너무 많이 지출했다.
 (B) 다른 부서에 합류했다.
 (C) 현재 출장 중이다.
 (D) 회사의 급여를 책임지고 있다.

패러프레이징 has exceeded his travel budget → has been spending too much

61 남자가 추천한 것은?
 (A) 출장 일정 변경하기
 (B) 상사에게 이야기하기
 (C) 영수증 보관하기
 (D) 직원들에게 보상해 주기

패러프레이징 save all of your receipts → Keeping receipts
오답 해설 회계팀장이 언급되기는 했지만 그에게 이야기해야 한다는 내용은 나오지 않았으므로 (B)는 오답.

176

Questions 62-64 refer to the following conversation and schedule.

미영

M Thanks for completing (62)the health questionnaire and fitness tests. I'd like to discuss the results with you now.

W Sure thing. I hope everything looks okay. It's been a long time since I last came to a gym.

M Well, you're in pretty good physical shape. However, you do have some body fat that you could lose. (63)I'd recommend cutting out fatty foods and sugary foods.

W Okay, I'll do that. And I'd like to sign up for one of your fitness classes. (64)Do you have any on Saturday afternoons?

M (64)Yes, we have two classes then, but I'm afraid that there is no space in our three thirty class.

W Oh, it seems like I only have one choice then. I'll give it a try.

남 (62)건강 설문조사와 피트니스 테스트를 완료해 주셔서 감사합니다. (62)이제 결과에 대해 이야기하려고 합니다.

여 물론이죠. 다 괜찮기를 바랍니다. 마지막으로 체육관에 온 지 오래됐어요.

남 음, 꽤 좋은 체형이시네요. 그런데, 뺄 수 있는 체지방이 좀 있어요. (63)기름진 음식과 단 음식은 끊으시는 걸 권장해요.

여 네, 그렇게 할게요. 그리고 당신의 피트니스 수업들 중 하나에 등록하고 싶습니다. (64)토요일 오후에 수업이 있나요?

남 (64)네, 그때 2개의 수업이 있지만, 죄송하게도 3시 30분 수업에는 자리가 없네요.

여 아, 그럼 선택권이 딱 하나 남은 것 같네요. 한번 해 보겠습니다.

어휘 **complete** 완료하다, (양식을) 작성하다   **questionnaire** 설문조사   **be in good physical shape** 몸 상태가 좋다

수업 일정표

토요일 운동 수업	
오전 8시 30분	운동용 자전거 타기
오전 10시	웨이트 트레이닝
(64)오후 1시 30분	필라테스
오후 3시 30분	핫 요가

62 대화의 주된 내용은?
  (A) 체육관 시설
  (B) 운동 프로그램
  (C) 피트니스 테스트 결과
  (D) 스포츠 팀

오답 해설 설문조사와 테스트 결과를 바탕으로 식이요법 및 운동 계획에 대해 이야기하는 것이지, 운동 프로그램 자체가 대화의 주제는 아니므로 (B)는 오답.

63 남자가 여자에게 조언하는 것은?
  (A) 식단 변경하기
  (B) 회원권 업그레이드하기
  (C) 오리엔테이션 참석하기
  (D) 장비 구입하기

패러프레이징 cutting out fatty foods and sugary foods → Change her diet

64 시각 정보에 따르면, 여자가 등록할 것 같은 수업은?
  (A) 운동용 자전거 타기
  (B) 웨이트 트레이닝
  (C) 필라테스
  (D) 핫 요가

오답 해설 여자는 오후 수업을 원한다고 했는데, 남자에 따르면 오후 3시 30분 수업에는 자리가 없으므로 (D)는 오답.

Questions 65-67 refer to the following conversation and layout.

미호

W Hi, Gerry. Did the editor send you my article for tomorrow's edition of the newspaper?
M Yes, I have it here. (65)I'm working on the front page layout on my computer now. We're planning to run six stories and two advertisements on the front page.
W Will my article fit? (66)I was a bit worried that it was too long. I think I exceeded the word count.
M Oh, don't worry. The editor shortened it a little and it will fit just fine. And as for the position of your piece … I'm thinking of putting it just below the title.
W If possible, (67)I'd like it to be positioned right above an advertisement, so that it's very noticeable.
M (67)Okay, then let's put it here—right below the sports article.

여 안녕하세요, 제리 씨. 편집자가 내일자 신문에 실을 제 기사를 보냈나요?
남 네, 여기 받았습니다. (65)지금 제 컴퓨터로 1면 배치를 작업 중이에요. 1면에 기사 6개와 광고 2개를 실을 겁니다.
여 제 기사가 들어갈까요? (66)너무 길까 봐 좀 걱정했거든요. 제가 글자 수를 초과한 것 같아서요.
남 아, 걱정 마세요. 편집자가 조금 줄였고 딱 맞을 겁니다. 그리고 기사의 위치는… 제목 바로 아래에 넣는 것을 생각 중이에요.
여 가능하다면, (67)광고 바로 위에 배치하면 좋겠어요, 눈에 잘 띄게요.
남 (67)알겠습니다, 그러면 여기에 둡시다—스포츠 기사의 바로 아래에요.

어휘 **layout** 배치　**fit** 들어가다, 맞다　**exceed** 초과하다　**shorten** 줄이다　**position** 위치; 배치하다　**noticeable** 눈에 잘 띄는, 뚜렷한

벌링턴 타임즈	
지역 기업 기사	[1]
[2]	지역 스포츠 기사
[3]	(67)[4]
광고 1	광고 2

65 남자의 신분은?
(A) 사진사
(B) 그래픽 디자이너
(C) 검수자
(D) 기자

오답 해설 기자는 남자가 아니라 여자이므로 (D)는 오답.

66 여자가 걱정하는 것은?
(A) 사진 품질
(B) 광고 비용
(C) 업무 마감일
(D) 기사 길이

패러프레이징 it was too long → The length of an article

67 시각 정보에 따르면, 여자의 기사가 보일 위치는?
(A) [1]
(B) [2]
(C) [3]
(D) [4]

오답 해설 남자가 제목 바로 아래인 [1] 자리에 기사를 배치하려고 했지만 여자가 광고 위 자리를 원했으므로 (A)는 오답.

Questions 68-70 refer to the following conversation and label.

미영

M Hi. (68)I brought some clothes here to be cleaned and I picked them up this morning. But when I got home, I noticed that my shirt had been damaged.

W Oh, I'm really sorry to hear that! Did you bring the item back with you?

M Yes. Here it is. Did you remember to follow the washing guidelines printed on the label?

W I'm terribly sorry, sir. I forgot to check the label before I washed the shirt. (69)I didn't follow the first guideline on the label.

M Then, that must be the problem. What do you plan to do about this?

W Well, I see that the full cost for your cleaning was $42.50. (70)I'd be happy to reimburse you for the entire service. Once again, I'm very sorry about this error.

남 안녕하세요. (68)이곳에 세탁할 옷을 좀 맡겼었고 오늘 아침에 찾아갔습니다. 그런데 집에 도착해서, 제 셔츠가 손상된 것을 발견했어요.

여 아, 정말 죄송합니다! 그 제품을 다시 가져오셨나요?

남 네. 여기요. 라벨에 인쇄된 세탁 안내문을 따르셨나요?

여 정말 죄송합니다, 고객님. 셔츠를 세탁하기 전에 라벨을 확인하는 것을 깜빡했어요. (69)라벨의 첫 번째 안내를 따르지 않았네요.

남 그럼, 그게 문제인 것이 확실하네요. 이걸 어떻게 하실 계획이신가요?

여 음, 전체 세탁비가 42.50달러였네요. (70)전체 서비스에 대해 기꺼이 보상해 드리고 싶습니다. 다시 한번, 실수에 대해 정말 사과 드립니다.

어휘 notice 알아차리다   damage 손상시키다   reimburse 보상하다   entire 전체의

구성
100% 면

세탁 안내문
(69)회전식 건조기를 쓰지 마세요
표백하지 마세요
낮은 온도에서 세탁하세요
따로 세탁하세요

---

68 대화가 일어나는 것 같은 곳은?
(A) 의류 매장
(B) 제조 공장
(C) 가전제품 매장
(D) 세탁소

오답 해설 cleaned, picked up과 같은 표현으로 보아 대화는 세탁소에서 이루어지는 것이므로 (A)는 오답.

69 시각 정보에 따르면, 여자가 했을 것 같은 일은?
(A) 제품을 회전식 건조기에 넣었다
(B) 제품에 표백제를 사용했다
(C) 제품을 고온에 세탁했다
(D) 제품을 다른 제품들과 같이 세탁했다

패러프레이징 Tumble Dry → Put the item in a tumble dryer

70 여자가 남자에게 제공하는 것은?
(A) 교환품
(B) 상품권
(C) 전액 환불
(D) 수선 서비스

패러프레이징 reimburse you for the entire service → A full refund

PART 4

Questions 71-73 refer to the following announcement.

호

M   (71)Greetings, shoppers, and thank you for choosing Barney's Whole Foods. Luckily for you, we have a variety of goods on sale this weekend. Corn is currently in season, so you can get a dozen pieces for only $3.99. (72)We also have several bathroom products marked down in price by up to fifty percent, including the new line of Everclear toothpaste. Finally, our selection of cold-cut meats at the deli counter is wider than ever before. If you haven't already, (73)be sure to check the Sunday edition of the newspaper for coupons. You can always find good deals here at Barney's!

남   (71)환영합니다, 쇼핑객 여러분, 그리고 바니스 자연 식품을 선택해 주셔서 감사합니다. 운이 좋으시게도, 이번 주말에 다양한 제품들이 할인됩니다. 지금 옥수수가 제철이라, 12개를 단돈 3.99달러에 구입하실 수 있습니다. (72)또한 에버클리어 치약의 신제품을 포함해 50%까지 가격을 인하한 욕실 제품들이 여럿 있습니다. 마지막으로, 식품 코너의 잘게 썬 고기 품목들이 전보다 더 많아졌습니다. 아직 안 하셨다면 (73)신문의 일요일 호를 꼭 확인하셔서 쿠폰을 얻으세요. 이곳 바니스에서는 항상 좋은 제품을 찾으실 수 있습니다!

어휘 a variety of 다양한   mark down 가격을 인하하다   including ~을 포함하여   cold-cut 잘게 썬   deal 제품, 거래

71 화자가 일하는 것 같은 곳은?
(A) 식품 공장
(B) 식료품점
(C) 철물점
(D) 의류 매장

오답 해설 안내는 식료품을 구매하고자 하는 고객들을 대상으로 하는 것이므로 (A)는 오답.

72 화자가 에버클리어 치약에 대해 언급한 것은?
(A) 매진되었다.
(B) 현재 할인 중이다.
(C) 단종되었다.
(D) 인기가 높아지고 있다.

패러프레이징 marked down in price → is currently on sale

73 화자가 추천한 것은?
(A) 건물 돌아보기
(B) 회원 등록하기
(C) 인쇄물 확인하기
(D) 다른 매장 방문하기

패러프레이징 check the Sunday edition of the newspaper → Checking a publication

Questions 74-76 refer to the following advertisement.

영

W   For all of your small business needs, use PayAssist! (74)This cutting-edge software will help you keep track of your overhead costs and profits through its innovative yet easy-to-use interface. (75)Designed for efficiency and simplicity, PayAssist allows business owners to organize their accounting and financial information without any difficulty. Better yet, the Premium edition includes additional tax calculation software. We guarantee that you'll receive the largest rebate your business has yet to see! (76)Call us at 555-9812 today to find out more about PayAssist and place an order.

여   모든 소규모 회사의 필요에 맞는, 페이어시스트를 사용해 보세요! (74)이 최신 소프트웨어는 혁신적이지만 사용하기 편한 인터페이스로 귀사의 간접비와 이익을 기록하는 것을 도와드릴 것입니다. (75)효율성과 간편함을 위해 고안된 페이어시스트는 기업 대표들이 어려움 없이 회계와 재무 정보를 정리할 수 있도록 해 줍니다. 더 좋은 것은, 프리미엄 판은 세금 계산 소프트웨어도 추가로 포함하고 있다는 것입니다. 저희는 귀하의 회사가 여지껏 보지 못한 큰 액수의 환급을 받으실 수 있을 것이라고 보장합니다. 페이어시스트에 대해 더 알아보시고

주문하시려면 (76)오늘 555-9812번으로 전화하세요.

> **어휘** cutting-edge 최신의　keep track of ~을 기록하다　overhead costs 간접비　innovative 혁신적인　efficiency 효율성
> allow ~할 수 있게 하다　calculation 계산　guarantee 보장하다　rebate 환급; (지불 금액의 일부를) 환급하다

74 광고되고 있는 것은?
(A) 마케팅 잡지
(B) 컴퓨터 프로그램
(C) 건설 장비
(D) 전자 기기

> **패러프레이징** software → computer program
> **오답 해설** 전자 기기가 아닌 소프트웨어를 광고하는 것이므로 (D)는 오답.

75 제품에 대해 언급된 것은?
(A) 적정한 가격이다.
(B) 온라인으로 구매할 수 있다.
(C) 상을 받았다.
(D) 사용자 친화적이다.

> **패러프레이징** Designed for efficiency and simplicity → user-friendly

76 화자가 청자들에게 하라고 하는 것은?
(A) 책자 주문하기
(B) 데모 버전 다운로드하기
(C) 전화하기
(D) 영업사원에게 연락하기

> **패러프레이징** Call us → Make a phone call
> **오답 해설** 주문을 하려면 전화하라고 했지만 영업사원에 대한 언급은 없으므로 (D)는 오답.

Questions 77-79 refer to the following recorded message.

미	
M	Hello, and thank you for calling Cornerstone Healthcare. (77)If you need directions to our new offices in Vienna, please check our Web site for a map. Our office hours are from 9 A.M. to 5 P.M., Monday through Friday, and we are closed on the weekend. To schedule an appointment, please leave your name and number after the tone, and we will contact you. (78)To refill a prescription, press 1 and leave your name and order number. It's that simple. Then we will contact your pharmacist before noon the next day. (79)However, due to a nationwide product recall, we will be unable to fill prescriptions for MediFlu. You should speak with your pharmacist for more information.
남	안녕하세요, 코너스톤 헬스케어에 전화 주셔서 감사합니다. (77)비엔나에 있는 새로운 지점으로 가는 길이 필요하시다면, 웹사이트에서 지도를 확인해 주세요. 영업 시간은 월요일부터 금요일, 오전 9시에서 오후 5시까지이며 주말에는 영업하지 않습니다. 예약 일정을 잡으시려면, 신호음 후에 이름과 연락처를 남겨주시면 연락드리겠습니다. (78)처방전대로 다시 조제받으시려면, 1번을 누르시고 이름과 주문 번호를 남겨 주세요. 간단합니다. 그러면 저희가 익일 정오 전에 귀하의 약사에게 연락 드리겠습니다. (79)그러나, 전국적인 제품 회수 때문에, 메디플루에 대한 처방전은 제조해 드릴 수 없습니다. 더 많은 정보는 담당 약사와 이야기해 주십시오.

> **어휘** refill a prescription 처방전대로 다시 조제하다　pharmacist 약사　nationwide 전국적인　recall 회수, 리콜

77 청자가 웹사이트를 방문해야 하는 이유는?
(A) 영업 시간을 확인하기 위해
(B) 새로운 지점을 찾기 위해
(C) 메시지를 보내기 위해
(D) 특별 요청을 하기 위해

> **패러프레이징** need directions to our new offices → find a new location

78 남자가 "간단합니다"라고 말한 의도는?
(A) 문제가 해결되었다.
(B) 병원을 쉽게 찾을 수 있다.
(C) 절차가 복잡하지 않다.
(D) 일정이 충분히 변경 가능하다.

오답 해설 약을 처방전대로 다시 조제받는 과정에 관해 설명한 것이지, 문제나 일정에 관해 말한 것이 아니므로 (A)와 (D)는 오답.

79 화자가 언급한 변화는?
(A) 약을 더 이상 사용할 수 없다.
(B) 약국이 문을 닫았다.
(C) 가격이 올랐다.
(D) 웹사이트가 닫혔다.

패러프레이징 be unable to fill prescriptions for MediFlu ➔ A medication is no longer available.

Questions 80-82 refer to the following talk.

미

W With over thirty years of experience in the field of child psychology, (80)today's speaker will surely be able to educate all of us on how to form stronger and deeper bonds with our children. (81)Dr. Derek Harris has published five best-selling books about the relationship between parents and their children. His most recent book looks at the effects of technology on family structure, and today's talk will focus on the most important aspects covered in the book. After the lecture, please join us in the main hall. (82)We will have light refreshments and a question and answer session.

여 아동 심리학 분야에서의 30년 넘는 경력을 가지고 있으므로, (80)오늘의 연사는 아이들과 더 강하고 깊은 유대를 형성하는 방법을 우리 모두에게 가르쳐주실 수 있을 겁니다. (81)데릭 해리스 박사는 부모와 자녀들 사이의 관계에 대한 5권의 베스트셀러를 출판했습니다. 그의 가장 최근 책은 기술이 가족 구조에 미치는 영향을 살펴보고 있으며, 오늘의 강연도 이 책에서 다루는 가장 중요한 양상들에 초점을 맞추고 있습니다. 강연 후에는, 중앙홀에서 저희와 함께해 주세요. (82)가벼운 다과를 먹으며 질의응답 시간을 가질 예정입니다.

어휘 **psychology** 심리학   **educate** 가르치다   **form** 형성하다   **bond** 유대   **publish** 출판하다   **structure** 구조   **aspect** 양상, 측면   **cover** 다루다   **refreshment** (항상 복수형) 다과

80 담화의 목적은?
(A) 신간을 논평하기 위해
(B) 초대 손님을 소개하기 위해
(C) 연구 논문에 대해 논의하기 위해
(D) 재정 기부자에게 감사하기 위해

오답 해설 담화는 베스트셀러를 집필한 박사의 이력을 소개하는 것이지, 그의 신간에 대한 평을 하는 것이 아니므로 (A)는 오답.

81 해리스 박사에 대해 화자가 언급한 것은?
(A) 자선 단체를 설립했다.
(B) 이번 달에 은퇴한다.
(C) 성공한 작가이다.
(D) 작품에 대한 상을 받았다.

오답 해설 해리스 박사가 베스트셀러 5권을 집필했다고는 했지만 그 작품들로 상을 받았다는 언급은 없으므로 (D)는 오답.

82 청자들에게 권장되는 것은?
(A) 책 구매하기
(B) 무료 선물 받기
(C) 질문하기
(D) 수업에 등록하기

패러프레이징 a question and answer session ➔ Ask questions

Questions 83-85 refer to the following excerpt from a meeting.

호

M   Hello, everyone, and thank you for your patience during this transition. (83)Our merger with Inkfield Publications has gone smoothly. As I've said before, this change will allow our company to grow and expand our market share into new demographics. I know you've been worried about the risk of layoffs, but I maintain that there will not be any. Your jobs are secure. However, (84)many departments will need to be restructured as we recruit new employees and improve business strategies this month. To help us, (85)I ask that you write a report detailing your job responsibilities. Please give these documents to your managers by the end of the week.

남   안녕하세요, 여러분, 과도기 동안 인내해 주셔서 감사합니다. (83)잉크필드 출판사와의 합병은 순조롭게 진행되었습니다. 전에 말씀 드린 것처럼, 이 변화는 우리 회사가 성장하고 새로운 고객군으로 시장 점유율을 확장할 수 있도록 해 줄 겁니다. 해고의 위험 때문에 걱정하셨다는 것을 알고 있습니다만, 그런 일은 없을 것이라는 입장을 고수하겠습니다. 여러분의 일자리는 안전합니다. 하지만, (84)이번 달에 새로운 직원들을 채용하고 사업 전략을 개선함에 따라 많은 부서가 재편성되어야 할 것입니다. 도움이 될 수 있도록, (85)직무에 대해 상세히 열거한 보고서를 작성해 주세요. 이번 주 말까지 팀장들에게 이 문서를 제출해 주세요.

어휘 patience 인내심 transition 과도기; 변화 merger 합병 smoothly 순조롭게 expand 확장하다 demographic 인구 통계의 layoff 해고 maintain (입장을) 고수하다 secure 안전한 restructure 재편성하다 detail 상세히 열거하다

83 회의의 주제는?
(A) 새로운 CEO
(B) 기업 합병
(C) 기업 평가
(D) 직원 평가

오답 해설 회의 중 연설은 기업 합병 및 향후 전망에 관한 것이지, 새 CEO에 대한 것이 아니므로 (A)는 오답.

84 이번 달 회사에 생길 변화는?
(A) 몇몇 직원들이 해고될 것이다.
(B) 회사가 이전할 것이다.
(C) 새로운 직원들이 채용될 것이다.
(D) 몇 개의 지점이 문을 닫을 것이다.

패러프레이징 we recruit new employees ➔ New staff members will be hired.
오답 해설 해고는 없을 것이라고 했으므로 (A)는 오답.

85 청자들이 제공하도록 요청받은 것은?
(A) 최신 이력서
(B) 직무 기술서
(C) 프로젝트 제안서
(D) 제품 피드백

패러프레이징 a report detailing your job responsibilities ➔ Job descriptions
오답 해설 직원들에게 요청되는 것은 직무 기술서이지 이력서가 아니므로 (A)는 오답.

Questions 86-88 refer to the following broadcast.

미

M   Good morning, Grand Valley, and if you're going out this morning, then I hope you're prepared for a hot one. (86)After the cool breezes of last week, I think we are in for some record-breaking heat this week, and today will be the first real scorcher. (87)By 10 A.M., the temperature will already break 90 degrees, and it will keep rising throughout the afternoon. Can you believe it? This heat wave is expected to continue all the week, so (88)run your errands in the morning and stay cool.

여   그랜드 밸리의 여러분들, 좋은 아침입니다, 그리고 오늘 아침에 밖에 나가시려면, 뜨거운 날씨에 대비하시길 바랍니다. (86)지난주 선선한 바람이 불고 나서, 이번 주에는 기록적인 더위를 겪고 있는 것 같고 오늘은 올해 들어 처음으로 찌는 듯이 더운 날이 될 것입니다. (87)오전 10시 경에, 온도는 이미 90도가 넘을 것이고, 오후 내내 계속해서 더 오를 것입니다. 믿기시나요? 이 열기는 이번 주 내내 지속될 것으로 예상되므로, (88)아침에 볼일들을 처리하시고 시원하게 계시기 바랍니다.

| 어휘 | **be in for** ~을 겪게 되다 **record-breaking** 기록적인 **scorcher** 찌는 듯이 더운 날 **throughout** ~동안 내내 **run an errand** 볼일을 보다 |

86 화자에 따르면, 지난주 날씨는?
 (A) **바람이 불었다**
 (B) 구름이 많았다
 (C) 해가 쨍쨍했다
 (D) 폭풍우가 쳤다

| 패러프레이징 | cool breezes → Windy |

87 남자가 "믿기시나요"라고 말한 의도는?
 (A) 일기예보가 틀렸다.
 (B) **온도가 극적으로 오를 것이다.**
 (C) 태풍이 예상보다 오래 지속될 것이다.
 (D) 행사가 비 때문에 취소될 것이다.

| 패러프레이징 | the temperature will already break 90 degrees, and it will keep rising → A temperature will rise dramatically. |

88 남자가 제안하는 것은?
 (A) **할 일을 아침 일찍 끝내기**
 (B) 저녁에 일하기
 (C) 집에 머무르기
 (D) 따뜻한 옷 입기

| 패러프레이징 | run your errands in the morning → Finishing tasks early in the day |

Questions 89-91 refer to the following telephone message.

호

M This is a message for Mr. Bryan Kerns. (89)You recently reserved a flight ticket with Gulf Airlines from Austin, Texas to Mexico City. However, our records indicate that you have not paid for the ticket. (90)Unless you pay by tomorrow, your reservation will be canceled. In order to make your payment, please log in to our Web site with the e-mail address you gave at the time of reservation. On the billing page, please pay the full cost using an accepted credit card. (91)I will also write an e-mail to you that explains what you need to do and contains the necessary links.

남 브라이언 컨즈 씨께 전하는 메시지입니다. (89)귀하는 최근 텍사스 주 오스틴에서 출발해 멕시코 시티에 도착하는 걸프 항공사의 항공권을 예약하셨습니다. 그런데, 저희 기록에는 아직 티켓 비용을 지불하시지 않았다고 나오네요. (90)내일까지 결제하시지 않으면, 예약은 취소됩니다. 지불하시려면, 예약할 때 입력하셨던 이메일 주소로 웹사이트에 로그인해 주세요. 결제 페이지에서, 승인된 신용카드를 이용해 전체 비용을 지불해 주세요. (91)무엇을 하시면 되는지 설명되어 있고, 필요한 링크가 포함된 이메일을 보내드리겠습니다.

| 어휘 | **reserve** 예약하다 **indicate** 나타내다 **accepted** 승인된 **contain** 포함하다 **necessary** 필요한 |

89 화자가 일하는 것 같은 곳은?
 (A) 금융 기관
 (B) 여행사
 (C) 지역 공항
 (D) **항공사**

| 오답 해설 | 항공권 지불 현황이나 예약 취소에 관해 상세히 안내하는 것으로 보아 (B)는 오답. |

90 지불이 내일까지 되지 않으면 발생하는 일은?
 (A) 티켓 가격이 올라갈 것이다.
 (B) **예약이 취소될 것이다.**
 (C) 계정이 폐쇄될 것이다.
 (D) 특별 행사를 이용할 수 없을 것이다.

| 패러프레이징 | reservation → booking |

91 화자가 다음에 할 것 같은 일은?
  (A) 일정 변경하기
  (B) 정보 보내기
  (C) 청자에게 전화하기
  (D) 이메일로 티켓 보내기

패러프레이징 write an e-mail to you that explains what you need to do and contains the necessary links → Send some information
오답 해설 화자가 청자에게 이메일로 보낼 것은 비용 지불에 관한 설명서이지, 티켓이 아니므로 (D)는 오답.

Questions 92-94 refer to the following talk.

영
W (92)Since we will begin selling Best Chef's new Mixwave Blenders next week, you should know how to best demonstrate its standout features. (93)This product's key innovation is its noise-reduction technology. Even when it is used to blend or chop a typically loud food, such as walnuts, the device barely makes any sound. Therefore, when you give your demonstrations at expos and meetings, show off this feature by chopping nuts to put on the top of a freshly baked cake. (94)Then, perform the same action with a regular, noisy blender. The difference will be obvious to everyone.

여 (92)베스트 쉐프의 새로운 믹스웨이브 믹서기 판매를 다음 주부터 시작하므로, 이 제품의 뛰어난 특징을 가장 잘 시연하는 방법을 아셔야 합니다. (93)이 제품의 핵심적인 혁신은 소음 감소 기술입니다. 일반적으로 소리가 큰 음식, 예를 들어 호두 같은 것을 갈거나 잘게 썰 때조차도 이 기기는 거의 아무 소리도 내지 않습니다. 그러므로, 박람회나 회의에서 시연하실 때, 갓 구운 케이크 위에 올려놓기 위한 견과를 잘라서 이 기능을 뽐내 주세요. (94)그리고, 똑같은 행동을 일반적인, 시끄러운 믹서기로 재연해 주세요. 그 차이가 모두에게 분명할 것입니다.

어휘 **demonstrate** 시연하다 **standout** 뛰어난 **feature** 특징 **innovation** 혁신 **typically** 일반적으로, 보통 **show off** 뽐내다, 자랑하다 **perform** 행하다 **obvious** 분명한

92 담화의 주된 내용은?
  (A) 제품 개발
  (B) 고객 서비스 조언
  (C) 발표 지시 사항
  (D) 직원 성과

패러프레이징 how to best demonstrate → Presentation instructions

93 믹스웨이브 믹서기의 특별한 점은?
  (A) 에너지 효율이 좋다.
  (B) 조용하게 작동한다.
  (C) 비싸지 않다.
  (D) 소형이다.

패러프레이징 its noise-reduction technology → It works silently.

94 화자가 "그 차이가 모두에게 분명할 것입니다"라고 말한 의도는?
  (A) 제품의 디자인이 독특하다.
  (B) 제품은 여러 종류의 색상이 있다.
  (C) 제품의 장점이 명확하다.
  (D) 제품은 관리하기가 간단하다.

오답 해설 제품의 디자인, 색상 및 관리 방법은 언급된 바 없으므로 (A), (B), (D)는 오답.

Questions 95-97 refer to the following talk and map.

미
M Hi, everyone. I'm one of the guides here at Dixie Park. We're happy to welcome such a large tour group. (95)Before I tell you more about the different areas, I need to let you know about some repair work on one of the walking trails. (96)You may walk from the park office to the picnic area, but the trail stops there due to the construction. However, we have two other beautiful

남 안녕하세요, 여러분. 저는 이곳 딕시 공원의 가이드들 중 한 명입니다. 이렇게 큰 투어 단체를 맞이하게 되어 기쁩니다. (95)다양한 구역에 대해 더 알려 드리기 전에, 산책로 중 한 곳이 보수 공사 중임을 알려 드리고자 합니다. (96)공원 사무실에서부터 소풍 구역까지 걸어가실 수 있지만, 공사 때문에 그곳에서 산책로가 끊겨 있습니다. 하지만, 볼거리가

trails with plenty of things to see. (97)Make sure you visit the flower garden, which is a nice spot where you can lie down and take a peaceful rest. And make sure you take a look at our brand new fish pond. I hope you have a wonderful time here.

어휘 walking trail 산책로 construction 공사 spot 장소, 지점

많은 두 개의 다른 아름다운 산책로가 더 있습니다. (97)꽃 정원에는 꼭 들러 주세요, 누워서 평화롭게 휴식을 취할 수 있는 좋은 장소입니다. 그리고 새로운 물고기 연못도 살펴보세요. 이곳에서 좋은 시간을 보내시기를 바랍니다.

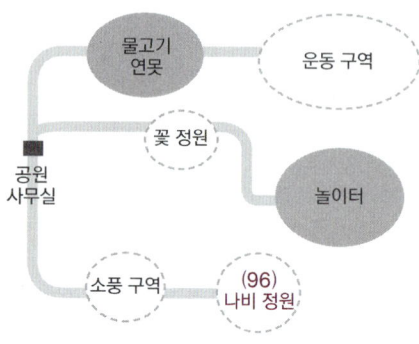

95 담화의 주요 목적은?
  (A) 새로운 공원 직원들을 환영하기 위해
  (B) 안전 지침을 설명하기 위해
  (C) 공원의 특징을 설명하기 위해
  (D) 직원들에게 업무를 배정하기 위해

오답 해설 담화는 공원의 여러 구역을 설명하고 유의사항을 알리기 위한 것으로, 안전 지침은 언급되지 않았으므로 (B)는 오답.

96 시각 정보에 따르면, 청자들이 오늘 방문할 수 없는 구역은?
  (A) 물고기 연못
  (B) 꽃 정원
  (C) 놀이터
  (D) 나비 정원

97 화자가 청자들에게 제안하는 것은?
  (A) 팸플릿 보기
  (B) 다과 즐기기
  (C) 휴식 시간 갖기
  (D) 사진 찍기

패러프레이징 lie down and take a peaceful rest
→ Spend time relaxing

Questions 98-100 refer to the following excerpt from a meeting and schedule.

미

W I'd just like to remind you all that the annual training workshop for Bingley Corporation supervisors begins this Friday. (98)As leaders of the departments here at Bingley, you are all expected to attend this three-day event. On each day, we will have a morning session and an afternoon session, and (99)a free lunch will be available for all attendees. Now, please take a look at the copy of the schedule I handed out to each of you, because there has been a slight change. (100)Our CEO was supposed to lead the session after lunch on Saturday, but he has a conflict in his schedule. I'll be stepping in and leading his session instead.

여 빙리 사 관리자들을 위한 연례 교육 워크숍이 이번 주 금요일에 시작한다는 것을 여러분 모두에게 상기시켜 드리고자 합니다. (98)이곳 빙리 사의 부서장들로서, 이 3일간의 행사에 모두 참석하셔야 합니다. 매일, 오전 교육과 오후 교육을 진행하며, (99)모든 참석자에게는 무료 점심을 제공합니다. 약간의 변경이 있으므로, 이제, 제가 여러분 각각에게 나눠드린 일정표를 살펴보세요. (100)CEO께서 토요일 점심 이후의 교육을 진행하시기로 했는데, 그분의 일정이 겹쳤습니다. 제가 참석해서 그 과정을 대신 진행할 것입니다.

어휘 remind 상기시키다 available 이용 가능한 attendee 참석자 hand out 나누어 주다 be supposed to do ~하기로 되어 있다 conflict 충돌 step in 참석하다, 개입하다

교육 일정표

빙리 사 – 교육 워크숍 (REX 컨퍼런스 센터)			
교육/일시	금요일	토요일	일요일
오전	고객 서비스	팀워크	시간 관리
오후	판매 전략	(100) 시장 동향	광고

98 청자들의 신분은?
 (A) 오리엔테이션 참가자들
 (B) 컨퍼런스 센터 직원
 (C) 계산대 직원
 (D) 부서장

99 화자가 교육 워크숍에 대해 언급한 것은?
 (A) 날짜가 변경될 수도 있다.
 (B) 공간이 제한적이다.
 (C) 교통 서비스가 이용 가능하다.
 (D) 음식이 제공될 것이다.

100 시각 정보에 따르면, 화자가 진행할 워크숍 과정은?
 (A) 고객 서비스
 (B) 팀워크
 (C) 시장 동향
 (D) 광고

패러프레이징 leaders of the departments → Department managers
오답 해설 행사는 부서장들을 대상으로 하는 워크숍이지, 오리엔테이션이 아니므로 (A)는 오답.

패러프레이징 a free lunch will be available → Food will be provided.
오답 해설 제공되는 것은 무료 점심 식사이지, 교통 서비스가 아니므로 (C)는 오답.

TEST 3

p.172

1 (D)	2 (B)	3 (C)	4 (A)	5 (D)	6 (C)	7 (C)	8 (A)	9 (A)	10 (C)
11 (B)	12 (C)	13 (A)	14 (C)	15 (C)	16 (A)	17 (B)	18 (B)	19 (B)	20 (B)
21 (C)	22 (A)	23 (C)	24 (C)	25 (B)	26 (A)	27 (C)	28 (A)	29 (A)	30 (C)
31 (A)	32 (A)	33 (B)	34 (D)	35 (B)	36 (B)	37 (A)	38 (D)	39 (A)	40 (C)
41 (D)	42 (B)	43 (B)	44 (C)	45 (B)	46 (A)	47 (A)	48 (C)	49 (D)	50 (B)
51 (A)	52 (B)	53 (C)	54 (D)	55 (D)	56 (A)	57 (D)	58 (C)	59 (D)	60 (B)
61 (C)	62 (C)	63 (D)	64 (D)	65 (C)	66 (D)	67 (D)	68 (B)	69 (A)	70 (C)
71 (C)	72 (C)	73 (A)	74 (A)	75 (B)	76 (C)	77 (C)	78 (C)	79 (B)	80 (A)
81 (C)	82 (B)	83 (D)	84 (A)	85 (D)	86 (B)	87 (A)	88 (D)	89 (A)	90 (D)
91 (C)	92 (B)	93 (A)	94 (B)	95 (A)	96 (C)	97 (A)	98 (C)	99 (B)	100 (D)

PART 1

1 영

(A) She's gripping the cover of a book.
(B) She's placing her glasses on the desk.
(C) She's taking a look at the monitor.
(D) She's writing something on a notepad.

(A) 여자가 책의 표지를 잡고 있다.
(B) 여자가 안경을 책상 위에 놓고 있다.
(C) 여자가 모니터를 보고 있다.
(D) 여자가 메모장에 무언가를 쓰고 있다.

어휘 grip 잡다 place 놓다 take a look 보다
오답 해설 (A), (C)는 동작의 대상이 되는 사물이 사진과 다르므로 오답. (B)는 사진 속의 사물이 언급되지만 동작 묘사가 틀렸으므로 오답.

2 미

(A) The men are carrying hammers.
(B) They're laying bricks on the ground.
(C) One of the men is picking up an object.
(D) The men are kneeling on pavement.

(A) 남자들이 망치를 들고 있다.
(B) 사람들이 땅에 벽돌들을 깔고 있다.
(C) 남자들 중 한 명이 물건을 들어 올리고 있다.
(D) 남자들이 도로 위에 무릎을 꿇고 있다.

어휘 lay 깔다, 놓다 pick up ~을 들어[집어] 올리다 object 물건 kneel 무릎을 꿇다 pavement 포장 도로
오답 해설 (A), (C)는 동작 묘사가 틀렸으므로 오답. (D)는 사진 속 동작을 언급하고 있지만 일부 인물에게만 해당되므로 오답.

3 호

(A) The woman is dusting off the lamp.
(B) The woman is taking down some curtains.
(C) The woman is using a vacuum cleaner.
(D) The woman is opening the closet.

(A) 여자가 전등의 먼지를 털고 있다.
(B) 여자가 커튼을 내리고 있다.
(C) 여자가 진공청소기를 사용하고 있다.
(D) 여자가 벽장을 열고 있다.

어휘 dust off ~에서 먼지를 털다 take down 내리다 vacuum cleaner 진공청소기
오답 해설 (A), (B), (D)는 모두 동작 묘사가 틀렸으므로 오답.

4 미

(A) The women are leaning against a windowsill.
(B) One of the women is facing a window.
(C) The women are seated at their workstations.
(D) One of the women is holding a mug.

(A) 여자들이 창턱에 기대 서 있다.
(B) 여자들 중 한 명이 창문을 마주 보고 있다.
(C) 여자들이 작업대에 앉아 있다.
(D) 여자들 중 한 명이 머그컵을 들고 있다.

어휘 lean against ~에 기대다 windowsill 창턱 face 마주 보다 workstation 작업대
오답 해설 (B), (C)는 동작 묘사가 틀렸으므로 오답. (D)는 사진에 없는 사물이 언급되었으므로 오답.

188

5 미
(A) The cans have been placed on the shelves.
(B) A box is being lifted onto the rack.
(C) The people are weighing some ingredients.
(D) The people are working at a warehouse.

(A) 깡통들이 선반 위에 놓여 있다.
(B) 상자를 선반 위로 올리고 있다.
(C) 사람들이 재료의 무게를 재고 있다.
(D) 사람들이 창고에서 일하고 있다.

어휘 lift 들어 올리다 rack 선반 weigh 무게를 재다 ingredient (특히 요리의) 재료 warehouse 창고
오답 해설 (A)는 잘못된 위치 묘사이므로 오답. (B), (C)는 동작 묘사가 틀렸으므로 오답.

---

6 영
(A) A cruise ship is waiting for tourists.
(B) A net has been left on the platform.
(C) Some boats have been secured to the dock.
(D) A rope is being tied to a post.

(A) 유람선이 관광객들을 기다리고 있다.
(B) 그물이 플랫폼 위에 남아 있다.
(C) 몇몇 배들이 부두에 정박해 있다.
(D) 밧줄을 기둥에 묶고 있다.

어휘 secure 정박하다 dock 부두; (배를) 부두에 대다 tie 묶다
오답 해설 (A), (B)는 사진에 없는 사물이 언급되었으므로 오답. (D)는 동작의 주체가 없으므로 오답.

PART 2

7 미호 When are you working at the restaurant?
(A) No, I'm not working today.
(B) I started the job this summer.
(C) I'm scheduled on the weekend.

레스토랑에서 언제 일하시나요?
(A) 아니요, 오늘은 일하지 않아요.
(B) 이번 여름에 일을 시작했어요.
(C) 주말로 일정이 잡혀 있어요.

어휘 schedule 일정을 잡다
오답 해설 (A)는 동일 어휘 working을 반복 사용한 오답. (B)는 working에서 연상 가능한 job을 이용한 오답.

---

8 영미 Where is the maintenance team right now?
(A) It hasn't arrived yet.
(B) It's just a routine checkup.
(C) I'll install it in the morning.

유지보수팀은 지금 어디에 있나요?
(A) 아직 도착하지 않았어요.
(B) 그냥 일상적인 점검입니다.
(C) 저는 아침에 설치할 거예요.

어휘 routine 일상적인 install 설치하다
오답 해설 (B), (C)는 각각 maintenance team에서 연상 가능한 checkup과 install을 이용한 오답.

---

9 미영 How did you fix the program in the end?
(A) I hired a professional.
(B) Because of a virus.
(C) They didn't take my advice.

결국에는 프로그램을 어떻게 고쳤나요?
(A) 전문가를 고용했어요.
(B) 바이러스 때문에요.
(C) 그들은 제 충고를 받아들이지 않았어요.

어휘 hire 고용하다 take one's advice ~의 충고를 받아들이다
해설 (B)는 program에서 연상 가능한 virus를 이용한 오답. (C)는 질문의 주어와 응답의 주어가 다르므로 오답.

---

10 미미 Can I borrow your mobile phone for a moment?
(A) Sure. I'll return it to you soon.
(B) You don't have to do that.
(C) Sorry. My battery's dead.

잠깐 휴대 전화를 빌릴 수 있을까요?
(A) 네. 바로 돌려드리겠습니다.
(B) 그렇게 하실 필요 없어요.
(C) 죄송합니다. 제 배터리가 다 닳아서요.

어휘 borrow 빌리다 for a moment 잠깐 동안
오답 해설 (A)는 borrow에서 연상 가능한 return을 이용한 오답.

11 호영　Is the company's service cheap?

　　(A) Yes. I had to pay extra.
　　(B) No, so I had to shop around some more.
　　(C) A service charge is included.

　　어휘　shop around 상품을 보러 다니다　charge 요금
　　오답 해설　(A)는 cheap에서 연상 가능한 pay를 이용한 오답. (C)는 동일 어휘 service를 반복 사용한 오답.

그 회사의 서비스는 저렴한가요?
(A) 네, 추가로 돈을 지불해야 했어요.
(B) 아니요, 그래서 조금 더 둘러봐야 했어요.
(C) 서비스 비용이 포함되어 있어요.

---

12 미호　This store has the chair in my favorite color.

　　(A) Let's find a brighter color, then.
　　(B) We have another supply of paint inside.
　　(C) The design is nice too.

　　오답 해설　(A)는 동일 어휘 color를 반복 사용한 오답. (B)는 color에서 연상 가능한 paint를 이용한 오답.

이 가게에는 제가 좋아하는 색상의 의자가 있네요.
(A) 그럼, 더 밝은 색상을 찾아보죠.
(B) 안에 페인트 물량이 더 있어요.
(C) 디자인도 좋네요.

---

13 호미　Who is the client you invited to the seminar?

　　(A) Our company's partner.
　　(B) They sent us an invitation.
　　(C) It's about marketing methods.

　　어휘　client 고객　invitation 초대(장)　method 방법
　　오답 해설　(B)는 invited와 파생 관계에 있는 invitation을 이용한 오답. (C)는 seminar에서 연상 가능한 marketing methods를 이용한 오답.

당신이 세미나에 초대한 고객은 누구인가요?
(A) 우리 회사의 파트너요.
(B) 그들이 우리에게 초대장을 보냈어요.
(C) 마케팅 방법에 대한 것입니다.

---

14 미미　Where did you decide to take your buyer on the trip?

　　(A) We went with that agency.
　　(B) A more reliable airline.
　　(C) The location is not yet fixed.

　　어휘　reliable 믿을 수 있는　fix 정하다
　　오답 해설　(A), (B)는 각각 trip에서 연상 가능한 agency와 airline을 이용한 오답.

출장 중에 바이어를 어디로 데려가기로 결정했나요?
(A) 우리는 그 여행사를 이용했어요.
(B) 더 믿을 수 있는 항공사요.
(C) 장소는 아직 정해지지 않았어요.

---

15 영미　How soon do you think we can complete the design?

　　(A) By hiring some designers.
　　(B) I'm sorry. It's already been finished.
　　(C) It can be done by tomorrow.

　　어휘　complete 완성하다
　　오답 해설　(A)는 수단을 묻는 How 의문문에 적절한 응답이며, design과 파생 관계에 있는 designers를 이용한 오답. (B)는 complete와 의미상 유사한 finished를 이용한 오답.

우리가 그 디자인을 얼마나 빨리 완성할 수 있을 것 같나요?
(A) 디자이너 몇 명을 고용해서요.
(B) 죄송합니다. 이미 끝났어요.
(C) 내일까지 할 수 있습니다.

---

16 미미　Would you mind calling the doctor for me?

　　(A) I'm afraid she's on break now.
　　(B) The nurse will assist him once he's ready.
　　(C) He's actually a dentist.

　　어휘　be on break 쉬다　assist 돕다　once ~하면, ~하자마자
　　오답 해설　(B), (C)는 각각 doctor에서 연상 가능한 nurse와 dentist를 이용한 오답.

저를 위해 의사를 불러 주실 수 있나요?
(A) 죄송하지만 그녀는 지금 휴식 중입니다.
(B) 그가 준비되면 간호사가 도와줄 거예요.
(C) 그는 사실 치과의사입니다.

17 영호
He's the new employee, isn't he?
(A) Yes. Today's my first day at work.
(B) He seems a bit shy.
(C) No. He's only been here for a couple days.

그가 그 신입사원이죠, 그렇죠?
(A) 네. 오늘이 제 근무 첫날이에요.
(B) 조금 수줍어 보이네요.
(C) 아니요. 그는 여기 온 지 불과 며칠밖에 안 됐어요.

어휘 employee 직원
오답 해설 (A)는 new employee에서 연상 가능한 first day를 이용한 오답.

18 미미
Haven't you sent your laundry to the cleaner's yet?
(A) Yes, I'm on my way to drop them off.
(B) I haven't had a chance to leave the house.
(C) It has to be dry-cleaned.

빨래를 아직 세탁소에 보내지 않으셨나요?
(A) 네, 갖다 놓으러 가는 길이에요.
(B) 집을 나갈 시간이 없었어요.
(C) 이건 드라이클리닝 해야 해요.

어휘 laundry 빨래   cleaner's 세탁소   drop off 갖다 놓다
오답 해설 (A)는 부정 의문문에 Yes라고 답했을 시 나와야 하는 답변으로 적절하지 않으므로 오답. (C)는 cleaner's에서 연상 가능한 dry-cleaned를 이용한 오답.

19 호영
Do you prefer to work full-time or part-time?
(A) Our busiest time is the summer.
(B) I only want twenty hours a week.
(C) You can work whenever you want.

전일 근무를 선호하시나요, 아니면 시간제 근무를 선호하시나요?
(A) 저희가 가장 바쁜 때는 여름입니다.
(B) 일주일에 20시간만 하고 싶습니다.
(C) 원하실 때 언제든 일하실 수 있습니다.

오답 해설 (C)는 full-time, part-time에서 연상 가능한 work whenever를 이용한 오답.

20 영미
Let's choose a place for dinner.
(A) I went to a fast-food restaurant.
(B) How about that steak place?
(C) I'll see you there, then.

저녁 먹을 장소를 골라봅시다.
(A) 패스트푸드 레스토랑에 갔었어요.
(B) 그 스테이크 음식점은 어때요?
(C) 그럼, 거기서 뵐게요.

오답 해설 (A)는 a place for dinner에서 연상 가능한 restaurant를 이용한 오답.

21 미미
What did you do on your vacation?
(A) I'm not sure. I haven't decided.
(B) You need your manager's approval.
(C) Actually, we stayed in the hotel.

휴가 때 뭐 하셨어요?
(A) 잘 모르겠어요. 아직 결정 못 했어요.
(B) 당신은 팀장의 승인이 필요해요.
(C) 사실, 호텔에 머물렀어요.

어휘 approval 승인, 허가
오답 해설 (A)는 미래의 계획을 묻는 경우 가능한 응답이므로 오답. (B)는 vacation에서 연상 가능한 manager's approval을 이용한 오답.

22 호미
Could you show me the way to the banquet?
(A) It's down the hall and to the right.
(B) Please go ahead.
(C) I appreciate your help.

연회에 가는 길을 알려 주시겠어요?
(A) 복도 끝에서 오른쪽으로 가세요.
(B) 먼저 가세요.
(C) 도와주셔서 감사합니다.

어휘 banquet 연회, 만찬   appreciate 고마워하다
오답 해설 (B)는 '먼저 가다', '계속 진행하다'라는 뜻으로 질문과 무관하므로 오답. (C)는 도움을 받은 사람이 하는 말로 적합하므로 오답.

23 영호　What do you take to get to work?

(A) It takes me about thirty minutes.
(B) Traffic is bad at rush hour.
(C) I always go by bus.

회사에 무엇을 타고 다니시나요?

(A) 30분 정도 걸려요.
(B) 러시아워에는 교통 상황이 나빠요.
(C) 항상 버스를 타고 가요.

오답 해설　(A), (B)는 각각 회사에 가는 것에서 연상 가능한 소요 시간과 교통 상황을 이용한 오답.

---

24 미영　Which of the packages do you want delivered abroad?

(A) Just put your box on the scale.
(B) I'll take the largest packet you have.
(C) The one on top, please.

이 소포들 중 해외로 배송하고 싶으신 건 어떤 것인가요?

(A) 그냥 상자를 저울 위에 놓으세요.
(B) 가지고 계신 것 중에 가장 큰 소포를 가져가겠습니다.
(C) 가장 위에 있는 걸로 부탁합니다.

어휘　deliver 배송하다　scale 저울　packet 소포
오답 해설　(A)는 packages에서 연상 가능한 box를 이용한 오답. (B)는 packages와 의미상 유사한 packet을 이용한 오답.

---

25 미미　We're too late to buy tickets, aren't we?

(A) Yeah, there's plenty of time.
(B) The ticket office is still open.
(C) They've already expired.

표를 사기에는 우리가 너무 늦었네요, 그렇지 않나요?

(A) 네, 시간은 충분해요.
(B) 매표소가 아직 열려 있어요.
(C) 그것들은 이미 만료되었어요.

어휘　plenty of 충분한, 많은　expire 만료되다
오답 해설　(A), (C)는 late에서 각각 연상 가능한 time과 expired를 이용한 오답.

---

26 호영　I'll be pulling into the hotel parking lot in ten minutes.

(A) I can wait for you outside.
(B) I'll be checking in soon.
(C) I need a rental car, please.

10분 후에 호텔 주차장에 도착합니다.

(A) 밖에서 당신을 기다려 드릴 수 있어요.
(B) 곧 체크인을 할 거예요.
(C) 렌트카가 필요해요.

어휘　pull into ~에 도착하다
오답 해설　(B)는 hotel에서 연상 가능한 checking in을 이용한 오답. (C)는 parking lot에서 연상 가능한 car를 이용한 오답.

---

27 미호　Weren't you supposed to leave early today?

(A) Why not? My request was accepted.
(B) Then can you stay late tomorrow?
(C) My appointment was canceled.

오늘 일찍 나가셔야 하지 않았나요?

(A) 뭐 어때요? 제 요청은 수락되었어요.
(B) 그럼 내일 늦게까지 남아 계실 수 있나요?
(C) 약속이 취소됐어요.

어휘　be supposed to do ~해야 한다, ~하기로 되어 있다　request 요청　appointment 약속
오답 해설　(B)는 leave early에서 연상 가능한 stay late를 이용한 오답.

---

28 미미　Who called while I was out for the conference?

(A) The manager left a message.
(B) I'll call you when it's over.
(C) The secretary is not in at the moment.

제가 학회에 가 있는 동안에 누가 전화했었나요?

(A) 팀장님께서 메시지를 남기셨어요.
(B) 끝나면 전화 드릴게요.
(C) 비서가 지금 부재중입니다.

어휘　secretary 비서　at the moment 지금(으로서는)
오답 해설　(B)는 동일 어휘 call(called)을 이용한 오답. (C)는 called에서 연상 가능한 secretary를 이용한 오답.

29 호미 How late is this orientation going to last?
(A) **The memo said an hour.**
(B) I thought it was in the boardroom.
(C) It's just about to start.

이 오리엔테이션은 얼마나 늦게까지 계속되나요?
(A) **회람에 한 시간이라고 적혀 있었어요.**
(B) 전 이사회실에서 하는 줄 알았는데요.
(C) 곧 시작할 거예요.

어휘 last 계속되다 boardroom 이사회실
오답 해설 (B), (C)는 각각 orientation에서 연상 가능한 boardroom(장소)과 start를 이용한 오답.

---

30 영호 Shouldn't we contact a specialist for this task?
(A) The technician knows how to correct the issue.
(B) I'm glad we consulted the manual.
(C) **It may be better to save our money instead.**

이 업무를 하려면 전문가에게 연락해야 하지 않을까요?
(A) 그 기술자는 문제를 해결하는 방법을 알고 있어요.
(B) 우리가 설명서를 찾아봐서 다행이에요.
(C) **대신 돈을 절약하는 게 더 좋을 것 같아요.**

어휘 specialist 전문가 task 업무 correct 해결하다 consult 찾아보다
오답 해설 (A)는 specialist에서 연상 가능한 technician을 이용한 오답.

---

31 미미 It'll be difficult to change his mind on this problem.
(A) **I'm sure we can try to discuss it with him.**
(B) Let's decide as soon as possible.
(C) We're having trouble choosing as well.

이 문제에 대한 그의 생각을 바꾸기는 어려울 거예요.
(A) **이것에 대해 그와 상의해 볼 수 있을 거라고 확신해요.**
(B) 가능한 한 빨리 결정합시다.
(C) 우리도 선택하는 데 어려움을 겪고 있어요.

어휘 discuss 상의[의논]하다 decide 결정하다
오답 해설 (C)는 problem에서 연상 가능한 trouble을 이용한 오답.

PART 3

Questions 32-34 refer to the following conversation.

호영

M (32)Grand Hotel on Park Avenue. This is Rick. How may I be of service to you today?

W Hi. (33)I was actually supposed to check in earlier this afternoon, but my flight got delayed, and it doesn't look like I'll be able to make it until midnight.

M No problem at all. The room will be ready for you when you arrive. Now, will you be requiring our late-night van pick-up service?

W (34)I've already arranged for a taxi, so I'll be fine. Thanks anyway.

남 (32)파크 가에 있는 그랜드 호텔입니다. 저는 릭입니다. 무엇을 도와드릴까요?

여 안녕하세요. (33)사실 오늘 오후 일찍 체크인하기로 되어 있었는데요, 항공편이 지연되어서 자정 전까지는 도착할 수 있을 것 같지 않습니다.

남 전혀 문제없습니다. 도착하실 때 객실은 준비되어 있을 겁니다. 그럼, 심야 밴 픽업 서비스가 필요하신가요?

여 (34)이미 택시를 준비해 두어서, 괜찮습니다. 어쨌든 감사합니다.

어휘 delay 지연시키다 require 필요로 하다, 요구하다 arrange 준비하다

---

32 남자가 일하는 곳은?
(A) **호텔**
(B) 공항
(C) 여행사
(D) 공원

오답 해설 flight(항공편)가 언급되기는 했지만 대화 내용이 공항과는 관계 없으므로 (B)는 오답.

33 여자가 언급한 문제는?
(A) 확인을 받지 못했다.
(B) 늦게 착륙할 예정이다.
(C) 데리러 올 사람을 찾을 수 없다.
(D) 짐을 잃어버렸다.

패러프레이징 my flight got delayed → She is scheduled to land late.

34 여자가 나중에 이용할 교통편의 종류는?
(A) 버스
(B) 밴
(C) 트램
(D) 택시

오답 해설 남자가 심야 밴 픽업 서비스를 이용하겠냐고 물어봤지만, 여자는 택시를 이용할 예정이라고 했으므로 (B)는 오답.

Questions 35-37 refer to the following conversation.

미국 미국

M Hey, Julie. (35)I have a meeting at eleven that doesn't end until two. Would you be able to find a place that delivers and order out for me?

W You know, there's that new burger restaurant. (36)It's kind of far, so delivery might take time, but I heard the fries are really good.

M Well, actually, I'm trying to eat healthy these days. (37)Maybe you could call up the deli next door and see if they have any salads. If they have a light dressing, that'd be great.

남 안녕하세요, 줄리 씨. (35)11시에 회의가 있는데 2시까지는 안 끝날 거예요. 배달되는 곳을 찾아서 주문해 주실 수 있으세요?

여 음, 저기 새로운 버거 레스토랑이 있어요. (36)좀 거리가 있어서, 배달은 시간이 걸리겠지만, 감자튀김이 정말 맛있다고 들었어요.

남 음, 사실, 요즘 건강한 음식을 먹으려고 해요. (37)옆집의 음식점에 전화해서 샐러드가 있는지 알아봐 주세요. 가벼운 드레싱이 있다면, 정말 좋겠네요.

어휘 take time 시간이 걸리다

35 대화가 일어나는 것 같은 곳은?
(A) 체육관
(B) 사무실
(C) 음식점
(D) 슈퍼마켓

오답 해설 meeting(회의)이나 order out(배달 주문) 등의 표현으로 보아 화자들은 사무실에서 식사 이야기를 하는 것이므로 (C)는 오답.

36 여자가 새로운 레스토랑에 대해 언급한 것은?
(A) 건강식을 전문으로 한다.
(B) 곁들이는 요리가 맛있다.
(C) 배달 서비스가 빠르다.
(D) 사무실 근처에 위치해 있다.

패러프레이징 fries → side dish
오답 해설 배달은 시간이 걸리고, 사무실에서 멀다고 했으므로 (C), (D)는 오답.

37 남자가 여자에게 요청하는 것은?
(A) 레스토랑에 전화하기
(B) 건강한 일상 계획하기
(C) 음식 준비하기
(D) 회의실 예약하기

패러프레이징 call up the deli → Make a call to a restaurant
오답 해설 여자에게 직접 음식을 준비하라고 한 것은 아니므로 (C)는 오답.

Questions 38-40 refer to the following conversation.

미호

W Good morning, Mr. Smith. This is Karen from the real estate agency. (38)I'm contacting you because your lease expires in a month. Are you planning on renewing for another year?
M (39)My wife is pregnant, so we're planning to move to a bigger house. I haven't found one yet, but I'll probably be ready to relocate by summer.
W Well, in that case, (40)we actually have another property in your neighborhood that you might like. I can show it to you tomorrow around noon, if you're available then.
M (40)Later in the afternoon would be better. I'll stop by around three.

여 좋은 아침입니다, 스미스 씨. 부동산 중개소의 캐런입니다. (38)고객님의 임대가 한 달 뒤에 만기가 되어서 연락드렸어요. 일년 더 연장할 계획이신가요?
남 (39)아내가 임신을 해서, 저희는 더 큰 집으로 이사할 계획입니다. 아직 찾지는 못했지만, 여름까지는 이사 준비가 다 될 것 같아요.
여 음, 그렇다면, (40)동네에 마음에 드셔 할 것 같은 다른 집이 있어요. 내일 정오쯤에 시간이 되신다면 (40)보여드릴 수 있습니다.
남 (40)늦은 오후가 좋을 것 같아요. 3시경에 들를게요.

어휘 lease 임대차 계약 expire 만기가 되다 renew 연장하다, 갱신하다 relocate 이사하다 available 시간이 되는 stop by ~에 들르다

38 여자가 전화 건 목적은?
(A) 신제품을 홍보하기 위해
(B) 연체액 지불을 요청하기 위해
(C) 집에 대해 불평하기 위해
(D) 계약 연장에 대해 물어보기 위해

패러프레이징 renewing for another year → a contact renewal
오답 해설 여자는 집주인이나 세입자가 아닌 부동산 중개인이므로 (B), (C)는 오답.

39 남자가 이사를 하고 싶어 하는 이유는?
(A) 더 넓은 장소를 찾고 있다.
(B) 동네를 옮기고 싶어 한다.
(C) 더 이상 월세를 감당할 수 없다.
(D) 계약 조건에 동의하지 않는다.

패러프레이징 planning to move to a bigger house → looking for a larger space

40 남자가 내일 오후에 할 일은?
(A) 새로운 임대 계약 맺기
(B) 집에서 이사 나가기
(C) 집 방문하기
(D) 보증금 내기

오답 해설 남자는 계약을 연장하지 않을 것이며 여름에 이사 갈 계획이라고 했으므로 (A), (B)는 오답.

Questions 41-43 refer to the following conversation with three speakers.

호영미

M1 (41)How are we coming along with the preparations for the client meeting next week?
W We reserved the room, and the projector is already set up. (42)We're just waiting on a couple of presentation files from other departments.
M1 Sounds good. Will we have any refreshments laid out for the guests?
M2 Yes. I'm taking care of that. I've reserved a catering company to serve people during the meeting.
M1 I'm not sure we have the budget for that. It'd be better if you could find an alternative.

남1 (41)다음 주의 고객 회의 준비는 어떻게 되어 가고 있나요?
여 회의실을 예약했고, 프로젝터도 이미 설치가 되었어요. (42)다른 부서들로부터 발표 파일 몇 개만 기다리고 있습니다.
남1 좋네요. 손님들에게 드릴 간식은 있나요?
남2 네. 제가 맡고 있어요. 회의 동안에 사람들에게 음식을 제공하기 위해 출장 요리 회사를 예약했어요.
남1 그럴 예산이 있을지 모르겠네요. 대안을 찾을 수 있다면 더 좋을 텐데요.

M2 (43)Then I'll tell the caterers right away that we won't need them after all. I'll just purchase some snacks instead.

남2 (43)그러면 바로 출장 요리 업체에 결국 필요 없게 되었다고 이야기할게요. 대신에 제가 간식을 좀 구입할게요.

어휘 come along (원하는 대로) 되어 가다　reserve 예약하다　refreshment (항상 복수형) 간식, 다과　budget 예산　alternative 대안

41 화자들이 주로 논의하는 것은?
(A) 연회 장소
(B) 고객의 요구
(C) 계약 조건
(D) 모임 준비

패러프레이징 preparations for the client meeting → organization for a gathering

42 화자들이 받으려고 기다리는 것은?
(A) 프로젝터
(B) 파일들
(C) 출장 요리 메뉴
(D) 확인 이메일

오답 해설 음식은 화자들이 기다리고 있는 것이 아니라 회의 때 고객들에게 제공하려고 한 것이므로 (C)는 오답.

43 다음에 일어날 것 같은 일은?
(A) 계약이 맺어질 것이다.
(B) 예약이 취소될 것이다.
(C) 식사가 제공될 것이다.
(D) 예산이 변경될 것이다.

패러프레이징 tell the caterers right away that we won't need them after all → A reservation will be canceled.
오답 해설 예산이 변경되는 것이 아니라 출장 요리 예약이 취소되는 것이므로 (D)는 오답.

Questions 44-46 refer to the following conversation.

영미

W　I bought a washing machine and dryer from your downtown branch several months ago. The washer is fine, (44)but lately, the dryer hasn't been working properly.
M　Do you happen to have the model number in front of you?
W　No, I don't. (45)I threw away the receipt, but I assume everything's still under warranty.
M　No problem. (45)We can verify your purchase with your address and phone number. All of our appliances are covered by our one-year return policy.
W　Well, if it can be fixed, I'd rather not send it back.
M　(46)We can, of course, dispatch a technician to come look at it, if you prefer.
W　Okay, thanks. Let's do that, then.

여　몇 달 전에 귀사의 시내 지점에서 세탁기와 건조기를 샀습니다. 세탁기는 괜찮은데, (44)최근에 건조기가 제대로 작동하지 않아요.
남　혹시 지금 모델 번호를 가지고 계신가요?
여　아니요, 없습니다. (45)영수증을 버렸는데, 아직 모두 보증 기간인 것 같아요.
남　문제없습니다. (45)고객님의 주소와 전화번호로 구매를 확인할 수 있어요. 모든 가전 제품들은 일 년 환불 정책이 보장됩니다.
여　아, 고칠 수 있다면, 반품하고 싶지 않아요.
남　(46)원하신다면 물론 기술자를 보내서 살펴보게 해 드릴 수 있어요.
여　네, 감사합니다. 그럼, 그렇게 해 주세요.

어휘 properly 제대로　assume 추정하다　under warranty 보증 기간 중인　verify 확인하다　appliance 가전 제품　cover (보험으로) 보장하다　dispatch 보내다, 파견하다

44 여자가 언급한 문제는?
  (A) 세탁기가 켜지지 않는다.
  (B) 보증 기간이 만료되었다.
  (C) 건조기가 고장 났다.
  (D) 주문품이 배송되지 않았다.

패러프레이징 the dryer hasn't been working properly ➜ Her dryer is malfunctioning.
오답 해설 세탁기는 잘 작동한다고 했으므로 (A)는 오답.

45 남자가 "문제없습니다"라고 말한 의도는?
  (A) 기기가 수리되었다.
  (B) 영수증이 필요 없다.
  (C) 거래가 취소되었다.
  (D) 배송이 처리되었다.

오답 해설 기기는 아직 수리되기 전이므로 (A)는 오답.

46 여자가 남자에게 바라는 것은?
  (A) 집으로 수리공 보내주기
  (B) 고장난 부품 가져가기
  (C) 새로운 것으로 제품 교환하기
  (D) 구매에 대한 비용 환불해 주기

패러프레이징 dispatch a technician ➜ Send a repairperson
오답 해설 수리가 가능하다면 세탁기를 반품하고 싶지 않다고 했으므로 (C)와 (D)는 오답.

Questions 47-49 refer to the following conversation.

호미

M Good afternoon, ma'am. (47)What was the purpose of your visit to Mumbai?
W (48)There was a trade fair that my company was invited to. I work in the field of urban development.
M (47)What was the duration of your stay, and did you bring back any gifts?
W (49)The conference lasted three days, and I stayed another two days to take a tour of the city. The only things I bought were a few souvenirs for my colleagues.

남 안녕하세요, 선생님. (47)뭄바이를 방문하신 목적은 무엇이었나요?
여 (48)저희 회사가 초청을 받은 무역 박람회가 있었어요. 저는 도시 개발 분야에서 일하고 있습니다.
남 (47)방문 기간은 얼마나 되었나요? 또 선물을 가져오신 게 있나요?
여 (49)컨퍼런스는 3일간 계속됐고, 도시를 둘러보기 위해서 2일 더 머물었어요. 산 것은 동료들을 위한 기념품 몇 개뿐입니다.

어휘 urban 도시의 development 개발 duration 기간 take a tour 둘러보다 souvenir 기념품

47 대화가 일어나는 것 같은 곳은?
  (A) 입국 심사대
  (B) 여행사
  (C) 컨퍼런스 전시장
  (D) 공항 탑승 수속 창구

오답 해설 여행사나 수속 창구에서 여행지 방문 목적과 선물 구입 여부를 묻지는 않으므로 (B), (D)는 오답.

48 여자의 여행의 목적은?
  (A) 가족을 방문하기 위해
  (B) 스타트업을 시작하기 위해
  (C) 행사에 참여하기 위해
  (D) 박람회를 주관하기 위해

패러프레이징 a trade fair ➜ an event

49 여자가 뭄바이에 머무른 총 기간은?
  (A) 2일
  (B) 3일
  (C) 4일
  (D) 5일

오답 해설 무역 박람회에 3일, 도시 관광에 2일, 총 5일 동안 머물렀으므로 (A), (B)는 오답.

Questions 50-52 refer to the following conversation.

<표 미미>

M　Hey, Pam. (50)The ceiling light above my cubicle has started to flicker, so I think it needs to be switched out. Do you know who I should get in touch with to replace it?
W　Hmm, I'll tell the building manager downstairs. (51)How often does the issue happen? I'll have to tell him because it could always be another problem.
M　Well, it's a little strange. (52)Sometimes, the bulb blinks on and off when I flip the switch. But it only happens sometimes, and I can never guess when. I don't think it's an electrical problem, since none of the other lights in the office are having this issue.

[어휘]　cubicle 사무실 한 칸　flicker 깜빡거리다　switch 바꾸다; 스위치　get in touch with ~와 연락하다　blink 깜빡거리다　flip (스위치를) 켜다

남　안녕하세요, 팸 씨. (50)제 사무실 위의 천장 등이 깜빡이기 시작했는데요, 바꿔야 할 것 같아요. 교체하려면 어느 분께 연락해야 하는지 알고 있나요?
여　음, 아랫층의 건물 관리자에게 이야기할게요. (51)그 문제가 얼마나 자주 발생하나요? 항상 다른 문제가 될 수도 있어서 그에게 말해 줘야 해요.
남　그게, 조금 이상해요. (52)가끔, 스위치를 켤 때마다 전구가 켜졌다 꺼졌다 하며 깜빡거려요. 하지만 가끔만 그래서 언제 그러는 건지는 모르겠어요. 전기 문제는 아닌 것 같아요. 사무실의 다른 전구들은 그런 문제가 없거든요.

50 대화의 주된 내용은?
(A) 새 관리자
(B) 고장 난 전등
(C) 건물 임대
(D) 폐쇄된 계단

[패러프레이징] The ceiling light above my cubicle has started to flicker → A faulty lightbulb
[오답 해설] 건물 시설의 유지보수에 대한 것이지 임대에 대한 내용은 아니므로 (C)는 오답.

51 여자가 요청한 정보는?
(A) 문제의 빈도
(B) 직원의 연락처
(C) 회사로 가는 길
(D) 요청하는 이유

[패러프레이징] How often does the issue happen? → The frequency of a problem

52 남자가 "조금 이상해요"라고 말한 의도는?
(A) 이 분야에 익숙하지 않다.
(B) 문제가 예측 불가능하다고 생각한다.
(C) 여자의 질문을 이해하지 못한다.
(D) 같은 문제를 가진 다른 동료들을 안다.

[오답 해설] 다른 전구들은 문제가 없다고 했으므로 (D)는 오답.

Questions 53-55 refer to the following conversation with threes speakers.

<표 미미영>

M　All right. (53)Which candidate should be our PR manager?
W1　Mr. Pesk has the most fitting personality.
W2　I agree. He is very energetic.
M　Yes, but he has been out of the field for two years. His skills might be rusty and outdated. How about Ms. Bates?
W1　(54)Ms. Bates has an impressive track record and lots of experience, but she seems introverted, which is not ideal for this position.
W2　Besides, her experience is not directly related to this job. She hasn't worked this closely with the public before.

남　좋습니다. (53)어떤 지원자가 홍보 팀장이 되어야 할까요?
여1　페스크 씨가 가장 적합한 성격을 지니고 있어요.
여2　동의합니다. 그는 매우 에너지가 넘쳐요.
남　네, 하지만 2년 동안 이 분야에 없었어요. 실력이 녹이 슬고 구식일 수 있어요. 베이츠 씨는 어때요?
여1　(54)베이츠 씨는 실력이 인상적이고 경험이 많긴 하지만, 내성적으로 보이고, 그건 이 자리에는 적절하지 않죠.
여2　그 외에도, 그녀의 경력이 이 업무와 직접적으로 연관되어 있지 않아요. 전에는 공공 분야와 이처럼 긴밀하게 일한 적이 없어요.

M You're right. Mr. Pesk is our best choice. Given his outstanding character, he'll adjust quickly. (55)I'll inform the director of our decision now.

남 맞아요. 페스크 씨가 가장 괜찮네요. 뛰어난 성격으로 볼 때, 금방 적응할 거예요. (55)지금 이사님에게 저희의 결정을 알려드릴게요.

어휘 candidate 지원자 fitting 적합한 personality 성격 rusty 녹이 슨 outdated 구식인 track record 실적, 업적 introverted 내성적인 ideal 이상적인 given ~을 고려해 볼 때 adjust 적응하다

53 화자들이 주로 이야기하는 것은?
(A) 채용 결정
(B) 면접 과정
(C) 고객 불만
(D) 동료의 승진

오답 해설 대화는 새로운 팀장으로 누구를 채용할 것인가에 관한 내용으로, 면접이나 승진에 관한 언급은 없으므로 (B), (D)는 오답.

54 베이츠 씨에 대해 언급된 것은?
(A) 많은 사람들의 면접을 봤다.
(B) 공공 분야에서 일하는 것을 즐긴다.
(C) 이 분야에서의 경험이 부족하다.
(D) 내성적인 성격이다.

패러프레이징 seems introverted → has a reserved personality
오답 해설 베이츠 씨는 공공 분야에서 긴밀하게 일한 경험이 없다고 했으므로 (B)는 오답.

55 남자가 다음에 할 것 같은 일은?
(A) 채용 공고 만들기
(B) 베이츠 씨에게 일자리 제의하기
(C) 상사에게 말하기
(D) 고객에게 응답하기

패러프레이징 inform the director of our decision → Speak to a superior
오답 해설 베이츠 씨가 아닌 페스크 씨가 채용될 예정이므로 (B)는 오답.

Questions 56-58 refer to the following conversation.

호영

M Hello, Rita. (56)One of our program developers is retiring, and I'm looking for someone to replace him. Can you recommend anyone?
W Actually, Ms. Ogawa has been working in customer service for two years now. Honestly, I think she is overqualified for her current position. (57)She knows all about the latest technology, and I think her skills would be better suited to a programming position.
M Good. As someone who worked in customer service, she would make a good programmer because she knows what kinds of problems customers run into.
W That's true. (58)Okay, then please send me a detailed job description so I can give it to her.

남 안녕하세요, 리타 씨. (56)저희 프로그램 개발자들 중 한 명이 퇴직을 해서 그를 대체할 사람을 찾고 있어요. 추천해 줄 사람이 있나요?
여 사실, 오가와 씨가 지금 2년째 고객 서비스 쪽에서 일하고 있습니다. 솔직히, 현재 자리에 비해 그녀가 과한 능력을 지니고 있다고 생각해요. (57)최신 기술에 대해 모두 잘 알고 있어서, 그녀의 기술들은 프로그래밍 자리에 더 잘 맞을 것 같습니다.
남 좋아요. 고객 서비스에서 일했던 사람이니까, 고객들이 어떤 종류의 문제에 부딪히는지 잘 알고 있어서 좋은 프로그래머가 될 것 같네요.
여 맞아요. (58)자, 그럼 상세한 직무 기술서를 보내주시면 제가 그녀에게 전달할게요.

어휘 replace 대체하다 overqualified 필요 이상의 자격을 갖춘 current 현재의 suit ~에 맞다, 적합하다 run into ~에 부딪히다; ~와 우연히 만나다 detailed 상세한

56 남자의 신분은?
(A) 부서장
(B) 프로그래밍 인턴
(C) 신입 직원
(D) 고객 서비스 담당자

오답 해설 남자는 프로그래밍 팀의 관리자로서 퇴직하는 직원을 대체할 사람을 찾는 것이므로 (B), (C), (D)는 모두 오답.

57 여자가 오가와 씨에 대해 언급한 것은?
(A) 곧 퇴직할 계획이다.
(B) 회사의 신입 직원이다.
(C) 전에 프로그래머로 일했었다.
(D) 뛰어난 기술 실력을 가지고 있다.

패러프레이징 knows all about the latest technology → has strong technological skills
오답 해설 은퇴하는 사람은 오가와 씨가 아닌 프로그램 개발자들 중 한 명이므로 (A)는 오답. 과거의 경력에 대해서는 언급된 바 없으므로 (C)는 오답.

58 여자가 남자에게 요청한 것은?
(A) 새로운 부서로 이전하기
(B) 지원자 명단 보내주기
(C) 문서 제공하기
(D) 직원과 연락하기

패러프레이징 send me a detailed job description → Provide her with a document
오답 해설 여자가 요청한 것은 지원자 명단이 아니라 직무 기술서이므로 (B)는 오답.

Questions 59-61 refer to the following conversation.

미호

W Alpha-Beta Manufacturing has shot up by over 50 percent on the stock market. (59)Their vehicles must be selling well lately.
M Incredible. (60)In this recession, it's a wonder anyone in the industry is still surviving. Consumers haven't been buying, even with oil prices so low. Everyone is trying to save money in these difficult times.
W They must have a strategy that we don't know about. (61)I think we should look into their activities in detail and start benchmarking.
M Let's do it. I'll start by launching an investigation into their investments to see if any of them have any influence on their recent success. I'll come back to you with some results.

여 알파-베타 제조사가 주식 시장에서 50% 넘게 치솟았네요. (59)차량이 최근에 잘 팔리나 봐요.
남 놀랍죠. (60)이런 불경기에, 이 업계에서 여전히 살아 남은 곳이 있다는 게 놀라워요. 유류비가 이렇게 낮은데도 소비자들은 구입하지 않고 있거든요. 어려운 시기이니까 모두 돈을 절약하려고 하는 거죠.
여 그들에게 우리가 모르는 전략이 있을 거예요. (61)그들의 움직임을 세부적으로 조사해서 벤치마킹을 시작해야겠어요.
남 그럽시다. 투자처를 조사하기 시작해서 최근의 성공에 영향을 준 곳이 있나 살펴볼게요. 결과물을 가지고 다시 오겠습니다.

어휘 shoot up 치솟다, 급등하다   vehicle 차량   recession 불경기, 불황   survive 살아남다   strategy 전략   look into ~을 조사하다   investigation 조사   influence 영향

59 화자들이 일하는 것 같은 분야는?
(A) 광고
(B) 보험
(C) 관광업
(D) 자동차

60 남자가 그들의 업계에 대해 암시하는 것은?
(A) 현재 가장 수익성이 높다.
(B) 경제 때문에 어렵다.
(C) 고소득 일자리 기회를 제공한다.
(D) 지난 몇 년간 대단히 성장했다.

패러프레이징 In this recession → has suffered because of the economy
오답 해설 불경기라고 했으므로 (A)는 오답.

61 화자들이 동의하는 것은?
(A) 투자하기
(B) 고객들에게 연락하기
(C) 경쟁업체 관찰하기
(D) 마케팅 캠페인 기획하기

패러프레이징 look into their activities in detail → Monitor a competitor

Questions 62-64 refer to the following conversation and price list.

미미

M So what are we doing for you today?
W (62)I would like to get a color, but I'm not sure which color to choose. Although I'm blonde now, my original color is dark brown. (63)What color would you recommend?
M I think you should go for black. It'll suit you perfectly. How about some curls with it? Color is fifty, perms are seventy-five. (64)But if you get both, I won't charge you for the styling.
W Okay. That sounds like a good deal. Let's do it!

어휘 recommend 추천하다   go for ~를 선택하다   charge (요금을) 청구하다

남 그럼 오늘은 무엇을 해 드릴까요?
여 (62)염색을 하고 싶은데, 어떤 색을 골라야 할지 모르겠어요. 지금은 금발이지만, 원래 색은 짙은 갈색이에요. (63)어떤 색을 추천해 주시나요?
남 검은색으로 하셔야 할 것 같아요. 잘 어울리실 거예요. 파마도 좀 하시겠어요? 염색은 50달러, 파마는 75달러예요. (64)하지만 둘 다 하시면, 스타일링에 대한 비용은 청구하지 않겠습니다.
여 좋아요. 좋은 가격 같네요. 그렇게 하죠!

가격표	
커트	25달러
염색	50달러
파마	75달러
(64)스타일링	10달러

62 대화의 주된 내용은?
(A) 특별가
(B) 새로운 헤어 제품
(C) 헤어스타일 변화
(D) 패션 트렌드

오답 해설 남자가 특별가를 제안하기는 하지만 대화의 주된 내용은 여자의 헤어스타일 변화이므로 (A)는 오답.

63 여자가 남자에게 요청한 것은?
(A) 서비스에 대한 지불
(B) 제품에 대한 의견
(C) 프로젝트 지원
(D) 선택에 대한 조언

오답 해설 제품에 대해 물어본 것이 아니라 머리를 어떤 색으로 염색하면 좋을지 물어본 것이므로 (B)는 오답.

64 시각 정보에 따르면, 여자가 할인 받을 금액은?
(A) 25달러
(B) 50달러
(C) 75달러
(D) 10달러

오답 해설 염색이나 파마 가격을 할인해 준다는 언급은 없었으므로 (B)와 (C)는 오답.

Questions 65-67 refer to the following conversation and list.

영호

W (65)Thanks for coming with me to get items for the prize drawing at our company's holiday party.
M It's my pleasure, Wendy. And I think this shop is the perfect place to find what we need.
W (66)What do you think we should get? There are so many different kinds of candy to choose from. It's hard to decide.

여 (65)회사의 휴일 기념 파티 때 경품 추첨으로 줄 상품을 고르러 같이 와 줘서 고마워요.
남 뭘요, 웬디 씨. 이 매장은 우리가 필요한 것을 찾을 수 있는 딱 맞는 곳 같아요.
여 (66)뭘 사야 할까요? 고를 수 있는 사탕의 종류가 너무 많네요. 결정하기가 어려운데요.

201

M	Look at that sign. I think we found our answer. The boxed chocolate is on sale right now, and it's a great price. (67)Four boxes should be enough for the drawing, right?
W	(67)Well, we can get another box for just three dollars more. What do you think?
M	That's true. Okay, let's do that.

남	저 팻말을 보세요. 답을 찾은 것 같네요. 지금 상자 포장된 초콜릿이 할인 중이고, 가격이 괜찮네요. (67)4상자면 경품으로 충분하겠죠, 그렇죠?
여	(67)음, 3달러만 더 내면 1상자 더 받을 수 있네요. 어떻게 생각해요?
남	그러네요. 좋아요, 그렇게 하죠.

어휘 prize drawing 경품 추첨

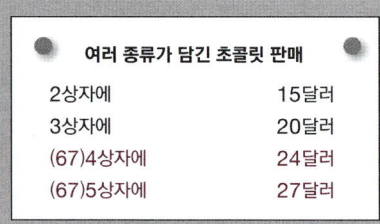

65 화자가 제품들로 할 일은?
  (A) 생일 선물로 사용하기
  (B) 회사 방문자들에게 제공하기
  (C) 경품으로 나누어 주기
  (D) 잠재 고객들에게 보내기

패러프레이징 items for the prize drawing → prizes

66 여자가 남자에게 요청한 것은?
  (A) 제품 반품하기
  (B) 예산 인상하기
  (C) 제안하기
  (D) 서류에 서명하기

67 시각 정보에 따르면, 화자들이 제품에 지불할 것 같은 비용은?
  (A) 15달러
  (B) 20달러
  (C) 24달러
  (D) 27달러

오답 해설 4상자를 구입하자는 남자의 말에 여자가 3달러를 더 내고 1상자를 더 구입하자고 했으므로 4상자 가격인 (C)는 오답.

Questions 68-70 refer to the following conversation and graph.

M	(68)Our sales figures for the last quarter have come in, and I'd like for us to discuss them. Here's a printout of the overview on our stores in the West End.
W	Creekside, Meadow, and Evergreen had similar performances and seem to be doing fine. But we need to talk about Hudson.
M	Right. Hudson clearly fell far behind the rest.
W	(69)Not only did they come out lowest in sales, but their overhead is the highest. Let's launch an inquiry into whether they need a change of location.
M	Yes, let's do that. (70)Oh, and let's send a fifty-dollar gift certificate to all of the employees of the store with the highest sales.

남	(68)지난 분기의 매출액이 들어와서, 거기에 대해 논의하고자 합니다. 웨스트 엔드에 있는 매장들의 개요를 출력했어요.
여	크릭사이드, 미도우, 그리고 에버그린의 성과는 유사하고 잘하고 있는 것 같네요. 하지만 허드슨에 대해서는 이야기할 필요가 있어요.
남	맞습니다. 허드슨은 다른 곳에 비해 분명히 뒤떨어졌어요.
여	(69)매출이 가장 낮게 나왔을 뿐만 아니라, 간접비가 제일 높아요. 장소를 이전해야 할 필요가 있을지 조사를 해 봅시다.
남	네, 그럽시다. (70)아, 그리고 가장 높은 매출을 낸 지점의 직원들 전원에게 50달러의 상품권을 보냅시다.

> 어휘 quarter 분기 | overview 개요 | performance 성과 | fall behind (~에) 뒤떨어지다 | rest 다른 것들[사람들] | overhead 간접비 | inquiry 조사 | gift certificate 상품권

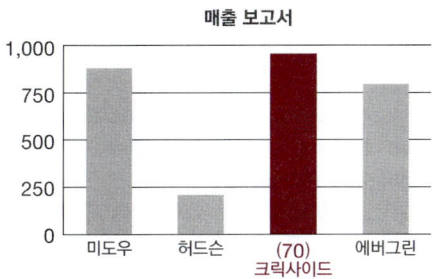

68 화자들이 주로 논의하는 내용은?
(A) 할인 행사
(B) 제품 마케팅
(C) 보상 프로그램
(D) 지점 성과

> 패러프레이징 sales figures → performances
> 오답 해설 대화 후반부에 매출이 높은 지점의 직원들에게 보상을 해 주자는 언급이 나오긴 하지만 대화의 주제는 지점별 매출이므로 (C)는 오답.

69 여자가 허드슨에 대해 언급한 것은?
(A) 지출이 가장 많다.
(B) 할인 행사를 너무 많이 한다.
(C) 불리한 위치에 있다.
(D) 고객 서비스가 가장 좋다.

> 패러프레이징 their overhead is the highest → They have the highest expenses.
> 오답 해설 여자가 장소 이전의 필요성에 대해 언급하기는 했지만 위치가 불리하다고 확실히 말한 것은 아니므로 (C)는 오답.

70 시각 정보에 따르면, 상을 받을 지점은?
(A) 미도우
(B) 허드슨
(C) 크릭사이드
(D) 에버그린

> 패러프레이징 a fifty-dollar gift certificate → a reward

PART 4

Questions 71-73 refer to the following telephone message.

호

M This is Michael from Skylla Style, returning your call. **(71)I've looked into our system and saw that the blouse you wished to return was received by our store Wednesday morning.** We indeed issued a refund. **(72)As it normally takes around three to four business days for refunds to process and display on an account,** you should expect confirmation in your bank records by tomorrow. **(73)Please check your account again,** and if you don't see anything by then, we'll do our best to look into it.

남 저는 스카일라 스타일의 마이클이고, 고객님의 전화에 회신 드립니다. (71)저희 시스템을 살펴봤는데 환불하고 싶어 하셨던 블라우스를 수요일 오전에 매장에서 수령했다는 것을 확인했습니다. 확실히 환불해 드렸습니다. (72)일반적으로 환불이 처리되고 계좌에 보여지기까지는 3~4 영업일 정도 걸리므로, 내일까지는 은행 기록에서 확인해 보실 수 있을 겁니다. (73)다시 계좌를 확인해 보시고, 그때까지 아무 것도 나타나지 않는다면 저희가 최선을 다해 조사해 보겠습니다.

> 어휘 look into ~을 살펴보다, 조사하다 | indeed 확실히 | issue 발행하다 | normally 일반적으로, 보통 | account 계좌 | confirmation 확인

71 남자가 일하는 곳은?
(A) 은행
(B) 우체국
(C) 의류 매장
(D) 식료품점

72 화자가 환불에 대해 언급한 것은?
(A) 회사에서 제공해 주지 않는다.
(B) 하루 내로 처리가 된다.
(C) 바로 확인할 수 없다.
(D) 분할 지급된다.

73 청자가 내일 하라고 권장받는 것은?
(A) 은행 기록 살펴보기
(B) 구매에 대한 지불 내역 제출하기
(C) 제품을 매장으로 보내기
(D) 새 예금 계좌 개설하기

패러프레이징 blouse → clothing

패러프레이징 it normally takes around three to four business days for refunds to process and display on an account → They are not confirmed right away.
오답 해설 환불이 처리되는 데에 3-4 영업일 정도 소요된다고 했으므로 (B)는 오답.

패러프레이징 check your account → Examine her bank statement
오답 해설 환불이 되었는지 보기 위해 계좌를 확인해 보라고 했지 계좌를 새로 만들라고 한 것은 아니므로 (D)는 오답.

Questions 74-76 refer to the following announcement.

미

W Welcome to the Goshen City Museum. (74)Today, I will take you through each section of our main exhibit. We will start with Hall A, which is devoted to the foundation of our city, and end with Hall C, which covers contemporary times. I will then give you an introduction to this month's special exhibition, (75)which features works by local artist Gary Binks, who has resided in Goshen his entire life. During our tour, you are free to take pictures, but please do not use video. Let's begin. (76)First, I will give you a brief summary of the history of Goshen City.

여 고센 시 박물관에 오신 것을 환영합니다. (74)오늘, 주 전시의 각 섹션들을 보여드리겠습니다. 우리 시의 설립을 담고 있는 A홀에서 시작해서 동시대를 다루는 C홀에서 끝날 겁니다. 그리고 이번 달의 특별 전시에 대해 소개해 드릴 텐데, (75)이 전시는 고센에서 평생을 살았던 지역 예술가인 개리 빙크스 씨의 작품을 특별히 다룹니다. 관람 중에는, 자유롭게 사진을 찍어도 되지만 영상 촬영은 자제 부탁드립니다. 시작하겠습니다. (76)먼저, 고센 시의 역사에 대해 간단하게 요약해 드리겠습니다.

어휘 exhibit 전시 devote 바치다, 쏟다 foundation 설립 cover 다루다 contemporary 동시대의 introduction 소개 feature ~을 특별히 다루다 reside 거주하다

74 화자의 신분은?
(A) 투어 가이드
(B) 미술관 소유주
(C) 역사학 교수
(D) 예술 사진작가

75 개리 빙크스 씨에 대해 언급된 것은?
(A) 박물관에서 일한다.
(B) 원래 이 지역 출신이다.
(C) 강의를 할 것이다.
(D) 고센 시를 설립했다.

오답 해설 화자가 고센 시의 역사에 대해 설명해 주는 것은 맞지만 그녀는 역사학 교수가 아닌 박물관 가이드이므로 (C)는 오답.

패러프레이징 resided in Goshen his entire life → is originally from the area

76 청자들이 다음에 할 것 같은 일은?
(A) 단체 사진 촬영하기
(B) 예술가 만나기
(C) 정보 듣기
(D) 그림 감상하기

패러프레이징 a brief summary of the history of Goshen City → information

Questions 77-79 refer to the following talk.

영

W Good morning, everyone. I have an announcement to make. As you all know, this company values its employees and their families. So management has decided to launch a "family day" program. (77)(78)All full-time staff will be allowed to leave the office earlier than usual, at 4 P.M., one day a month. The idea is to force us to wind down from our busy schedules once in a while. We all need to spend some extra time with our loved ones. (79)Family days are to be arranged between you and your supervisors directly. We hope you will enjoy this new program and will keep up your strong performance here.

여 안녕하세요, 여러분. 알려드릴 것이 있습니다. 모두 아시다시피, 우리 회사는 직원들과 그 가족들을 소중하게 생각합니다. 그래서 경영진은 "가족의 날" 프로그램을 시작하기로 했습니다. (77)(78)모든 전일제 직원들은 한 달에 한 번 평상시보다 이른 오후 4시에 퇴근하실 수 있습니다. 이 아이디어는 가끔 바쁜 일정에서 긴장을 풀고 쉴 수 있도록 하기 위함입니다. 우리는 모두 사랑하는 사람들과 더 많은 시간을 보낼 필요가 있습니다. (79)가족의 날은 여러분이 상사와 직접 일정을 조율하시면 됩니다. 새로운 프로그램을 누리시고 이곳에서 계속 좋은 성과를 내 주시길 바랍니다.

어휘 value 소중하게 생각하다   management 경영진   be allowed to do ~하도록 허락 받다   wind down 긴장을 풀고 쉬다
arrange (일정을) 정하다   keep up ~을 계속하다   performance 성과

77 담화가 의도하는 대상은?
(A) 부서장들
(B) 인사팀 직원들
(C) 전일제 직원들
(D) 신입 인턴들

패러프레이징 staff → employees
오답 해설 화자는 전일제 직원들(full-time staff)을 위한 프로그램에 대해 이야기하고 있으므로 (D)는 오답.

78 새로운 프로그램이 제공하는 것은?
(A) 추가 근무에 대한 더 높은 수당
(B) 가족 구성원에 대한 할인
(C) 월 1회 단축 근무
(D) 연례 보너스 지급

패러프레이징 leave the office earlier than usual → short workday
one day a month → monthly

79 이 프로그램을 이용하기 위해 청자들이 하도록 요청받는 일은?
(A) 학회 참석하기
(B) 팀장에게 말하기
(C) 가장 좋은 성과 내기
(D) 추가 근무 하기

패러프레이징 are to be arranged between you and your supervisors directly → Speak to their managers
오답 해설 새 프로그램의 혜택을 누리며 계속 좋은 성과를 내 주길 당부한 것이지, 프로그램의 혜택이 성과에 따라 제공된다는 것이 아니므로 (C)는 오답.

Questions 80-82 refer to the following excerpt from a meeting.

미

M (80)Finally, I'd like to announce that we have hired a new accounting director, Ms. Sally Rhodes. Ms. Rhodes previously served as a financial advisor at two investment firms and was a consultant for a major financial services company in Chicago. As you can imagine, (81)she has extensive experience in finance management. So we are very excited to have her with us, and are confident she can help us rebalance our budget. She will start work tomorrow, and (82)we're having a welcoming lunch the next day. Please join us at the Happy Deli.

남 (80)드디어, 새로운 회계 관리자인 샐리 로즈 씨를 채용했음을 알려 드립니다. 로즈 씨는 이전에 투자사 2곳에서 재정 자문가로 근무하셨으며 시카고에 있는 유명한 재무 서비스 회사에서 컨설턴트로 계셨습니다. 예상할 수 있겠지만, (81)그녀는 재무 관리 쪽에서 광범위한 경력을 가지고 계십니다. 그렇기에 그녀가 우리와 함께 하게 되어 매우 기쁘고, 또 예산을 재조정해주는 데 도움이 될 것이라고 자신합니다. 그녀는 내일부터 일을 시작하며, (82)그다음 날 환영의 점심을 같이 할 겁니다. 해피 델리에서 함께해 주세요.

어휘 previously 이전에 serve as ~로 근무하다 advisor 자문가 extensive 광범위한 confident 확신하는 rebalance 재조정하다 budget 예산

80 화자가 주로 논의하고 있는 내용은?
(A) 신입 직원
(B) 공석
(C) 지점 이전
(D) 성과 보고

패러프레이징 a new accounting director → A new employee
오답 해설 화자는 공석이 아니라, 채용이 결정되어 새로 입사한 직원에 대해 이야기하고 있으므로 (B)는 오답.

81 화자가 "예상할 수 있겠지만"이라고 말한 이유는?
(A) 일정을 명확히 하기 위해
(B) 프로젝트에 대한 생각을 묻기 위해
(C) 자격을 강조하기 위해
(D) 요청에 대한 승인 의사를 밝히기 위해

82 청자들이 지시받은 것은?
(A) 지출 줄이기
(B) 점심 모임에 참석하기
(C) 일자리에 지원하기
(D) 보고서 제출하기

패러프레이징 welcoming lunch → lunch gathering
join us → Attend

Questions 83-85 refer to the following advertisement.

호

M (83)Wanna restyle your place but don't know where to begin? Look no further than Willy Chic! Our specialists have been transforming houses into homes since 1995. We focus on creating modern yet beautiful spaces for all types of rooms. Tired of that boring office? We can turn it into a stylish and stimulating environment. At Willy Chic, you tell us what you want and we make it happen. (84)And if you're not completely satisfied with the results, we'll give you your money back, no questions asked. (85)Give us a ring today for a free quote. Willy Chic, you can count on us!

남 (83)공간을 새롭게 꾸미고 싶지만 어디서부터 시작해야 할지 모르시겠나요? 윌리 시크만 한 곳이 없습니다! 우리 전문가들은 1995년부터 집을 집답게 바꿔 드리고 있습니다. 모든 종류의 방들을 현대적이면서도 아름다운 공간으로 만드는 데 초점을 맞추고 있습니다. 단조로운 사무실이 지겨우신가요? 유행에 맞는 활력 있는 환경으로 바꾸어 드립니다. 윌리 시크에서는, 원하는 것을 말씀하시면 현실로 만들어 드립니다. (84)그리고 결과에 완전히 만족하지 못하신다면, 아무런 질문도 하지 않고 환불을 해드립니다. (85)오늘 전화하셔서 무료 견적을 받아 보세요. 윌리 시크, 믿어 보셔도 됩니다!

| 어휘 | **transform** 바꿔 놓다 **stimulating** 활력이 있는 **completely** 완전히 **give a ring** 전화를 하다 **quote** 견적 **count on** ~을 믿다 |

83 윌리 시크의 업종은?
(A) 부동산 중개소
(B) 전자 기기 매장
(C) 이삿짐 센터
(D) 실내 디자인 회사

| 오답 해설 | house와 home이 언급되었지만 부동산 거래를 알선하는 것이 아니므로 (A)는 오답.

84 화자가 "아무런 질문도 하지 않고"라고 할 때 회사에 대해 암시한 것은?
(A) 조건 없이 환불을 제공한다.
(B) 사전 예약을 요구하지 않는다.
(C) 부정적 평가를 받아본 적이 없다.
(D) 시장에서 가장 저렴한 가격을 제공한다.

| 패러프레이징 | give you your money back → provides refunds
| 오답 해설 | 소비자가 환불을 요구할 시, 조건 없이 환불을 해 주겠다는 뜻이지 부정적 평가를 받은 적이 없다는 뜻이 아니므로 (C)는 오답.

85 고객들이 무료로 받아볼 수 있는 것은?
(A) 전문가의 조언
(B) 한 달치 월세
(C) 가격 견적
(D) 서비스 업그레이드

| 패러프레이징 | free → at no charge
quote → price estimate
| 오답 해설 | 가격 견적을 무료로 내 주겠다고 했지만 전문가의 조언을 받을 수 있다는 언급은 없으므로 (A)는 오답.

Questions 86-88 refer to the following telephone message.

영
W Hi, I'm calling on behalf of Garrett Motors. Our public relations division is looking to outsource the print graphic design of an upcoming brochure, and (86)we're now asking around for quotes. (87)We were referred to your company by a partner of ours, who said you had made several brochures for them. We're looking to print our product line, which would feature pictures of the cars we sell and a brief description of each model. Please call me back as soon as possible with a cost estimate. (88)We are looking to have the brochures printed by December.

여 안녕하세요, 개럿 모터스를 대표해서 전화 드립니다. 저희 언론 홍보 부서가 앞으로 만들 책자의 프린트 그래픽 디자인을 외주로 맡길 곳을 찾고 있어서 (86)견적을 알아보는 중입니다. (87)저희 파트너사로부터 귀사를 추천 받았는데, 귀사가 그들의 책자 몇 부를 제작했다고 하더군요. 저희는 제품군을 인쇄하고 싶은데요, 판매하는 차량의 사진과 각각의 모델에 대한 간단한 설명이 들어갈 겁니다. 가격 견적을 가능한 한 빨리 전화로 알려주세요. (88)12월까지는 책자가 인쇄되길 바랍니다.

| 어휘 | **on behalf of** ~을 대표[대신]해서 **look to** ~을 바라다 **outsource** 외주를 주다 **description** 설명 **estimate** 견적 |

86 메시지의 목적은?
(A) 제품에 대해 문의하기 위해
(B) 견적을 요청하기 위해
(C) 주문을 하기 위해
(D) 할인을 제공하기 위해

| 패러프레이징 | asking around for quotes → request a quote
| 오답 해설 | 주문을 결정하기 전에 먼저 가격 견적을 알아보기 위한 메시지이므로 (C)는 오답.

87 화자가 청자의 회사에 대해 듣게 된 방법은?
(A) 파트너사의 추천을 통해
(B) 배포된 책자를 통해
(C) 광고사의 전화를 통해
(D) 신문 광고를 통해

| 패러프레이징 | We were referred to your company by a partner of ours → Through a partner's recommendation

88 12월 전에 일어날 일은?
(A) 신제품이 출시될 것이다.
(B) 차종이 새로 디자인될 것이다.
(C) 스타트업이 개업을 할 것이다.
(D) 팸플릿이 발행될 것이다.

패러프레이징 looking to have the brochures printed → A pamphlet will be published.
오답 해설 자동차 모델 및 제품군에 대한 설명이 담긴 책자가 언급되고 있으나 신제품에 대한 내용은 없으므로 (A)는 오답.

Questions 89-91 refer to the following speech.

미

W Thank you for attending this training session despite your busy schedules. Today, I'd like to talk about dissatisfied customers. (89)At your service center, each of you deals with anywhere from a hundred to three hundred customers on any given day. (90)With that high a number, unhappy customers are inevitable. Nothing you can do about that. (91)When you receive a complaint, the first thing you should do is restate the customer's problem. This way, you can check that you understand the issue, and the customer will be reassured that you are listening. Making the customer feel that he or she can effectively communicate with you should be your primary goal.

여 바쁜 일정에도 불구하고 이번 연수회에 참가해 주셔서 감사합니다. 오늘, 불만족스러워 하는 고객에 대해 이야기하려고 합니다. (89)서비스 센터에서, 여러분은 모두 매일 100에서 300명의 고객들을 상대할 겁니다. (90)이렇게 높은 수치로 볼 때, 불만 있는 고객들이 계신 것은 어쩔 수 없지요. 할 수 있는 것이 없을 겁니다. (91)불만을 접수할 때, 가장 처음에 할 일은 고객의 문제를 다시 말하는 겁니다. 이 방법으로, 여러분은 문제를 이해하고 있음을 확인할 수 있고 고객들은 여러분이 듣고 있다고 안심할 수 있습니다. 고객들이 여러분들과 효과적으로 소통하고 있다고 느끼게 해주는 것이 주요한 목표가 되어야 합니다.

어휘 despite ~에도 불구하고 deal with ~을 상대하다 inevitable 불가피한 restate 다시 말하다 reassured 안심하는 effectively 효과적으로 primary 주요한

89 청자들의 신분은?
(A) 고객 서비스 직원
(B) 마케팅 캠페인 전문가
(C) 통신 장비 설치자
(D) 휴대 전화 수리 기술자

오답 해설 고객과의 소통에 대한 언급을 하고 있지만 Communication equipment(통신 장비)에 대한 언급은 없었으므로 (C)는 오답.

90 화자가 "할 수 있는 것이 없을 겁니다"라고 말한 의도는?
(A) 모든 메시지에 답변하는 것은 쓸모가 없다.
(B) 수요를 줄이는 것은 불필요하다.
(C) 개인적인 통화를 하는 것은 금지되어 있다.
(D) 고객 불만을 피하는 것은 불가능하다.

패러프레이징 unhappy customers are inevitable → Avoiding customer complaints is impossible.

91 화가 난 고객을 대할 때 직원이 해야 하는 것은?
(A) 관리자에게 전화 연결해 주기
(B) 즉시 해결책 제안하기
(C) 설명한 문제를 반복해서 이야기하기
(D) 연락처 요청하기

패러프레이징 restate the customer's problem → Repeat the issue described
오답 해설 즉시 해결책을 제시할 것이 아니라 고객의 문제를 다시 말해 주라고 했으므로 (B)는 오답.

Questions 92-94 refer to the following news report.

미

M You're listening to the traffic and weather report here at BBS on 95.1 FM, the metropolitan area's most reliable news source. (92)Roads will be closed off between Baker Avenue and Clark Street from noon to 5 P.M. (93)During this time, more than five thousand runners

남 여러분은 도시 지역에서 가장 믿을 수 있는 뉴스 정보인 95.1 FM, BBS에서 교통과 날씨 방송을 듣고 있습니다. (92)베이커 가와 클락 가 사이의 도로가 정오부터 오후 5시까지 폐쇄됩니다. (93)이 시간 동안에, 5,000명 이상의 주자들이 시의

will gather to participate in the city's "Run For Your Lives" marathon. Drivers can take alternative routes by following detour signs posted throughout the area. However, congestion is expected, and (94)it is therefore highly advisable that those who can opt for public transportation instead. That was traffic. Now for the weather.

"삶을 위해 달리기" 마라톤에 참가하기 위해 모입니다. 운전자들은 이 지역 곳곳에 붙어 있는 우회 표지를 따라 다른 도로를 이용하면 됩니다. 하지만, 혼잡이 예상되며, (94)따라서 대중 교통을 이용할 수 있는 분들께는 이를 매우 권장합니다. 교통 소식이었습니다. 이제 날씨를 알려 드리겠습니다.

> **어휘** metropolitan 대도시[수도]의 reliable 믿을 수 있는 gather 모이다 participate in ~에 참가[참여]하다 alternative 대안이 되는 detour 우회로 throughout 곳곳에 congestion 혼잡 advisable 권할 만한 opt for ~를 선택하다

92 보도의 목적은?
(A) 다가오는 폭풍우를 알려주기 위해
(B) 일시적인 도로 폐쇄를 알려주기 위해
(C) 행사 등록 방법을 설명해 주기 위해
(D) 공연 일정을 안내하기 위해

> **패러프레이징** Roads will be closed off between Baker Avenue and Clark Street from noon to 5 P.M. → a temporary road closure
> **오답 해설** 마라톤 행사에 관한 언급이 나오기는 하지만 행사 등록 방법에 대한 설명은 없으므로 (C)는 오답.

93 오후에 예정된 일은?
(A) 달리기 행사
(B) 지역 축제
(C) 자동차 경주
(D) 거리 퍼레이드

> **패러프레이징** marathon → running event

94 청자들이 요청받는 것은?
(A) 행사에 참여하기
(B) 대중교통 이용하기
(C) 대의를 위해 기부하기
(D) 적절하게 옷 입기

> **패러프레이징** opt for public transportation → Use public transportation
> **오답 해설** 청자들에게 행사 참가를 요청하는 말은 없었으므로 (A)는 오답.

Questions 95-97 refer to the following announcement and floor plan.

미

W Let me make a quick announcement. (95)The new floor plan will take effect on March 1. The administration department will be next to the restrooms, with the sales department as its neighbor. The product development team was originally going to be in the corner near the entrance. (96)However, since they have by far the most employees, we've decided to switch them with the marketing team and put them in the biggest office instead. This afternoon, (97)you will receive a detailed floor plan with the location of each individual workstation within your office. Please take a look at it so that you know where to go on March 1.

여 짧게 안내 드리겠습니다. (95)새 구획 계획이 3월 1일부터 발효됩니다. 행정부서는 화장실 옆으로 옮겨서, 영업부서와 가까이 있게 됩니다. 제품 개발팀은 원래 입구 근처의 구석으로 가려고 했습니다. (96)하지만, 가장 많은 직원이 있어서, 마케팅팀과 바꿔서 가장 큰 사무실을 쓰게 하기로 했습니다. 오늘 오후에, (97)사무실 내 각각의 개인적인 업무 공간의 위치가 있는 자세한 구획 계획을 받아보게 될 겁니다. 잘 봐 두셨다가 3월 1일에 어디로 가야 하는지 숙지해 주세요.

> **어휘** take effect 효력을 발휘하기 시작하다 originally 원래 entrance 입구 detailed 자세한 individual 각각의 workstation 업무 공간, 작업대 take a look at (자세히) 보다

95 안내의 목적은?
(A) 새로운 배치를 설명하기 위해
(B) 장소로 가는 방법을 알려주기 위해
(C) 곧 있을 보수 공사를 공지하기 위해
(D) 배치의 변경을 요청하기 위해

패러프레이징 new floor plan → new arrangement
오답해설 각 부서의 새로운 배치를 알려주는 것이지 특정 장소로 가는 방법을 알려주는 것은 아니므로 (B)는 오답.

96 시각 정보에 따르면, 제품 개발팀이 있게 될 곳은?
(A) 사무실 A
(B) 사무실 B
(C) 사무실 C
(D) 사무실 D

오답해설 원래 입구 근처의 구석 자리에 위치할 예정이었으나, 인원이 많아 가장 큰 사무실로 바뀌었다고 했으므로 (D)는 오답.

97 화자가 청자들에게 요청하는 것은?
(A) 문서 보기
(B) 새로운 배치 정하기
(C) 소지품 옮기기
(D) 마감 맞추기

패러프레이징 floor plan → document
오답해설 배치는 이미 정해졌으므로 (B)는 오답.

Questions 98-100 refer to the following excerpt from a meeting and agenda.

호

M Okay, let's get started. (98)Today, the accounting team will talk about the budget, and human resources will present the benefits packages. Now, as you might remember from the e-mail, we are going to distribute the new business cards today. (99)We were supposed to give them out at break, but there was an issue with the printer. Mr. Lexis is taking care of getting them printed elsewhere. However, they will probably not be ready by break time. Instead, we will pass them out at the end of the meeting. (100)So please stay after the closing remarks so that you can get your cards.

남 자, 시작합시다. (98)오늘, 회계팀이 예산에 대해 말해주고, 인사팀이 복리후생 제도를 설명할 겁니다. 이제, 이메일을 기억하시겠지만, 오늘 새로운 명함을 나눠 드릴 겁니다. (99)쉬는 시간에 드릴 예정이었는데, 프린터기에 문제가 있었습니다. 렉시스 씨가 다른 곳에서 출력을 하고 있습니다. 하지만, 쉬는 시간까지는 아마도 준비가 안 될 것 같습니다. 대신, 회의가 끝날 때 나눠 드리겠습니다. (100)그러니 폐회사 후에도 남아서 명함을 받아 가세요.

어휘 **budget** 예산(안) **benefits packages** 복리후생 제도 **distribute** 나눠 주다 **be supposed to** *do* ~하기로 되어 있다 **elsewhere** 다른 곳에서 **pass out** ~을 나누어 주다 **closing remarks** 폐회사

안건	
오전 9:30-오전 10:15	개회식
오전 10:15-오전 11:00	회계팀
오전 11:00-오전 11:15	휴식
오전 11:15-오후 12:00	인사팀
(100)오후 12:00-오후 12:30	**폐회사**

98 논의되는 계획의 종류는?
(A) 채용 절차
(B) 보안 절차
(C) 회의 일정
(D) 재무 제안

오답 해설 회계팀과 인사팀이 발표를 하는 것은 맞지만, 회의 일정 전체를 설명하고 있으므로 (A)와 (D)는 오답.

99 화자가 언급한 문제는?
(A) 직원이 늦었다.
(B) 기기가 고장 났다.
(C) 예산이 초과되었다.
(D) 오류가 출력되었다.

패러프레이징 there was an issue with the printer
→ A device malfunctioned.
오답 해설 프린터기에 문제가 생긴 것이지, 인쇄물이 잘못 출력된 것이 아니므로 (D)는 오답.

100 시각 정보에 따르면, 새 명함을 나눠 줄 때는?
(A) 오전 11시
(B) 오전 11시 15분
(C) 오후 12시
(D) 오후 12시 30분

오답 해설 11시는 원래 명함을 나누어 주려고 했던 시간이므로 (A)는 오답.

NE능률

토마토 토익 공식 홈페이지
www.tomatoclass.com

대학생이니까
한 번에!
토마토 토익

아직도, 토익을 따로따로 공부해?

2학년때
한 번에 800점!

2학년 토익

All-in-one!

토익 처음 시작이 막막하다면?
**토익 입문자를 위한
단계별 코스만 따라오세요.**

1단계	2단계	3단계	4단계
필수 단어	**핵심 문법**	**스킬 공략**	**모의고사**
LC/RC 출제 패턴 기반 필수 표현부터 부담 없이 시작!	꼭 나오는 핵심 문법으로 기본기 강화	1타 강사의 122가지 스킬 매뉴얼화!	최신 유형으로 완벽한 실전 훈련

www.tomatoclass.com 검색창에 **2학년 토익** ▼ 을 검색하세요.

NE 능률